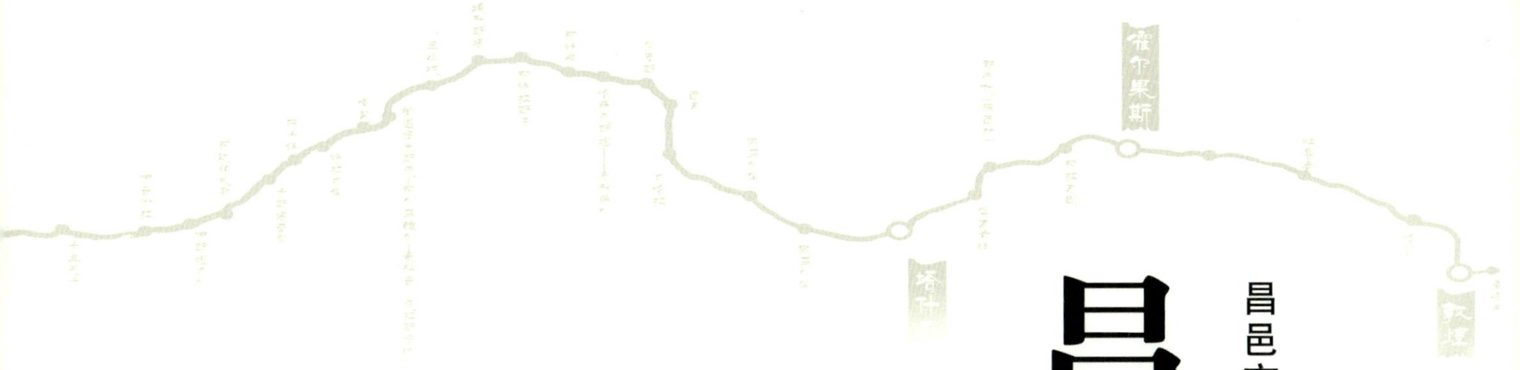

昌邑丝绸志

CHANGYI SICHOU ZHI

山東昌邑

昌邑市史志办公室 编

方志出版社
Publishing House of Local Records

图书在版编目(CIP)数据

昌邑丝绸志 / 昌邑市史志办公室编. --北京：方志出版社，2019.5
ISBN 978-7-5144-3767-6

Ⅰ.①昌… Ⅱ.①昌… Ⅲ.①丝绸工业—经济史—昌邑 Ⅳ. ①F426.81
中国版本图书馆CIP数据核字（2019）第125072号

昌邑丝绸志

编　者：	昌邑市史志办公室
责任编辑：	王　品
出 版 者：	方志出版社 地址　北京市朝阳区潘家园东里9号（国家方志馆4层） 邮编　100021 网址　http://www.fzph.org
发　行：	方志出版社图书经销中心 电话（010）67110500
经　销：	各地新华书店
印　刷：	昌邑市大华印务有限公司
开　本：	889×1194　1/16
印　张：	20.75
字　数：	515千字
版　次：	2019年5月第1版　2019年5月第1次印刷
印　数：	0001～1000册

ISBN 978-7-5144-3767-6　　**定　价：**386.00元

昌邑市地方史志编纂委员会

名誉主任　吕珊珊

主　　任　李玉祥

副 主 任　刘世海　胡筱芹　刘　煜　夏麦香　曲　伟　李　敏
　　　　　姜正峰　明兴谱

委　　员　马玉涛　王永胜　滕林波　郭富祥　张艳丽　于希群
　　　　　宋文清　孙建伟　赵卫东　许增贤　李星亮　李志国
　　　　　王福州　刘新民

《昌邑丝绸志》编审人员

主　　审　曲　伟

副 主 审　明兴谱

主　　编　于希群

副 主 编　李周兴　孙　栋　刘伟刚

执行主编　张述智

编　　辑　（按姓氏笔画排序）
　　　　　于希群　刘伟刚　刘效海　孙　栋　李周兴　初良邦
　　　　　张述智　宫婷婷　袁炳奎

摄　　影　刘效海　周国华

序 一

中共昌邑市委书记　吕珊珊

丝绸是世界上最美丽的神话之一，是“东方绚丽的彩霞”。中国是丝绸的故乡，丝绸是中华文明的重要特征之一。昌邑丝绸是中国丝绸花园中一朵瑰丽的奇葩。为积极响应习近平总书记2013年秋提出的构建“丝绸之路经济带”和21世纪“海上丝绸之路”。（简称“一带一路”）的倡议，中共昌邑市委、昌邑市人民政府与时俱进、广征博采、挖掘资料、积极探索，精心编纂成《昌邑丝绸志》一书，现已付梓面世。该书的面世具有重要的现实意义和深远的历史意义，这既是昌邑人民文化生活中的一大喜事，也是对昌邑文化名市建设的一份贡献！在此，我代表昌邑市委、市政府对志书编纂人员表示深切的谢意！

昌邑是“中国丝绸之乡”“华侨之乡”。昌邑自古就以生产丝绸著称于世，境内的商贸重镇柳疃是中国丝绸著名的产地和集散中心。聪明睿智、勤苦耐劳的昌邑人，从清咸丰三年（1853），勇敢的背起绸包闯世界，用泪、用血、用生命拓展出中华民族与世界其他民族相互了解、相互沟通的“丝绸之路”，使东西方文明在交流融合中不断发展、增加新鲜血液，在推动世界经济贸易的历史中有着无与伦比的影响。清末民初，昌邑柳疃周围数百村庄，应有织机1万余台，从业人员达十万之众。年出口丝绸60万匹，有“日上市3600匹神绸”之说。

中华人民共和国成立后，昌邑丝绸业迅速发展，工厂规模不断扩大，机械化程度不断提高，花色品种不断增多，特别是20世纪80年代改革开放后，逐步向现代化迈进。1985年，昌邑县营丝织厂2处，职工近3000人，丝绸产量达到1000多万米，产值4845万元。乡镇丝织厂5处，村办丝织厂63处，从业人员5199人，总产值7988万元。到2005年，昌邑丝绸企业工业总产值完成9662万元，产品销售收入9078.3万元，出口交货额达8122.2万元，主要销往日本、新加坡、法国、德国、美国、意大利、约旦、澳大利亚、马来西亚、利比亚、加拿大等国家和中国香港、中国台湾、中国澳门地区。2006年，昌邑华信丝绸有限公司生产丝绸217.57万米，实现销售收入4282.2万元。昌邑华裕丝绸有限公司代表昌邑（柳疃）丝绸技艺申报山东省非物质文化遗产名录并获批。昌邑的丝绸技艺将会代代相传，发扬光大。

《昌邑丝绸志》一书，全面系统地介绍了丝绸生产及销售的整个过程，记述了各个时期生产、发展、兴衰、再生的基本情况，并收录不同时代昌邑丝绸研究学者的著述。图文并茂、丰富多彩、资料翔实，对研究昌邑丝绸历史传统文化有一定的实用价值，值得一读。

中共昌邑市委书记

2019年5月8日

序 二

昌邑市人民政府市长　李玉祥

《昌邑丝绸志》经过编纂人员的辛勤劳动，在相关单位和热心人士的大力支持下，现在付梓出版了，在此谨致祝贺。

丝绸是中国古代文化的象征，对促进世界文明的发展有着不可磨灭的贡献。中国丝绸以其卓越的品质、精美的花色和丰富的文化内涵闻名于世。昌邑丝绸轻薄如纸、柔软如烟、不褶不皱、活颤拂扬、离皮离汗、坚固耐穿、独树一帜。丝绸从长安沿着丝绸之路传向欧洲，所带去的不仅仅是华美的服饰，更是东方古老灿烂的文明。从那时起，丝绸几乎就成为东方文明的传播者和象征。丝绸之路使东西方交融，使世界更加和谐美好，为沟通东西方的贸易与文化作出了巨大贡献！昌邑的丝绸先商们不畏艰险，勇于探索，闯北洋、走东洋、下南洋，拓展出一条通往世界各地的丝绸之路。使昌邑丝绸畅销美国、法国、德国、意大利、加拿大、澳大利亚、马来西亚、日本等 50 多个国家，向世界展示了昌邑的风采，传播了中国的丝绸文化。

2013年秋，习近平总书记提出构建“丝绸之路经济带”和21世纪“海上丝绸之路”（简称一带一路）倡议，得到国际社会积极响应和广泛支持。作为丝绸之路的发源地之一，昌邑应该为丝绸之路的建设和繁荣做出应有的贡献。我们编纂《昌邑丝绸志》就是令人知晓昌邑丝绸的产生、发展、兴衰、再生、辉煌及昌邑丝绸传统文化的内涵。为按照习近平总书记提出的将21世纪“海上丝绸之路”建成和平之路、繁荣之路、开放之路、创新之路、文明之路的要求，积极为“一带一路”的建设贡献昌邑智慧。如习近平总书纪说的那样，“我们要乘势而上，顺势而为，推动‘一带一路’建设行稳致远，迈向更加美好的未来”。

昌邑市人民政府市长 

2019年5月8日

凡 例

一、本志以马克思列宁主义、毛泽东思想、邓小平理论、“三个代表”重要思想、科学发展观、习近平新时代中国特色社会主义思想为指导，坚持辩证唯物主义和历史唯物主义的立场、观点和方法，客观、真实、准确地记述昌邑丝绸历史与现状。

二、本志记述有关内容上限为事物发端，下限为2006年底，个别内容适当下延。

三、本志采用现代语体文、记述体，综合运用述、记、志、传、图、表、录等体裁，以志为主，设编、章、节、目层次记述。横排门类，纵述史实。

四、本志纪年，中华人民共和国成立前用历史纪年，括注公元纪年，中华人民共和国成立后用公元纪年。

五、本志使用的标点、符号、数字、计量单位等均按照最新国家标准，个别计量单位兼顾习惯用法。

六、人物部分，按照生不立传原则，选录部分古今人物。人物传略以卒年为序，人物简介按生年排序。

七、本志资料来源于相关档案、图书、文物信息及经调查核实的采访记录等，均经考证，确认属实。

八、人名、地名、商号名无法准确考查的，用“□□”表示。

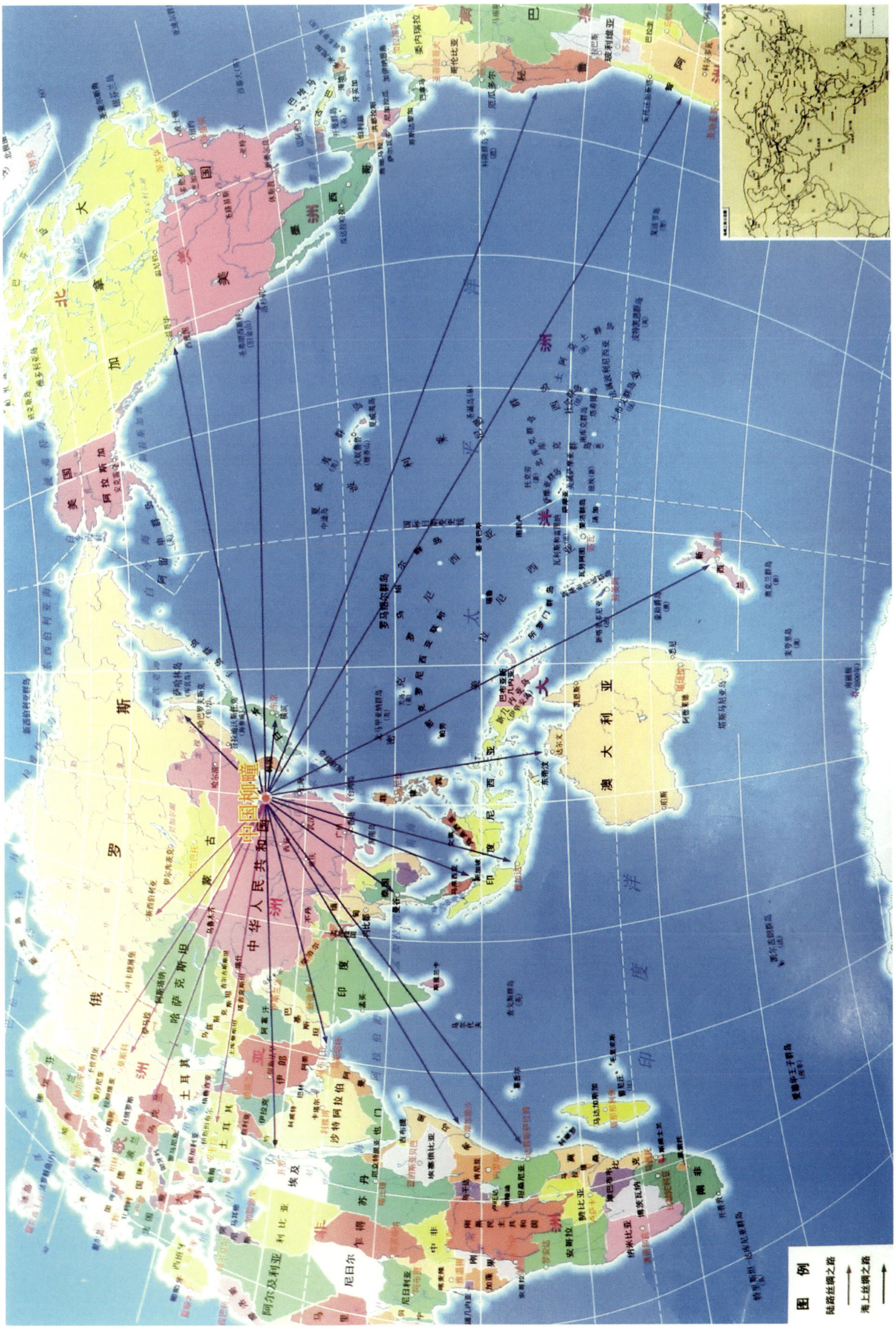

柳疃丝绸世界贸易辐射图

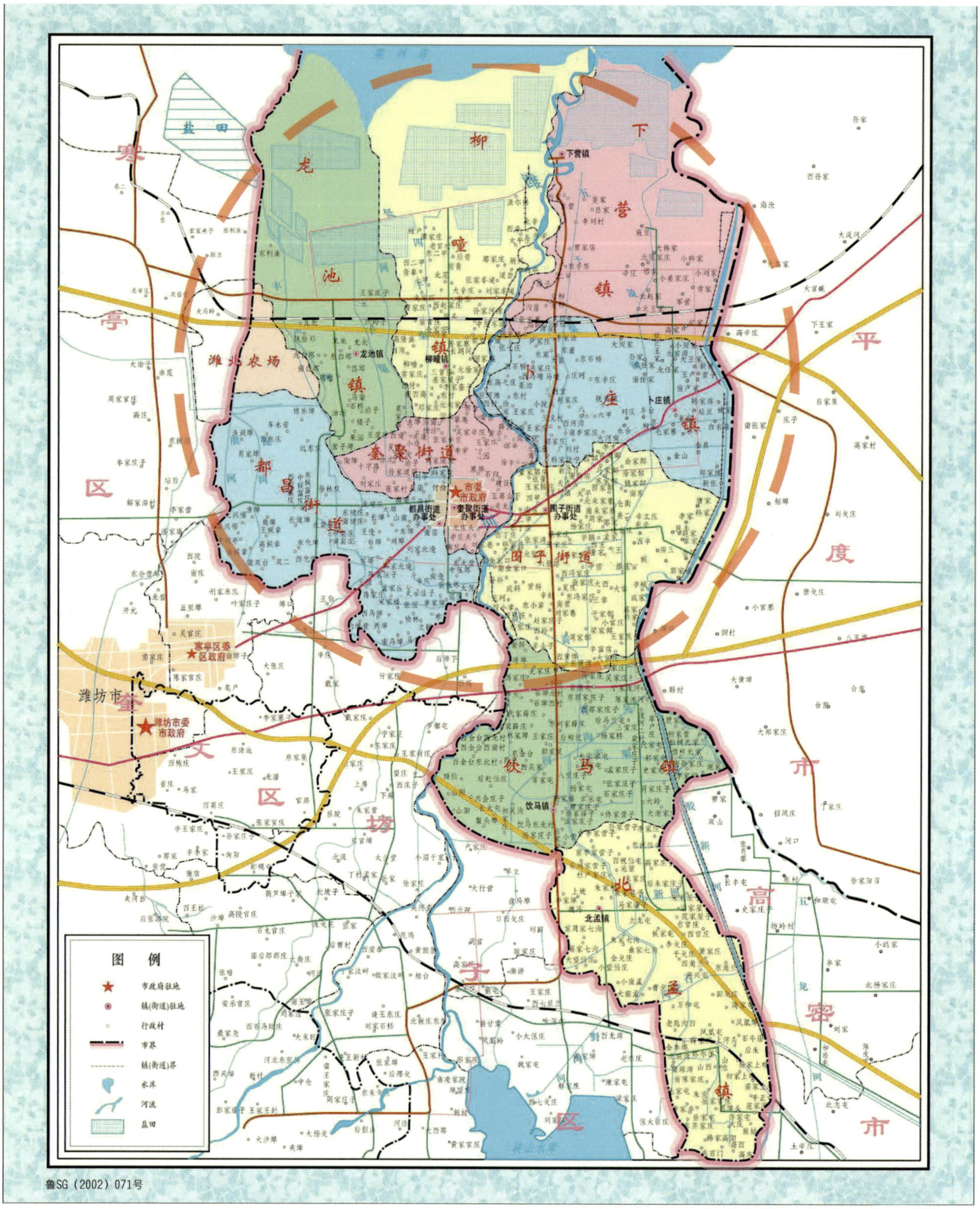
龙池镇
柳疃镇
下营镇
卜庄镇
都昌街道
奎聚街道
围子街道
饮马镇
北孟镇
潍北农场
盐田
寒亭区
平度市
高密市
坊子区
奎文区
潍坊市
寒亭区委
区政府
潍坊市委
市政府
市委
市政府
龙池镇
柳疃镇
下营镇
卜庄镇
饮马镇
北孟镇
图例
市政府驻地
镇(街道)驻地
行政村
市界
镇(街道)界
水库
河流
盐田
鲁SG（2002）071号

昌邑丝绸生产区域

山东后官集团生产的丝绸产品

色彩艳丽的昌邑丝绸

桑蚕

柞蚕

桑蚕茧

柞蚕茧

桑蚕蛾

雌性柞蚕蛾

雄性柞蚕蛾

炒蚕蛹

蚕蚁

拧丝穗

络丝

牵机

刷机

擞丝

晾丝

桑蚕丝

柞蚕丝

手工织绸

织丝绸的半屋

20 世纪 70 年代拉梭木机

现代化机械织绸

柳疃丝绸部分样品

柳疃丝绸部分产品

1900 年，柳疃丝绸荣获法国巴黎博览会优质产品奖章

1915 年，柳疃丝绸获巴拿马太平洋国际博览会奖章

1994 年，柳疃丝绸获联合国第四次世界妇女大会中国组委会中国丝绸博览会银奖

1933 年，柳疃丝绸获芝加哥百年进步纪念世界博览会奖章

1991 年，柳疃丝绸在全国丝绸系列产品展评中，获丝绸最佳花色品种奖

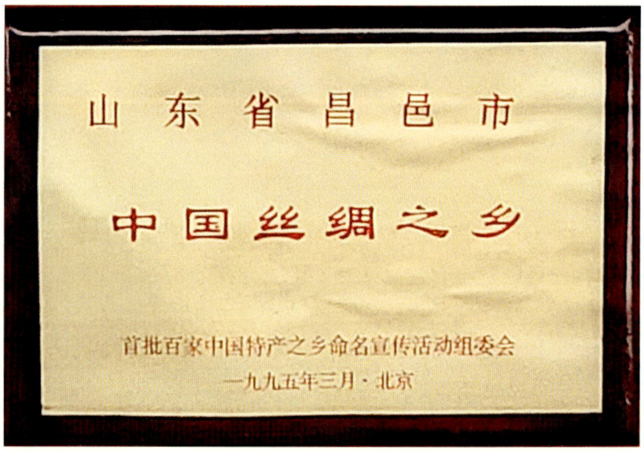

1995 年，昌邑市被国家命名为“中国丝绸之乡”

2006 年，柳疃丝绸技艺被山东省命名为“省级非物质文化遗产”

1991 年，昌邑丝绸获山东省优秀产品二等奖

2006 年，昌邑丝绸被国家质检总局评定为国家地理标志保护产品奖

昌邑市地

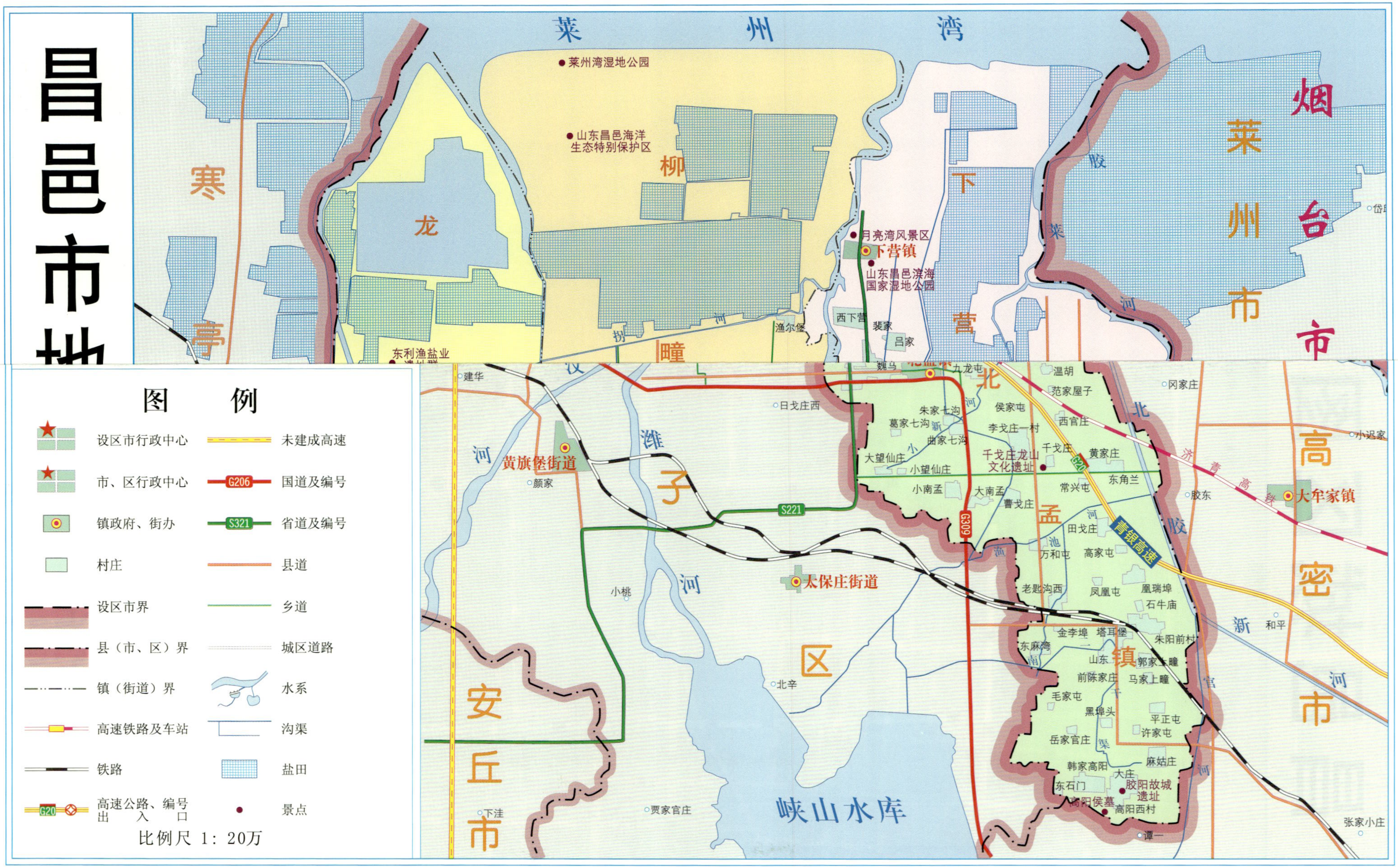

潍坊审(2019)002号

山东省地图院编制

石湾店南村
北张村
韩家扶宁村
王家扶宁村
初家庄
初曲村
张董
下
221
省
道
小
黑埠新村
黑埠
东苑派出所
潍
河
中
街
建设村
山东新昌集团
泰和华府
文泽苑
潍水花园
盛华城
东利集团
龙源国际
石臼
单家
院
董家隅庄
校
东
潍水学校
潍水学校南区
街
东昇花园
新
永
东方丽都
五里
东店社区
市气象局
王家隅庄
富
昌
东
街
义气镇
洪峰装饰
第一中学
南
街
潍水龙城
东方家园
康宁中医医院
大
大昌玻璃钢
206
潍坊银行
永城华府
汽车站
天保庄
东方家园南区
市博物馆
关龙山下
四甲
亿润鑫园
围子初中
卫生综合执法大队
昌通通信
市地震局
奎聚街道幼儿园
潍水龙城
都
昌盛家园
围子法庭
丽景苑
怡和花园
于家山下
贵和堂
文昌花园
南官
车站派出所
围子街道
围子街道中心幼儿园
中国农业银行
瓦屋庄
中台
上台
交
通
东
街
福祥苑
围子
宏星电器
五金电器商行
奎聚街道三台小学
祥龙福邸
太保庄
潍水·蓝湾
小绿堡幼儿园
潍水风情湿地公园
多利达大厦
市妇幼保健院
烟
永富庄
山东浩信集团
邑城水岸南区
二甲
平
安
北庄头
西丁庄
东丁庄
浩信工业园
东
街
科艺广告设备
游龙面业
张家湾
韩家巷
万通彩钢
西刘家巷
广通机械
鑫丰工贸
亿润暖通设备
引
市三联铸造厂
大姜
马连谷
兴达铸造厂
通宇铸造厂
水
渠
北陶埠
南姜
万顺铸造厂
北金家口
(206国道)
南
环
路
军屯
前陶埠
花木电子商务大厦
北方花木城
南金家口

山东省地图院编制

目　录

概　述

GaiShu

昌吉锦绣卷

概　述

昌邑市位于山东半岛西北部，渤海莱州湾南岸。市北部沿海柳疃、龙池、双台、夏店、卜庄等乡镇，是昌邑传统的丝绸生产区域，人们将这一区域称为绸乡。追溯历史，在生产力发展缓慢的封建社会里，该区域地处潍河、胶莱河、虞河下游，其土地“斥卤脆薄居六”“人众物乏，无他盈余”，加之经常遭遇海潮、洪水等自然灾害的侵袭，“故有终岁勤动不免饥寒者”。恶劣的生存环境，迫使人们不得不“穷则思变”，想尽一切办法谋求生活出路。

“织机千日不富，不织一日受穷。叽啾咯噔织，两天织一匹。五天一个集，卖了籴粮吃。黑夜灯火多如星，村村户户机杼声。”这首广为流传于丝绸区域的民谣，切实反映出昌邑丝绸人的初衷，真实刻画出当时昌邑丝织业情景。

昌邑丝绸历史悠久。1987年版《昌邑县志》记载：以“柳疃绸”为代表的昌邑丝织业，历史悠久，源远流长。周朝时，龙池一带就养蚕织帛、捻线就织，所织皆为家蚕茧绸和樗茧绸。历史上，昌邑丝绸国外称山东绸，国内称昌邑绸；而昌邑绸即是柳疃丝绸，简称“柳疃绸”或“柳绸”。吴晗主编《中国历史常识》中记载：“春秋战国时代，沿海和长江中下游地区，都出产丝织品。齐国的‘齐纨’和鲁国的‘鲁缟’，尤为著名。‘齐纨’‘鲁缟’精细、轻薄，誉满全国，行销各地很受欢迎。”此时，昌邑称都昌，隶属齐国。另有文字记载，汉代丝绸之路时，青州属地潍县以北是丝绸主要产地，柳疃即属此域。明代史载，柳疃一带善“女工纺织”。资料证明，柳疃丝绸始于蚕桑，距今有3000余年历史。

昌邑丝绸兴盛繁荣，成为举世闻名的“丝绸之乡”。昌邑丝绸业虽产生于周朝，由于长期受其时代的局限和文化传播的制约，丝绸技艺提升迟缓。直到清康熙年间（1662—1722），祖籍昌邑的户部侍郎兼苏州织造李煦，从江南引进丝绸织造的先进工艺，昌邑丝绸业才逐渐步入兴盛时期。清末民初，昌邑丝绸最为繁荣。清光绪二十八年（1902），王元綎著《野蚕录》中记述：“今之茧绸，以莱为盛，莱之昌邑柳疃集，为丝业荟萃之区，机户如林，商贾骈坒，茧绸之名，溢于四远，除各直省外，至于新疆、回疆、前后藏、内外蒙古，裨贩络绎，不绝于道。镖车之来，十数里衔尾相接，其银价，比临境恒低一二百文，临境之购银者，无不唯柳疃是趋，以区区一市镇，而有炉房八家，其输入者可知矣。”1915年版《辞海》中注：茧绸……山东织成最出名，上品出自昌邑。1923年，阮湘编《中国年鉴》记载：“茧绸产地，以山东为第一”“山东重要产地以昌邑为第一”。同年，曾同春著《中国丝业》载：山东茧绸首推昌邑，“山东茧绸之输出，约占全国输出茧绸总额的百分之八十五……”20世纪30年代初期，相关资料表明，柳疃“附近居民千余户，约六七千人，商界占百分之七十，商号四百余家，仅经营丝绸者即有三分之二之多。尽属收买附近各村织成之绸，以便运销国内外各处。每年总交易不下二百万元”。“山东柞绸业多操昌邑人手中，在昌邑所设工厂六十三家”。民国初年，据不完全统计，以柳疃为中心数百个村庄及周边村镇，还有掖县、平度、潍县北部的村庄，都给昌邑绸商加工丝绸。柳疃及周边村镇，除有大量的个体织绸户外，拥有20台织机以上的商号就有67家；其中，拥有100台以上的17家，卜庄镇朱家抚宁村的“利盛祥”商号规模最大，拥有织机150台。全区年产茧绸64.35万余匹，从业人员1万余人。当时，有“日上市3600匹神绸”之说。《昌邑县志》载：道光二十四年（1844），境内柳疃丝绸兴盛，外地商人争相经营。柳疃街有商号100余家。昌邑丝绸内销地已遍布国内各省的主要城市，昌邑绸商在北京以及一些交通发达的城市相继设立商号，坐庄销售。国内主要运往青岛、北京、上海、香港及东北和西北等地区的较大城市，并以此作为中转站，销往俄国、印度、德国、美国、埃及和东南亚等50余个国家和地区。清末民初，昌邑年出口柞绸60万匹。“昌邑的柞丝绸交易额（每年）约一千万两”，约占山东总交易量的60%，约占全国总交易量的48%，昌邑成为闻名世界的“丝绸之乡”。这一相传数百年的称号，于1995年3月，被中国首批百家特产命名委员会正式命名，并颁发证书。2006年12月，柳疃丝绸技艺成功申遗为“山东省非物质文化遗产”。

昌邑丝绸名扬世界。1915年，美国为庆祝旧金山建市和巴拿马运河开通，拟定举办旧金山巴拿马太平洋世界博览会。在这次博览会上，山东省荣获3项大奖。其中，昌邑茧绸获得1枚。1933年，昌邑茧绸参加芝加哥百年进步纪念世界博览会。两次参加世博会，昌邑茧绸均以精湛的工艺、优良的品质，在海外引起强烈的震撼和轰动。在随后的年代里，柳疃丝绸业经历过不同程度的兴盛和衰落。至2005年，昌邑市有规模以上企业5家（其中，丝织企业3家），固定资产66836.1万元，工业总产值69587万元，产品销售收入71724.3万元，利税总额11389.6万元，职工年平均人数5961人。昌邑丝绸产品畅销70余个国家和地区。

昌邑丝绸是“丝绸之路”和“海上丝绸之路”的重要源头之一。昌邑丝绸之所以在世界上名扬百年，究其根源与我国古代丝绸之路是密切相关的。在中国近代“丝绸之路”的历史上，昌邑丝绸的足迹清晰可辨。据《昌邑县侨务外事志》记载：清咸丰三年（1853），双台乡岞埠村徐忠绍、徐长庚等人，携带昌邑丝绸赴南洋，销往印度尼西亚、新加坡等国家，使昌邑丝绸走出国门，开辟昌邑丝绸踏上“海上丝绸之路”的先河。清末民初，昌邑人把北行路线称为“上北洋”；绸商背上绸包（即背包袱）或徒步西行及印度，或东行由烟台乘船至南洋或徒步北上分别途径张家口、海参崴和满洲里销往俄国。把近代海上丝绸之路东行、西行、南行路线分别称作“闯东洋”“下西洋”和“下南洋”；通过航运销往朝鲜、日本和西欧各国及东南亚各国、印度、澳大利亚、新西兰以及附近的太平洋诸岛等国家和地区。其中，南行路线是昌邑绸商最为集中的地方。此外，有史料记载，清同治二年（1863），东海关在烟台成立，下辖昌邑下营海口在内的23处分口，通过烟台的洋商、买办，昌邑丝绸经下营港口或陆路运往烟台，转运欧美市场。此后，出口年盛一年。曾同春《中国丝业》载：“山东茧绸贸易均由栈房介绍，售于烟台、青岛之洋商，洋商收买茧绸送至上海、香港，转运欧美各国。”这一点足以说明，下营港是近代“海上丝绸之路”的发源地之一。1921年，中共一大之后，王尽美负责护送共产国际代表回莫斯科。1922年，共产国际在苏联召开远东各国共产党及民主革命团体第一次代表大会，王尽美又负责带领民族革命家王乐平等人去苏联。这两次赴苏任务，王尽美都是在共产党员王翔千策划下，组织昌邑背绸包的绸商，掩护代表们顺利到达满洲里后进入苏联。昌邑丝绸人把这一路线骄傲地称之为“红色丝绸之路”。

“丝绸之乡”派生出“华侨之乡”。据《昌邑县侨务外事志》记述：早在清乾隆年间（1736—1795），随着昌邑一带丝绸业生产的发展，开始有人到俄国、蒙古销售丝绸。据不完全统计，1917年，俄国“十月革命”前的沙皇时代，昌邑“上北洋”者以双台、卜庄一带绸商居多，双台乡岞埠村就有百余人，全县约400余人，这些绸商中有相当一部分后来成为俄国华侨；道光二十二年（1842），清政府与英国签订《中英江宁条约》，允许英国人在上海、厦门、宁波等5口岸通商，昌邑绸商“闯东洋”“下南洋”者与日俱增。特别是“七七事变”后，日军入侵中国，民不聊生，加之一年收获之物不及糊口，再加上劳役、苛捐杂税等原因，迫使许多青壮年携绸包背井离乡，漂洋过海，出国谋生。自1942年太平洋战争爆发后，水陆交通中断，他们有家难归，许多人只得定居国外。1989年统计，昌邑在外华侨2790户，12608人，分布于30余个国家和地区。另外，中国港、澳同胞186户，1370人；归国华侨404户，445人；侨眷987户，4430人。昌邑自清末民初以后，就成为国内外著名的“华侨之乡”。

国外华侨、外籍华人和港澳同胞，都具有热爱祖国、热爱故乡的赤诚之心。尽管身居异国他乡，远隔千山万水，但他们始终不忘自己是炎黄子孙。1937年，日本侵入中国后，海外侨胞积极捐款捐物支援抗战，并以各种形式进行抗日救国活动。1949年，中华人民共和国宣告成立，侨胞们欢欣鼓舞，扬眉吐气，奔走相告，组织各种庆祝活动。抗美援朝时期，旅居印度的华侨刘维泰及其他侨胞共同捐款捐物支援祖国，直至取得最后胜利。在社会主义革命和社会主义建设时期，特别是改革开放以后，他们都做出积极贡献。据不完全统计，1956—1991年，海外侨胞和外籍华人，在文化教育、工农业生产、生活设施、交通建设等领域，捐款捐物合计人民币500余万元。1988年，昌邑开始招商引资。1992年，通过建立港澳台同胞、海外侨胞和归国华侨“三胞”档案，利用各种渠道，扩大招商引资力度。至2005年，全市成立“三资企业”304家，总投资90277.25万美元、合同利用外资65616.49万美元。在正常运行的80家“三资企业”中，纺织服装企业39家，占48.8%。

昌邑，历史上曾是“三齐巨邑”，昌邑丝绸是这个“巨邑”百花园里一束炫彩的奇葩，至今仍然大放异彩。中共昌邑市委、市人民政府，坚决贯彻落实科学发展观，乘借国家建设“环渤海经济圈”的有利时机，大力开展“打造特色小城镇”活动，深入挖掘昌邑丝绸和“丝绸之路”的历史文化。在发展中国北方苗木基地、建设绿色昌邑的同时，扩大桑园面积，提升传统种桑养蚕缫丝技术；加大资金投入，拓展优化丝绸品种，提高产品的国际竞争力，带动昌邑经济进一步腾飞，使昌邑这颗莱州湾畔的历史明珠，更加绚丽多彩。

大事记

DaShi Ji

昌邑絲綢卷

清

康熙年间（1662—1722）

昌邑丝绸兴盛 《昌邑县商业志》载：苏州织造李煦从江南引进织造丝绸工艺，柳疃丝绸进入兴盛时期。

乾隆年间（1736—1795）

昌邑产山茧绸 乾隆五年（1740）版《莱州府志·货类》篇云：昌邑产山茧绸。乾隆七年（1742）版《昌邑县志》中物产篇载：货之类：丝、麻、木棉、布、绢、樗茧绸、绸、蜜、茧腊、硝、靛、红花、石灰、碱、盐。

嘉庆年间（1796—1820）

丝绸品类及销售 《山蚕辑略》载：山茧之用，虽自汉至明，谓之祥瑞，终未能畅行。降至清初，文明日启，齐东一带，乡人间有以此制线者。自此以后，渐多效尤。我栖自嘉庆初年，以纺车纺线而盛行焉。至十七年，岁大凶，乡人或纺线，或织绸，以有易无，而赖以生活者益众。其线名曰山线，织出之绸有二种：其次者曰小绸，亦曰黑绸；高者曰大绸，亦曰白绸。山西昌邑俱到桃村安庄收买。小绸至张家口、西口，兑换羊皮、口蘑等，否则或贩卖于乌兰察布盟。大绸销行南地并北京。其尤次者粗而黑，名曰小绸，土人所穿着是也。

道光年间（1821—1850）

外地商人争相经营柳疃丝绸 《昌邑县志》载：道光二十四年（1844），境内柳疃丝绸兴盛，外地商人争相经营。柳疃街有商号100余家。

丝绸商号相继营业 《昌邑县丝织一厂厂志》载：道光二十五年（1845），瓦城赵连运首先到柳疃开设“福盛店”茧庄（复兴店前身），贩卖丝绸，随之龙池齐恩铭在柳疃开设“广盛店”。时隔不久，“双盛合”“公聚栈”“合盛栈”等十几处商号相继开业。这些绸庄从东三省南部、本省南山（日照、五连、莒县、诸城）、东山（莱阳、海阳、栖霞）等地购进柞丝，然后发放给当地农户加工丝绸。

丝绸销往国外 《昌邑县丝织一厂厂志》载：清朝道光年间，柳疃丝织业日益兴盛，用柞丝织的绸子美观大方，朴实耐用。当地织工先后织出明丝绸、老宽绸、二十码、一六绸、大黄绸、小黄绸等，很受市场欢迎，并逐步由商人销往国外。各地商人纷纷到柳疃做丝绸买卖。将绸子加工漂炼后，绝大部分运往北京，名曰“京庄绸”。再由北京的商人加工染色后销往俄国等国家。

柞丝绸品类与生产 《山蚕辑略》载：柞丝绸，原有两种：一种是将山茧丝用纺车纺线，织成之绸曰山绸；另一种是用锤子打线，名曰锤子线，织成之绸曰捻线绸。“至道光末年，昌邑始有坐纩，每只纩三人，二人拾头，一人摇纩，始有纩丝绸。其坚固不如白绸等，而色泽光润胜之。”

咸丰年间（1851—1861）

柳疃丝绸销南洋 《昌邑县侨务外事志》载：咸丰三年（1853），岞埠（双台乡）徐忠绍、徐长庚等，携柳疃丝绸赴南洋。自此，柳疃丝绸运销印度尼西亚和新加坡等国，开辟柳疃丝绸销往南洋诸国先河。

同治年间（1862—1874）

丝绸商号参加齐行 陈万通《回忆柳疃丝绸》载：柳疃街镇武庙《齐行碑》，由吴绰书“望同北辰”碑文。碑阴刻有参加齐行的商号大约三四十家。

白银交易 《昌邑县志》载：同治十二年（1873），柳疃建立白银交易市场，成为全县金融中心。

光绪年间（1875—1908）

柳疃丝绸外销 《昌邑县侨务外事志》载：光绪四年（1878）正月，南裴庄杨嵩山、杨岱山兄弟二人，携柳疃丝绸赴印度尼西亚诸岛销售。

陈干拜师 《昌邑（柳疃）丝绸史》载：胡曾参与戊戌变法，失败后，被放做昌邑知县。陈干（龙池白塔村人）自东北做丝绸工回昌邑后，拜胡为师，接受爱国维新思想，为其以后从事辛亥革命打下思想基础。陈干在《一个步兵的志向》中提到：“我师胡公，今已回南去了，不得常领教。”

丝业荟萃 光绪二十八年（1902），山东宁海王元綎著《野蚕录》初刊，对柳疃丝绸有过如下介绍：“今之茧绸，以莱为盛，莱之昌邑柳疃集，为丝业荟萃之区。机户如林，商贾骈坒，茧绸之名，溢于四远。除各直省外，至于新疆、回疆、前后藏、内外蒙古，裨贩络绎不绝于道。镖车之来，十数里街尾相接。其银价，比邻境恒低之一二百文，邻境之购银者，无不唯柳疃之是趋。以区区一市镇，而炉房八家，其输入者可知矣。”

镖师护绸 陈万通《回忆柳疃丝绸》载：光绪三十年（1904），“双盛合”是潍县陈八麻子和虫埠傅振邦两家的买卖，首先被砸。不久，“广盛店”“广庆成”被砸。3个大字号绸庄遭明火。从此，柳疃街上大字号都出钱雇镖师。

柳疃丝绸外销 《昌邑县侨务外事志》载：光绪三十一年（1905），双台乡北裴庄张乃孝为股东，刘家北逄刘逢君为掌柜，伙计有齐丰庆、褚朋格、齐登荣等9人，装运柳疃丝绸，徒步西行张家口，雇用骆驼去俄国经商，一路风沙寒暑，历尽艰辛。

《昌邑（柳疃）丝绸史》载：同时拉骆驼去俄国的还有双台乡岞埠村徐竹三、南侯章村宋泽深、南逄乡陈家洼子村陈某等。

“丝绸之乡”初期的民主革命 《昌邑县志》载：光绪三十二年（1906），陈干在日本加入同盟会，回昌邑龙池后，倡导革命。同年，山东同盟会支部成立，旅济学生肖兰池、于雁民等入会。次年，李长庚和于恩波等先后入会。

宣统年间（1909—1911）

柳疃商务会成立 宣统三年（1911）六月，柳疃商务会成立，会址在柳疃街。当时柳疃街的丝绸著名，成为昌邑商业中心，县城居于其次。柳疃商会入会商号63家，商会头人由会员推举，官府备案，设总理1人、协理1人、董事20人。

柳疃丝绸经下营港运往国内外 《昌邑（柳疃）丝绸史》载：清末民初，柳疃丝绸进入繁荣时期，各绸庄炼整后打包装箱，除去旱路驮运销售和经岞山、潍县搭火车外运外，还自下营港海运，经北京、烟台、上海、香港、洛阳、安东等大商埠，运销欧美、日本及东南亚各国。

中华民国

民国2年（1913）

绸商定居俄国 《昌邑县侨务外事志》载：卜庄乡营子村高丰庆等一行18人，由烟台乘船直达海参崴去俄国经营丝绸。至2006年，仅卜庄乡在俄国定居的华侨有24户。

民国3年（1914）

柞丝绸是山东著名物产 畅销世界 日本田原天南著《胶州湾》载：柞丝绸是山东著名的物产……柞丝绸的主要产地是莱州府下的昌邑柳疃（潍县东北40公里）。柞丝绸的原料，粗品使用辽东半岛的安东、宽甸、凤凰城、岫岩、怀仁等县的柞蚕丝，其价低廉，富于持久力……昌邑产的柞丝绸年交易额1000万两。出口从前主要是印度，其后是澳大利亚、新西兰。最早销往欧洲大陆的法国。近来英美也需，日本就不必说了，其用途主要为服装面料，现在飞艇、汽车也开始应用。近来法国、意大利又进口山东的柞丝原料，用其织绸，名曰“里昂山东绸”和“意大利山东绸”，贩卖销售，价格低廉方面无法和山东绸比。

诸城柞蚕行销昌邑 《山东农林报告》中记载：诸城县柞蚕即为山蚕，种茧每棵值洋7分，纯为黄茧，以斯业者340户，产茧21.3万斤，每斤值洋1元2角，行销本境及昌邑等地，甚属畅销。

民国4年（1915）

柳疃丝绸获国际博览会大奖 昌邑柳疃丝绸文化博物馆记：美国为庆祝旧金山建市与巴拿马运河开通，在旧金山举办巴拿马太平洋国际博览会，参展的柳疃茧绸产品有：昌邑单绸、二六宽单丝绸、双鹿牌二宽绸、白云川绸、二五宽单丝绸和二一五宽方格花绸等。博览会上，中国商品大获成功，总计获各类奖项1211个，其中大奖章共57枚，山东省荣获3枚，“（昌邑）茧绸及白纺绸”与“山东省纺绸及草帽辫”“山东张裕酿酒公司各种酒”同获殊荣。

县商务会设在柳疃街 《柳疃镇志》载：民国4年（1915）昌邑县建立商务会，并报中华民国北洋（北京）政府农村部注册。当时，柳疃街是昌邑县的贸易中心，所以，县商务会就设在柳疃街。共经历4位会长，第一位会长姜述贤，名誉会长陈干，以下3位依次是姜其泮、郝子玉、陈东阜。商务会雇佣镖局，保卫其安全。

洋机织土布 《昌邑县志》载：戴家官庄戴其花从潍县邓村购买一架日本产织机，开始织“打捻布”。

茧绸上品出自昌邑 1915年版《辞海》中称：茧绸……山东织成最出名，上品出自昌邑。

民国5年（1916）

捐款修桥 《昌邑县丝织一厂厂志》载：民国5年（1916），商务会号召140余家商号捐款万余元，在小龙河上修建柳疃桥，疏通柳疃南北交通，方便集日送绸的织户。并在碑上记载各捐款商号人员及款数。石碑顶上镌刻有“万善同归”4个大字。

蚕桑学校建立 《昌邑县志》载：昌邑县乙种蚕桑实业学校在县城建立，校长徐绍文。中国共产党早期地下工作者卢志英16岁时就读该校。

民国7年（1918）

下营港东北柞蚕丝茧输入量减少 1918年《海关十年报告》记载：由于英国强征下营海关税，从下营港输入的东北柞蚕丝茧受到很大影响，柳疃丝绸因原料缺乏等原因，出现一时衰落现象。

民国8年（1919）

全国茧绸昌邑之最 上海日本人实业协会书记长实源美佐雄著《中国的工业和原料》民国八年（1919）印行，该书载：山东省的茧绸生产以昌邑为最多，县内农家从事丝绸业较多的有昌邑、柳疃、夏店、夏家庄、杨家铺、姜家泊、阎家庵和孙家河滩等村。

民国 9 年（1920）

柳疃镇丝绸颇占优胜 1920 年版《山东各县乡土调查录·昌邑县》载：“特性。坚忍独行富于出外（邑民多赴俄国营业，因避苛税，不由铁路，艰苦卓绝，徒步万里，常以茧绸为业）。”“工业，复盛增、复兴合、合成益三家，织造丝绸，颇占优胜，此外尚有四十余家，出货运输外洋，获利甚厚。”“普通工业品，茧绸。”“商号，杂货带钱业十家，杂货五十家，绸行四十家。”“商业状况，柳疃镇尚称发达，余均平妥。”“出入货品，输出品牛皮、丝绸、花生，输入品外货洋线、洋油、国货丝、纸张。”

民国 10 年（1921）

下营设海关 《东冢乡志》载：英国管辖的龙口海关当局在下营设海关，强征海关税。

官商勾结欺压百姓 《昌邑县侨务外事志》载：民国 10 年（1921），几个财东买通县知事，在王耨村头立一块 2 米高、1 米宽的石碑，上面刻有：吃劳金者发生伤亡、病故、被害等意外事故，东家只需付给家属了了钱数即可了结，两断藤蔓，永无纠缠。上面还规定“掌柜或吃劳金者携资潜逃，则以其家产地产作为抵押，重者将其家属问罪”。

民国 11 年（1922）

柳绸原料来源 1922 年版《山东之农业·昌邑县》载：丝之制法，该县用小框制丝者少，所用织柳绸之丝，概由牟平、芝罘、日照、莒县附近购买。

废镖局立商团 《柳疃镇志》载：冬，海匪到柳疃绑票，先控制商会，捆绑镖局全部人员，以防抵抗。然后派一匪徒持枪挟制商务会办事人员，挨家召集各商号掌柜到商会集合，绑走商务会办事人员、商号掌柜 20 余人……从此镖局威风扫地，全部被解雇。商会为安全起见，向省府请求保护，省府派国民军五师的一个连，由连长白某某率领驻扎柳疃街。后五师执行命令撤回，商会成立自己的武装——商团，拥有乡丁 20 余人，身着灰军装，佩有长短钢枪。历任商团团长分别是马洪彪、马凤仙、王振东。

红色丝绸之路 《昌邑（柳疃）丝绸史》载：中国共产党创始人之一，中共一大代表王尽美，在 1921 年中共一大之后，负责护送共产国际代表尼克尔斯基回莫斯科。1922 年，第三国际在苏联召开远东各国共产党及民族革命团体第一次代表大会，王尽美又负责带领民主革命家王乐平等去苏联。这两次赴苏任务，均是王尽美在共产党员王翔千策划下，组织昌邑背绸包闯北洋的绸商掩护，才顺利到达满洲里后进入苏联。

民国 12 年（1923）

昌邑茧绸全国第一 民国 12 年（1923）曾同春著《中国丝业》载：茧绸产地以山东为第一，山东重要产地首推昌邑，其次为栖霞、牟平。山东茧绸之输出，约占全国输出茧绸总额的 85%，有俗名“鲁绸”一种谓之粗绸，又谓之窄绸。宽绸又谓之洋绸，输往欧美最多。窄绸又谓之方格绸，多运销日本。此等茧绸由烟台输出的最多，其次为青岛、汉口，再其次为重庆、三水等处。山东茧绸贸易均由栈房介绍，售于烟台、青岛之洋商。烟台有栈房 20 余家，洋商有三井、和记、仁德、捷成等 10 家。青岛有栈房六七家，洋商有立兴、捷成、和记、振兴、瑞记、哈利、卫礼等 7 家，此等洋商收买茧绸送至上海、香港转运欧美各国。

阮湘《中国年鉴》载：茧绸之产地，以山东为第一，河南、四川次之，贵州、广州、奉山又次之。山东重要产地以昌邑为第一，栖霞、牟平次之。

丝绸技术输出 民国 22 年《工商半月刊》载：至民国 12 年（1923），辽宁柞茧的产量已超过山东柞茧的产量，但辽宁人柞蚕丝织技术技能缺乏，所用工匠仍雇佣山东昌邑人。

民国 13 年（1924）

昌邑茧绸免税 1929 年 10 月《山东工商报》第三期载：至民国 13 年（1924）又经东海关呈部核准，前项茧绸（按昌邑茧绸）运往本国在内地行销者，亦一律免税。

民国 15 年（1926）

以织绸谋生 1929 年 10 月《山东工商报》第三期载：延至民国 15 年（1926），张宗昌督鲁，创设货物税局，复经工商等据情呈请奉命核准援案免税，故当此时代民众虽呻吟于军阀铁蹄之下，而昌人犹能延兹生命者多赖此织绸工资以谋生计。

民国 17 年（1928）

丝绸商号倒闭 《昌邑县志》载：6 月 11 日，海匪 300 余人，在下营码头大肆抢劫，打死 6 人，绑走渔民 120 人，押至利津县陡崖头。因遭抢劫，50 余家丝绸商号倒闭。

民国 18 年（1929）

外国抵制昌邑丝绸输入 1929 年 6 月《山东工商报》第一期载：胶东昌邑绸质色美服用性耐久，远近闻名，为本省工业特产大宗，前曾销俄、南洋等地，年出品在民国五年之时约在 10 万匹左右，自民国 5 年以后，俄国拒绝外货输入，南洋各岛日、英属地复行重税暗示抵制，致本省之昌邑绸之织造者、贩卖者均受莫大损失，以至出口减少，延至今日每年出口总计不过万余匹，每匹普通价洋三十。

昌邑茧绸出口免税 1929 年 6 月《山

东工商报》第一期载：查民国 9 年，东海关税务司以昌邑茧绸销路日滞，曾呈准农、财两部，通令各海关，昌邑茧绸凡出口者一律免税。

豁免昌邑茧绸通税　1929 年 10 月《山东工商报》第三期载：讵本年（1929 年）秋季，参政厅创办货物统捐，设局征收茧绸税，政府命令，工商何敢违抗，无如兹项茧绸自受日商之抵制已几于一蹶不振，加以两年以来兵匪交承，地方灾情已达极点，劫余遗黎，生活维艰，若再将此区区之茧绸征收捐税，民众生计势必至于断绝，且此项茧绸，在昌境并非有工厂制造，其从事工作者多系一般贫民与老妇幼女之家庭工艺，念保护民生奖励特种工业，国府已有专条，为此恳请转呈省政府准予援照成案，豁免昌邑茧绸通税。

民国 20 年（1931）

丝绸业萧条　1931 年版《山东省各县农村状况报告・昌邑县》载：该县人民富于营业性，农隙之时则织柞丝绸，比户机声，颇称大宗物产。民国以前销售于俄国最多，民国初年为俄政府所抵制，乃改销于南洋群岛，亦其昌感。惟其原料取自外县，近因烟台丝业坠落，辽宁来丝途远价昂，丝绸业大受影响。

民国 21 年（1932）

柳疃成为绸业中心　民国 21 年(1932）十二月版《胶济铁路经济调查资料汇编》载："民生状况，诚厚质朴，教本抑末，此固该县特殊习尚。而人心机巧，勇于冒险，尤属民性特长。故年来在海外贸易及各口岸都会之经营绸业布业者踵相接。且境内素以织绸布而著称，故民间经济，尚不十分拮据。惜自民国 5 年以后，绸业日趋退落，致一般经济状况，直接间接，受一猛烈打击。""绸业，在二百年以前，即甚盛行，而尤以城北二十里，柳疃一带为纺织绸业中心，亦本县商业及金融之中心。据各方调查，丝绸木机，在前十数年繁盛时代，约有一万余架，工作人数达十万左右，出品约六十万匹，总值约四百万元。原料所用之茧，多自关东及本省登州一带而来，绸之销路为上海、烟台、香港、福建，以及日本、印度、南洋、荷兰等处，惜民国 5 年以后，受外国人造丝之排挤，及印度、南洋之抵制，销货市场，顿形疲滞，复以技术不求改良，茧之来源滞塞，影响绸业，一落千丈。现时出品总值，仅能达二百万元。""金融市场，在昔绸业发达时期，是以转移金融流转力量，故钱庄尚称繁盛。伺以织绸业日就衰微，钱业遂亦逐渐停歇，现时仅有三家，经营汇兑存放款项业务。至与青岛济南上海天津北平等处及国外之汇兑，率由潍县同业商号，或银行拨转。""柳疃，在城北二十里，为绸业发祥之地。附近居民千余户，约六七千人，商界占百分之七十，商号四百余家，仅经营丝绸者，即有三分之二之余。尽属收买附近各村织成之绸，以便运销国内外各处。

每年总交易不下二百万元。运出之货，由潍县转者占百分之八十，由烟台转者占百分之二十。该县商号中较大者为锦成玉、天源永、瑞升公、源记、义和堂、三义堂的等数家。”

柳疃金融业发达 民国21年（1932）十二月《潍县志稿》载：“前潍县钱业金融来源多仰给于昌邑柳疃，黄县沙河镇各处。”“潍县共有钱庄二十四家，存款放款及资本均较钱业为多，故范围也较钱业为大，其资本多来自柳疃，其存款以四乡布贩布商为多，放款也以布商为主。”

昌邑丝绸遐迩驰名 民国21年（1932）第16期《山东实业志公报》载：昌邑工厂、工业不甚发达，仅城内有平民工厂及美利刺绣工厂各一所，出品寥寥，无足称述。唯绸、布两件家庭工业，遐迩驰名。绸业，在200年以前，即甚盛行，而犹以城北10公里柳疃一带，为纺织业中心，亦即本县商业及金融中心。据各方的调查，织绸木机在前十数年繁盛时代约有1万余架，工作人员达到10万左右，出品绸60万匹，总值约400万元。原料所用之茧，多自关东（东北）及本省登州一带而来，绸之销路为上海、烟台、北平、香港、福建及日本、印度、南洋、荷兰等处。昔自民初，受外国人造丝之排挤及印度、南洋之抵制，销贷的市场顿形疲滞。交易技术不求改良，茧之来源滞宽，影响绸业，一落千丈，现时的出口总值，仅能达2万元左右。

商业，在丝绸业发达的时期，是以左右其他各行业势力，一切商业，亦无不仰承鼻息随之周转，柳疃为该商业中心，商会设焉，县城商业，视之反若集镇，次为岞山，亦属交易中心，商业繁盛。

民国22年（1933）

昌邑茧绸参加世界博览会 《山东实业公报》载：我国出口有昌邑茧绸，参加1933年举行的芝加哥百年进步纪念世界博览会并获奖章。

英商收购丝绸亏损 《昌邑县丝织一厂厂志》载：烟台的仁德洋行（英国人办）妄想垄断柳疃丝绸，他们筹办巨款，到柳疃座庄买绸，想买尽柳疃丝绸，产不供销，再抬高绸价，独赚高利。历时月余，洋行收买之柞绸已是运销不完，柳疃绸上市量却日益增多，绸源越来越涌，而洋行的筹款将要殆尽，英商无奈，只得停购，甘认亏损。

民国23年（1934）

昌邑绸代表国产丝绸之名誉 张兆麟1934年编著《胶东之丝绸业》载：胶东丝绸如一息奄奄，大有朝不保夕之慨。夫鲁东丝绸固曾在欧美享有好誉，今以斯业凋落之故，胶东工人被迫失业，直接间接不下20万人。继此以往，鲁东之繁荣，国产丝绸之名誉，将受莫大之损失……胶东柞茧，一部分取给于本地，名之曰东山茧，织成之绸名之曰宁海绸。其余大部分之茧则来自安东，名曰东北茧。此类茧丝之织造，多操之于昌邑工人，故名昌邑绸，实则是二者国人皆称之为山东绸。

民国 25 年（1936）

柳疃商业的鼎盛时期 《昌邑县商业志》载：民国 16 年（1927）到民国 25 年（1936），是柳疃商业的鼎盛时期，不但丝绸商号摩肩接踵，而且百货烟酒等店门户林立，饭店酒馆比比皆是，中西药铺医院有 9 家，并且有一个相当规模的浴池。

民国 26 年（1937）

买丝犯法　织绸没收 《昌邑县丝织一厂厂志》载：1937 年，日军入侵，此时的柳疃丝绸业虽处萧条，但尚有同祥泰、同源泰、裕成号、盛记号、天源号和复兴店等数家较大的丝绸商号开业，街里和四周乡村的“小窝庄”也有不少家。后日军侵占柳疃街，修筑据点。在日军铁蹄蹂躏下，国不安宁，民不聊生。谁买丝就是犯法，谁织绸就要没收，这样就断绝柞丝的来源，堵塞丝绸的销路，生产无法维持，广大织户闲置机具，即使千方百计弄点丝来织，也是无处销售。加上世道混乱，杂牌队伍猖獗，日军强行抢夺，横征暴敛，致使柳疃丝织业一落千丈，濒临绝境。只剩下极少数零星织户，织一些粗绸和小棉布，解决自己的穿衣和需要。

敌占区丝绸业几乎绝迹 《柳疃镇志》载：“七七事变”后，日军到处烧杀掳掠，广大劳动人民在死亡线上挣扎，随时准备逃难，谁也无心织机。合伙盖的半屋拆掉，不少农户还拆卸木机，改作他用，柳疃丝绸处于奄奄一息境地，在敌占区丝绸业几乎绝迹，只有在共产党领导生产自救的游击区和解放区还有织绸的农户。有的农家机匠为寻求生路，离乡背井闯“东山”，到胶东的栖霞、烟台、莱阳一带资本家开办的绸厂里吃劳金（织绸），卖苦力；有的带领全家老小下“关东”，到东北谋生。到解放前夕，只剩下同祥泰、同源泰、和玉成等几家绸店，整个柳疃地区年产小窄绸仅百万米。

民国 27 年（1938）

日军榨取财物 《昌邑县商业志》载：日军占柳疃后，“在柳疃街设立‘丝绸组合’，日本人一手控制，对丝绸原料和成品实行检查垄断，借以榨取丝绸商家财物。”

民国 30 年（1941）

昌邑绸大衰 1941 年版《山东各县概况一览•昌邑县》载：工业，（昌邑绸）现已大衰。

民国 31 年（1942）

昌邑绸商定居国外 《昌邑县侨务外事志》载：自 1942 年太平洋战争爆发后，水陆交通中断，造成国人无法外出和外出者有家难归状况，许多丝绸商人只得定居国外。

战时邮局成立 《昌邑县志》载：1942年2月，昌邑县人民政府在龙池郭疃村成立战时邮局。

民国 35 年（1946）

柳疃成立丝绸公司 《昌邑县经济综述》载：特别是日军侵略8年之久，昌邑丝绸业在劫难中几近窒息。日军投降后，党和人民政府于1946年在柳疃成立丝绸公司。

民国 36 年（1947）

林瑞五任织绸组组长 《林瑞五自传》载：林瑞五“1947年9月至1948年1月，在昌北门八村任织绸组组长”。

中华人民共和国

1949 年

柳疃丝绸复苏 《柳疃镇志》载：1949年全国解放，丝绸原料、销路恢复畅通。柳疃丝绸枯木逢春，绸商和店主们纷纷投资建厂、设店。

1950 年

投资集股开办绸庄绸店 《昌邑县志》载：春，党和政府组织柳疃一带群众投资集股，开办绸庄绸店，恢复丝绸生产。

丝绸管理委员会丝绸检查所成立 《昌邑县经济综述》载：春，昌邑县政府成立丝绸管理委员会丝绸检查所，在柳疃一带建起一批丝绸庄和丝绸店，恢复发展丝绸生产。

“关东丝”运到柳疃 齐广忠《回忆建国初期的柳疃丝绸》载：中华人民共和国成立后，交通方便，回家探亲者络绎不绝，他们往往不带钱，带上几捆丝就能赚回路费，也有专门搞贩运的，所以，“关东丝”就源源不断地运到柳疃。有了原料，机户如鱼得水，丝织业骤然兴起。1950年，柳疃的丝市、绸市、捻线市形成相当规模，农闲季节逢集日，各类丝绸上市量不下2000余匹。

柳疃丝绸重放光彩 《柳疃镇志》载：1950年，柳疃相继成立建昌绸厂、永庆丝绸店、裕兴染坊、复兴店、恒兴染坊、联成染厂等10余个商号，由南山、胶东购进原料（柞蚕丝）放给农家机匠加工后进行染炼，生产的粗腰带绸运往新疆、西藏、内蒙古等少数民族地区；五十码绸、二尺宽绸、一六绸经张家口运往国外销售。人民政府大力支持，劳资利益渐趋合理，柳疃丝绸重放光彩。1950年有6000余台木机，年产丝绸近1000万米。

1951年

第一家丝绸染坊成立 齐广忠《回忆建国初期的柳疃丝绸》载：经过抗日战争，已经死了庄的柳疃丝绸业又陆续有经营丝绸的店铺和炼坊。李希銮经理的复兴店、徐广田经理的新民绸店、傅寿山经理的宏大绸店、傅金峰经理的永大绸店、邓荣光经理的长兴合炼坊、陈子纯经理的裕昌炼坊、迟凤桐经理的成记炼坊等相继开业。1951年春，恒丰染坊开业，为柳疃丝绸史上第一家丝绸染坊。

合伙贷款办作坊 陈万通《回忆柳疃丝绸》载：1951年，高隆盛村高曰隆、高锡贤、高曰顺，久丰屯村史云洪、后官村魏传蒿，河崖村王修德6人贷款1000元，在高隆盛办起作坊，自己织，自己卖。

1952年

利民丝绸生产合作社建立 《柳疃镇志》载：1月，在柳疃区高隆盛村财主高兆俊房子上成立利民丝绸生产合作社（柳疃丝织二厂前身），职工15人，年底增至120人，木机从9台发展到12台，年产柞丝绸1.64万米，年产值3万元，利润3000元。

丝绸交烟台蚕丝公司 《昌邑县经济综述》载：1月，昌邑县供销社派黄德昌去柳疃区高隆盛村租民房20间，组建利民丝绸生产合作社，生产的丝绸交烟台蚕丝公司。

1953年

丝绸改革领导小组成立 齐广忠《回忆建国初期的柳疃丝绸》载：1953年春，丝绸改革领导小组成立，杨玉昆、范申庭任正副组长，组员有孙锡庚、李麟、温立让、齐广忠等，下设办事机构——丝绸交易所，温立让任所长。每逢集日，大张旗鼓地宣传丝绸改革的重要意义，规定严格检验制度，没有加盖合格印章的绸子不准上市出售。

丝绸展销检查所成立 《昌邑县丝织一厂厂志》载：5月16日，在柳疃设立昌邑县人民政府丝绸展销检查所，在丝绸交易中派专人检查质量，规定长宽尺度和重量，并向各织户广泛宣传掺假的危害性，不合格的绸子一律不准进入市场，偷工减料、绸中加浆的问题得到解决，柳疃绸重新走向正轨。

丝绸行业职工吃上国家商品粮 《昌邑县经济综述》载：1953年，在手工业社会改造初期，陆振翔、史洪恩的私人“建昌绸厂”入社，职工发展到48人，并开始转为吃国家商品粮，社址从高隆盛村迁至柳疃元宝湾南崖。同年，县政府派孙锡庚担任社主任。

织绸合作社成立 《昌邑县志》载：1953 年，柳疃区第一丝绸手工业合作社——高隆盛织绸合作社成立。

1954 年

合作社扩大规模 陈万通《回忆柳疃丝绸》载：1954 年，利民生产合作社在陈家庄和姜家堤子增设 2 个生产车间。此时陈家庄分成东西两村，所有的组一块儿加进去，东陈 6 个组，西陈 4 个组，每组五六个人，三四张机，都有组长，会计牵机、做丝。前后官庄、北西高、阎家庵村，昌邑北部乡村，潍河东王家庙子、高戈庄、张戈庄的人，均到利民社拿丝。

1955 年

柳疃丝绸加工组被接管 《潍坊丝绸志》载：4 月，山东省丝绸公司昌潍支公司成立，接管昌邑柳疃丝绸加工组丝绸经营业务，负责柞蚕收购、缫丝及经营丝织品出口等。

昌邑县参加全国侨务工作会议 《昌邑县侨务外事志》载：12 月，昌邑县副县长盛永治以侨务工作先进单位代表的身份，参加中华人民共和国华侨事务委员会在北京召开的全国侨务工作会议，会议印发昌邑县做好侨务工作的经验材料，盛永治在小组会上发言。

丝绸业效益大增 《柳疃镇志》载：是年，利民社全年产绸 2058 万米，产值 4078 万元，利润 4619 元，固定资产净值 898 万元，流动金 3916 元。

花纱布支公司成立 《昌邑县商业志》载：是年，昌邑县成立中国花纱布公司山东省昌邑县支公司。

1956 年

柳疃丝绸经营店成立 《昌邑县丝织一厂厂志》载：1956 年 1 月 25 日，在资本主义工商业社会主义改造中，柳疃建新染厂、联成染厂、义兴染厂、兴华炼坊、成记炼坊、长兴合炼坊、建华戈线厂和复兴信炼坊等 8 家私营绸店商号合并，建立公私合营的昌邑县供销合作社柳疃丝绸经营店（昌邑县丝织一厂前身）。企业性质属地方国营，齐广忠任私方经理。

公私合营工作进展顺利 齐广忠《回忆建国初期的柳疃丝绸》载：1956 年，合营后共有人员 53 人（5 名工人，48 名工商业者），经清产核资共有资金 2.1 万余元，齐广忠任经理，陈子纯任副经理，县供销社派去的王泽公任主管会计，下设业务组、财务组、染整车间、漂炼车间、合线车间等。合营工作进展顺利，半月时间生产、经营即开展起来，主要经营仍是少数民族用的各种丝绸。在经营方式上扩大自营比重，即自己派员采购材料，委托丝绸组加工（随着农业合作化的开展，织机户也都组织起来，成立农业社织绸组），收绸自己进行处理，自己派员去推销产品，推销点一直到青藏高原。

公方代表参与丝绸经营 《昌邑县丝织一厂厂志》载：8月，上级委派公方代表王泽公任昌邑县供销合作社柳疃丝绸经营店副经理，代表人民政府开展工作。

1957年

昌邑县归国华侨联合会筹备委员会成立 《昌邑县侨务外事志》载：6月，经县人民委员会研究，省人民委员会批准，成立昌邑县归国华侨联合会筹备委员会，委员15人。

探索生产新途径 《昌邑县丝织一厂厂志》载：8月，昌邑县供销合作社柳疃丝绸经营店，因东北产丝地区对生产原料实行统一控制和管理，原料一度出现极为困难局面。丝绸经营店发动群众，广找生产门路，从外地购进一大批丝挽手、茧索子，运到青岛、潍坊弹纺后，放给当地织户织成粗绸，炼染后销往甘肃、青海等地，继续维持生产。年底，盖起14间土木结构的西屋，建立人造棉生产车间，主要是用棉杆皮进行脱胶，再纺成棉纱，织成人造棉布和纺线绳子。

统一管理、分散生产 《昌邑县经济综述》载：是年，利民丝绸生产合作社“全社从业人员758人，木机476台，分为3个车间和17个加工组，分设于23个村，共有21个核算单位。在476台木机中，除27台属公有外，其余全属个人所有。”

委派会计人员参与丝绸经营 《昌邑县丝织一厂厂志》载：是年，上级委派国家干部张世熙担任昌邑县供销合作社柳疃丝绸经营店会计，负责财务工作。

1958年

昌邑县丝绸加工厂成立 《昌邑县丝织一厂厂志》载：1958年下半年，昌邑县供销合作社柳疃丝绸经营店安装部分手扔梭木机。自此，由单纯坐庄经营丝绸发展为加工生产丝绸。经昌邑县人民委员会批准，丝绸经营店更名为昌邑县丝绸加工厂，企业性质属地方国营。

柳疃人民公社丝绸加工厂成立 《昌邑县经济综述》载：12月，利民生产合作社下放到公社管理，改称为柳疃人民公社丝绸加工厂。

1959年

委派厂领导参与丝绸生产管理 《昌邑县丝织一厂厂志》载：5月，上级委派魏一亭到昌邑县丝绸加工厂任副厂长，参与丝绸生产管理工作。

组成3个丝绸合作工厂 《昌邑县经济综述》载：8月，手工业生产合作社归队后，该社归属县工业部统一领导，县手工业管理局主管。组建昌邑县第一丝绸合作工厂、昌邑县第二丝绸合作工厂、昌邑县第三丝绸合作工厂。

丝绸加工厂建立共青团组织 《昌邑县丝织一厂厂志》载：11月，根据上级指示精神，建立共产主义青年团昌邑县丝绸加工厂支部，张世熙担任团支部书记。

1960 年

县联社丝绸厂建立 《昌邑县经济综述》载：8 月，昌邑县第一、二、三丝绸合作工厂合并为昌邑县手工业合作联社丝绸厂（县联社丝绸厂）。职工 298 人，下设 5 个车间，分别设在高隆盛、陈家庄、姜家堤子、门八、柳疃街。厂办在柳疃街元宝湾南侧。

学习生产技术 《昌邑县丝织一厂厂志》载：11 月，昌邑县丝绸加工厂派高福圣和姜曰希等人去周村，学习先进丝织生产技术。随后，淘汰手扔梭木机，换上电力传动铁木丝织机，生产效率显著提升。

1961 年

丝绸加工厂建立党支部 《昌邑县丝织一厂厂志》载：是年，经上级党委批准，昌邑县丝绸加工厂在 1958 年 4 月成立的党小组基础上，成立中国共产党昌邑县丝绸加工厂支部委员会。有中共党员 4 人，崔功述任党支部副书记（支部书记空缺）。

1962 年

丝绸加工厂精减人员 《昌邑县丝织一厂厂志》载：4 月，昌邑县丝绸加工厂根据上级指示和厂内生产状况，精减下放职工 33 名。

印度政府排斥迫害华侨 《昌邑县侨务外事志》载：是年，印度政府排斥迫害华侨，昌邑县旅居印度的部分华侨陆续回国。归国华侨受到热情接待，被妥善安置。

1963 年

丝绸加工厂改制 《昌邑县丝织一厂厂志》载：下半年，经上级批准，昌邑县丝绸加工厂性质由地方国营企业改为县办大集体企业。

丝绸加工厂调入技术工人 《昌邑县丝织一厂厂志》载：8 月，根据生产需要，经上级协调，昌邑县丝绸加工厂从昌邑县手工业职业丝绸厂（昌邑县丝织二厂前身）调进技术工人 10 名。

昌邑县归国华侨联合会成立 《昌邑县侨务外事志》载：12 月 19 日，在县城召开昌邑县归国华侨联合会成立大会，选举产生昌邑县第一届委员会。

丝绸加工厂实现机械化生产 《昌邑县经济综述》载：是年，昌邑县丝绸加工厂，企业性质由地方国营改为大集体。主机增加到 36 台，新增 5 台附机和 2 部 40 马力柴油机，实现机械化生产。

1964 年

丝绸加工厂生产设施建设 《昌邑县丝织一厂厂志》载：8 月，昌邑县丝绸加工厂建起第1座砖瓦结构的力织生产车间，安装主机24台。

丝绸加工厂招收临时工 《昌邑县丝织一厂厂志》载：10月，根据生产需要，上级批准，昌邑县丝绸加工厂从农村招收第一批临时工，共计15名。

丝绸加工厂成立工会委员会 《昌邑县丝织一厂厂志》载：11月，经上级批准，昌邑县丝绸加工厂成立工会委员会，高林孝任工会主席。

1965年

设备扩充和技术创新 《昌邑县丝织一厂厂志》载：10—12月，昌邑县丝绸加工厂安装铁制丝织机12台，并在改造自动换梭的同时，改制成功纬停和经停等部件。通过技术创新，降低生产成本和工人劳动强度，生产效益显著提高。

1966年

丝绸厂（社）更名 《柳疃镇志》载：10月，昌邑县丝绸加工厂职工开始参与无产阶级文化大革命，随后厂名改为昌邑县红卫丝织厂。昌邑县手工业合作社联合社改名为昌邑县东风丝织厂。企业性质仍为县办大集体企业。

1967年

解放军进厂"支左" 《昌邑县丝织一厂厂志》载：2月，中国人民解放军6061部队进驻昌邑县红卫丝织厂，支持革命"左派"，参与无产阶级文化大革命，很短时间后撤离。

丝织厂成立革命委员会 《昌邑县丝织一厂厂志》载：5月，昌邑县红卫丝织厂成立革命委员会，全权管理厂内党务、厂务及生产等。党支部书记张世熙被停职，靠边站。

丝织厂新增生产设备 《昌邑县丝织一厂厂志》载：7月，昌邑县红卫丝织厂建起第二座力织生产车间，安装24台仿津田铁木丝织机。

1968年

丝织厂更新生产设备 《昌邑县丝织一厂厂志》载：上半年，昌邑县红卫丝织厂力织车间24台铁木丝织机被淘汰，新安装24台"坂本"铁制丝织机，生产效率进一步提高。

1969年

丝织厂更换动力机械 《昌邑县丝织一厂厂志》载：3月，昌邑县红卫丝织厂淘汰2台40马力柴油机组，更换1部135柴油机组，解决生产动力不足问题。

1971年

丝织厂临时工转正 《昌邑县丝织一厂厂志》载：7月，昌邑县红卫丝织厂根据生产需要，经上级批准，厂内62名临时工按国家政策转为正式工人。

丝织厂恢复党组织 《昌邑县丝织一厂厂志》载：年底，昌邑县红卫丝织厂根据上级部署，开展整党建党工作，恢复党支部，尉佃勤（1970年上级党组织委派进厂任主要负责人）任支部书记，张世熙任副书记。

1973年

丝织厂扩大生产 《昌邑县丝织一厂厂志》载：是年，昌邑县红卫丝织厂安装K2锅炉和K144浆丝机各1台，并增添提花丝织装置，派人去周村学习提花丝织技术，开始生产丝织被面及提花丝织品，扩大生产规模，增加新品种。

1974年

丝织厂增加设施、设备 《昌邑县丝织一厂厂志》载：是年，昌邑县红卫丝织厂建起2层职工宿舍楼，改善职工生活条件；同时，购进第一辆潍坊产“白浪河”牌汽车，方便生产物资运输。

1975年

丝织厂扩展生产项目 《昌邑县丝织一厂厂志》载：是年，昌邑县红卫丝织厂建起“锯齿形”力织生产车间，增加采光透明度，改善生产环境；建成印染车间，扩展生产项目。

企业荣誉 《昌邑县丝织一厂厂志》载：12月，昌邑县红卫丝织厂被中共昌邑县委命名为“工业学大庆”先进企业，并授予锦旗一面。

1976年

集体荣誉 《昌邑县丝织一厂厂志》载：5月，昌邑县红卫丝织厂丝织准备车间被山东省妇联命名为“妇女社会主义革命和社会主义建设先进集体”。

昌邑县丝绸印染厂成立 《柳疃镇志》载：11月，昌邑县红卫丝织厂与昌邑县东风丝织厂，是年，漂炼车间合并，成立昌邑县丝绸印染厂。厂址设在昌邑城西马家村前。职工80人，染整机10台，年产量383万米，产值1135万元，利润31万元，固定资产30万元。

丝织厂扩大生产规模 《昌邑县丝织一厂厂志》载：是年，红卫丝织厂主厂房由40余间扩大到260余间，新上印染车间，盖起印花楼，建起烘丝房、浆丝房和整浆联合机屋，生产效率大幅度提高。

1977年

昌邑县蚕丝公司成立 《潍坊市丝绸志》载：7月，成立昌邑县蚕丝公司，隶属山东省蚕丝公司潍坊蚕丝采购供应站，负责蚕茧收烘业务。由山东省蚕丝公司统负盈亏。

柳疃、城关2个公社的丝织厂建成投产 《昌邑县经济综述》载：是年，柳疃、城关 2 个公社的丝织厂建成投产，新上纺织机 30 台，为昌邑县蚕茧公司加工丝绸。

1978 年

丝织厂计酬改革 《昌邑县丝织一厂厂志》载：8 月，昌邑县红卫丝织厂实行计时工资加奖励的奖惩制度，体现多劳多得的工资分配制度。

第二届归国华侨代表大会召开 《昌邑县侨务外事志》载：10 月 21 日，在县城召开第二届归国华侨代表大会。选举产生第二届侨联委员会。

企业荣誉 《昌邑县丝织一厂厂志》载：11 月，昌邑县红卫丝织厂力织车间丙班 12 组被山东省妇联命名为“先进集体”。

1979 年

丝织工人个人荣誉 《昌邑县丝织一厂厂志》载：3 月，昌邑县红卫丝织厂青年轮换工刘玉香被团中央授予“全国新长征突击手”荣誉称号。

日本商人参观昌邑丝织生产 《昌邑县丝织一厂厂志》载：4 月，日本株式会社奥山商店顾问东范雄（音）一行到昌邑县红卫丝织厂参观生产工艺及产品。

丝织厂计酬改革 《昌邑县丝织一厂厂志》载：9 月，昌邑县红卫丝织厂根据上级指示，在力织和准备两车间挡车工中，实施计件工资制度试点。

设备、设施扩充 《昌邑县丝织一厂厂志》载：是年，昌邑县红卫丝织厂从咸阳购进 20 台 K251—160 型丝织机；从上海购进 1 台 SHL6.5 吨锅炉；建成 3 层办公大楼 1 座。

1980 年

丝织厂更名 《丝织一厂厂志》载:4 月，为便于开展贸易，恢复历史悠久的柳疃丝绸老字号，经县地名委员会和有关部门批准，昌邑县红卫丝织厂改名为昌邑县柳疃丝织一厂，山东省副省长高启云书写厂牌。昌邑县东风丝织厂改名为昌邑县柳疃丝织二厂。

《山东画报》刊登样品广告 《昌邑县丝织一厂厂志》载：6 月，山东画报社记者到昌邑县柳疃丝织一厂拍摄丝织产品样品，在本年《山东画报》第六期上大篇幅刊登该厂生产的多种样品画面广告。

丝织厂增添生产设备 《昌邑县丝织一厂厂志》载：9 月，昌邑县柳疃丝织一厂从咸阳购进 34 台 K251—160 型丝织机；从周村购进 20 台 K76—160 型丝织机。生产规模进一步扩大，丝织品种增多。

省电视台播放录像 《昌邑县丝织一厂厂志》载：10 月，山东电视台派记者到昌邑县柳疃丝织一厂拍摄丝绸产品和工人生产现场录像，在山东电视台新闻节目播放，进行生产介绍和产品推介。

柳疃捻丝绸获省优质产品称号 《昌邑县志》载：10 月，柳疃捻丝绸，在全省丝绸质量评比会上，获省优质产品称号。

丝织厂、丝织印染厂概况 《丝织一厂厂志》载：是年，昌邑县柳疃丝织一厂、二厂和昌邑县丝织印染厂共占地280亩，厂房面积35807平方米，固定资产净值572.9万元。职工有1858名，织机356台，印染主机56台，年产丝绸1648.11万米，年印染绸830万米。

1981年

昌邑县丝绸公司成立 《潍坊市丝绸志》载：7月，成立昌邑县丝绸公司，将蚕茧公司、农业局、轻工业局等部门的蚕丝绸业务一并划入管理。实现蚕丝绸产供销一体化的经济联合体。业务隶属潍坊丝绸公司管理。

丝织厂设备更新 《昌邑县丝织一厂厂志》载：10月，昌邑县柳疃丝织一厂先后安装110台国产K251-160型和K76-160型丝织机，淘汰部分陈旧丝织机。

华侨捐资兴办昌邑县华侨绣服厂 《昌邑县侨务外事志》载：是年，遵照国务院侨办“泉州会议”精神，县侨办、侨联通过各种渠道，取得广大海外侨胞、国内归侨、侨眷大力支持，集资人民币16万元，港币48万元，兴办昌邑县华侨绣服厂。

1982年

丝织产品获省优质称号 《昌邑县丝织一厂厂志》载：5月，昌邑县柳疃丝织一厂生产的“43259柳絮绸”新产品被山东省丝绸公司评为优质产品。

1983年

丝织厂增添设备 《昌邑县丝织一厂厂志》载：6月，昌邑县柳疃丝织一厂从杭州购进36台ZK272-160型丝织机。

真丝丙纶被面荣获国家金龙奖章 《昌邑县丝织一厂厂志》载：10月，昌邑县柳疃丝织一厂真丝丙纶丝织被面，获国家经委授予“优秀新产品开发奖”，并颁发“金龙”奖章。

县丝织一厂获部级、省级优秀企业称号 《昌邑县丝织一厂厂志》载：12月，昌邑县柳疃丝织一厂被纺织工业部、山东省丝绸公司分别授予安全生产“三无企业（三无即无违章、无隐患、无事故）”优秀企业称号。

1984年

丝织厂更名 《昌邑县丝织一厂厂志》载：3月，昌邑县柳疃丝织一厂更名为山东省昌邑县丝织一厂，昌邑县柳疃丝织二厂更名为山东省昌邑县丝织二厂。

丝织厂增加设备 《昌邑县丝织一厂厂志》载：4月，山东省昌邑县丝织一厂从咸阳购进120台K251-160型丝织机。

丝织厂基本建设 《昌邑县丝织一厂厂志》载：是年，山东省昌邑县丝织一厂建成8500平方米现代化生产车间1座；建成4000平方米4层职工宿舍楼2栋。

丝织产品获省优 《昌邑县丝织一厂厂志》载：是年，山东省昌邑县丝织一厂新产品“彩峰牌”缎背绉，获“山东省优质产品”称号。

1985 年

县丝织一厂产品获奖 《山东省志·丝绸志》载：1985 年 10 月，昌邑县丝织一厂生产丝绸品种 27 个，60 多个花样，出口品种 8 个。其中“雅风牌”寿字葛等 5 个品种获“山东省优质产品”称号。

县丝织二厂获奖 《山东省志·丝绸志》载：1985 年 10 月，昌邑县丝织二厂生产的人丝二四广壮绸获“山东省优质产品”称号。

工厂荣誉 《昌邑县丝织一厂厂志》载：是年，山东省昌邑县丝织一厂被中共昌邑县委命名为文明工厂。

1986 年

柳疃丝绸在国际上颇负盛名 《昌邑县地名志》载：1986 年，柳疃已发展成为新型丝织重镇，具有现代化先进工艺的县丝织一、二厂为龙头，纺织、漂洗、染织等设施全部配套为主体的镇内丝织企业遍及各村。镇和村办丝织厂有 47 处。全镇年产达 2000 余万米，收入总额 2298 万元，占工农业总收入的 70.92%，超过历史最高水平。花色品种增加到 90 余个，精产各种绸、缎、绉、绵、纱、绢等。所产或软如烟云，风吹飘飘，或色泽艳丽，如花似锦，或紧密厚实，美观雅致，各具特色，颇受消费者欢迎。畅销欧美及东南亚 20 余个国家和地区。柳疃丝绸成为增进各国人民友谊的纽带，在国际上颇负盛名。

1987 年

昌邑县丝织厂成立 《昌邑市志》载：3 月，由昌邑县丝织一厂分离出部分人员，组建昌邑县丝织厂，企业性质为集体企业。

1990 年

姜春云到后官村考察村办企业 《后官村志》载：秋，中共山东省委书记姜春云到柳疃镇后官村考察村办企业。

1991 年

丝织厂迁址更名 《昌邑市志》载：3 月，昌邑县丝织厂由柳疃迁址县城，更名为昌邑县日久丝织厂。

印尼侨胞到昌邑县参观访问 《昌邑县侨务外事志》载：9 月，参加山东省华侨中学 35 周年校庆的 46 名印尼侨胞到昌邑县参观访问。参观县职业中专学校、县丝织一厂、柳疃常家庄、县华侨绣服厂和文管所等单位。

落实侨务政策 《昌邑县侨务外事志》载：11 月，对华侨绣服厂 68 名侨属职工（其中男 31 人，女 37 人）和他们的子女 34 人，全部一次性由农业户口转为非农业户口。

1992 年

建立纺织品批发市场 《昌邑大事记》载:10月,昌邑县人民政府为发展纺织产业,建成昌邑县纺织品批发市场。外地及本地丝织、纺织品经销商在此经营,生意一时红火。

1994 年

丝绸等产品出口创汇 《昌邑大事记》载:7月,昌邑市外贸出口商品收购额达4.38亿元,其中丝绸、毛巾等11种产品比1993年增幅均在50%以上;并初步形成以丝绸、服装和农副产品等为主的出口体系,出口商品17类,180余个品种。

1995 年

昌邑获中国丝绸之乡称号 《昌邑文化博览》载:3月,昌邑市被首批百家中国特产之乡命名委员会命名为"中国丝绸之乡"。

潍坊市人大领导到昌邑检查指导 《昌邑大事记》载:6月13日,潍坊市人大常委会财经委副主任刘惠远、李尔强等一行4人,到昌邑市日久丝织厂等企业调查三资企业贯彻实施《中华人民共和国劳动法》情况。

1996 年

潍坊市乡镇企业家参观村办染织企业 《昌邑大事记》载:5月2日,潍坊市组织45名乡镇企业家到昌邑参观青阜印染总公司、后官染织总厂、大富实业总公司3处村办企业,并听取企业负责人的情况介绍。

全国政协常委梁步庭参观丝织印染等企业 《昌邑大事记》载:6月6日,全国政协常委梁步庭等一行23人,在潍坊市委常委、市委秘书长李光信等陪同下,到昌邑市丝织一厂、抽纱厂、昌进织造有限公司、后官染织总厂等企业参观考察。

1997 年

市领导慰问丝绸印染厂等企业 《昌邑大事记》载:1月下旬,中共昌邑市委书记张敦柏、市长滕泽利等市级领导走访慰问丝绸印染厂、第二水泥厂等困难企业及老干部、丈岭镇库区移民村特困户等,发放救济金等25万元。

潍坊市纺织现场工作会议在昌邑召开 《昌邑大事记》载:3月8日,潍坊市纺织现场工作会议在昌邑召开。潍坊市委副书记王玉芬一行及入会各县(市区)负责人,纺织企业代表在昌邑市领导陪同下参观龙池龙北、姚徐邓、市纺织印染总厂、华发丝绸服装等10个市、乡镇和村办企业。

"雅风牌"丝绸系列产品被评为"全国名牌产品" 《昌邑大事记》载:6月18日,在北京举办的全国丝绸博览会上,昌邑市丝织一厂生产的"雅风牌"丝绸面料等系列产品被评为"全国名牌产品"。

以色列客人到昌邑参观市丝织一厂等

企业 《昌邑大事记》载：7月10日，以色列市长代表团一行15人，在中国对外友协亚非部三处扈建怀、林怡等陪同下，到昌邑市进行友好访问。在省市领导和外侨办领导陪同下参观市丝织一厂、中粮新昌食品有限公司和昌邑市博物馆。

潍坊市领导到市丝织一厂检查指导工作 《昌邑大事记》载：11月8日，潍坊市委副书记、副市长王玉芬到昌邑市丝织一厂等企业检查指导工作。

1998年

潍坊市领导到市丝织一厂调研工作 《昌邑大事记》载：3月19日，潍坊市副市长李守民到昌邑市丝织一厂及服装、纺机、工艺品和巾被等集团公司调研工业发展情况。

平阴县客人参观市丝织一厂等企业 《昌邑大事记》载：4月12日，平阴县委书记王义来率县五大班子领导、县直各部门主要负责人及各乡镇党委书记组成参观团，在潍坊市副市长张建国等领导陪同下，到昌邑市丝织一厂、柳疃后官染织总厂等企业参观，并参观访问昌邑市农业产业化建设等。

桑蚕科技示范园建立 5月，昌邑市丝绸公司为培育桑树新品种，加强桑蚕生产科研和技术推广，在卜庄镇刘庄村租地200亩，租期12年，投资100余万元，建起桑蚕科技示范园，为昌邑桑蚕生产起到科技推广和带动示范作用。

兴建纺织丝绸服装市场 《昌邑大事记》载：5月10日，昌邑市纺织丝绸服装批发市场动工兴建，市领导参加奠基仪式。

潍坊市领导到桑蚕科技示范园检查指导工作 《昌邑大事记》载：7月2日，潍坊市委副书记迟昭厚到昌邑市丝绸公司桑蚕科技示范园等处检查指导外向型农业工作。

昌邑市领导到纺织丝绸市场现场办公 《昌邑大事记》载：7月31日，市委副书记、代市长孟祥志、副市长王敬祥，带领市建委、工商局、公安局的主要负责人到新建纺织丝绸市场现场办公，协调解决市场建设和城市管理中存在的问题。

潍坊市领导到市丝织一厂检查指导 《昌邑大事记》载：8月16日，潍坊市委副书记王京清到昌邑市丝织一厂及柳疃镇部分镇办、村办和私营企业检查指导工作。

潍坊市领导到山东华发丝绸服装有限公司调研 《昌邑大事记》载：8月18日，潍坊市委副书记、市长王玉芬到山东华发丝绸服装有限公司、福鹏染织有限公司、后官集团、大富集团等纺织企业及其他公司调研。

潍坊市领导到市丝织二厂检查指导工作 《昌邑大事记》载：8月30日，潍坊市政府副市长李守民一行4人到昌邑市丝织二厂、柳疃后官染织总厂、柳疃西傅染织厂及其他企业检查指导工业工作。

新华社记者调查采访丝绸服装市场 《昌邑大事记》载：10月27日，新华社山东分社社长柴怀吉一行3人，到昌邑市纺织丝绸服装市场以及其他企业调查采访，对昌邑市“双十工程”实施情况给予高度评价。

山东华发丝绸服装有限公司经济效益取得新突破 《昌邑大事记》载：11月，山东华发丝绸服装有限公司坚持“以质量求生存，以信誉求发展”治厂方针，狠抓质量和企业管理，企业素质不断提高。1—11月，全公司完成123万件丝绸服装出口任务，实现销售收入4240万元，比1997年同期增长42%。

1999年

丝绸服装交易展销会开幕 《昌邑大事记》载：4月17日，昌邑市纺织丝绸服装交易会暨农副产品展销会开幕。孟加拉、意大利、美国、日本、法国、新加坡、韩国等国家及中国台湾、中国香港地区的客商及上海、北京、湖北、江苏、辽宁、黑龙江、浙江和山东省客商及昌邑市民万余人参加开幕式。潍坊市政府副市长胡岗、潍坊市政协副主席赵俭、潍坊市人大原副主任王灿德、李汉三及昌邑市委书记张敦柏、市长孟祥志为交易展销会剪彩。

潍坊市领导到昌邑桑蚕科技园检查指导 《昌邑大事记》载：10月11日，潍坊市副市长胡岗等领导到昌邑桑蚕农业高科技园检查指导工作，参观天水、东苑农贸市场。

昌邑市政府召开桑蚕业发展现场会 《昌邑大事记》载：11月16日，昌邑市人民政府召集各乡镇（街道）及相关企业主要领导，到桑蚕农业科技园召开现场会。分析昌邑市桑蚕业发展形势，动员全市上下明确任务，落实措施，抓好桑园建设，加快创汇农业和特色农业发展步伐。市委常委、副市长范西智主持会议，市长孟祥志讲话。

丝织厂改制 《昌邑市志》载，12月，昌邑市日久丝织厂改制，更名为昌邑市新星织造有限公司。

2000年

中国轻纺城钱清昌邑原料市场奠基 《昌邑大事记》载：3月18日，由浙江绍兴中国轻纺城钱清轻纺原料市场开发有限公司投资建设的中国轻纺城钱清昌邑原料市场一期工程举行奠基仪式。该市场注册资金300万元，位于李家埠镇李家埠村南，北海路东。建成后面向全国经营纺织原料（不包括棉花）及纺织机械配件等。

潍坊市领导到中国轻纺城钱清昌邑原料市场考察 《昌邑大事记》载：4月17日，潍坊市委书记曹学成，市委常委、组织部长毕可仁到中国轻纺城钱清昌邑原料市场建设工地以及昌邑市农业高新技术走廊进行考察。

市丝织一厂改制 《昌邑发展纪实》载：8月，昌邑市丝织一厂改制，更名为昌邑市华裕丝绸有限责任公司。

柳疃丝绸技艺第八代传承人获批 经山东省人民政府、山东省文化厅批准，魏耀林为柳疃丝绸技艺第八代传承人，并终生享受政府津贴。

2001 年

市丝织二厂改制 《昌邑发展纪实》载：3 月，昌邑市丝织二厂改制，更名为华信丝绸有限责任公司。

2002 年

织造协会成立 《昌邑发展纪实》载：7 月 19 日，昌邑市织造协会成立。

昌邑邮政建局百年庆祝大会 《昌邑发展纪实》载：10 月 9 日，昌邑市邮政局在柳疃邮政支局举行昌邑邮政建局百年暨第三十三届“世界邮政日”庆祝大会。昌邑市领导及省、潍坊市邮政局领导参加大会；同时举办邮展、书画展和丝绸产品展览。

昌邑获中国印染名城称号 《昌邑市志》载：12 月 24 日，中国纺织产业基地市县、特色城（镇）产业集群发展研讨会在北京人民大会堂隆重举行。会上，昌邑市获中国印染名城称号。昌邑市副市长王敬祥等参加会议，并领取铜匾。

2003 年

中国印染名城发展情况调研 《昌邑发展纪实》载：3 月 11 日，中国纺织协会副会长陈树津一行，在山东省纺织工业办公室主任赵传香及潍坊市委、市政府领导陪同下，到昌邑市调研中国印染名城发展情况。

潍坊市百强民营企业评选 《昌邑发展纪实》载：3 月，昌邑市有 10 家民营企业跻身潍坊市百强民营企业行列，其中有 7 家为纺织印染企业。10 家企业为潍坊昌进织造有限公司、昌邑市后官富民纺织印染有限公司、山东青阜纺织印染有限公司、昌邑市姚徐邓染织有限公司、昌邑市昌龙染织有限公司、昌邑市大富实业有限责任公司、昌邑市大有印染制造有限公司及潍坊金丝达集团有限公司、昌邑市金城制造有限公司和潍坊市中云机械有限公司。

纺织工业工作调研 《昌邑发展纪实》载：10 月 11 日，中国工程院院士、国务院国有资产监督管理委员会副部级化纤专家、原国家纺织工业部副部长李国标到昌邑市调研纺织工业。

“中国印染名城杯”诗词大赛 《昌邑发展纪实》载:11 月 28 日,昌邑市举行“中国印染名城杯”诗词大赛评选揭晓新闻发布会，共有 16 件作品获一、二、三等奖，32 件作品获优秀奖。中共昌邑市委常委、宣传部部长周娟出席发布会。

2004 年

桑蚕协会理事会第二次会议召开 《昌邑发展纪实》载：3 月 16 日，昌邑市桑蚕协会理事会第二次会议召开。市领导陆崇顺、王乐堂出席会议。

2005 年

桑蚕协会召开第三次理事会 《昌邑发展纪实》载：1 月 11 日，昌邑市桑蚕协会召开第三次理事会。总结前段工作，分析桑蚕发展趋势，研讨今后工作策略。

市委组织老干部到中国（柳疃）棉纺城等处实地考察 《昌邑发展纪实》载：10 月 13 日，中共昌邑市委组织副县级以上老干部对中国（柳疃）棉纺城等 5 处新建重点项目实地考察。

2006 年

中国（柳疃）棉纺城招商工作会议 《昌邑发展纪实》载：4 月 8 日，昌邑市人民政府召开中国（柳疃）棉纺城招商工作会议，动员各乡镇（街道）及市直有关部门迅速行动起来，全面展开棉纺城招商工作。

高档印花生产加工项目开工建设 《昌邑发展纪实》载：4 月 26 日，潍坊华腾印染织造有限公司与广东省湛江市谭桂峰合资新上高档印花生产加工项目在龙池镇开工建设。

省政协调研组实地考察侨务企业 《昌邑发展纪实》载：5 月 12 日，中国人民政治协商会议山东省委员会调研组一行到昌邑华侨绣服服装有限公司等侨务企业进行实地考察，对做好新时期、新阶段的侨务工作进行调研。

潍坊市厂务民主管理工作督察 《昌邑发展纪实》载：10 月 24 日，潍坊市厂务公开民主管理工作调研督察组到昌邑市华发丝绸服装公司等单位调研督查。调研督察组听取昌邑市相关领导汇报，了解厂务公开民主管理工作情况。

柳疃丝绸技艺成功申遗 昌邑市华裕茧绸文化博物馆记：12 月，柳疃丝绸技艺成功申遗为山东省非物质文化遗产。

第一编　建置　区划　环境

JianZhi QuHua HuanJing

昌邑絲綢卷

昌邑历史悠久，丝绸文化源远流长。根据北孟千戈庄村出土的黑陶片鉴定，属龙山文化，证明4000年前此地就有人类聚居。1987年出版的《昌邑县志》记载：周朝时，龙池一带就“养蚕织帛，捻线就织”，所织皆为家蚕茧绸和樗茧绸。说明昌邑以“柳疃绸”为代表的丝织业已经形成，距今有3000余年历史。柳疃丝绸曾是中国近代“丝绸之路”和“海上丝绸之路”的重要源头之一。

在昌邑丝绸生产的历史上，丝绸生产地域概念以柳疃镇为中心向周边蔓延，人们称这一区域为绸乡。古代，柳疃一带丝绸作坊基本上以家庭为单位，自产自销。随着生产技术提高，柳疃丝绸名气越来越大，生产规模随之扩大，由当地销售逐渐发展到国内销售，进而跨入丝绸之路，开始到国外销售，门店也就由当地发展到全国各地和俄国、日本、印度、尼泊尔以及印度尼西亚等国家。当时有不少人收购柳疃绸后，用包袱包起来背在身上（即称背包袱），踏出国门，开始上北洋、闯东洋、下南洋和下西洋的艰苦销绸之旅，还开辟经下营港外运的海上丝绸之路，涉及区域包括龙池、卜庄、下营等镇及奎聚、都昌街道的不少村庄。经营丝绸区域大都地处沿海，土地贫瘠，靠天吃饭，每年还要受到海潮及其他自然灾害威胁，生活极为困苦。古代的人们便开始以丝织为主的手工业，以求生存。

第一章　建置沿革

第一节　位置　面积

位置　昌邑市位于山东半岛西北端，地理坐标北纬36°25′～37°08′，东经119°13′～119°37′。东与平度市以胶莱河为界；南与高密市、安丘市接壤，西与潍坊市寒亭区、坊子区毗连，北濒渤海莱州湾，海岸线长53公里。县城坐落于市境中部偏西北，直线距北京450公里，至济南215公里，至青岛130公里，至潍坊30公里。

面积　历史上，随着朝代更替，境内封国置县，面积几经变化。但因年代久远，失之记载，清代以前已难于考订。清末至民国期间，县域稍大于今，东西最宽处50公里。1945—1956年，由于昌北、昌南2县分置，县下部分政区划出划入，境域屡变。到1957年5月，随着部分村庄划归高密，昌邑县县境方始定型。县域纵长横窄，中若蜂腰。南北长75公里，东西宽处32.5公里，窄处仅7.5公里。2006年，总面积海拔2米以上为1578.7平方公里，海拔-0.4米以上为1812平方公里。

第二节　历史沿革

根据文字记载，昌邑自夏禹分天下为九州始属青州。秦时置都昌县。宋建隆三年（962）始称昌邑县。这一称谓一直沿用千余年。至1994年6月，国务院批准撤县设市始称昌邑市。在漫长历史长河中，随着时代发展、朝代更替，昌邑隶属关系时有改变。

昌邑市建置沿革一览表

表1-1

<table>
<tr><th colspan="2">时间</th><th>名称</th><th>隶属</th><th>治所</th><th>备注</th></tr>
<tr><td colspan="2">夏</td><td>–</td><td>青州</td><td>–</td><td>–</td></tr>
<tr><td colspan="2">商、西周</td><td>–</td><td>莱国</td><td>–</td><td>石埠西村有商周遗址</td></tr>
<tr><td colspan="2">东周、春秋</td><td>郚
邶殿
都昌</td><td>纪国
齐国</td><td>瓦城
今昌城西侧</td><td>有郚水流经此
齐建别都于此</td></tr>
<tr><td colspan="2">战国</td><td>都昌</td><td>齐国</td><td>昌城</td><td>–</td></tr>
<tr><td colspan="2">秦</td><td>都昌</td><td>胶东郡</td><td>昌城</td><td>–</td></tr>
<tr><td colspan="2">西汉</td><td>都昌
下密
密乡国
平城国
胶阳国</td><td>青州北海郡
青州北海郡
青州北海郡
青州北海郡
青州北海郡</td><td>昌城
古城里
饮马
高阳村</td><td>胶东顷王子林封地
胶东顷王子邑封地
淮阳王宪孙封地</td></tr>
<tr><td colspan="2" rowspan="2">东汉
下密</td><td rowspan="2">都昌</td><td rowspan="2">初属北海郡
后属北海国
密城</td><td>昌城</td><td>–</td></tr>
<tr><td>–</td><td></td></tr>
<tr><td colspan="2" rowspan="2">三国
下密</td><td rowspan="2">都昌</td><td rowspan="2">北海国</td><td>昌城</td><td>–</td></tr>
<tr><td>–</td><td></td></tr>
<tr><td colspan="2" rowspan="2">晋
下密</td><td>都昌</td><td>初属齐郡</td><td>昌城</td><td>永嘉乱后废</td></tr>
<tr><td>后属北海郡</td><td>密城</td><td>–</td><td></td></tr>
<tr><td rowspan="6">南北朝</td><td>宋（刘宋）</td><td>下密</td><td>北海郡</td><td>密城</td><td>–</td></tr>
<tr><td rowspan="3">北魏</td><td>都昌</td><td rowspan="3">青州北海郡</td><td>昌城</td><td>–</td></tr>
<tr><td>下密</td><td>密城</td><td>–</td></tr>
<tr><td>胶东</td><td>今寒亭境</td><td>包括寒亭一部分</td></tr>
<tr><td rowspan="2">北齐</td><td>都昌</td><td rowspan="2">高阳郡</td><td>–</td><td>治所徙昌乐境</td></tr>
<tr><td>下密</td><td>密城</td><td>治所徙潍县境</td></tr>
<tr><td colspan="2">隋</td><td>东下密</td><td>初属潍州后属北海郡</td><td>今寒亭境</td><td>包括寒亭一部分</td></tr>
<tr><td colspan="2">唐</td><td>北海</td><td>河南道青州</td><td>今寒亭境内</td><td>–</td></tr>
</table>

续表

时间	名称	隶属	治所	备注
宋	昌邑	初属北海郡后属京东东路潍州	昌城	建隆三年
金	昌邑	山东东路益都府潍州	昌城	–
元	昌邑	山东东西道宣慰司益都路总管府潍州	昌城	–
明	昌邑	山东布政使司莱州府	昌城	–
清	昌邑	山东布政使司莱州府平度州	昌城	–
1912	昌邑县	山东省胶东道	昌城	–
1925	昌邑县	山东省莱胶道	昌城	–
1927	昌邑县	山东省	–	–
1938	昌邑县	–	旗杆元家（国民党政府）	日军侵占昌城
1939	昌邑县	山东省第八行政区 山东省第十三行政区	流亡平度、高密等地（国民党政府）	–
1941	昌邑县	胶东区西海专区 清河区清东专区	瓦城（昌邑县人民政府）	–
1945	昌北县 昌南县	山东省第十七行政区胶东区西海专区	昌城北孟	1949 年秋，昌南县迁驻饮马村
1950.4	昌邑县 昌南县	昌潍专区	昌城饮马村	–
1956.4	昌邑县	昌潍专区	昌城	昌邑、昌南两县合并
1967	昌邑县	昌潍地区	昌城	–
1981	昌邑县	潍坊地区	昌城	–
1983	昌邑县	潍坊市	昌城	–
1994.7	昌邑市	山东省直辖潍坊市代管	昌城	–

第二章　绸乡区域

第一节　柳疃镇

柳疃镇位于昌邑城北，东隔潍河与夏店镇相望，南与奎聚街道相邻，西与龙池乡接壤，北濒莱州湾，中贯灶朱公路与都昌、奎聚两处街道南北相连。镇机关驻柳疃街，距县城 9 公里，距渤海岸边滩涂 10 公里。

柳疃镇历史悠久，早期属龙山文化。东周桓王三年（前716年）昌邑始置县，曰鄑邑，属纪国。当时柳疃镇故地之政区名称无可考。据清乾隆七年（1742）《昌邑县志》记载："鄑城在县西北四十里的海滨。"既海滨，则北无其余地。《莱州府志》称："昌邑县……青陆诸山接乎南，胶潍众河经其北，三齐之巨邑，海隅之咽喉。""昌邑县故地自东周纪国之鄑邑至今，虽其几经沿革，但北与渤海毗连，东隔胶莱河竭境，然柳疃故地终其所辖"。

明洪武年间（1368—1398），柳疃属昌邑县居信乡。清宣统二年（1910），昌邑县改行区、乡（镇）制。民国时期沿袭清制。民国13年（1924），全县为10个区，下辖115个乡、镇，柳疃镇属第三区。据民国23年（1934）《昌邑县志》载，昌邑县清代以前有四隅四乡八十九社。柳疃为居信乡，包括今镇所辖之原礼义、李伍、礼门、车道、门八、流河等6个社的大部村庄。民国建置沿革为区社制。民国17年（1928）以前的政区名称和管辖范围无可考，此后易区乡制，柳疃为第三区，辖今柳疃、龙池、青乡3个乡（镇）的大部及城关镇的岔河，夏店乡的高戈庄、韩家桥、河滩等村（后称老三区）。日伪统治时期，沿用民国建置昌邑县第三区，辖青门、道义、柳疃、太平、李伍、忠诚、太白、太盈8个乡镇。1941年1月，民主建政以后，今柳疃、青乡两乡的大部村庄划为东三区。从1942年到1945年解放，分为三（柳疃）、八（潮海）两个区（西三区改为九区，即马渠区）。今镇所辖之大部村庄（除玉皇庙、门八、孙家庄、曹家庄以外）为三区。1946—1949年，改以驻地命名为柳疃区。昌北县设12个区，478个行政村，柳疃区辖38个村。1950年，全县设12个区，辖99个乡，柳疃乡属第三区；青乡乡属昌邑县第八区。1955年7月，青乡乡改为渔业区。1956年，全县划分为14个区，柳疃为柳疃区。1958年2月，撤区并乡镇，柳疃为柳疃镇，青乡乡为青阜乡；同年9月，柳疃镇与青乡乡合并成立东风人民公社；同年12月更名为柳疃人民公社。1980年，柳疃人民公社析出青乡人民公社。

1983年5月，改社建乡改为柳疃乡和青乡乡。柳疃所辖原42个大队改成42个行政村（包括2个自然村：赵家庄属孙家庄；小长胡同分属姜家寨和长胡同）。青乡乡辖31个自然村，29个行政村。1984年4月，省市搞发展小城镇规划时，批准改建为柳疃镇，列为全县六大镇（城关、围子、柳疃、石埠、饮马、峠山）之一。1993年7月，青乡乡改称青乡镇。2001年3月，青乡镇并入柳疃镇，至此，柳疃镇辖72个行政村，73个自然村。至2006年辖区无变化。

2006 年柳疃镇行政村一览表

表 1-2

行政村数（个）	自然村数（个）	行政村名称
72	73	柳疃、北新兴（徐家圈、新宅子、后大兴、明家圈）、渔尔堡、七甲、太平庄、东辛安庄、西辛安庄、北辛安庄（以上 3 个村同称辛安庄）、东申明亭、郭家庄、西营、马家庄、道岔、潮海（潮海、刘家井）、张家车道、刘家车道、孙家河滩、北阎车道、中阎车道、前阎车道、郭家车道、长胡同（长胡同、小长胡同）、姜家寨、阎家庵、北徐家庄、三官庙、傅戈庄、姜家堤子、前梁家庄、高隆盛、西陈、东陈、常家庄、李家庙子、南范家庄、西傅、南西高、东高家庄、北刘家庄、东傅、邓家庄、吴家庙、太平集、横地、南五甲、青阜、东二甲、西二甲、北五甲、灶户、老官村、后青、前青（以上 2 个村同称青乡）、大辛庄、谭家庄、北高、北范、史家庄、北玉皇庙、西玉皇庙、南玉皇庙（以上 3 个村同称玉皇庙）、门八街、北孙家庄（北孙家庄、西赵家庄）、曹家庄、老官庄、后官庄、前官庄、北西高、院头、河崖、久丰屯、金家庄

第二节 龙池镇

龙池镇位于昌邑市的西北部，距县城 15 公里，镇驻地在齐西村南，岱邱村西。北纬 36°56′，东经 119°18′。龙池镇东与柳疃镇接壤，南接都昌街道，西以虞河为界与潍北农场（总场驻地）、寒亭区为邻，北临莱州湾。南北长 24.4 公里，东西宽 9.6 公里，面积为 158.4 平方公里，海岸线长 8.4 公里。

辖区地势南高北低，属海滨平原带。境内最高点是营子埠，海拔 11.3 米。最低是虞河与低河汇合入海处，海拔只有 2 米。南北相对高低差 9.3 米。坡降为 2000:1。

龙池镇历史悠久，早在周代属于纪国的郚邑，据《莱州府志·大事记》载："庄王四年（前 693）十月，齐师迁纪郚"。改属齐国都昌县。按郚城的地理位置，在本乡瓦城村西北。据清乾隆七年（1742）《昌邑县志》记载："郚城"在县西北 20 公里海滨。杜预曰："北海（郡），都昌县西有訾城，即其地"。年代久远，故址无可辨认。1949 年，中央地质考察团考察时，曾在瓦城北部掘得一些琉璃瓦与部分生活用具。通过这些发现，充分证明瓦城以北曾有若干居民点。

据清乾隆七年（1742）的《昌邑县志》（1742 年集修）记载：县以下设有三关、四隅、4 个乡。即：南乡、北乡、东乡、西乡，下辖 21 个社。龙池乡境内有太盈、白塔、瓦城、太安、忠民 5 个社，隶属昌邑西乡。清代末期，4 乡改为 8 乡，本乡又归属西北乡。所辖五社仍旧，群众习惯统呼为"下五社"。

1925 年，张宗昌任山东督办时，废社建立区、乡，全县划为 10 个区，本乡属三区。1931 年春，韩复榘统治山东时，第三区公所召集建乡干部进行短期训练（时间 3 个月）。训练刚结束，即开始组建乡（镇）。龙池一带，建立 4 个镇：瓦城镇、白塔镇、太安镇、太盈镇；4 个乡：忠民乡、西流河乡、郭疃乡、新立乡。民国25年（1936），建置又加调整，西流河乡、新立乡并入忠民乡，郭疃乡并入太盈镇。民国27年（1938）春，三区队一个班长杨新元（原系土匪），勾结昌城日军驱逐区长陈恒章，从此，三区大权落入杨新元之手。同年4月1日，日军在柳疃设据点，一小撮人乘机相继登台。徐文润（太平集人）出任伪三区区长和维持会长，杨新元任伪军中队长。民国30年（1941）1月，昌邑县抗日民主政府在瓦城诞生，同时建立各界抗日救国联合会（简称各救会）。根据斗争形势的需要，夏季，将第三区划分为东三区、西三区2个区，本乡属西三区。由于境内的南部尚属敌我争夺的游击区，只组建忠城镇，太白镇、太盈镇3个镇，辖19个村的村政权和群众抗日救亡团体。民国31年（1942），西三区改为第九区，下设1个镇，4个乡。即：忠城镇、开河乡、龙合乡、腾龙乡、马石乡。同年2月，东利渔村划入潍北县（1944年又划归本区）。油坊、石桥、孙家庄、楼子、果园、王范庄从一区划归九区马石乡。1945年8月15日，日军投降后，九区改为马渠区，区机关移驻马渠村，行政机构未有变动。

1948年，区机关由马渠村迁回龙池村。1952年6月20日，全县区划变动，马渠区撤销，改为第九区。组建8个乡：瓦城乡、姚瓦乡、白塔乡、龙合乡、龙池乡、双合乡、马渠乡、石油乡。1955年11月5日，九区改为龙池区，把原有的8个乡合并成6个乡。姚瓦乡归属于瓦城乡，撤销双合乡。岱邱村并入龙合乡，郭疃村并入白塔乡，营子埠村从二区划入。1956年4月，东利渔村划归渔业区青阜乡。另外从一区划入虫埠、西逄翟、东逄翟3个村，归属果园乡。1958年2月10日，撤区建乡。龙池区改龙池乡。东利渔村又从渔业区青阜乡划归本乡。随着合作化的高潮，全乡办起23个高级农业合作社。同年9月15日，成立先锋人民公社。12月1日，改为龙池人民公社，实行政社合一。下设马渠、楼子、白塔、龙池、龙东、瓦东、瓦西、王家庄子8个管理区，23个生产大队。1983年，复设龙池乡。1993年7月，改称龙池镇，辖25个自然村，27个行政村。至2006年，区划、名称未发生变化。

2006年龙池镇行政村一览表

表 1-3

行政村数（个）	自然村数（个）	行政村名称
27	25	龙街、龙北（以上2个村同称龙池）、龙东、瓦东、瓦北、瓦西（以上3个村同称瓦城）、王家庄子、东利渔、姚徐邓（姚瓦街、徐家村、西邓家庄）、沙岭子、魏西、东白塔、西白塔（以上2个村同称南白塔）、北白塔、齐西、二甲庄、郭疃、岱邱、马渠、王范庄、泊子、石桥、油坊、楼子、孙家庄、果园、营子埠

第三节　都昌街道

都昌街道1997年设立，其前身为都昌镇。位于昌邑市中部偏北。东与围子镇、夏店镇隔潍河相望，南和潍坊市寒亭区接壤，西与双台乡为邻，北与奎聚街道、龙池镇毗连。烟汕路东西横贯，灶朱公路贯穿南北。

都昌街道历史悠久，早期属龙山文化。历史上政区屡经变迁，名称多次更改。公元前721年，周属纪国鄑邑。战国属齐之都昌县。秦、汉、三国、晋、南北朝、隋沿之。唐废都昌为北海县时，属北海县。宋建隆三年（962），建昌邑县属之，金、元其属如前。明洪武二十二年（1390），城周围设四隅，农村设四乡八十九社。辖东、南、西、北隅忠孝乡的辛戈社、道照社、太宁社、訾亭社、辛营社、崇德乡、隅庄社的于家山下、王葛山下、关龙等村，居信乡的兴海社、辛福社、辛河社等。清朝沿之。民国14年（1925），张宗昌任山东督办时，废社建区、乡，昌邑划为10个区，为昌邑一区，辖城关镇、辛置镇、十字路镇、陶埠镇（围子镇）、辛福镇、辛河乡、道照乡、文山乡、辛戈乡、大营乡（东、西、中3个大营原属南逄乡）、东宁乡、西宁乡（龙池镇）。西陶埠、大埠属二区，岔河属三区，薛园、高岔河属四区，蔺家庄属五区。

1938年，日军侵占昌邑后，昌邑形成3股势力，一区也是同样，东宁乡、道照乡、十字路镇属胶东工委领导的游击区，县城三关四隅为日伪一区。辛置镇、陶埠镇、辛福镇、辛河乡、辛戈乡、文山乡、大营乡虽为伪一区，实为共产党、日伪、四纵队三方交手区。1942年，西太宁乡划归九区马石乡。1945年8月，日本无条件投降后，城关镇是当时所划的城关区和逄翟区。1950年7月，改为一区和十一区。1955年11月5日，改称城关区（逄翟区、王耨区合并为城关区）。设道照乡、十字路乡、李家埠乡、石湾乡、南逄乡、伍塔乡、白玉乡、张固乡、辛置乡、城后乡、城关镇、建设乡、三台乡（东逄翟、西逄翟、虫埠划归龙池区果园乡，王耨乡划归双台区，沟南、沟北、杨洼、草庵、高岔河、孙岔河、郭岔河划归柳疃区）。1958年2月，撤区并乡，城关区又划成城关镇、道照乡、史洼乡。城关镇辖城后乡、辛置乡，三台乡、黑埠乡，城关乡。虫埠、东逄翟、西逄翟从龙池区划归道照乡，王耨乡从双台划归史洼乡。同年9月4日，城关镇、道照乡、史洼乡合并成立红旗人民公社。同年12月，改称城关人民公社。沟南、沟北、杨洼、草庵、孙岔河、郭岔河等村又从柳疃划归城关公社，大埠也从双台划归城关公社。城关人民公社设有13个管理区，68个生产队，包括109个自然村。1961年，撤生产队，以自然村划为生产大队。1962年春，划出王耨人民公社。1982年，恢复城关镇。1984年，析出李家埠乡。1996年，李家埠乡改称李家埠镇。1997年12月，撤销都昌镇，设立都昌、奎聚2个街道。都昌街道范围是原都昌镇北海路以南的行政区，所辖11个行政村，并将双台乡北褚庄等5个行政村，南逄乡刘埠、王家北逄2个村和李家埠镇高家道照、长埠2个行政村划入，共计20个行政村，以及北海路以西的机关、企事业单位和小区，居民总人口3.31万人，总面积27.5平方公里。2001年，撤销南逄乡，其行政区域整建制划入都昌街道。至此，都昌街道辖行政村（社区）、自然村各53个。2006年，辖区无变化。

2006年都昌街道行政村（社区）一览表

表1-4

行政村（社区）数（个）	自然村数（个）	行政村（社区）名称
53	53	社区（21个） 东安家埠、西安家埠、韩家屯、南吴家庙、马家村、黄家辛戈、刘家辛戈、傅徐城后、大埠、南店、山前、辛置二村、东大营、西大营、徐家北逄、刘家北逄、高家北逄、高家道照（高家道照、亭子）、王家北逄、南逄、刘埠 行政村（32个） 巡保、太保、前伍塔、中伍塔、后伍塔、陈家洼子、史家洼子、西辛庄、前南逄、单家埠、王家埠、乖场、榆林、立新、孟家洼、南马埠、中马埠、北马埠、宋家楼、张固、马芝、两埠、西马埠、豹埠营、蒋家庄、王耨、长埠、前埠、后埠、南褚庄、东褚庄、北褚庄

第四节　南逄乡

南逄乡位于昌邑县城西南部。乡政府驻地南逄距昌邑县城5公里。处北纬36°49′，东经119°22′。东隔潍河与围子镇金家口相望；南与寒亭区朱里乡的北港溁、冯家庄，东庄乡的泊子、峰台埠等村接壤；西连双台乡岞埠、前埠、后埠等村；北与奎聚街道辛置、南店、庄头等村为邻。南北长7.9公里，东西宽7.8公里，总面积32平方公里。

乡境历史悠久。早在周朝建置即属都昌。南逄古名逄公村，即周朝齐国逄丑父，汉朝逄萌里居，因名。《山东通志》载："逄丑父墓在县南五里，齐顷公时逄丑父脱顷公于难，食邑都昌，卒葬此。"乡南部有埠名司马埠，清代《昌邑县志》载："太史埠在县南马埠社，亦呼司马埠。相传为汉太史司马子长东渐于海侨居于此故名。"西缘王耨，传为"某国王至此与民同耕而取名。"村东白杨埠1975年出土刀币，考证为汉代钱钞。《山东通志》载："大小营（东、西大营）城在县南五里，相传为汉孔融拒黄巾处。"据此，乡境远自周、汉即属都昌。

乡境区划。据清光绪三十三年（1907），《昌邑县续志》载："西曰忠孝乡二十五社，其中东辛营社距城十里，伍塔社距城十里，马埠社距城二十里，马芝社距城二十里。"尚有永丰社的巡保、太保庄、辛郭社的刘家埠，即现在乡境。

民国初期，沿用清代乡、社旧制。民国14年（1925），张宗昌任山东督办时，废乡、社，建区、乡，划属昌邑县第二区。乡境有其中王耨镇的一部分和马埠乡、马芝乡（西博爱）伍塔乡（东博爱），第一区的大营乡。

民国 27 年（1938），日军侵占昌邑城，民国县政府解体。日伪在昌邑城拼凑起伪政权维持会、新民会、县政府。并按照原来区划，拼凑汉奸区、乡机构。蒋记复兴社头目王尚志部属杨秀峰、王豫民也拉起队伍，打起“军事委员会别动总队鲁冀边区第四梯队”旗号，拣起民国县政府的散摊子、旧牌子，自立县、区、乡政权。未打自垮的二区警备队骨干李树桂也拉起游击队，依附寿光张景月十五旅（后称保安三师），先为三营，后为五团，一直盘踞二区，也设办事处、乡、镇行政机构。境内形成三头政权，争霸割据。直至 1944 年春，李树桂五团被王豫民十五纵队打垮、投降，蒋记政权合二为一。1945 年农历正月，日伪军为固守烟潍公路进驻王耨，安据点，伪区镇随军进驻，一度加深日伪统治，同年 9 月，日伪军撤逃潍县，乡境完全解放。这段时间，政权时换，旧区划未变。

1945 年秋，昌邑解放后，建立人民民主政权，划为昌邑县王耨区，成立王耨区人民政府。区政府流动于王耨、南逄、史家洼子等村。1946 年、1947 年，国民党军队两次进犯，民主政府两度转移。十五纵队残余刘靖忠充任区长、区队长，纠集逃潍恶霸、地主还乡团，拼凑起区乡、联保政权，一度回乡进行血腥统治。1947 年，三合山战役后，国民党军队重点进攻彻底破产。同年 10 月 8 日，全县各据点全部撤逃、乡境彻底解放。民主政权完全恢复，区政府常驻史家洼子。区划未变。

1949 年，区划调整，王耨区改名十二区。区下划分为 8 个乡：王耨乡、马埠乡、张固乡、白玉乡、伍塔乡、大营乡、史洼乡、北逄乡。1952 年，因宜于水利，从双台区划入烟潍公路以北的刘家埠村。1956 年 4 月，昌邑、昌南合并，十二区改称史洼区。原 8 个乡合并为 4 个乡：白玉乡、王耨乡、伍塔乡、南逄乡。之后，王耨、蒋家庄、陈家洼子、豹埠营、西马埠等 5 个村划入双台区。1958 年 2 月 10 日，撤区并乡，撤销史洼区，改为史洼乡。划入双台区的王耨等 5 个村庄又划回史洼乡。撤销史洼乡并入城关镇。同年 9 月，实行政社合一，与城关镇一起成立全县第一个人民公社——红旗人民公社。同年 12 月 1 日，又改称城关人民公社。乡境划分为 4 个管理区，亦称联村生产大队。1962 年与城关分社，原王耨区所属村庄划为王耨人民公社，后公社机关移驻南逄。撤销生产管理区，以村为一个生产大队。乖场、史家庄 2 个自然村合为乖场生产大队。全社共辖 34 个生产大队、147 个生产队。1980 年 10 月，改称南逄人民公社，区划未动。

1983 年 9 月，体制改革，政社分立，南逄人民公社改称南逄乡，公社管理委员会改为乡人民政府，区划未变。各生产大队管理委员会行政机构改称村民委员会，经济机构设村经济联合委员会。原生产队改称选民区。2001 年 3 月，撤销南逄乡，整建制划归都昌街道。

2000年南逄乡行政村一览表

表1-5

行政村数（个）	自然村数（个）	行政村名称
34	34	南逄、刘埠、王家北逄、刘家北逄、高家北逄、徐家北逄、西大营、王耨、陈家注子、前南逄、西辛庄、史家洼子、东大营、后伍塔、中伍塔、前伍塔、巡保、西马埠、蒋家庄、张固、宋家楼、榆林、孟家洼、王家埠、乖场、单家埠、太保、豹埠营、两埠、北马埠、中马埠、南马埠、立新、马芝

第五节　奎聚街道

1997年12月设立，其前身为都昌镇。1997年以前的沿革变化隶属等情况详见都昌街道。

奎聚街道是昌邑市人民政府等党政机关所在地。建立初期范围是原都昌镇北海路以东的行政区域，所辖23个行政村，以及北海路以东的机关、企事业单位和小区，居民总人口4.13万人，总面积20.5平方公里。2001年3月，撤销李家埠镇，其行政区域整建制划入奎聚街道。至此，奎聚街道辖60个行政村（社区），59个自然村。2006年，街道区域名称无变化。

2006年奎聚街道行政村（社区）一览表

表1-6

行政村(社区)数(个)	自然村数(个)	行政村（社区）名称
60	59	社区（21个） 同新家园、五里、王葛山下、董家城后、郝家城后、东隅（东隅、东关）、西关、于范城后、南隅、关龙、铁匠营、西台、中台、上台、于家山下、南庄头、中庄头、北庄头、辛置一村、辛置三村（辛置一村、辛置二村、辛置三村同称辛置）、东店 行政村（39个） 石臼、单家、薛家园子、徐家辛庄、郐家辛庄、石湾店南村、石湾店北村（以上2个村同称石湾店）、蔺家庄、黄家辛庄、杨家洼、孙家岔河、高家岔河、郭家岔河、沟北崖、沟南崖、虫埠、东逄翟、吴家辛庄、张家辛庄（张家辛庄、吴南庄）、花园、大泊子、李家埠、夏家鄑水、小逄翟、草庵、张家村、宫家鄑水、孙家道照、刘家道照、徐家鄑水、东王家庄、刘家庄、西逄泽、南鄑亭、陶埠、十字路、初曲、建设、黑埠

第六节　双台乡

位于昌邑县西北部，地处北纬36°49′，东经119°16′，海拔5～18米。东与都昌街道毗邻，南、西与潍坊市寒亭区接壤，北与龙池乡、潍北农场相接。乡政府驻地距昌邑县城10公里。乡境南北长12.4公里，东西宽12.2公里，面积144.8平方公里（不包括1952年潍北农场建场时征用本乡北部8万亩土地）。南宽北窄。

双台乡历史悠久，早期属龙山文化范

畴，远在周代属纪国之郚邑（古城在瓦城），战国时为齐国之都昌，唐代属北海，宋建隆三年（962）属昌邑，沿袭至今。

清末乡社制时，属忠孝乡管辖，辖村划为四社，即王耨社、兴福社、久丰社、永安社。

民国17年（1928），区乡庄闾制，建立区乡公所，并设区长、乡长、庄长、闾长（25户为一闾，40～50闾为一乡），区设正、副区长，均由县报省备案。区设助理若干人，负责处理日常事务，并设警察分局，负责地方治安。乡设正、副乡长2～3人，事务员1人，乡丁1人。庄设庄长、账先生。闾设闾长。时称昌邑县第二区，沿旧制，下辖10乡。即裴庄乡、侯富乡、兴福镇、永安乡、双台乡，其他5个乡是现在的南逄乡的所属村庄。警察分局设在中裴。

1934—1944年（日伪统治时期），实行区乡保甲制。全乡共有58保689甲。1937年，抗日战争全面爆发，区增设区队副，乡增设乡队副，保设保队副，负责抽丁，组织青壮年实行军训。区公所设警察分局于中裴村。时县令刘玉璋委任黄尼生为二区区长。疆域东起五塔、大埠，西至肖家埠、渔洞埠，南从马埠、双台，北到博乐埠、营子，辖64个自然村。行政区划为四乡（永安乡、逄公乡、博爱乡、北于乡）、三镇（双台镇、兴福镇、王耨镇）。“七七事变”后，李树贵坐二区，沿袭旧制，王风瑜任二区长，营盘设在渔埠。

1945—1948年，取消保甲制，建立村政权，进行土地改革，本乡称永安区。1945年春，昌邑县第二区建立民主政权，成立区政府，设民政、文教、粮食、财政等助理员。区政府先后设在西永安、侯富庄、徐林庄。1946年秋，蒋介石发动全面内战，顽八军占据王耨、寒亭一带，形势紧张。地富组织还乡团，配合国民党军经常到各村抢粮和反攻倒算。贯彻“区不离区，乡不离乡，坚持原地斗争”原则，本乡改为永安区，下辖8个乡，即：西永安乡（西永安、渔洞埠）、东永安乡（东永安、博乐埠、营子、远东庄）、徐林乡（徐林、东侯、西侯、中侯、家庄、陶埠）裴庄乡（南裴、中裴、北裴、长流埠）、渔埠乡（渔埠、肖家埠、角埠）、兴福乡（南兴福、北兴福、申明亭）、埠阳乡（前埠、后埠、岞埠、大埠，刘家埠）、双台乡（双台、南双台、东化埠、西化埠，高候章、王候章、南候章）。

1949—1951年，属第二区，区政府设在徐林庄。各村成立互助组。同时撤销区队，设区人民武装部。1952年，区委增设秘书。1953年，区政府移驻双台。1954年，各村成立初级社。1955年为双台区。1956年，底随着农业合作化的高潮，由几个初级社合并成高级社，高级社行使村的职权。1956年，王耨、蒋家庄、西马埠、陈洼划归城关镇管辖，营子划归龙池管辖。1958年2月改为双台乡，同年9月成立英雄人民公社，同年12月，更名为双台人民公社，以33个自然村划为34个生产大队。公社设党委、管委，大队设管委代行村政府职权。1959年，将大埠、刘家埠、陶埠划归城关人民公社管辖。

1968年8月，成立双台人民公社革命委员会，取代管委会。革委会设正、副主任、常委、委员，下设政工、办公室、生产3个组织作为办事机构。各大队成立大队革委会，设正、副主任代替原正、副大队长职务。同年9月，撤销人武部、生产办公室。1969年2月，成立公社党的核心领导小组，代替党委会行使职权。1970年2月，公社重新建立党委会。1972年，公社成立上山下乡办公室，负责知识青年上山下乡和城镇下放人员的安置工作。1976年，公社增设计划生育办事机构。1980年11月15日，召开双台公社第九届人民代表大会，选举产生双台公社管理委员会，取代公社革命委员会。

1983年8月，复称双台乡。1997年12月，双台乡北褚庄、南褚庄、东褚庄、前埠、后埠5个行政村划归都昌街道。至此，双台乡所辖行政村29个，自然村28个。2006年，乡域及名称等均无变化。

2006年双台乡行政村一览表

表1-7

行政村数（个）	自然村数（个）	行政村名称
29	28	双台一村、双台二村（以上2个村同称双台）、南双台、远东庄、博乐埠、东永安、西永安、渔洞埠、肖家埠、渔埠、北兴福、南兴福、长流埠、角埠、申明亭、南侯章、王侯章、高侯章、西化埠、东化埠、岞埠、中裴庄、南裴庄、北裴庄、家庄、徐林庄、东侯富庄、中侯富庄、西侯富庄

第七节　卜庄镇

卜庄镇历史悠久，据《中国历史地图集》标注，新石器时代后期属“龙山文化”范畴。汉置都昌国，后国除为县，属北海郡。东汉改郡为国，县仍属焉，三国魏属北海郡。晋属齐郡，复属北海郡，北魏因亡。北齐改为高阳郡、齐郡，复属高阳郡。隋开皇初废高阳置潍州，都昌属如故。大业初州废，复改属北海郡。唐废都昌入北海县，属青州北海郡。宋建隆三年（962），以北海县建为北海郡，置昌邑隶之。乾德三年（965），郡升为潍州县，仍属焉。金、元因亡。明洪武初年随州属青州府，明洪武九年（1376），收属莱州府。明洪武二十一年（1388），隶属平度州，随州属府如故，大清因亡。域内地处莱州湾海退盐碱地带，开发较晚，据地名考查所知，绝大部分村庄是明代初期从四川成都府、山西太原府迁民来立村的，尤其是北部村庄立村时间较南部更晚些。

明清两代实行乡社制，域内南部村庄属崇德乡的抚宁社、抚安社、陆庄社、卜庄社、胶昌社、密埠社所辖。北部村庄隶属居信的黄埠社、马疃社、兴海社所辖。

民国初年一直沿用清制。民国17年（1928），废胶东道，昌邑县属山东省平度州，县下废社建区、乡，实行区乡制，区下设乡（镇），乡下辖村，乡有乡长，村有村长，地方设闾，闾长直接统辖住户。全县共计10个区，卜庄镇域包括第四区、第五区大部。民国27年（1938）春，日军侵占昌邑城，建立日伪政权，仍沿用民国时期的区乡(镇)制。民国29年(1940)，废闾邻制，改为保甲制，10户为1甲，10甲为1保，甲设甲长，保设保长。以自然村为单位，由数个保组成1个联保，大村自成联保，小村由数村组成1个联保，设联保公所，设联保长、会计、保队副各1人。抗战时期，第五区的村庄和第四区南部少数村庄属抗日时期国民党地方武装鲁苏战区抗战第四纵队所统辖，建制名存实亡。第四区北部多数村庄，四纵队统治力量比较薄弱，1939年共产党地下武装经常在这一带活动，逐步建立根据地。1940年，成立昌邑县第六区区委，由徐剑和任区长，李国栋任指导员。日伪时期域内日伪政权、四纵队、共产党第六区委3股势力并存。

1945年8月，胶东军区主力部队会同昌潍地方武装，捣毁“四纵队”明家部和辛赵村2个据点，歼灭其主力5000余人，域内全部解放，废保甲制实行县区制。昌邑县分为昌北县和昌南县，域内划为闫家区、夏店区、东冢区。闫家区分为9个乡，分别是:三合乡、卜庄乡、永合乡、柳家乡、闫家乡、双合乡、胜利乡、赵家乡。夏店区分为：夏店乡、峰台乡、河滩乡、抚合乡、共和乡、宁和乡、义成乡、义和乡8个乡。东冢区分为：马疃乡、东冢乡、尹王乡、泊子乡、冯家乡、大院乡、二甲乡、李刘乡、下营乡。

1950年，域内夏店区改为昌邑县第四区，辖43个行政村。闫家区改为昌邑县第六区，属平度县新民乡辖的大韩、小韩2村，属掖县所辖的军营小刘两村行政区划第六区所辖，以胶莱河为界。东冢区改为第七区，辖38个行政村，每个区建立若干个小乡，1955年，撤并小乡，合并大乡。第四区改为夏店区，第六区改为卜庄区，第七区改为东冢区。1956年，成立高级社。1958年2月，撤区并乡，卜庄区改为卜庄乡，夏店区改为夏店乡，东冢区改为东冢乡。同年9月，卜庄乡成立跃进人民公社，夏店乡成立先进人民公社，东冢乡成红星人民公社。同年12月，以驻地命名，分别为卜庄人民公社、夏店人民公社、东冢人民公社。每个公社编为若干个营，营辖数连。1959年5月，营连改制管理区，辖生产队。同年9月，管理区又改生产大队，下辖生产队。1960年9月，卜庄人民公社下辖43个大队，夏店人民公社下辖44个大队，东冢人民公社下辖38个大队。1983年社改乡，大队改行政村，卜庄人民公社改为卜庄乡，夏店人民公社改为夏店乡，东冢人民公社改为东冢乡。1985年1月，东冢乡的东下营、西下营、裴家、吕家、李刘5个行政村从东冢乡划出，设立下营镇。1993年7月，卜庄乡撤乡设镇为卜庄镇。2001年3月，夏店撤乡设镇为夏店镇。同年4月，东冢乡、下营镇划归夏店镇。2006年，卜庄镇辖49个行政村，50个自然村。2007年9月，夏店镇划归卜庄镇，共辖130个行政村，8.1万人。2009年10月，析出35个行政村，复设下营镇。至此，卜庄镇所辖95个行政村，98个自然村。

2006年、2009年卜庄镇行政村一览表

表1-8

年份	行政村（个数）	自然村（个数）	名称
2006	49	50	前卜、后卜（以上2个村同称卜庄）、王卢、营子、新胜、北张家庄、前卢家（前卢家、小卢家）、韩家店、东赵、姚家、东马家、白衣庙、大韩家、廒里、郇家、辛庄、小韩家、小刘家、常家、军营、小姜家庄、北赵家、纪家、高家、小阎家、杨家、北王家、大阎家、北窑湾、大王家、东任家、铁匠王家、孙家、南任、金良、金山、新张、郑家坡、毛家寨、北任家、姜家、峰台、柳家、大陆、永合、刘庄（刘庄、小高家庄）、前王家楼、后王家楼、站里
2009	95	98	站里、前卜、后卜（以上两村同称卜庄）、王卢、营子、新胜、前卢家、韩家店、东赵、姚家、东马家、白衣庙、金良、金山、新张、郑家坡、小阎家、大阎家、北窑湾、大王家、东任家、铁匠王家、孙家、南任、北任家、姜家、峰台、柳家、大陆、永合、刘庄、毛家寨、前王家楼、后王家楼、三教堂、肖家营、吕家庄、夏店、北王家庄、尹家庄、湾崖、李家泊、东董、东冢、集东、大窑（含小窑）、东辛庄、庄珂（含东石桥）、马疃（含中石桥）、岳家庄、西石桥、大李家庄、西董、姜泊、后张戈庄、前张戈庄（以上两村同称张戈庄）、义气村、铁匠庄、西河南、大河南、大河北、抚安镇、张刘芦、六甲、八甲、李家抚安、赵家庄、王家扶宁、于家扶宁、韩家扶宁、广刘、北张、半截道、李家扶宁、三义村、郝家庄、西河沟、东河沟、西马疃、南泊、北泊、韩家桥、东高戈庄、西高戈庄、后河滩、岔河、中河滩、前河滩东村、前河滩西村（以上两村同称前河滩）、夏家庄、徐家庄、西王家庄、西峰台、东峰台、庙头

第八节　下营镇

据《中国历史地理集》标注，下营镇属龙山文化区域。相传，自夏禹分天下为九州，此地属青州古东莱。商代属莱子国，春秋时期属纪国，后改属齐国都昌县。唐贞观二十三年（627），废都昌县入北海县。宋建隆三年（926），更名为昌邑县，下营隶属沿袭。据《昌邑县志》载："明隆庆二年（1568），建立下营村。"乾隆七年（1742），建立下营镇。该镇明清时期为居信乡所辖。1912年，属第四区。

1941年，属抗日民主政权北四区。1945年，属东冢区。1950年，属第七区。1955年8月，北部下营、李刘两乡划归渔业区，南部划为东冢区。1956年4月，昌邑、昌南两县合并，全县划为14个区，北部东、西下营、裴家庄、吕家庄、刘家圈、棋盘地、大江，仍属渔业区，归下营镇辖。1958年2月，撤区并乡镇，为下营镇；同年9月，撤乡镇，下营镇与东冢乡合并成立红星人民公社，同年12月，改称东冢人民公社。1984年10月，下营镇恢复建制，辖东下营、西下营、裴家、吕家、李刘5个行政村。原柳疃镇、东冢乡的渔业队划归下营镇管理。该镇面积36平方公里，1583户，7611人。1994年7月，下营镇隶属昌邑市。

2001 年 3 月，撤下营镇，并于夏店镇。

2009 年 10 月，重设下营镇，除辖下营原来 5 个行政村外，荣乌高速公路以北原东冢乡北部 15 个行政村、卜庄北部 15 个行政村，划归下营镇。至此，下营镇共辖 35 个行政村。

2000 年、2009 年下营镇行政村一览表

表 1-9

年份	行政村（个数）	自然村（个数）	名称
2000	5	6	东营、西营（以上两村同称下营）、裴家、吕家、李刘（含李家圈、刘家圈、大江）
2009	35	40	大韩家、廒里、北张家庄、郇家、辛庄、小韩家、小刘家、常家、军营、小姜家庄、北赵家、纪家、高家、杨家、北王家、海眼、胡家道口、张家寨、冯家、沟崖、王家庙、后柳、前柳、小院、大院、火道、滩子、北二甲（含同泰庄、梁家庄）、东辛店、李刘（含李家圈、刘家圈、大江）、裴家、吕家、西下营、东下营（以上两村同称下营）、曹家店（含三甲、孙家庄）

第三章　绸乡环境

第一节　地貌特征

昌邑市北部沿海地区属于滨海洼地，包括卜庄镇、下营镇全部，龙池、柳疃、夏店镇大部分，双台乡少部分以及潍北农场等。海拔高度一般在 2 ～ 6 米之间，坡降大于万分之一。潜水埋深极浅，矿化度高，近海地带常受海潮淹渍。

市内海岸线东起胶莱河口，西至虞河口，呈弧形，东西走向，长 53 公里，属泥质平原类型海岸。沿岸近海水域，潮汐属非正规半日潮，涨潮流向东南，落潮流向西北。流速每小时 0.5 ～ 0.9 浬。一般潮汐规律是“初一、十五两头水，漾到晌天落到黑”。下营渔港潮汐时刻比沿海迟 1 小时 50 分左右。一般高潮水位 1 米，低潮水位 0.6 米。中华人民共和国成立以后，高潮水位峰值 4.01 米（1964 年 4 月 6 日）。涨潮历时最长 12 小时，平均 6 小时，落潮历时最长 11 小时，平均 6 小时 30 分。由于滩阔水浅，水温变化与气温相似，水温在 15℃以上，日数为 150 天左右。最高水温可达 28℃。海水盐度每年 5—10 月在 28.5‰～ 42‰之间，海水透明度 1 ～ 2 米。

潮间带坡度较小，属以粉沙为主的泥沙底质，其底质粒度自高潮区至低潮区粒径逐渐增大。其水温受气温影响大，冬季常结冰，冰期在 12 月下旬至翌年 2 月。潮间带滩涂面积 20 万亩，浅海在负 2 米等浮线以内的约 30 万亩。

1998 年以后，工矿企业污水不经净化

处理，排泄入海中，海水遭受污染。大海潮常常促成海水倒灌，淹毁农田。

第二节 自然资源

土地资源 1988年至1990年4月，昌邑县对所有行政界及权属界线进行调查核实。全县土地总面积为271.85万亩，折合1812平方公里，较1980年土壤普查数字1578.7平方公里多233.3平方公里，主要原因是上次土壤普查时北部沿海调查到2米等高线以上区域，该次调查的区域为零米线以上。全县耕地面积131.69万亩，占土地总面积48.4%；园地6.91万亩，占2.5%；林地3.07万亩，占1.1%；居民点及工矿用地48.69万亩，占17.9%；交通用地7.96万亩，占2.9%;水域59.40万亩，占21.9%;未利用土地14.14万亩，占5.2%。全县人均占有土地4.1亩，人均占有耕地2.0亩。沿海乡镇人均占有土地较多，卜庄乡多达9.2亩，青乡乡6.9亩，下营镇6.6亩，龙池乡5.1亩，中部地区占地较少，都昌镇1.0亩，其他乡镇都在2～4.3亩之间。

根据1990年年底土地利用现状变更调查统计，全县土地总面积271.83万亩，占潍坊市土地总面积的10.3%。全县耕地面积130.94万亩，占土地总面积的48.17%；园地面积7.26万亩，占全县土地总面积的2.67%；林地面积2.97万亩，占全县土地总面积的1.09%；居民点及工矿用地48.93万亩，占全县土地总面积的18%；交通用地面积8.19万亩，占全县土地总面积的3.01%；水域面积60.53万亩，占全县土地总面积的22.28%；未利用土地面积13.02万亩，占全县土地总面积的4.79%。在开展变更调查的同时，根据农林牧业对土地质量的要求和土地对其适宜性，将全县的土地做出适宜性评价（以县为单位未到乡镇）。评价的结果，共划为7个等级，一等地76.86万亩，占土地总面积的28.28%；二等地74.94万亩，占27.57%；三等地39.12万亩，占14.39%；四等地15.96万亩，占5.87%;五等地0.72万亩，占0.26%；六等地30.39万亩，占11.15%；七等地28.80万亩，占10.59%；水库5.04万亩，占1.85%。

1996年，土地利用现状变更调查情况显示，全市土地总面积和1990年土地调查基本相同。其中耕地面积127.77万亩，占土地总面积47%：园地8.98万亩，占3.3%；林地3.14万亩，占1.2%；水域面积60.54万亩，占22.3%；交通用地8.52万亩，占3.1%；居民点及工矿用地50.62万亩，占18.6%；未利用土地12.26万亩，占4.5%，人均占有耕地1.95亩。随着国民经济的快速发展，全市已利用土地259.57万亩，土地利用率已达到95.1%。

2004年2月至2005年8月，山东省国土资源厅规划院以《农用地分等规程》为依据，采用资料分析与实地调查相结合，定性分析与定量分析相结合，常规方法与计算机技术相结合的方法，完成本市农用地分等定级。经论证、验证后，综合确定土地等级指数，划分农用地等别，实现土地管理由数量管理为主向数量和质量并重管理的转变，为县域经济的可持续发展提供重要的依据。

盐土 分布在卜庄、夏店、下营、柳疃、龙池5个乡镇的沿海海滩。面积25.28万亩。该土类成土母质为海相沉积物和河流冲积物。由于长期受地下成水、气候、海潮等因素影响，土壤中积累大量盐分，含盐量1%以上。潜水矿化度每升10～20克，局部每升大于50克。如采用农、林、水综合措施，淡水洗盐，可种植牧草等植物。

水稻土 主要分布于卜庄、夏店、下营、柳疃、龙池5个乡镇，面积7.8万亩，占可利用土地面积的5.2%。该土是1964年以后，由潮土和盐土经过水耕熟化演变而成。耕层灰蓝色，稻根附近有锈纹锈斑。心土层有潜育化现象。心土层以下仍保持原来母质层海相沉积物的颜色和结构状态，无浅层地下淡水。有水年宜种水稻，无水年宜种棉花、红麻、小麦、大豆和高粱。

四级地31.8万亩，占全部划级主地面积的17.2%，主要分布于原青乡和龙池、双台、卜庄等乡镇部分区域。

五级地18.34万亩，占全部划级土地面积的10%，分布于潍河沿岸和双台、卜庄等乡镇区域。

六级地7.57万亩，占4%。主要分布在原青乡镇、东冢乡和下营、龙池、卜庄等乡镇部分区域。

七级地16.06万亩，占8.7%。分布在沿海一带，尚待开发。

八级地18.73万亩，占10.1%，系近海滩地。

水资源 按照市内地形地貌、水文地质状况，在水资源状况和利用方面可分为南、中、北3个区域。

北区是咸淡水分界线以北，属海积平原区，为咸水区。咸水区东起张家庄子，经刘庄、海眼、大院、张家车道、吴家庙、马渠、营子、徐林庄、角埠等村庄到肖家埠村一线为淡、咸水分界线。分界线以北沿海一带属咸水区，面积633.1平方公里，占全市总面积的40.1%。地下水埋深极浅，矿化度一般每升在2克以上，矿化类型以氯化钠为主。进入20世纪80年代后，人畜吃水、农田灌溉均不能用。

地表水 昌邑市地表水由降水、河流及库、塘、池、渠等蓄水构成。根据全市9个雨量站1956—2005年的降雨资料计算，全市多年平均降水量为611.6毫米。南、中、北3个区降水量多年平均分别为619.9毫米、609.3毫米、601.7毫米。根据降水量、蒸发量、径流深及蓄水设施容量，计算出全市多年平均地表水资源总量为15543万立方米，其中南、中、北3个区分别为4531万立方米、5004万立方米、6008万立方米；多年平均地表水资源可供水量为6436万立方米，其中南、中、北3个区分别为2113万立方米、3900万立方米、423万立方米。

地下水 根据地质、降水状况，昌邑地下水多年平均储存量为81900万立方米。其中南、中、北区分别为10900万立方米、

68000万立方米、3000万立方米；多年平均可利用量为12176万立方米，其中南、中、北3个区分别为4746万立方米、7330万立方米、100万立方米。

开发利用地表水 利用峡山水库水。市内建有峡山水库昌邑灌区，原设计78万亩，1994年潍坊市水利勘测研究院对峡山水库灌区进行调整，昌邑灌区调整为64.3万亩。在昌邑南部建有南总干和10条干渠；在北部建有河东、河西2条引水渠和10条干渠，通过渠道引放峡山水库水进行农田灌溉。

植物资源 草甸植被 分布范围包括都昌街道双台区、龙池镇的南部，柳疃镇、夏店镇的全部，卜庄镇青年路以南。这一地区草本植物有狗尾草、牛筋草、画眉草、小蓟、蒲公英、地锦、小白酒花、蒺藜、马齿苋、扁蓄、罗布麻；在较高的地方有刺蓬、枸杞、野艾、黄蒿等群系或群组；沿河岸畔时有野菊、蒲公英、白茅等群落出现；河滩林下，有白茅、香附群落着生；在潮湿低洼边缘，有酸模蓼、扁蓄、地肤等；灌木以棉槐为主体。乔木以旱柳、白榆、刺槐、毛白杨为主；沿河滩地和土壤条件较好的地方建有零星苹果园；棉槐灌木，在本区占着绝对优势，作物以小麦、大豆、棉花和玉米为主。

盐生植被 是在市域内尚存的自然植被中，比较完整的植被型。其分布范围，包括龙池镇北部，柳疃镇青乡区全部，夏店镇东冢区和卜庄镇的北部，下营镇全部。大体可分4种类型。

黄荷群系。是一个比较大的群落，混生碱蓬、矶松、地枣等，柽柳尚有零星分布。该群落的着生范围多在利渔至渔尔堡、下营镇和卜庄盐场以北的大片重盐碱地上，土壤含盐量多在1%以上。

马绊群系。整个地面覆以马绊草为主，混生茵陈蒿、小白酒草、猪毛菜、羊角菜、结缕草等，偶有面积较大的蒿子群落出现。该群落多分布在柳疃镇青乡区、龙池镇国防公路两侧，以及卜庄镇廒里村以北，地表15厘米以上，土壤含盐量在0.6%～0.8%。

茅草群系。地面覆盖茅草为主，有的伴生结缕草、芦苇、狗尾草等，主要分布在都昌街道双台区北部的博乐埠以东，龙池镇南部，国防路两侧。在马绊群系中也有小片茅草出现。该区的地表15厘米以上，土壤含盐量是0.2%～0.3%，这是北部乡镇开垦盐地的一个临界数值，一般在盐碱地上有大片的茅草群落出现，略加开垦就可利用。

栽培植被 该植被型的所指范围是柳疃镇青乡区和龙池镇及夏店镇北部裴家、吕家村以南，卜庄镇廒里村以南，大阎村以北。1964年以前，农民在台田上种一季小麦、大豆或高粱。1964年以后，进行稻改，加上多年开垦利用，除种植小麦、大豆、高粱以外，玉米、棉花等也成为该区的主栽品种。乔木有刺槐、白榆、旱柳等，灌木以棉槐为主。

矿产资源 昌邑市地跨几个不同的构造单元，出露不同时代的地层，地质构造比较复杂，地下蕴藏着丰富的矿产资源。有的开采历史悠久，如沿海一带的天然卤水，有的随着地质科学和勘探技术的进展不断被发现，如石油资源。

市内共有金属、非金属矿10种，其中非金属矿产无论是种类或数量均占优势。矿产地所知达30余处，遍布全市。北部沿海地带主要矿产有石油、天然气、卤水、溴素等。

石油 1973年12月，在县北部泥降区柳疃镇青乡村东北角打成第一眼油井，成功地找到储油层。市内有石油矿产地(潍北油田）一处，位于柳疃镇门八街一带，产于潍坊凹陷地层中，自上而下分为四段，二、三段为主要含油段层。该油田共发现大小20余个含油的圈闭构造，并获得工业油气流15个，含油圈闭构造面积31.4平方公里，含油层位控制深度1300～2000米，为低饱和油藏。1970年以后，中石化胜利油田所属钻探队勘探，获得石油可开采储量1320万吨（二次资源评估储量为1亿吨)，属中型油田，已部分开采。至2006年，已探明含油面积1020平方公里。

天然气 2006年，市内有天然气田1处（潍北天然气田)，位于柳疃镇。该矿区已完成三维地震测量，各类探井49口，其中15口井获得气流，天然气埋深一般1000米之内。可开采储量为6.79亿立方米（二次资源评价储量为175亿立方米)，含气面积5.3平方公里，属小型气田，已部分开采。

卤水 昌邑市地下卤水主要分布于北部沿海一带，西起虞河，东至胶莱河，呈带状，宽窄不一，在南北15～20公里的范围内，属于莱州湾地下卤水的一部分，矿区位置东西两侧以行政区界为界，南部边界在柳疃镇以北至卜庄镇辛庄村一线的沿海地带。可划分3个地下卤水区段，分布面积约370平方公里，为冲积、海积和潮滩成卤类型。埋深0～100米，自上而下分浅层卤水和深层卤水两个含卤水地层，深层是矿区内主要含卤水层。天然卤水是一种含多种化工原料的复合液体矿产资源，也是制盐、碱及钾、碘、溴、锶、钡、硼等十几种元素的天然资源。

1997年，潍坊市地质矿产局在前人工作基础上，对潍坊市地下卤水进行勘查，求得潍坊市地下卤水总储量68.53亿立方米，可开采量41.12亿立方米，其中昌邑市地下卤水可开采量12.75亿立方米，浓度5°Bé～18°Bé，属大型矿床。

溴素 溴是制取各种溴盐的基本原料，溴化物还用于灭火及缓燃剂、感光剂、染料、农药及有机合成和食品工业。溴在卤水中的含量一般为151克/立方米～400克/立方米。地下卤水的浓度越高含溴量越高。市内出露地层为平原组、潍北组及临沂组，富溴的卤水层产于平原组中，主要为冲积、海积及冲海积沉积物，位于下营一带。潍坊市地质矿产局于1997年勘查，获得该矿溴素储量39.53万吨，可开采量23.84万吨，属大型溴素矿床。

滩涂资源 昌邑市北部滨海有多条河流入海，大量河流冲积物和海相沉积物逐渐堆积，又受海潮不断浸渍，逐渐形成平坦广阔泥质盐碱荒滩。东至胶莱河西至虞河，东西距离53公里，潮间带滩涂面积20万亩，坡降在0.25‰～0.4‰之间。此处河道宽浅，有机质含量高，底质差异小；海水盐度一般为12.28‰～31‰，天旱时可达到28‰～42‰；水温15℃以上时间约150天，是多种贝类栖息繁衍的良好场所。适宜于对虾、梭鱼、滩涂贝类等品种的养殖。每年春夏，对虾、梭鱼等在近岸产卵、孵化，幼体苗极为丰富。

滩涂生物资源共有各种生物140余种，大体可分为双壳类、单壳类、甲壳类、多毛类、鱼类等11类。其中，双壳类20余种，多是重要的经济贝类，如文蛤、青蛤、四角蛤、毛蛏、长竹蛏、缢蛏、菲律宾蛤等，也有日本镜蛤、饼干镜蛤、蓝蛤、渤海鸭嘴蛤、寻氏肌蛤等低值贝类。单壳类10余种，主要以托氏蜎螺和肉食性螺类为主，如红螺、扁玉螺、习见织纹螺等。甲壳类约50余种，有中华绒螯蟹、宽身大眼蟹、伍氏厚蟹等可供食用的蟹类，也有经济价值不高的豆型拳蟹、隆线拳蟹等种类。多毛类约30种，比较常见的有多齿围沙蚕、短角围沙蚕、双齿围沙蚕和巢沙蚕等。鱼类主要有虾虎鱼、梭鱼、鲻鱼、颚针鱼、鳎类、鲆蝶类等20余种。

此外，滩涂内还有多种浮游、底栖动植物。

浮游植物 浮游植物种类较多，已鉴定的有85种。优势种有骨条藻、大西洋尖菱形藻、日本星杆藻和布氏双尾藻等。

浮游动物 浮游动物约34种，主要物种有权刺纺锤水蚤、太平洋纺锤水蚤、中华哲水蚤、瘦尾胸刺水蚤、汤氏长足水蚤、双刺唇角水蚤、真刺唇角水蚤、钳形歪水蚤、刺尾歪水蚤、小拟哲水蚤、近缘大眼水蚤、强壮箭虫、夜光虫、桡足类幼虫、多毛类幼虫、长尾类幼虫、短尾类幼虫、海蛇尾长腕幼虫、瓣鳃类后期幼虫等。

底栖植物 浅海底质主要是沙泥质，故而大型藻类种类较少。主要以高等种子植物眼子科的大叶藻为主。有藻类25类，其中绿藻5种，褐藻6种，红藻14种。

底栖动物 底栖动物约83种，主要是软体动物和多毛类动物。

风力资源 昌邑市海洋滩涂地处莱州湾南岸，属于季风地带，风力资源较为丰富。1998年，投资3万元分别在蒲东防潮大坝2号闸、4号闸安装150瓦、300瓦风力发电机各1台，年发电量1200千瓦时，可供大坝管护人员照明、充电、看电视等，满足该类人员日常生活的需要。

第三节　自然灾害

昌邑北部沿海地区，处于南北贯通的胶莱河、潍河与虞河3河入海口之间，这一地理环境，决定该地区除饱受雨、雹、旱及地震等影响较为普遍的自然灾害外，还要更多的承受河流决口、大风、蝗虫，特别是海潮这些局部发生的自然灾害。

1472—2006 年昌邑市绸乡区域部分自然灾害一览表

表 1-10

类别	时间	公元年月	灾害情况
饥饿	明成化八年	1472	大饥、人相食
	明正德三年	1508	民大饥
	明隆庆三年七月	1569	粟价腾踊，民大饥
	明万历二十三年春	1595	大饥、人相食
	明万历四十四年春	1616	大饥，人相食
	明崇祯十三年春	1640	大饥，人相食
	清康熙十八年春	1679	大饥，斗粟千钱
	清康熙三十一年春	1692	饥，有流民
	清康熙四十三年春	1704	大饥，子女鬻贩，人相食，白骨枕籍，大疫
	清嘉庆十六年秋	1811	潦，民大饥
	清嘉庆十七年春	1812	大饥大疫
	清道光十六年	1836	民大饥，大疫
	清咸丰九年秋	1859	民大饥
潍河决口	明嘉靖十六年七月	1537	淫雨，潍水溃溢，坏民舍无数
	明隆庆三年七月	1569	潍大决，漂没人民甚众，房舍田禾牲畜淹没殆尽，此年大水冲开小龙河
	明万历十二年七月	1584	潍河决口
	明万历三十八年六月	1610	潍河大决
	明崇祯七年七月	1634	潍河决口
	清顺治七年七月	1650	潍河决口，淹没禾田
	清顺治九年五月	1652	潍河决口，大水淹麦
	清顺治十六年七月	1659	潍河决口，漂没民舍，田禾一空
	清康熙十七年七月	1678	大雨，胶潍二水交龙斗
	清康熙五十八年七月	1719	潍水东徙
	清雍正八年六月	1730	潍水大决，村舍湮沦，民争高埠或树上，不食者三日夜
	清乾隆四十五年	1780	潍河决口
	清嘉庆元年	1796	潍河决口
	清嘉庆十七年秋	1812	潍河决口，被害甚剧
	清嘉庆二十四年	1819	年夜大雨，潍河决口

续表

类别	时间	公元年月	灾害情况
潍河决口	清道光元年六月	1821	潍大决，天寒，冲开尹家沟，小龙河拐入故道
	清光绪七年闰七月	1881	潍大水，堤皆决，淹没田舍，府宪福率邑令捐廉抚恤
	中华民国元年七月	1912	淫雨连绵，潍河决口，民饥
	中华民国 29 年 6 月	1940	潍水自刘家车道决，粮谷减产，豆绝
	中华民国 29 年 8 月	1946	潍河决口数处，南北 45 公里，东西 20 公里一片汪洋。昌邑县人民政府发救济粮 1.5 万公斤，救济款 10 万元（北海币）
	中华人民共和国	1949	瀑沙河、阜康河、虞河多处决口。海堤决口数处，潮水内浸 20 公里，淹农田 8000 余亩，冲毁利渔盐滩 27 副，损原盐百万余斤
		1950.8	潍水暴涨，决口 69 处。城关区仲家庄被河水冲毁，昌邑县人民政府拨款帮村民重建家园，更名“建设村”。拨发救灾粮 85 万斤，救济全县受灾人民
蝗灾	明隆庆三年七月	1569	大蝗蔽日
	明万历四十三年	1615	蝗旱
	明万历四十五年	1617	大蝗从草荒中起
	明崇祯三年	1630	大蝗，势如水涌
	明崇祯十三年春	1640	蝗旱
	清顺治十八年三月	1661	蝗蝻生于瓦城社，蜂屯蚁聚，相连百里
	清康熙十一年五月	1672	蝗子生，盘结成团
	清康熙三十年六月	1691	蝗，秋蝗又生
	清康熙四十八年春	1709	大蝗
	清雍正二年	1724	大蝗
	清乾隆十三年夏	1748	大蝗，平地涌出，道场皆满，过田禾根株无存
	清嘉庆十年夏	1805	蝗食禾至尽
	清道光十五年夏	1835	虫灾，田禾食尽，民饥
	清道光十七年春	1837	蝗，民大饥
	清同治元年六月	1862	蝗灾，天寒，大疫
	清光绪十八年六月	1892	飞蝗过境、遮天蔽日，所过之处，草禾皆光
	中华民国 7 年	1918	蝗虫成灾，禾叶全光，年欠有
	中华民国 26 年春	1937	大蝗，每步数千，草禾皆光，无收，民饥

续表

类别	时间	公元年月	灾害情况
蝗灾	中华民国 32 年	1943	北部洼地，蝗蝻孳生，酿成起飞，永安村一带，庄稼受害最重
	中华人民共和国	1958.6	中央派飞机第一次来昌邑县北部沿海地区灭蝗
海潮	明万历四十一年七月	1613	北海溢，漂没人物，潮淹土地。小龙河倒流
	清雍正五年十月	1727	海大溢，溺杀人物，受害甚重
	清乾隆十六年三月	1751	海水满溢，沿海地亩荒废，灾最烈，发币赈灾
	清道光二十五年春	1845	特大海潮，缓征昌邑等沿海 7 县钱粮
	清光绪二年二月	1876	海大潮
	清光绪五年二月	1879	海大潮，沿海地亩碱废
	清光绪二十八年春	1902	海大潮
	清光绪三十一年十一月	1905	海大潮
	中华民国元年 7 月	1912	淫雨连绵，海潮，秋禾绝，民饥
	中华民国 28 年 7 月	1939	海大潮，龙池乡王家庄子北漂舟数只，柳疃镇横地村除围子里、姜家地未上水，全部水淹。去东北、外地者六十余家，街上无人走，胡同长蒿草惨景
	中华人民共和国	1964.4	东北风 8 级，阵风 9 级，大雨，海大潮，水位 4.01 米，入浸内地 20 里，损房舍，淹农田
		1969.4	海潮，水位 4 米。卜庄、东冢、柳疃和龙池 4 处公社，淹没农田约 5.8 万亩，房屋倒塌 60 余间，死亡 2 人，淹死家畜 101 头，损失达 10 万余元
		1978.10	沿海大风十级，连刮 36 小时，海大潮，潮位 4—5 米，盐田淹没，化盐 3100 吨。3 处盐场计损失 47 万元
		1992.8	遭海潮袭击，海潮高达 3.3 米。冲毁沿海防潮大坝 1.5 万米、泄水闸 4 座、道路 120 公里；溶化原盐 15 万吨、卤水 506 万立方米，使 6.4 万亩养虾池受害，30 万公亩盐田受到损坏；10 只渔船沉没，1 万余间民房受损；部分通信、电力线路中断。累计经济损失 1.5 亿元
		2003.10	昌邑沿海遭受风暴潮袭击，风力 10 级以上，潮位 3.27 米，浪高 8 米，并伴有大到暴雨。北部防潮大坝及农作物等受到严重损失。损坏河（潍河）东大坝 1.56 万米，冲毁护坡石 6.2 万立方米；河西大坝决口，4 万公亩盐田被淹没；4000 余亩虾池及部分救灾船只和车辆被毁坏；全市共计直接经济损失达 6813.4 万元。

说明：本表内容来源于《昌邑县古县志集》《昌邑县志》《昌邑市志》《横地村志》。

第四节　丝绸道路

古代，昌邑北部交通比较发达，方便绸、茧运输。柳疃丝绸运出，东山、南山及东北蚕茧、蚕丝运进，主要靠陆路和水路两种渠道。至 1902 年，可通过胶济铁路将柳疃丝绸运往潍县、青岛、济南，并转运至国内及世界各地。

灶上路（昌邑灶户—寒亭上游） 全长51.6公里，昌邑境内28.1公里，是昌邑中部南北贯穿的交通干线。明清时期，昌邑县城至柳疃形成的繁华路段，最早称为驿道，绸乡人称为丝绸古道，后称昌柳路。柳疃一带曾广泛流传着一段关于这段路的交通民谣："常梁路，高范傅，草庵辛庄李家埠，到了南石桥，离城还有5里路"。形象描绘出道路的途经路线（见示意图）。另外，柳疃周围称××车道、道岔等与道路有关的村庄有8处，都在明清时期建村，这些名称清晰地显示出当年柳疃一带繁华景象。20世纪60年代，昌邑人民政府将昌柳路截弯取直，延修至灶户，全长21.6公里，取名为昌灶路，土路拓宽成8～10米的沙石路。1970年，修建为4级沥青路面县级路。1985—2005年，该路经多次整修拓宽，建成路面16～24米的沥青混凝土路，为高级县级路。定名为灶上路。

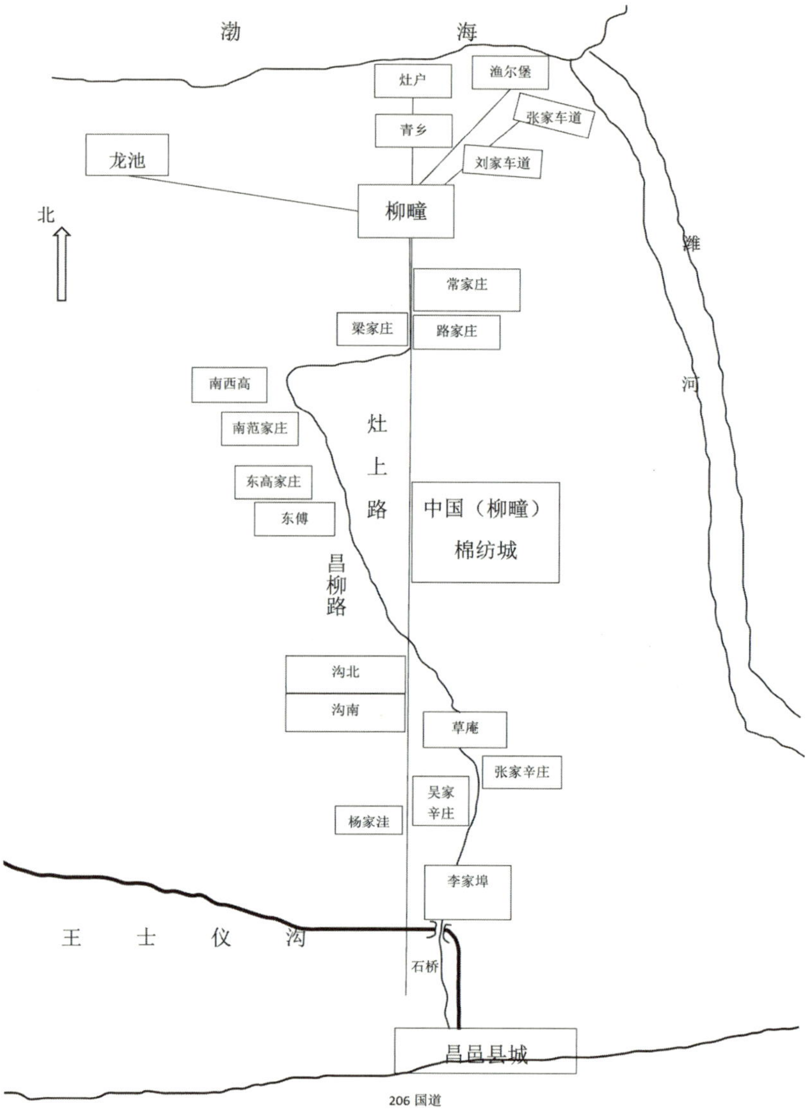

灶上路（昌柳路）示意图

陶家口子 古老的潍河发源于山东莒县，全长246公里，南北贯通昌邑境域86公里。在流经昌邑城北7.5公里处的姜家堤子村北、傅戈庄村南，潍河分出一条支流，人们称之小龙河。它横穿柳疃街东南侧，经东陈、高隆盛等村向北注入堤河。明末清初，小龙河西岸建有1处小码头（渡口），绸乡人称为陶家口子（见示意图）。据柳疃一带口碑相传，当年陶家口子码头曾盛极一时。每年开春后，东北营口、旅顺的帆船由渤海湾进入下营港，沿潍河逆流而上拐入小龙河，在陶家口子码头卸下蚕茧、蚕丝、大豆、高粱、木材等产品，再装上一捆捆柳疃绸子运出。清末民初，昌邑丝绸昌盛时期，在陶家口子装上帆船，经潍河到下营港口，进入渤海。东北

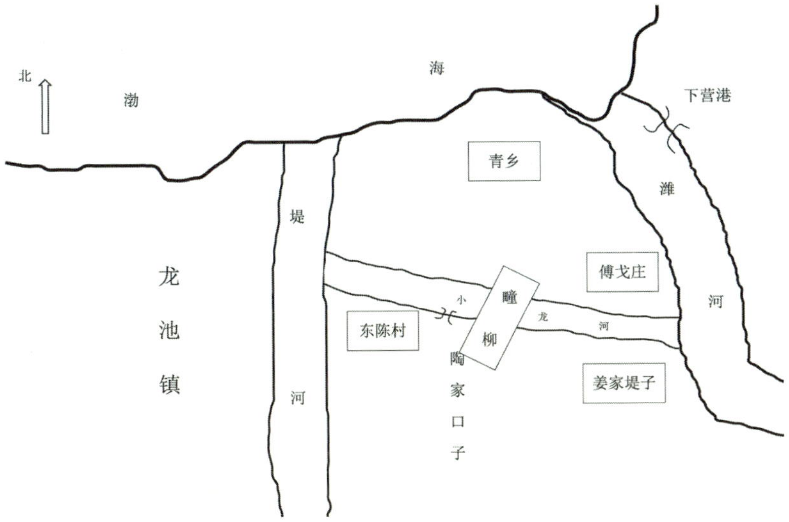

昌邑陶家口子码头示意图

1903 年 9 月通车至周村；1904 年 6 月全线通车。途经昌邑塔尔堡、峠山、太保庄、丈岭 4 处乡镇。境内路段 21.6 公里。至 1985 年，昌邑段设有塔尔堡、丈岭、太保庄和峠山 4 处货运、客运站点。2004 年，撤销太保庄塔尔堡 2 处站点；峠山站改为连接安丘火车站的货运场地，丈岭站改为昌邑火车站，作为客货两用站。

连接烟台、旅顺、大连；西北可去天津；南到青岛、上海等港口，尔后出国。大批绸商经此登上帆船，背井离乡。当时流传的歌谣："儿啊，走到哪儿也要想着给家打个信儿，咱家住在莱州府昌邑县……""开船喽！嘿嘿哟……"。船工喊起嘹亮的开船号子，不忍直视娘送子、妻送郎的离别情景。

胶济铁路（青岛—济南） 始建于 1899 年 9 月，1902 年 6 月通车至潍县；

大莱龙铁路（寿光市大家洼—烟台龙口市） 始建于 2000 年 9 月，2002 年 10 月竣工通车。途经龙池、柳疃、卜庄 3 处乡镇。昌邑境内为单线，长 33.2 公里。在柳疃镇后官村和卜庄镇碱厂分别设立货运站。

以上两条铁路均在不同时期方便了昌邑丝绸和外地茧丝等物品的运输。

第二编　植桑　养蚕

ZhiSang YangCan

据 1987 年出版的《昌邑县志》记载，昌邑民间利用田间墩桑和栽植零星桑树“养蚕织帛”，始于周朝。在种桑养蚕漫长的生产实践中，昌邑桑蚕人积累有丰富经验，掌握大量科普知识。

第一章　植　桑

第一节　桑地

桑树属桑科桑属，为多年生落叶乔木。自然生长的桑树寿命最长可达千余年，栽培桑树受人工剪伐桑叶等影响，寿命较短，桑叶盛产期 10 年左右。桑叶呈卵形或宽卵形，先端尖或渐短尖，基部圆或心形，锯齿粗钝，幼树之叶常有浅裂、深裂，上面无毛，下面沿叶脉疏生毛，脉腋簇生毛。聚花果（桑葚）紫黑色、淡红或白色，多汁味甜。花期 4 个月；果熟 5—7 个月。桑叶是家蚕的饲料。昌邑桑树种植数量，随着丝绸业兴衰而变化。桑树喜欢中性或弱酸性土壤，昌邑青乡以北属沿海区域，土壤呈碱性，不适宜桑苗培育和桑树种植，除此之外，辖区内均可种植。

苗圃地选择及整理　苗圃地选择地势平坦、土壤肥沃、日照充足、排灌便利又未种植过桑树、番茄和辣椒的地块。苗圃地的整理就是为苗木创造良好的生长条件，包括苗圃地深耕、施基肥和起畦。深耕可以提高土壤肥力，耕地深度依土质而不同，粘土要深，砂质土壤可稍浅。施基肥的目的是让苗木能在较长时间内吸收到养分，基肥以有机肥为主，如堆肥、厩肥，每亩施腐熟厩肥 500 公斤和过磷酸钙 50 公斤，结合深耕把基肥翻入土中。起畦时一般先打碎土块，耙匀基肥，然后起畦，做到畦面平、土粒细。一般畦宽 100 ～ 130 厘米、高 15 ～ 20 厘米，畦间距 30 ～ 40 厘米。

植桑园地整理　选择土质疏松、肥沃，土壤不易板结、不渍水的地块，施土杂肥或农家肥作基肥，每亩 4000 ～ 5000 公斤，深翻 30 ～ 40 厘米整平后，开沟移栽桑苗。

第二节　桑树品种

地方品种　昌邑植桑，以鲁桑为主。《齐民要术》中有“鲁桑百，丰绵帛”的记载。劳动人民在长期生产实践中，认识到“花桑、棋桑、叶桑皆属下品，唯鲁桑叶大而厚，多留作老食之用，谓之装丝桑”。经过长期自然选择和人工选择，鲁桑分化成类型繁多齐全、特性丰富多彩的优良地方品种。1923 年，昌邑就有“黑鲁、黄鲁、大鸡冠、小鸡冠数种”。

黄鲁头（黄鲁桑、大鲁桑） 为鲁桑中叶形最大的品种。耐寒、抗旱、抗赤锈病能力强；秋硬化迟，宜作秋蚕饲料；耐砍伐，可作中、高干养成，宜用春箍法剪伐，适应性强，宜于山区丘陵栽植。

大鸡冠（黑鸡冠、黑鲁头、鸡冠鲁桑、龙头鸡冠、红条鸡冠） 枝条粗短而直立，侧枝多，节间密，皮棕褐色，叶序紊乱，枝条上部微曲处有扁平突起，形似鸡冠，故名。叶片小而厚，凋萎慢，耐贮藏。叶硬化快，潜伏芽剪发力较差；抗寒、抗旱、耐瘠力强；对细菌病、褐斑病和赤锈病抵抗力弱；宜乔木养成。

小鸡冠 小鸡冠与大鸡冠形态相似，只是枝条略细长，节间较长，无侧枝或少侧枝。特性与大鸡冠同。

黑鲁采桑（黑鲁桑、红条黑鲁、大黑鲁桑） 比大鸡冠发芽早，宜饲稚蚕，对白粉病抵抗力强，抗细菌病和污染病能力弱。适于中、高干和乔木养成，在土层厚、土质肥沃的地方适宜于栽植专用桑。耐砍伐，寿命长。

黑鲁接桑 为中生桑，叶片易萎凋，不耐贮藏。秋叶硬化迟，耐涝性强。在河边两岸栽植，即使七、八月间河水上涨，长时间浸泡也能生长良好。但抗寒力较差，对病虫害抵抗力一般。

梨叶大桑（梨叶打柔） 系中生中熟品种，叶片萎凋慢，耐贮藏，易采，对病害抵抗力强。可密植，桑条产量高，夏伐时宜多留芽，以免枝条过粗。

黑鲁桑 枝态直立，枝条较短，侧枝少，节间曲折，枝条上部一个芽一个弯，形态弯曲，发芽期与大鸡冠相仿。发芽率高。发条数就多；叶片萎凋慢，耐贮藏，叶质好，秋季硬化和止芯期均早，对细菌病抵抗力弱。

大白条 树形扩展较小，枝态直立，枝条较细长，皮青灰色，节间较短，侧枝少，发芽期稍早，盛熟期适中，为中生品种，适合春秋蚕用叶。发条力强，生长势旺，桑叶硬化迟，产叶量高，对细菌病、褐斑病抵抗力强。抗寒抗风，抗旱力强，适宜高、中、低干养成，以高干养成为主。

饮马镇桑田一角

桑农在长期种植过程中发掘的桑树品种，除上述品种外，还有羊角弯、梧桐桑、黄芯采桑、白条、红条、铁叶黄鲁、小白条桑、白条鲁桑、铁叶子、小白皮、尖枝子、羊耳朵、白鲁桑、黄芯桑、黄鸡冠桑、早青桑、薄叶子、杨善黑鲁、标子桑、铁叶黑鲁、大白皮、白皮鸡冠桑、猪尾巴、红花黑鲁等。

引进品种 **湖桑** 原产浙江杭嘉湖地区，有火桑、望海桑、桐乡青、红皮大种、荷叶、197号、199号、32号，以湖桑32号为最多。其枝条粗而长，节间带弯曲，树冠扩展且大，叶大且厚，产叶量高质量好，硬化迟，适于春秋蚕用叶；喜肥水，耐砍伐；耐旱耐瘠力差，芽枯病较多。抗萎缩病力差。古时昌邑桑农靠鲁桑和实生桑养蚕，并无湖桑栽植。清末民初，随着桑蚕业兴盛，人们急于发展养蚕业，感到单靠鲁桑植桑间作不能满足需要，就向外地购进新的桑树品种。引进湖桑品种是清光绪三十年（1904）。20世纪50年代，昌邑已普遍栽值。

实生桑 1950年前后栽植较多，其特点是枝条多，细直，叶小而薄，产量低质量差，但抗逆性强。

第三节 桑苗繁殖

桑苗繁殖有种子繁殖、嫁接繁殖、扦插繁殖和压条繁殖4种方法。

种子繁殖 采收成熟桑葚，经淘洗取得种子。1克桑籽约650～700粒。采收后如不即时播种，宜用干燥或低温等方法贮藏，以免丧失发芽能力。发芽最适温度为28℃～32℃，低于16℃或高于38.5℃均不发芽。最适土壤含水量为土壤最大持水量的70%～80%。春播苗生长期长，桑苗健壮。夏播宜在采种后及早播种。播种后覆盖保湿，幼苗出土后分次疏苗、补苗，并做好肥水管理、松土除草和病虫害防治等工作。用此法育成的苗称实生苗，一般每亩可生产1.5万～3万株。

嫁接繁殖 袋接法繁育是桑苗嫁接的主要方法。使砧木剪口处的皮层和木质部分离形成袋状，然后插入接穗。此法简便易行，成活率高。砧木梢部从冬芽脱苞到展开2～3叶片为袋接适期。接穗须用优良品种的1年生枝条，嫁接前20天左右剪取，贮藏在温度10℃以下、相对湿度70%左右处，勿使干燥蒸热或发芽。室内袋接在冬末春初进行。粗大砧木的根部可分段嫁接2～3株。接好的嫁接体扎成小

柳疃镇桑园一角

束，埋藏室内沙土中，待接芽膨大时移植于苗床。随着接芽生长，切除砧芽，施肥培土，每亩可生产苗木 1 万～ 1.5 万株。除袋接法外，还有简易芽接、管状芽接、T 形芽接、装根接和贴接等多种嫁接方法。1975 年，围子公社粮桑间作田中，曾推行过桑树芽接技术。

扦插繁殖 方法简易，培育期短。发根力强的品种可直接扦插，发根力弱的品种须采取促进发根措施。发根最适地温为 28℃～ 30℃，最适土壤水分为土壤最大持水量的 70% ～ 75%。温床扦插和间歇喷雾有利于提高发根率；环状切割、插条预措和药剂处理等措施也有促进发根作用。一般硬枝扦插以春插为主，选用 1 年生充实的枝条，取中下部分段剪成插穗，下端切口宜接近叶痕，然后插入苗床。绿枝扦插用当年春季已半木栓化的新梢，从基部剪取插穗，上端留叶 2 片，插入有覆盖物能遮阳保温的苗床，成活后适时移栽。

压条繁殖 春季发芽前将母株枝条横伏固定于地面，待新梢长达 20 厘米左右时压入压条沟中，露出新梢。分期培土，加强肥水管理，促进发根，于落叶后剪离母株，掘取压条，分段剪成独立苗木。也可以利用苗木压条，以苗育苗。

第四节 桑树栽培

昌邑植桑一般不采用桑籽繁殖，很少采用桑枝繁殖，而大多采用购苗栽培。桑苗品种多为鲁桑。移栽桑苗行距为 1.3 米左右，株距为 40 ～ 50 厘米。

植桑养蚕是农民主要的副业，也是地方财政收入的主要财源。1924 年 1 月《山东劝业汇刊》第 21 期载：“民国十一年度蚕茧调查：一亩栽二十二棵，以成活十年计算，可收桑叶一百泡，一百泡合二千斤，能喂二十二席蚕，一席蚕出八斤茧，共出茧一百七十六斤，可缫二十二斤丝。每斤丝以二十元计算。每亩地共有四百六十元之收入。”

栽种形式 昌邑的桑树种植有墩桑、零星植桑、粮桑间作和田园植桑 4 种情况。

墩桑 历史上，农民主要依靠耕种土地为生，家家户户一般都有大小不等的数块土地。户与户土地之间的两头都要种植桑树为界，有的地头长，还需再种上腰桑。这种桑树生命力较强，根系发达，枝叶繁盛，一般丛生，不长高，所以农民称为墩桑。即使人民公社化之后，生产队之间的地界仍种植墩桑。至 20 世纪 70 年代，随着农业集体化进程的推进，零星地块逐渐规划成片方，墩桑大量减少。1983 年 3 月，昌邑县全面推行农村联产承包责任制，土地全部由农户承包，墩桑基本消失。

零星植桑 据《昌邑县志》记载:“昌邑县以‘柳疃绸’为代表的丝织业，历史悠久，源远流长。周朝时，龙池一带就‘养蚕织帛，捻线就织’”。自古以来柳疃周边乡镇、村庄农户为增加家庭收入，在一些空闲地方，栽植一些品种较为良好的桑树，并进行精心管理，以保证其养蚕之用。据资料统计，1968 年，全县零星植桑300万株；1978年全县零星植桑500万株；1982年全县零星植桑90万株。这种采桑养蚕的方式一般也离不开采用墩桑加以补充。

粮桑间作 纵观历史，墩桑在不影响粮食作物生长的同时，又供人们采桑养蚕，这应为粮桑间作的一种雏形或缩影。1965年冬，昌邑县人民政府为提高农民经济收入，从临朐县购进优质桑苗鲁桑，在夏店公社红卫样板方植桑1.2万株，城关公社黄家辛庄村农田里植桑0.8万株。1974年，结合城关公社董家城后、郝家城后诸生产大队的农田村网化试点，在双万亩方进行粮桑间作，栽植桑树1万株。1975年，昌邑县财政投资13万元，引进鲁桑良种，在围子公社10万亩良田全部实行粮桑间作。中共昌邑县县委书记王灿德亲自蹲点，手持工具向群众传授桑树嫁接技术。1978年，围子公社董家隅庄、辛隅、孟家等生产大队均完成粮桑间作，全县粮桑间作面积达到50万亩。至1985年，田间桑树基本刨掉。

桑园种植 在昌邑植桑养蚕的古代历史上，未能发现关于大面积植桑的记述。自中华人民共和国成立后，昌邑丝织业发展促进桑蚕业生产。起初，一般每亩栽植400株左右，成林较慢，亩产桑叶产量低。20世纪60年代，实行宽行密植或宽窄行密植形式。宽行密植桑园，行距一般2米左右，株距多为0.5米，每市亩栽植700～1000株。宽窄行密植桑园，宽行2.66米，窄行0.5～0.66米，株距0.33～0.5米，亩栽800～1000株。这样栽植的桑园丰产快，易管理。但因行距大，株距小，不能充分利用土地、空间，影响单株体的发育养成，不利于长期丰产，每亩年产叶量一般在2500斤左右。20世纪70年代，多推行密植桑园，每亩栽植1000～1200株。20世纪80年代以后，总结以往的经验教训，根据科学依据，植桑形式更为合理，其标准是行距1.5～1.7米，株距0.4～0.5米，亩栽800～1000株。其优点是：充分利用土地，有利于对土壤养分、水分的全面吸收和利用；充分利用空间。提高桑叶的光合作用，多制造营养物质；有利于单株体的发育，养成丰产树型，达到长期丰产的目的。亩产桑叶一般在1500～2000公斤。据统计1968年，全县有桑园80亩；1969年，有桑园50亩。1978年春，昌邑县人民政府决定沿胶莱河岸，利用工程弃土建设“百里桑园”，促进桑蚕生产。1980年，全县桑园面积5646亩。1986年，桑园面积990亩。1998年5月，昌邑市丝绸公司为培育桑树新品种，加强对桑蚕生产的科研和技术推广，在卜庄镇刘庄村租地200亩，租期12年。投资100余万元，建起桑蚕科技示范园。桑蚕盛产期，年产鲜茧2.6万公斤，实现销售总额60余万元。为昌邑桑蚕生产起到科技推广和带动示范作用。2000年，昌邑桑蚕生产为鼎盛时期，全市桑园面积达到4万亩。2005年，全市桑园面积稳定在2.66万亩，茧产量247.7万公斤，蚕茧收入达到6640万元。2006年，全市桑园面积近2万亩，产茧200万公斤，销售额5000余万元。

栽植方法 **高干桑栽植** 土层深厚、水分充足的土地栽鸡冠鲁、黑鲁。土层较薄的山地丘陵宜栽黄鲁。高干桑栽植，一般株距 1.5 ～ 2 米，挖栽桑穴 0.5 米见方，施土肥 15 公斤左右。一般先栽实生桑苗，养成 1 米左右高的树干，再用芽接或梢接换头。如用嫁接苗栽植，栽后平茬，第 2 年定干，3—4 年内以养成树形为主。栽植时间，冬季封冻前或春季解冻后进行，一般多为春栽。

专用桑园栽植 要先按预定的行距，在封冻前挖好植桑沟，沟宽 40 厘米，深 50 厘米。在冬季封冻前或春季解冻后栽植，先在植桑沟内施入底肥，每亩施土杂肥 5000 公斤左右，然后灌水栽植。

第五节 采伐管理

昌邑桑农根据品种和当地气候特点，从劳动生产实践中总结出一整套独特的传统采伐管理方法。

留枝留芽法 所谓留枝留芽，就是每年春季收获桑叶时在适当枝条上，因树制宜地选留一部分青眼（当年生长出来的新梢），选留枝条要健壮，适当多留活眼（巧留死眼）；活眼当年可长成健壮枝条，死眼虽生长势弱，但多生于枝条下部，对防止支干虚长和充分利用空间有重要作用。并能为次年砍伐打下基础（俗称留斧窝）。选留枝条要位置适当，应尽量留枝条基部和有伸展前途的芽眼，所留芽眼力求分布均匀，中央的新梢要向上，四周的新梢要向外，使树冠内外都有枝芽分布。选留枝芽数目要适当，死眼活眼要搭配得当，一般留下的芽眼应占砍代前总数的 10% ～ 15%。选留枝条要与树令、树势相适应，幼树着重培养树型，应早伐，多留活眼，巧留死眼，以便迅速扩大树冠；大树、壮树要综合利用眠桑和大小吊技的方法，继续扩大树冠，但须防止枝条虚长和内堂空；老弱树应适当回缩，多留活眼，增强树势，使其复壮，砍桑时斧头要锐利，先砍树上部，后砍下部；砍时顺枝条生长方向，由下向上，猛力斜砍，削面要求平滑，不裂皮层，茬口应离所留青眼一扁指左右。

留枝留芽的基本方法：留大吊枝，即 2 年生枝条上，选留靠近枝条基部的一根大吊枝，其余枝条砍去，在大吊枝的中上部选留 1 ～ 2 个活眼，在其基部适当的位

桑农修剪枝芽

置上选留 1 ～ 2 个死眼，其余的芽全部疏去。留小吊枝，选留 2 年生枝条上的小吊枝，其余枝条砍去，在小吊技上部留 1 ～ 2 个活眼。基部留 1 ～ 2 个死眼，共余芽全部疏去。留眼桑，又叫扦枝子，即是将所留吊枝过长的部分扦去。留枝留芽要因树制宜，即干密则抽，干稀则补，干虚则截，树冠大小应与树龄和长势相适应。

留枝留芽砍桑法，是技术性很强的一种方法，须技术熟练，认真砍伐，砍伐工具是桑斧。其优点是茬口平滑，皮层不裂，削口易愈合，生长势旺。也有采伐者用剪子剪伐，但不及用桑斧砍桑科学，此方法适应于鸡冠桑、鲁桑、大白条等品种。

一“舂”一“箍”法　对萌发力强的黄鲁桑和实生桑多采用此法。“舂”就是在春壮蚕期，把前一年生长出来的枝条砍去三分之二，留下三分之一继续生长，所留枝条分布均匀，疏密适当，过密或不适当的枝条从基部砍去。如所留枝条过长可适当剪去三分之一或二分之一，同时进行花采。“箍”就是次年春壮蚕期，将上一年留下的枝条从基部会部砍去。使基部的休眠芽和潜伏芽萌发长成新枝，形成树冠。第 3 年再“舂”，第 4 年再“箍”，交替进行。

年年“箍”法　即将枝条年年从基部砍去，如同湖桑的采伐。春叶的采摘：春蚕一二龄时，根据养蚕需要，选采适熟叶；三四龄时，采枝条中、下部的止芯芽；五龄期采完止芯芽后，然后伐条采叶。夏时的采滴：一二龄时先在春伐桑条上部采适熟叶；三四龄利用夏伐桑的疏芽叶；五龄在桑条的中下部采叶，上部保留 8 ～ 10 片叶。秋叶的采摘：秋蚕期选采新梢上部的适熟叶，壮蚕期自下而上分批采叶，每根枝条上部保留 8 ～ 10 片叶。

摘芯促高产　采用摘芯技术，提高桑叶产量和质量。摘芯是将桑树新梢的嫩头摘去，可促进嫩叶加速成熟，提高桑叶产量和质量。方法是：在用叶前 10 天左右进行，根据桑园的用叶计划，划片分批摘芯。一般摘去鹊口状的嫩头为宜。

促桑叶生长　按 0.5 公斤水加 1 ～ 2 毫升发酵液，喷洒桑田桑叶，每月喷 2 ～ 3 次，添加 0.2% 的磷酸二氢钾效果更好。喷到桑叶全湿不滴水为宜。桑叶生长快，叶油绿肥厚，可增产 20% ～ 25%，还可减少病虫害。在使用活力 99 生酵剂发酵液前后 6 小时不能使用抗菌素，发酵液不论保存多久，只要还有甜醇曲香气味，就可以使用，如果发臭则不能使用。

第六节　桑园管理

昌邑桑农在长期的实践中，充分认识到“有收无收在于水，多收少收在于肥”，这说明肥水对桑树生长都非常重要。

水　满足桑树对水分的要求，是增产和改善叶质的重要措施，桑园对水的管理要掌握好两点：

防积水　桑园积水后，土壤缺乏空气，根系呼吸困难，影响桑根吸收养分，光合产物减少，出现桑叶萎蔫黄落，同时产生有毒物质，桑根腐烂。所以桑园要开好排灌沟，降低地下水位，防止桑地积水。

防缺水　掌握桑树发芽开叶期和夏秋期满足桑树用水。这两个时期对水需求大，如缺水，会影响桑树的生长和降低桑叶质量，可通过排灌沟浇跑马水满足桑树的用水要求。

肥　根据施肥原则“上三造攻肥，重施春芽肥，下三造肥水兼施”造桑造肥做好施肥工作。在施肥过程中，应掌握好上三造施肥量要占总量的70%。具体施肥方法如下：

冬肥　冬肥是桑园基础肥，在桑树休眠时期开沟施下，主要作用是改良土壤，提高地力，冬肥以腐熟的家栏肥和土杂肥为主。

春肥　春天桑树发芽，枝叶生长，需要大量养分，因此，在新梢长出5～10厘米时，及时重施速效肥，亩施复合肥200斤加尿素100斤加麸肥50斤。

造桑造肥　2～3造，亩施复合肥200斤+尿素50斤。4～6造，亩施复合肥200斤。

中耕除草　桑园中耕除草每年进行春、夏、秋、冬4次，尤其以冬、夏较为重要，一般中耕除草与施肥结合进行，冬耕是来年桑创高产的基础，要求冬耕深度达到15～20厘米，春、夏、秋耕深度以5～10厘米为宜。

第七节　病虫害防治

病害防治　桑萎缩病　桑萎缩病分为黄化型、葵缩型和花叶型3种，此病专用桑园蔓延扩散较快，严重地块发病率高达50%以上。并逐渐危及高干鲁桑。防治办法：外地调进桑苗须严格经过检疫，发现病株要刨掉烧毁，加强桑园水肥管理等措施。

桑疫病（细菌病、烂头病）　是危害桑树新梢和叶片的主要病害，专用桑园和零星桑均有发生。防治办法：剪去病枝，喷盐酸土霉素液、富尔马林、石硫合剂等药物。

桑芽枯病干枯病　是桑树枝条和树干的主要病害。1980年前后，县内幼龄桑园普遍发生，发病严重的桑园枝条干枯，用叶过度的桑树更为严重。防治办法：采用剪伐，加强肥水管理和合理采叶来进行防治，由于加强桑园管理，此病可减轻。

桑赤锈病　是危害桑芽、桑叶和新梢的真菌性病害。特别是大鸡冠、小鸡冠、大白条等鲁桑发生严重。农村一般用摘除病芽方法进行防治。

白粉病和污叶病　此病是危害叶片的主要病害之一。防治方法：收集病叶烧毁，不使病菌扩散；合理采叶，以利通风；用托布津溶液喷洒，有显著效果。

根留线虫病　是由根留线虫寄生于桑根部引起的一种病害。防治方法：挖掉烧毁病株，进行土壤消毒等措施。

烂根病　病因不明，该病春季发生较多，根系腐烂，并有白色菌丝束。

虫害防治　桑蟥　桑蟥是危害零星桑的主要害虫，每年八九月，桑叶被食只剩叶脉，不但无秋叶养蚕，而且影响到次年春叶产量。防治桑蟥采取冬季挖卵和秋季喷药等综合措施，效果较好。

野蚕　是桑叶主要害虫之一，以危害高干桑为主。防治方法：在冬春两季发动群众刮除野蚕卵块，摘除野蚕蛹茧，药物喷杀。

桑尺蠖　危害桑芽主要害虫之一。防治方法：以药杀和人工捕杀为主。

红蜘蛛　是吸食叶汁的害虫，在桑园管理差，夏秋干旱季节易发生，本地发生较广，危害较重。

除上述外，其他主要虫害还有桑螟虫，幼虫主食桑芽及嫩叶的桑毛虫，夏秋高温季节危害桑叶的桑蓟马，危害桑芽的桑瘿蚊和桑象虫，危害桑干的桑天牛，危害新发桑芽的金龟子，危害秋末冬初桑树枝条的大绿浮尘子等。

第二章　养　蚕

据史料记载，昌邑人养蚕始于周期，借鉴中国人民有关的养蚕历史，以此了解养蚕的科学知识，窥见一下昌邑人养蚕的经历和智慧。

第一节　养蚕起源

养蚕是古代中国劳动人民创造的重要技艺，种桑养蚕之法相传源于黄帝的妻子嫘祖。家蚕由野蚕驯化而来，野蚕形态上和家蚕几乎没有差别，而且长大后能与家蚕自然杂交产生后代。野蚕染色体数 n=27，家蚕 n=28，专家认为家蚕是野蚕的一个染色体在进化的过程中切断为两个而产生的。

夏代以前已存在蚕的家养，从桑树害虫中选育出蚕苗，创造养蚕技术。商代设有“女蚕”，为典蚕之官。甲骨卜辞中以蚕神与上甲微同祭，对蚕事极为尊崇。周代有“亲蚕”制度，天子和诸侯都有“公桑蚕室”，夏历二月浴种，三月初一开始养蚕，对浴种、出蚁、蚕眠、化蛹、结茧、化蛾等蚕的生长形态，已有一定认识。对养蚕工具曲（箔）、植（蚕架）、筐（蚕匾）、蓬

昌邑养蚕人家供奉嫘祖

（芦席）等都有记载。从西周到春秋时期主要养一化性蚕（春蚕），而禁养夏蚕（原蚕）。一年只养一茬，以免桑叶采伐过度而残桑。周代养蚕方法已较成熟，浴种是清除蚕卵上杂菌，以白篙煮汁，浸泡蚕种，促其发蚁。蚕室内注意排水干燥及温度调节。战国时期对蚕的习性认识加深，已认识到蚕无雌雄，蛾有雌雄，怕高温，喜一定湿度，恶雨。三眠蚕龄期为 21 日。北方地区有一化性、二化性（原蚕）和多化性，可连续孵化至秋末。在大批鲜茧因来不及缫丝而化蛾破坏茧层时，则用曝茧、震蛹两种杀蛹方法来处理。

秦汉以后，对野蚕仍继续采集利用。魏晋南北朝时，选种、制种技术有很大进步，发明低溢控制家蚕制种孵化时间的方法。永嘉有八辈蚕：螺珍蚕三月绩、拓蚕和螺蚕四月初绩、爱珍五月绩、爱蚕六月末绩、寒珍七月末绩、四出蚕九月初绩、寒蚕十月绩。北方常用蚕种有三卧一生蚕（三眠一化性）和四卧再生蚕（四眠二化性）两类。以体色和斑纹为主，蚕品种分为白头蚕、领石蚕、楚蚕、里蚕、儿蚕、灰儿蚕等。按饲育和繁殖时间分为秋母蚕、秋中蚕、老秋儿蚕、秋末老懈儿蚕（指南方多化性蚕）等。以茧分为绵儿蚕、同功蚕。在饲育过程中，注意到桑、火、寒、暑、燥、湿等因素对蚕儿生长的生态影响。蚕具安放时注意蚕座疏密适当，常在室外上蔟，雨天则宜蔟于屋内，并有平面上蔟、悬挂上蔟、室外平铺蓬蒿蔟等 3 种形式。茧处理有日曝法和盐泡法两种，而藏茧则多用盐泡法。唐代养蚕基本沿用前代旧法，但都饲养多化性蚕，以三眠蚕与四眠蚕为主，浴蚕则在谷雨节前后于野外进行，与后世盆浴不同。

宋代蚕事趋于完善，生产过程分为浴蚕、下蚕、喂蚕、一眠、二眠、三眠、分箔、采桑、大起、捉绩、上蔟、炙箔、下蔟、择茧、窖茧等。浴种分多次进行，一在腊月经冻沥毒，二在谷雨催青前温水浴之，清明暖种有人体温和糠火温两种。收蚁有鹅毛掸拂和桑叶香引两种。蚁蚕饲叶用刀切细、小蚕用嫩叶，并注意控温，大蚕薄饲勤添，并勤除蚕沙（蚕的排泄物）。上蔟时先将早熟蚕拾巧上山，然后大批熟蚕一起上伞形蔟，要适当提高温度。贮茧多用盐混法收藏，农家贮茧时间不长，旬日后即出，保持茧质润泽。元代对养蚕要求更严，并重视多化性蚕饲育，适当控制夏秋蚕数最。元代

春蚕喂养

设施养蚕

养蚕总结归纳为十体、三光、八宜、三稀、五广。“十体”指寒、热、饥、饱、稀、密、眠、起、紧、慢（指饲叶速度）等条件，“三光”指按蚕的肌色定饲叶多少，“白光向食，青光厚饲（皮皱为饥），黄光以渐住食”；“八宜”指蚕的不同生长期要掌握采光明暗、温度暖凉、风速大小、饲叶速度等 8 类条件。“三稀”指下蚁、上箔、上蔟都要稀疏；“五广”指对影响蚕生长的声音、气味、光线、颜色及不卫生因素等都要禁忌。

明代对蚕种选择和品种改良都很重视，浴种用天露法，利用石灰水、盐卤水等浴法留取好种，淘汰低劣蚕卵。最早发现杂交蚕种的优势并加以利用，以“早雄配晚雌幻出嘉种”。可见明代时已能用一、二化性蚕蛾进行杂交而成体强丝多的新蚕种。

蚕是蚕蛾的幼虫，昌邑养蚕人称家蚕幼虫为蚕宝宝。桑蚕用丝来编织自己的茧，野蚕丝长 200 米左右，人工养殖家蚕丝长 300 ～ 900 米，现代高科技养蚕丝长 3000 米以上。家蚕有很强的食欲，它们昼夜不停地吃桑叶，生长得非常快，俗称蚕食鲸吞。家蚕脚部有吸盘，可吸在粗糙的物体上。当它们头部的颜色变黑的时候即表明它们将要蜕皮。在完成 4 次蜕皮之后，身体会变为浅黄色，皮肤也变得更紧，这表明它们即将会用丝茧包裹自己，在茧中变态成蛹。如果允许蛹变态为成虫，自然地将茧溶解并钻出，由于茧被它破出洞，丝线将会变短，不能用于纺丝织绸，所以要在其尚未破茧以前，将蚕茧放入沸水中，杀死蚕蛹，并使得茧易于拆解。家蚕的虫及蛹可以食用，并有食疗功效。成虫的蛾不能飞，被称为“蚕蛾”，只是用于产卵以繁殖后代。一般雌蚕蛾要比雄蚕蛾胖一些。

蚕蛾是昆虫的一种，驯化在室内饲养，故又称家蚕。养蚕和利用蚕丝是人类生活中的一件大事，约在 4000 年前中国已有记载。在 3000 年前，昌邑已经开始人工养蚕。蚕吐丝结茧时，头不停摆动，将丝织成一个个排列整齐的∞字形丝圈。每织 20 余个丝圈（称一个丝列）便动一下身体的位置，然后继续吐织下面的丝列。一头织好后再织另外的一头，因此，家蚕的茧总是两头粗中间细。家蚕每结一个茧，需变换 250 次—500 次位置，编织出 6 万余个 8 字形的丝圈，每个丝圈平均长 0.92 厘米，一个茧的丝长可达 1500 ～ 3000 米。丝腺内的分泌物完全用尽，方化蛹变蛾。

秋蚕喂养

留存燥处，在养蚕时遇雨叶湿，可以这种叶末掺入，有灼湿、易饱、省叶之效。这些都是代用饲料添食的好办法。1898年，杭州创办蚕学馆，学习国外育蚕经验和理论，消除微粒病，用新法选育成青柱、新圆、诸桂、轰青等一批新品种，并用轰青与诸桂杂交，育成中国最早的改良品种青桂，在当时占有很大比重。此后各省纷纷兴办蚕校和蚕桑试验场，盛极一时。1916年，昌邑县成立昌邑县乙种蚕桑实业学校，为发展昌邑丝绸业培养专门技术人才。

蚕从喂养环境上可分为2大类，一类家蚕，以桑蚕为主。在家中集中饲养，食桑叶；一类山蚕，即柞蚕。在山上饲养，食柞树叶。昌邑人自古至今饲养桑蚕。

对于野生柞蚕的利用，宋元以前主要做丝絮、打线及纺粗帛用，宋元后山东登莱地区推广人工放养野蚕，产量大增。同时纺丝织绸也告成功，野蚕生产遂遍布鲁、辽等省山区，柞蚕有拓、样、棘、萧、檞、椿、椒、柳、榆、枫、构、祀蚕等品种。明代，对野蚕放养有一套较为成熟的技术和经验。明末，山东柞蚕丝绸闻名中外，其中，昌邑柳疃丝绸占有很大比重。从此由历史上的人工自然采集转入到人工放养收集的生产格局。

在传统养蚕技术基础上，对上蔟采用高棚蔟，随老随捉，忌用地蔟。将“出口干”改进为“灼蚕不灼茧”。在三眠开叶时，令食拓叶二三次，以省桑叶，且丝韧有光泽。少叶时可用白米粉掺桑叶上喂蚕，丝光白而韧。采摘秋桑叶晒干，研为细末，

第二节 种类

蚕以食物分为多种，昌邑饲养的主要是桑蚕，20世纪60年代，有农户饲养蓖麻蚕，而昌邑古代丝绸业大量采用的是东山（指栖霞、牟平、乳山等地）、南山（指诸城、日照、莒县等地）的柞蚕，兼用桑蚕。

桑蚕 又称家蚕，以桑叶为食料吐丝结茧的经济昆虫之一。属鳞翅目，蚕蛾科。桑蚕发育温度是7℃～40℃，饲育适温为20℃～25℃。桑蚕属寡食性昆虫，除喜食桑叶外，也能吃生菜叶、柘叶、楮叶、榆叶、鸭葱、蒲公英和莴苣叶等，桑叶是蚕最适合的天然食料。蚕是完全变态昆虫，一生经过卵、幼虫、蛹、成虫4个形态上和生理机能上完全不同的发育阶段。其中幼虫

期在适宜温度条件下，一般经 4 次眠和蜕皮。桑蚕结的茧可以缫丝，蚕丝是优良纺织纤维，是绸缎的原料。桑蚕的蛹可食用，蚕蛾和蚕粪（也称蚕沙）均能综合利用，是多种化工和医药工业的原料。蚕沙枕有祛风降湿、健脑明目等功效。

幼蚕

昌邑桑蚕人在长期喂养实践中，发现雄蚕吐丝多，喜欢多养雄蚕。而且雄蚕比雌蚕消耗的桑叶少，因为雄蛾在成虫期生活的时间比雌蛾短，它们一般在与雌蛾交尾后就会死亡。而雌蛾在交尾后，要产出大量的卵。雄蛾、雌蛾，不吃不喝，靠体内积累的物质维持生命。雄蛾体内积累的物质少，雌蛾体内积累的物质多；雄蛾交尾后即死去，雌蛾在较长时间里产卵延续种族。雄蚕生殖腺发育所需物质的量较少，不像雌蚕需在体内贮存卵粒所需的物质；雄蚕能将较多的物质转化为丝吐出作茧。

柞蚕　以柞树叶为食料的吐丝结茧昆虫。属鳞翅目，大蚕蛾科。发育温度为 8℃～30℃，发育适温为 11℃～25℃，最适宜的温度为 22℃～24℃。柞蚕以壳斗科栎属植物如尖柞、蒙古柞、槲等的叶片为饲料，也能取食蒿柳、山定子、栗、枫、梨、苹果等植物的叶子。柞蚕是完全变态昆虫，一生中要经卵、幼虫、蛹、成虫 4 个形态和生理功能完全不同的发育阶段。经 4 次眠和蜕皮。每蜕皮 1 次，递增 1 龄。柞蚕茧可缫丝，柞蚕丝是柞绸的原料，柞蚕蛹可食用，与蛾均是化工、医药、食品工业的原料。卵是进行生物防治用赤眼蜂的良好中间寄主。

蓖麻蚕　又叫惠利蚕，以蓖麻叶为食料的吐丝结茧的经济昆虫之一。属鳞翅目，大蚕蛾科。蓖麻蚕原产印度东北部的阿萨姆邦，18 世纪开始从印度传入中国饲养。蓖麻蚕经过卵、幼虫、蛹、成虫 4 个发育阶段。卵期在 16.5℃以下或 32℃以上时均难孵化，适宜温度为 25℃左右；幼虫期饲养适温在 24℃左右；蛹期的保护温度以 25℃左右为宜，相对湿度为 75%～90%。蓖麻蚕茧不能缫丝，只能作绢纺原料，纺织蓖麻绢丝。也有与桑蚕废丝、柞废丝、苎麻、化纤等混纺的蓖麻混纺绢丝。

第三节　蚕种

蚕种是指蚕产下来的卵。一般是指桑

蚕种和柞蚕种，包括原原母种、原原种、原种和一代杂交种。

《天工开物·乃服》中记述：凡蛹变蚕蛾，旬日破茧而出，雌雄均等。雌者伏而不动，雄者两翅飞扑，遇雌即交，交一日、半日方解。解脱之后，雄者中枯而死，雌者即时生卵。承藉卵生者，或纸或布，随方所用（嘉、湖用桑皮厚纸，过年尚可再用）。一蛾计生卵200余粒，自然黏于纸上，粒粒匀铺，天然无一堆积。蚕主收贮，以待来年。蚕种黏于纸上，称1张蚕种，昌邑养蚕人称为1板蚕种，每板多者约有3万余粒蚕种。

关于桑蚕品种，早在北魏时代《齐民要术》一书中，就有蚕种记载。当时的蚕种，从化性上分，有一化、二化和多化；从眠性上分，有三眠、四眠蚕；从茧色上分，有黄茧和白茧，但品种名称并无记载。“汉代出现黄茧，但仍以白茧为主。后来，山东竟成为三眠蚕，黄茧系统。清代山东纯为一化三眠黄茧种，到清代末年，山东从江浙引进白茧种”。

鲁黄　昌邑桑农喂养的一种较为古老的桑蚕品种，大都沿用历史已久的一化性三眠黄血蚕，俗称“鲁黄”。此品种全龄期20～22天，茧小而薄，呈黄色，产茧量和出丝率都不高，但丝质细软，解舒良好，故缫丝者多喜欢购用。直至20世纪50年代初，仍有少量喂养。

桑蚕蚁

华九×瀛汗、瀛汶×华十、华八×瀛汶及其反交　1950年至1965年，潍坊市推广喂养二化性一代杂交种华九×瀛汗、瀛汶×华十，华八×瀛汶，实现桑蚕品种良种化。

菁松×皓月、苏5×苏6及其应交　1983年开始，潍坊市试养新品种菁松×皓月、苏5×苏6。1984年，潍坊市普及率87%。1985年，潍坊市养新品种62047张，占发种总数的97.7%，主要品种是菁松×皓月，昌邑桑农作为首选品种喂养。

第四节　蚕期

蚕的一生经过蚕卵—蚁蚕—熟蚕—蚕茧—蚕蛾，共生长50余天，即为1个蚕期。

蚕卵　蚕以卵繁殖。蚕卵看上去很像粒细芝麻，宽约1毫米，厚约0.5毫米。1只雌蛾可产400～500粒蚕卵。1700～2000粒蚕卵重约1克。蚕卵的颜色，刚产下时为淡黄色或黄色，经1—2

天变为淡赤豆色、赤豆色，再经 3—4 天又变为灰绿色或紫色，便不再发生变化，称为固定色。蚕卵外层是坚硬的卵壳，里面是卵黄与浆膜，受精卵中的胚胎在发育过程中不断摄取营养，逐渐发育成蚁蚕，它从卵壳中爬出来，卵壳空后变成白色或淡黄色。

四龄蚕

蚁蚕　刚从卵中孵化出来的蚕宝宝，黑黑的像蚂蚁，蚕农称为“蚁蚕”。蚁蚕身上长满细毛，约 2 天后，毛即不明显。蚁蚕出壳后约 40 分钟即有食欲，就要开始喂养。

蚕眠　蚕宝宝食桑量极大，因此，长得很快，体色也逐渐变淡。食欲逐渐有所减退乃至完全禁食，吐出少量的丝，将腹足固定在蚕座上，头胸部昂起，不再运动，好像睡着一样，称作“眠”。眠中的蚕，外表看似静止不动，体内却进行着蜕皮的准备，蜕去旧皮之后，蚕的生长就进入到一个新的龄期，从蚁蚕到吐丝结茧共蜕皮 4 次。眠性是蚕的生长特性之一，眠性是蚕的遗传性状，同时也受环境的影响。昌邑饲养的蚕属四眠性品种。

蚕龄　又称龄期，表示蚕宝宝处于某一个发育阶段。从蚁蚕到第 1 次蜕皮为第一龄；眠起后进入第二龄；再次蜕皮后进入第三龄；第 3 次蜕皮后进入第四龄，第 4 次蜕皮又称大眠。大眠后就进入第五龄，五龄的蚕宝宝长得极快，体长可达 6 ～ 7 厘米，体重可达蚁蚕重量的 1 万倍左右。

熟蚕　蚕宝宝到五龄末期，就逐渐体现出老熟特征：先是排出的粪便由硬变软，由墨绿色变成叶绿色；食欲减退，食桑量下降；前部消化管空虚，胸部呈透明状；继而完全停食，体躯缩短，腹部也趋向透明，蚕体头胸部昂起，口吐丝缕，左右上下摆动寻找营茧场所，这样的蚕就称为熟蚕。

成虫期结茧　结茧可分为 4 个过程：熟蚕先将丝吐出，粘结在蔟器上，再吐丝连接周围蔟枝，形成结茧支架，即结茧网。茧网不具备茧形，只是一些松软凌乱的茧丝层，以作为结茧的支架。蚕结制茧网后，继续吐出凌乱的丝圈，加厚茧网内层，然后以 S 型方式吐丝，开始出现茧的轮廓，叫作结茧衣。茧衣的丝纤维细而脆，排列极不规则，丝胶含量也多。茧衣形成后，茧腔逐渐变小，蚕体前后两端向背方弯曲，成“C”字型，蚕继续吐出茧丝，吐丝方式由 S 形改变

熟茧上蔟

成∞形，就是开始结茧层的过程。蚕由于大量吐丝，体躯大大缩小时，头胸部摆动速度减慢，而且没有一定的节奏，吐丝开始显得凌乱，形成松散柔软的茧丝层，称为蛹衬。

蚕蛹　蚕上蔟结茧后经过4天左右，就会变成蛹。蚕蛹的体形像一个纺棰，分头、胸、腹3个体段。头部很小，长有复眼和触角；胸部长有胸足和翅；鼓鼓的腹部长有9个体节。有喂养经验的蚕农能够从蚕蛹腹部的线纹和褐色小点来判别雌雄。蚕刚化蛹时，体色是淡黄色的，蛹体嫩软，渐渐地就会变成黄色、黄褐色或褐色，蛹皮也渐渐变硬。经过大约12～15天，蛹体又开始变软，蛹皮有点起皱并呈土褐色时，它就将变成蛾。

蚕蛹

蚕蛾（成虫）　蚕蛾的形状像蝴蝶，全身披着白色鳞毛，但由于2对翅膀较小，没有飞翔能力。蚕蛾的头部呈小球状，长有鼓起的复眼和触角；胸部长有3对胸足及2对翅膀；腹部无腹足，末端体节演化为外生殖器。雌蛾体大，爬动慢，尾部发出一种气味引诱雄蛾交尾；雄蛾体小，爬动较快，翅膀飞快地振动，寻找着配偶。交尾后雄蛾即死亡，3～4小时后，雌蛾就可产下受精卵。雌蛾约花一个晚上可产下约500个卵，然后也会慢慢死去。蚕蛾产下的卵→孵蚕→变蛹→化蛾，又将完成新一代的循环。

第五节　养前准备

建好蚕室　蚕室要求地面平整、洁净，前后有对流窗，最好开地脚窗。门窗要装好纱网防苍蝇，地脚窗装好铁丝网防老鼠。大棚和水泥房均可（天冷最好用水泥房，天热最好用大棚）。养1张蚕约需30平方米养蚕面积和10平方米专用桑叶室。

根据养蚕生产的用途，蚕室分为小蚕室、大蚕室、贮桑室和上蔟室等。总的要求是远离污染源，便于清洗消毒和温湿度、气流的调节。昌邑自古农村一家一户饲养规模都比较小，农户大多将住房兼作蚕室。小蚕室用于饲养 1 ～ 3 龄蚕。由于小蚕期需要高温高湿环境，所以要求具有较好的保温保湿性能，并有安全的暗火加温设施。养蚕有一定规模的农户常建有小蚕专用蚕室，一般农户常用塑料薄膜在住房中围出一小间作为小蚕饲养场所。大蚕室用于饲养 4 ～ 5 龄蚕。蚕室具有良好的通风透气和排湿性能。农村养蚕户大都饲养在住宅内，养蚕数量多或规模养蚕大户搭建室外养蚕大棚，解决大蚕期饲养面积不足问题。贮桑室为桑叶贮存场所，要求低温高湿、毗邻蚕室、无阳光直射、便于清洗消毒。最好采用地下室或半地下室结构，地面用水泥硬化。上蔟室通常与大蚕室套用。

1962 年后，昌邑出现以生产大队或生产队为单位的集体养蚕模式。1980 年后，则出现养蚕专业户，养蚕设施更加完备，饲养方法更加科学和规范。

备齐蚕具和药品　每张蚕种要准备如下蚕具和药品：0.8 米宽的蚕箔 15 ～ 20 只；采叶箩 4 只，药膜约 20 平方米；拖鞋 2 ～ 3 双，分别放在蚕室和桑叶室；红砖若干块，主要是地面养蚕时方便喂蚕，一般每间屋放 2 行砖，以方便来回行走；蚕室消毒专用桶 2 只，喷雾器 1 只，一定不能用装过农药的桶和喷雾器给蚕室消毒；方格箔 260 只；石灰 60 公斤左右，于领蚕前 3 天洒少量水发好。

准时消毒　消毒是防治蚕病发生、保证养蚕高产优质的前提。第一次消毒应在领蚕前的一周内完成。先把蚕室、桑叶室及周边环境彻底清扫干净，蚕具可放在阳光下暴晒，然后对蚕室、蚕具进行消毒。最好的药品是消特灵。消特灵配制方法是：先将主剂粉碎，用少量水搅成糊状再倒入 25 公斤水，后加入辅剂稍搅拌，澄清 15 分钟即可使用。用专用喷雾器对蚕室和所有蚕具进行消毒，消毒要全面、彻底，室内墙面、地面都要喷匀喷透，喷后关闭门窗保持湿润 1 小时。待消毒液干透后，按上面办法重复消毒 1 次。薄膜、鞋、蚕具等用药液浸泡消毒效果更好。蚕室消毒 2 次后打开门窗，注意消过毒的蚕室不能放入未消毒的东西。

第六节　催青

催青俗称暖种，就是将蚕种置于适宜的温湿度中，促使胚子顺利发育，直至出蚕。因蚕在孵化前一天，卵面转成青灰色，故名。催青需根据当地桑叶生长情况而定，不宜过早过迟。昌邑春蚕一般在 4 月 25 日左右开始催青，夏蚕在 6 月中旬，中秋蚕在 7 月底 8 月初，晚秋蚕则在 9 月上旬催青。

清末民初，催青均是蚕户自催。无一定温湿度标准，多无加温设备，习惯于将蚕种置于厨房锅内、炕头被窝、棉沃袍中加温，致使出蚁不齐。进一步用火升温催青。1918 年，山东蚕丝劝业场建立后，开始用新法催青，但广大农村仍以旧法为主。1935年，山东省建设厅编印《蚕业指导须知》及各种技术手册。蚕农始用新法催青。民国政府“设有实业局，蚕种制造所，蚕丝劝业场等机关……对于农民究少联络，且未尽指导之责”，是以新法催青推广不力。

1952年后，昌邑各蚕区都设有共同催青点，设备齐全。采用高温催青法，胚子发育齐，孵化一致，从蚕种出库到收蚁，一般经过12天。原种催青，采取高温高湿感光催青法，温湿度要求比杂交种偏高，促使蚕卵由二化向一化性转变，出库到收蚁一般经过11天。

第七节　收蚁

收蚁是将蚁蚕收集到蚕箔上进行饲养的操作过程。春蚕一般在上午9时前后收蚁。夏秋蚕因气温高，应在上午8时前进行收蚁。旧时催青不得法，出蚁不齐，多伤体。大多在收蚁之时，用白纸一张铺于蚕箔上，用鸡毛羽将蚁蚕从蚕纸上徐徐移落，余少量时震落。然后撒以细糠，待蚕集在糠上，再将切碎的桑叶撒下。但不称蚁量，以防伤蚁体。民国前期，始提倡新法收蚁。《蚕丝韵言》有明确记述，“见蚁种须包，省的乱混钻。诸般收蚁法，低扫法甚完。蚁纸先称过，展包取种连。先扫背四角，免教手伤蚕，他人持两角，自己捏一边，指弹或箸打，余蚕羽扫完，卷起再上称。除纸重若干，种好蚕出好，每连约一钱，细糠并细桑，加用蚁好摊，每蚕一方尺，蚕数约十千。”虽经提倡，蚕户接受者少。当时省实业厅技师吴英若在分析山东蚕业失败之原因时指出：如催青、收蚁、给桑……“均无适当之准则……种种危害蚕儿之事，不胜枚举”。

中华人民共和国成立后，蚕业技术指导部门利用集市宣传养蚕技术，举办短期训练班，培训技术骨干，组织技术人员下乡指导，收蚁方法有很大改进，震落法和等齐法收蚁早以不被采用。平附种收蚁多采用纸收法和桑引法，散卵收蚁采用网收法。在收蚁前加以标准温湿度，收蚁后进行蚁体消毒。其优点是收蚁齐，不伤蚁体，有利于蚕体健壮。

第八节　上蔟

上蔟为养蚕最后之环节，蚕经喂养二十七八天，即可吐丝结茧。把熟蚕置于一定的蔟具上使其正常营茧，谓之上蔟。上蔟时间性很强，故有“麦熟一晌，蚕老一时”的说法。旧时上蔟方法，即丝满一葫芦半（胸部第一、二环节透明）即老熟上蔟或见多数蚕停食后全部上蔟，增加蔟中相对湿度，甚为不当，主要蔟具用麦秸把或树枝。中华人民共和国成立后，蔟具有很大改革，1954年开始推广蜈蚣蔟。1982年，昌邑开始推广使用方格蔟上蔟，上茧率由原来的80%左右提高到95%～98%，解舒率也有所提高，是养蚕生产上的一项重要改革。其间还推广过折蔟，采用者甚少。

分拣上蔟

第九节　饲育技术

山东广大蚕农在从事桑蚕生产的实践中，创造并积累极其丰富的宝贵经验。早在北魏时期农学家，寿光县人贾思勰著的《齐民要术》一书中，记述蚕儿的孵化、饲养、选育蚕种等经验。再如元代《农桑辑要》中载："蚕之性，在连则宜寒，成蚁则宜暖，入蔟则宜极暖。"可见当时已初步认识蚕的卵、幼虫、蛹、成虫各时期对温湿度条件的要求。民国24年（1935）5月21日，《益都新闻》载：蚕业试验场饲育情形"各蚕种以适应气候之特性，有二龄，有三四龄，有过五龄者，以此有宜饲莴苣叶、宜饲碎桑叶、宜饲大桑叶、宜饲柘叶，均各有不同。室内门窗视天冷暖或开或闭迎合温度平均，室外房檐均高结席棚遮阳光，以防病窖。共专饲育者计55人，按时昼夜轮班饲育。"中华人民共和国成立前，昌邑养蚕人虽注意沿用前人养蚕经验，但多思想保守，墨守成规，缺乏新技术。旧时农村饲养，蚕期经过30天左右，饲育温湿度，无明确标准，有的小蚕放于厨房锅灶内，不单独加温补湿。饲养工具，小蚕用条编箔箩，大蚕用大箔，拾蚕用手不用网。

1955年，昌邑有少量养蚕户开始使用干湿计测量温湿度。主要推广饲育形式有以下几种：

小蚕共育　实行小蚕共育是提高蚕茧产量和质量，提高劳动生产率，增加经济效益的重要措施。1962年，昌邑实行以大队或生产队集体养蚕，小蚕饲养全部实行集体共育。1980年后，养蚕承包到户，集体共育小蚕数量有所减少。1985年，小蚕共育张数占养蚕总张数50%以上。其主要特点：有利于技术指导，精养小蚕，为大蚕丰收打下基础；有利于消毒防病；省工、省桑叶、省燃料及其他物料。

防干育　稚蚕采用防干纸或塑料薄膜覆盖。其优点是保温保湿，保持桑叶新鲜，省工、省叶，有利于蚕儿生长发育，农村养蚕多有采用。

少回定量育　少回定量育是省力化养蚕的方法之一。其特点是省工、节桑、减轻劳动强度，提高劳动生产率，增加经济效益的一种方法。1981年，山东省丝绸公司制定少回定量育的饲养标准，是当时养蚕的主要形式。

小蚕炕床育 小蚕炕床育是在火炕上铺一层湿沙，炕上方罩上塑料帐，烧炕加温的一种方法，其特点是有利于保温保湿，保持桑叶新鲜，省工、省桑，蚕儿发育快，生长健康齐一。昌邑春季小蚕饲养都是采用炕床育。

另外，还推广过大蚕室外育，但不易防晒、防雨、保温和桑叶易凋萎，同时蚕儿个体小、上蔟困难等，1985 年以后不再采用。

第十节 养蚕常识

喷桑叶用于添食养蚕 0.5 公斤水加 5 毫升发酵液，喷 5 公斤桑叶添食，每天 1 次。蚕爱吃、粪便不臭，生长快，蚕茧厚，质量好，可增产 10% 左右。

喷蚕体降温解暑 夏天气温高，蚕容易生病，室温过高，蚕容易中暑死亡。在高温天气，按 0.5 公斤清水加 5 毫升发酵液，喷于蚕体，每天中午、下午各喷 1 次。

桑叶保鲜 夏天气温高，采回的桑叶堆放久会发黄变质，秋天气候干燥，采回的桑叶，留久会干枯变硬，可按 0.5 公斤清水加 5 毫升发酵液，将桑叶喷湿，然后将桑叶装入编织袋或堆在地上，用塑料布盖好，保存 24 小时仍然鲜绿如初。

养蚕节桑 正常情况下养蚕，每生产 1 公斤蚕茧需 15 公斤桑叶。采取节约用桑措施后，每张蚕种可节约用桑 50 公斤左右，而蚕茧产量、质量丝毫不受影响。节约用桑措施是：桑叶合理采、运、贮，尽量做到早上或傍晚采叶，随采随运，松装快运，采回的桑叶抖松后放入贮桑池或贮桑室内，合理贮藏，防止风吹或堆积发热变质，造成桑叶浪费；防止桑叶萎凋，稚蚕期采用炕床（房）育、塑料薄膜覆盖育，以利保温保湿，使桑叶保持新鲜，大蚕期喂蚕后适当关闭门窗，待蚕食去桑叶 70% 左右，再开门窗通气，能有效防止桑叶萎凋；确保蚕室温度，大、小蚕适宜温度分别为 24℃、25℃，在适温范围内，蚕食欲旺盛，减少残次桑叶，提高叶丝转化率；计划用桑和定量给桑，按不同蚕期逐龄、逐日、逐回制定标准用桑量，做到“蚕儿饱食不浪费，节约用桑不饿蚕”，每龄蚕初、末期，蚕食桑量减少，这时喂叶要适量，五龄蚕盛食期要让蚕

桑蚕进食

儿充分饱食，每张蚕种每日最大用桑量要控制在110公斤以内。添食蜕皮激素，蚕儿见熟5%左右，每张种使用1支蜕皮激素，兑水25公斤，拌合20公斤桑叶，一次给蚕吃完，能促使蚕儿一齐老熟，每张蚕种可节省桑叶10公斤左右。

防农药中毒　养蚕季节不要在蚕室以及桑田附近的农田喷洒杀虫双等有机农药，其气味会导致蚕儿中毒；喂蚕桑叶要经过试喂确认无毒后，才能采叶喂蚕。

蚕室内禁用蚊香或灭蚊、灭虫剂。在邻近蚕室的住房内使用，也要关闭蚕室门窗，以防蚕儿中毒。要安装纱门、纱窗，防止蝇类进入蚕室内危害蚕儿，并添加“灭蚕蝇”乳剂或喷蚕体，以杀灭蝇蛆。养蚕前要堵塞鼠洞，蚕架与墙壁要保持一定间距，蚕架脚周围要撒上石灰粉或蚕药，以防止老鼠上爬。养地蚕，要做好药物灭鼠。

通风消毒　夏、秋气温较高，要打开门、窗，加强室内通风换气。桑叶喷洒清水，室内用电风扇吹微风，有利于室内降温。发现病蚕要及时清理，投入盛有漂白粉溶液或石灰浆的消毒盆内，禁用病蚕饲喂畜禽，以防止病原传播扩散，污染环境。蚕沙含有大量病原物，不要在蚕室周围摊晒，应集中到野外堆沤或放入粪坑内沤制，以防止病原扩散。要注意按需采叶、及时运叶、合理贮叶。贮桑池每个龄期要消毒一次，不要喂过夜桑叶。高温多湿天气忌喂湿叶，贮桑叶不能洒水，要勤除沙，多撒新鲜石灰粉、干稻草等材料，抑制病菌滋生繁殖。不是养蚕季节，蚕室不要存放谷物、糠麸等物，以免受潮产生螨类，养蚕时危害蚕儿。

桑叶喷水

第十一节　蚕体病虫害防治

病虫害　中华人民共和国成立前，昌邑主要饲养春蚕，气候适宜，发病较少，主要蚕病是白僵病、脓病等。中华人民共和国成立后，随着多次化养蚕的推广，蚕病危害日趋严重，夏秋季尤甚。

病毒性疾病　由病毒侵染蚕体所致，根据病毒种类和寄生部位不同，分为血液型脓病、胃肠型脓病和病毒性软化病。血液型脓病在年内各蚕期均有发生，以春季和晚秋发病较多，由于发病时期不同，可出现不眠蚕、起节蚕、高节蚕、脓蚕等特征。胃肠型脓病和病毒性软化病，多发生在夏秋季，重者绝产，两病皆由不同病毒寄生在蚕的胃肠而致，都有空头症状，故统称空头病。

细菌性疾病　各蚕期均有发生，夏秋季发生较多。蚕患此病死亡较快，死后尸体腐烂，故统称软化病。由于寄生细菌种类和发病型式不同，又分细菌性胃肠病、败血病、细菌性中毒症 3 种。细菌性胃肠病发生面较广，败血病和细菌性中毒症发生面较小，一般不会造成大的危害。

真菌性疾病　真菌性疾病在各季蚕中均有发生，尤其秋季危害严重。病蚕死后尸体都僵化变硬，故称僵病或硬化病。由于寄生菌类和从尸体发生的孢子颜色不同，真菌病又分白僵病、绿僵病、褐僵病等，其中以白僵病最严重。

节肢动物病　主要有多化性蝇蛆病和壁虱病，危害比较严重。

农药中毒　此病凶猛，重者绝产，主要是由“六六六”“敌敌畏”等引起的。

防治　蚕病防治，在清代及其以前，防治仅限于环境清扫和蚕具洗刷，间有用艾蒿、松、柏等枝叶熏烟防治者。民国时期，蚕种制造所及集体催青点，多用石灰水和富尔马林液消毒，农民很少采用。有不少农民把蚕茧收成寄托于天命，迷信于祭祀，有的农民在出蚕后门口挂以红布，禁止外人出进，以求防病，因无科学防病措施，蚕病多有发生。中华人民共和国成立后，随着多次化养蚕开展，蚕病发生日趋严重，防治工作进一步受到重视。20 世纪 50 年代，主要采用石灰、富尔马林、漂白粉消毒。20 世纪 60 年代末，推广使用灭蚕蝇防治蝇蛆病。20 世纪 70 年代开始，采用甲醛草木灰防僵粉和漂白粉防僵粉进行蚕体蚕座消毒，僵病防治效果显著；用硫磺熏烟和乐果消毒防治壁虱病。1979—1984 年，使用消毒防病新药防消散等，对防治蚕病取得显著成效。脓病、软化病、僵病等已基本得到控制。

养蚕用药误区　不少蚕农在防治蚕病时，因求治心切，常超剂量、超常规用药，导致蚕儿药物中毒、病势加重等，造成养蚕生产中不应有的损失。

用药载体的误区是将蚕药喷洒在桑叶上给蚕添食，桑苗栽植技术及桑树病虫害防治还是喷（撒）于蚕体、蚕座、蚕网上，应按病型、药品种类而定。但实际情况是，用药载体经常被混淆，比如“防僵灵 2 号”常被一些蚕农喷在桑叶上作添食药，导致蚕中毒、死亡。而本该添食的“蚕用氯霉素”“克蚕菌”等又常被用在蚕体上，既无效又贻误防治蚕病的最佳时期。用药选择的误区有些蚕药在外观、色泽上颇为相似，使用时常被错用。“大蚕防病一号”和“小蚕防病一号”仅一字之差，均为袋装粉剂，但所含有效成分——甲醛的浓度却明显不同，前者是 2.5%，后者是 1.25%。若将它们用反，则对小蚕有药害，对大蚕效果差。“防僵灵 2 号”“灭蚕蝇”等因其色泽相近也常被混用。更多的蚕农因不明蚕药的功效，选用时不能对症下药。更有甚者因嫌药力不足，将多种蚕药混合并用，实际上却促成药物间的化学反应，反而使蚕药失去原有功效，甚至产生药害。如“防病一号”“灭蚕蝇”“防僵灵 2 号”等就忌与石灰粉等碱性药物同时混用。

用药时间有误区，如在眠期使用石灰粉时不分时间先后，有的直到眠后期才用，致使蚕儿半蜕或不蜕皮。“防僵粉”于龄初饲食前使用效果最佳，但有的蚕农却于龄末在蚕将眠时才用。用药量误区还表现在用量不足、过量及用药次数不够或过频。如小蚕期用“优氯净”熏烟剂时的用量与蚕前消毒时的用量混同，每立方米空间由 1 克用成 5 克。还有的在防治蚕蝇蛆病时，于蚕五龄期用一次“灭蚕蝇”，导致采茧时蛆孔蚕不计其数。用药配制的误区表现在配药凭手掂眼估，不注意原药的浓度，导致配药浓度或高或低。如配制漂白粉防僵粉时，应保证小蚕期的含有效氯浓度为 2%、大蚕期的为 3%。而在防治蚕病中因有效氯浓度配制过大使蚕中毒致死的现象，几乎每个地区每季都有发生。

第三编　丝绸生产

SiChouShengChan

昌邑絲綢卷

清代“昌邑产山茧绸”。19世纪中叶至1933年期间，以家庭手工业为主的昌邑丝织业是比较兴盛的时期，其丝织产品主要有：宽素、素绫、花绫、花洋绉、四季花绸、大绢、小纺、广绸、宁绸裤缎以及蚊帐料子等。柞绸生产在中国整个丝绸业的地位，从清朝道光年间后日渐重要。昌邑丝绸业发展的兴盛时期，从事柞绸业的人达10万之众。从柞蚕的放养、柞丝的缫炼、柞绸的织造以及对柞绸的工艺技术、经管能力处于领先地位，对丝绸业的发展起到推动作用。1873年，半数以上的丝织者有了成套的纺织工艺设备，改腰机为大型木机。缫丝从手工捻到用脚蹬缫丝车。民国5年（1916），昌邑的柞绸生产形成高潮，产品销路畅通，丝织者由原来的一家一机的家庭手工业发展到机户合作拥有十几台或几十台的专业机房。丝绸日上市3600多匹，年出口达到60万匹。昌邑县的丝织产品主要有山绸，也叫山茧绸。以其厚薄分为单绸和粗绸两种。中华人民共和国成立后，随着丝织设备更新和各种丝织原料广泛采用，以及为适应人们消费需要等情况，丝织品种不断发生变化。丝织产品的类别有柞丝绸类、桑丝绸类、人造丝绸类、各种交织绸、合纤绸类、被面类等。中华人民共和国建立后，昌邑县1952年1月成立“利民丝绸生产合作社”（昌邑县丝织二厂的前身），组织丝绸生产。1956年，国家对资本主义工商业进行改造，将建新染厂、复兴信炼坊等8家私营企业进行公私合营，成立昌邑县供销社丝绸经营店（昌邑县丝织一厂的前身）。1962年，昌邑县丝织一厂和昌邑县丝织二厂改造沿用几百年的木机设备，提高工效4倍，年产丝绸百万米。1970年，全部换上铁木机，年生产丝绸874.7万米，产值1736.7万元。1977年，在昌邑城里建起一座拥有印染专用设备74台，年印染丝绸1600万米的昌邑丝绸印染厂。1982年，丝织机全部用上电动的江苏产K611-110型、咸阳产K251A-160型等。1995年后，引进意大利剑杆织机、日本喷水织机以及瑞士辅机，生产真丝和丝棉交织系列，幅度35～250厘米的纱、纺、绉、缎、绫、绡等。

第一章 蚕茧收购

丝绸业生产首先从购进蚕茧开始，然后按照蚕茧质量高低、织绸品种，根据实际需要，从原始缫丝、坐纩（每只纩三人，二人抬头，一人摇纩）到现代化自动缫丝机将蚕茧抽出茧丝即生丝，以备织绸。

第一节 柞蚕茧

1920年前后，昌邑茧商在五莲县设茧庄几十个，除平日进行交易外，每逢集日茧庄达100余个。茧市长达500余米，柞茧日交易量2万公斤。

中华人民共和国成立初期，柞茧仍由私人收购缫丝。1954年9月，山东省供销合作社规定，柞茧一律由县供销合作社收购。1960年，山东省纺织厅规定，柞茧由县缫丝厂自收自缫。1962年，又归县供销合作社代购，缫丝厂加工。1978年，柞茧由县蚕丝公司代购。1981年，昌邑县丝绸公司成立，柞茧收购、缫丝、经营归昌邑县丝绸公司负责。20世纪90年代中期，昌邑丝织厂管理体制、经营体制彻底改革，私营企业柞茧收购由丝织厂自行负责。

柞蚕收购标准与价格。在1920年前后，每千粒茧(5.5～6公斤)4元。1954年9月，根据山东省供销合作社规定，茧价平均每千粒3元。1962年，根据山东省外贸局通知，柞茧价每千粒平均5元。1972年，根据山东省府文件，柞茧价上调37.2%。1986年，柞茧价格又上调20%～30%。

1985年昌邑县柞茧收购标准与价格统计表

表3-1　　单位：元/斤

等级	1	2	3	4	5	6	7	8	9
茧层率%	11	10.5	10	9.5	9	8.5	8	7.5	7
价格	0.75	0.71	0.67	0.63	0.59	0.55	0.51	0.47	0.43

第二节　桑蚕茧

蚕茧收购，在清代及其以前多为各养蚕户自行缫丝。民国年间，桑蚕茧产区，除有丝厂收购外，还有日本丝业、土丝厂、丝绵店、小商贩等收购经营。每至鲜茧上市，各丝厂及日本丝厂纷纷派人到产茧地区采购或设庄收买，土丝业者多随市购买，丝绵店在店内收购。蚕茧价格随着丝业兴衰而升降，据历史资料统计：1916—1930年，每公斤鲜茧价1.6～2元，折合玉米16～20公斤，其中1912—1921年，平均茧价每公斤为1.64元。自1931年开始，茧价大跌，到1933年，每公斤鲜茧降到0.52元左右。1930—1936年记载，每公斤鲜茧价平均为0.74元。

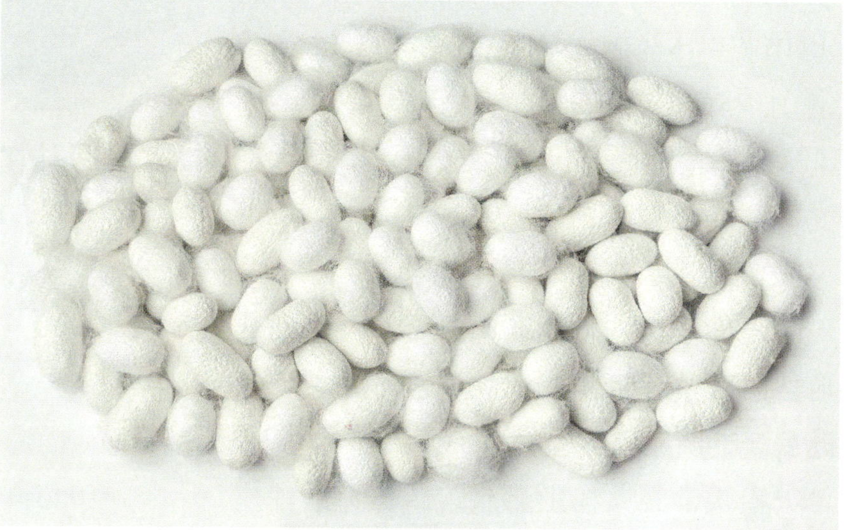

桑蚕茧

选茧

中华人民共和国成立后，蚕农所产蚕茧由供销部门统一收购。1955—1961年，供销部门为山东省丝绸公司昌潍支公司代收代烘；1962—1963年，供销部门为山东省纺织品进出口公司昌潍支公司代收代烘；1966年后，由潍坊土产采购供应站为丝厂代收代烘；1977年7月，昌邑县蚕茧公司成立，负责蚕茧收烘业务；1981—1985年，潍坊市共有41处茧站承担全市鲜茧收烘。在蚕茧收购政策方面，1961—1979年之间，做过多次调整。1972年，桑鲜茧收购价格比原来提高12.8%，规定每交售50公斤桑鲜茧奖化肥75公斤、布票20尺。1979年，又将桑鲜茧价格由每公斤2.3元调整到2.76元，提高幅度20%，下脚茧提价10%。1985年，蚕茧价格变动不大。

评茧 收购鲜茧采用两种方法进行评定茧级。一种是50公分定量定粒茧层率检验法，此法较为准确合理，一般采用此法评定茧级。另一种是肉眼评级法，即由验级员凭眼看、手摸、耳听、鼻闻，根据茧层率、上茧率、茧层含水率、解舒率4项指标和国家规定价格标准定级。以茧层率检验校对方法，因鲜茧上市集中，仪器测验较慢，所以多采用肉眼评定茧级。

标准、价格 鲜桑蚕茧评级标准以茧层率、上茧率两大因素决定基本等级。再以色泽、正常好茧率、茧层含水率等项目进行补正，核定茧价。据不完全统计，昌邑蚕茧产量1968年为0.74万公斤；1969年为0.55万公斤；1980年为10.3万公斤；1986年为3.97万公斤；2000年产鲜茧400万公斤，折合干茧1600余吨，销售额9600余万元；2005年为247.7万公斤；2006年产茧200万公斤，折合干茧800余吨，销售额5000余万元。

第三节 蓖麻茧

蓖麻茧皮收购，在未成立县丝绸公司前，由各县供销社代收。1981年开始，由县丝绸公司收购经营。收购的蓖麻茧皮拨交给莱阳绢纺厂，由双方定价结算。收购标准与价格见下表：

1981年昌邑县剪口茧皮分等标准与价格统计表

表 3-2

等级	颜色	轻污染茧率（%）	元 / 斤
1	白或乳白	4	3.50
2	基本乳白，混有少量淡黄色	10	3.30
3	淡黄色或淡红色	15	3.00
等外	凡低于三等的均作等外	—	1.50 ～ 2.50

第二章　蚕茧加工

第一节　腌茧

鲜茧收购后，不能保存过久，否则易出蛆出蛾、霉烂变质，因此须及时对鲜茧进行处理。

历史上，蚕茧采摘后，一是鲜茧缫丝，一是腌茧待缫。据史书记载，魏晋南北朝时期，已有盐渍法贮茧。《齐民要术》载："用盐杀茧，易缫而丝韧。"到北宋时期又有发展，即先晒干燥，再加盐密封。元代，除日晒盐渍外，还有笼蒸法。直到明清时代，蚕农仍以鲜茧和腌茧缫丝为主。

蚕茧

利用腌茧缫丝，在历史上持续时间很长。其方法是在大瓮内放一竹篦，下留约三分之一空隙，篦上置茧，每层10～15厘米，每斤茧用盐0.25两，层茧层盐，上层略多于下层，最后用黄泥密封瓮口。25天后取出缫丝，最多不能超过50天，否则色不鲜并且难缫。

第二节　烘茧

自宣统三年（1911）始，昌邑县添设烘茧灶，渐以烘茧代替腌茧。除多数自行缫丝外，间有将烘出之干茧售于外商，价格与鲜茧比较，获利增加 2 ～ 3 成。日本侵略者侵占昌邑后，烘茧设备被毁，蚕农用小土灶烘茧。小土灶（烘茧房）系砖土所造，约长 30 尺，阔 8 尺，高 8 尺，每 8 尺隔成一间，各设门户，地下设炕，后方或侧面筑风门。屋内设置棚架，各棚相距为 7 寸，棚上排列长 3.5 尺、阔 1.5 尺、深 0.5 尺之箱，箱底用苇条制作，使室内暖气畅通。鲜茧装入箱内，厚薄均匀，放置棚上，即自风门烧火，4 小时杀蛹即毕，每一室内所架棚数为 4 ～ 5 层，每箱茧数以 2000 粒为适度，故每室烘茧一次，可烘茧 4 万粒，一昼夜可烘 5 次，共 20 万粒。

1954 年，昌邑县将原有小土灶改为小循环灶。继后，小循环灶又改为推进灶。1978 年开始，将烘茧灶中的榴档木改为车子化，有的配备风扇进行排湿调温，对提高烘茧效率和烘茧质量起重要作用。

烘茧工艺分为暖灶、灶性测定、铺茧、进灶、翻茧调篦、换气、出灶。首先暖灶排除灶内湿气，使灶身充分干燥，再进行灶性测定。灶性测定好后，方可铺茧，每只茧篦可铺鲜茧 3 ～ 3.5 公斤，铺半干茧 2 ～ 2.5 公斤为宜，铺好茧后即进灶。进灶时，空灶的温度达到 104℃～ 115℃，头烘温度为 93℃～ 98℃，二烘温度为 71℃～ 93℃。烘茧进行到 2 小时左右，进行翻茧调篦，以求烘茧均匀，并注意随烘茧各阶段水分散发的多少进行排气调节，换进干燥空气，排出湿气，茧烘干到一定程度时，即可出灶。

烘茧标准：头烘之半干茧，其出烘标准是春茧为五成干。夏秋茧四至四成半干。具体规定是蛹体未断浆，背部弓起，腹部凹成 V 形，尾部缩进两节。二烘之干茧，其出烘标准是蛹体断浆重油而不腻或断浆留油而不腻为宜。

干茧交售：1981 年前，主要以茧层率验级计价。从 1981 年开始，试行试缫验级计价法，价格较前合理，体现优质优价价格政策。1983 年开始，更换蚕品种。1985 年，养蚕新品种普及率 97%，干茧层率 50.35%，每粒茧丝长 1082.76 米，鲜茧出丝率 12.44%，分别比 1982 年增长 2.44%、129.54 米和 1.92%，公担干茧价格也由 1982 年的 1253.38 元增长到 1985 年的 1361.92 元，增长幅度为 8%。

第三章　缫丝设备

第一节　柞丝生产设备

柞丝生产，在未有缫丝机之前，只能捻纺成丝。清光绪十四年（1888）前后，采用坐纩机缫丝，三人一支纩车，一人摇，二人拾绪，每天纩茧500粒左右。清光绪二十一年（1895）开始改为蹬纩，一面蹬车一面拾绪，每天纩茧700粒。“缫丝者是踏机关回转即成一缕……”民国9年（1920），由辽宁丹东传入高纩缫丝技术（即人力缫丝机），每人每天纩茧800—1000粒。1949年后，改革缫丝设备及工艺。1981年，安装立缫机。1985年，柞丝生产仍以人力机缫丝为主。

纩车

第二节　桑丝生产设备

中华人民共和国成立以前，桑丝生产主要有手工缫丝和人力机缫丝两种方法。手工缫丝是用左手摇动丝篗回转，用右手添绪的缫丝方法，缫出之丝，条分粗，品质低劣，名曰大纩丝，即土丝。人力机缫丝亦称坐纩机，工人坐着缫丝，又称脚踏机缫丝。缫出之丝，丝周较小，名曰小纩丝，即厂丝，是中华人民共和国成立前采用的主要缫丝方法。其制造过程分为烘茧、缫丝、落框、烘丝、检查、整理、称量及打包。

中华人民共和国成立后，缫丝设备不断更新，由原来脚踏机缫丝，改为立缫丝机和自动缫丝机生产，缫丝技术不断提高。立缫机缫丝大致可分为选剥茧、煮茧、缫丝、复摇、整理5道工序。选茧即从好茧中选出各种下脚茧，并剥去茧衣，只用好茧缫丝。煮茧即用90℃汤温煮茧渗透均匀。缫丝即将煮好的茧理好绪后上车缫成丝。复摇即通过倒框将缫出的生丝从小篗摇到大篗上，摇成的丝绞其周长为1.5

米。整理可分为编丝、打绞、称丝、打包、检查质量。自动缫丝机缫丝，其添绪、理绪、落绪、茧分离等操作，改由机械代替人工，是较为先进的缫丝方法。

第四章　缫　丝

第一节　柞蚕丝

柞丝纤维分为两种，一是柞蚕丝，二是挽手。柞蚕丝是长纤维，而挽手为短纤维。柞蚕每年放养春秋两季，所以按不同季节采收的原料性质不同，又可分为 4 种：春蚕丝，由春茧制成，丝粗，色淡，富有光泽，但丝质不太好，产量也低；秋蚕丝，由秋茧制成，光泽不如春蚕丝，但品质强韧，产量高，很适于市场需要；春扣子丝，由春蚕出壳茧制成，丝暗，色淡，丝条不匀，筋多；秋扣子丝，由秋蚕出壳茧制成。按柞丝纤维粗细可分为两种：粗丝，也叫大纩丝，有 12 个茧、16 个茧、甚至 25 到 30 个茧为一条丝线的；细丝，也叫小纩丝，有 4 个茧和 8 个茧为一条丝线的。小纩丝出现晚。柞蚕挽手又叫乱丝头，一般分为 3 种：大挽手，在剥茧过程中提取的粗丝头；二挽手，在缫丝过程中，以索绪中剔出的丝，或从蛹衬中提出的屑丝；扯挽手，将不适于缫丝的劣茧，屑茧及蛾口茧，经纺线、捻线制成的。

按缫丝工艺不同，柞丝又分为药水丝、灰丝和水缫丝 3 种：药水丝，柞蚕茧用过氧化钠或硼酸钠漂解后缫成的，称为药水丝，丝色呈淡黄色；灰丝，用氢氧化钠煮茧处理后缫成的，称为灰丝，丝色灰褐；水缫丝，茧经漂解处理后，不去水分，在水缫机上用温水缫成的，称为水缫丝。品质以水缫丝和药水丝为好，柞丝的强力、伸度和吸湿性均比桑蚕丝大，但丝质较粗硬，瘤节多而胶质重，染色性能不及桑蚕丝，手感不如桑蚕丝柔软。

用原始的缫丝方法抽出的柞丝只能织成山线绸或部分捻线绸。昌邑从事织绸业

柞蚕茧

柞茧丝

的人自从进柞蚕后，不断改进工艺，进一步提高柞丝质量，把去掉挽手的柞蚕茧试着如同纩家蚕茧一样来纩丝，经过试验改进，逐步发明柞茧的纩丝。起初纩的丝较粗，用手摇车。清道光年间，昌邑人发明木制脚踏纩车。《山蚕辑略》载："至道光末年，昌邑始有坐纩，每只纩三人，二人抬头，一人摇纩，始有纩丝绸，其坚不如白绸，而色泽光润胜之。"脚踏纩车一人兼三人之事，既提高工效，又使丝粗细匀整。

第二节　桑蚕丝

将蚕茧抽出蚕丝的工艺概称缫丝，传统的家蚕茧和柞蚕茧制丝方法基本一样。原始缫丝方法是将蚕茧浸在热盆汤中，用手抽丝，卷绕在丝框上，成为织绸的原料。盆、框就是原始缫丝器具。一颗蚕茧可抽出约 1000 米长的茧丝，若干根丝合并成为生丝。缫丝是制丝过程中一个主要工序。根据产品规格要求，把若干粒煮熟茧的茧丝离解，合并制成生丝或柞蚕丝。缫丝方法很多，按缫丝时蚕茧沉浮不同，可分为浮缫、半沉缫、沉缫 3 种，蚕茧的浮沉主要取决于煮茧后茧腔内吸水量多少。按缫丝机械类型不同，可分为立缫和自动缫两种。按自动缫丝机的感知型式不同，可分为定粒感知缫丝和定纤感知缫丝两种。

清末民初，生丝除去昌邑织绸外，对外贸易日盛，缫丝业随之日益发展。当时，缫丝一般使用大框，此法缫出之丝，条分粗，丝周大，称大框丝，也称土丝。为争夺市场，丝商始以小框代替大框，即土法缫丝改为机

丝穗子

丝筒子

器缫丝，效率明显提高，但其质量则有所差异。

桑蚕丝按照缫丝用的工具和方法不同，又分为厂丝、土丝、农工丝、双宫丝4种。

厂丝　是用比较完善的先进机械设备缫制的生丝。其丝品质一般较柔软洁净。条分均匀，糙结较少，光泽鲜亮。用白色蚕茧缫成的称为白厂丝，用黄色蚕茧缫制的称为黄厂丝。丝绸中较高档的品种，大多以厂丝为原料。厂丝也可与其他纤维交织，如人造丝、棉纱、涤纶等织成多种花色的丝绸产品。

土丝　土丝是用简单的土制丝车，用手工方式缫制的生丝。但品质较差，糙结较多，条分均匀度远远不及厂丝。

农工丝　1980年后，把土丝生产进行改革，用立缫机缫制农工丝，其品质较土丝好得多。如织造被面等，多采用农工丝织制。

双宫丝　双宫丝是由双宫茧缫制而成的。其条分较粗，且粗细很不均匀，糙结

丝籰子

较多，光泽也差，仅能织制比较厚重的织品。但因具有一种独特风格，在国外市场较受欢迎。

第五章　织造设备

第一节　设备种类

主机　昌邑柳疃一带原始丝织机是脚蹬手扔梭（手撂梭）小木机，也叫手梭机。主要部件有：机楼子、黄瓜、压轴、盛筐、蚂蚱腿、倒桩、将军轴、元宝轴、座板、综、机身、盛匙子、小压刀、幅丈、脚蹬板、

机耳子、比廷、梭等。其生产能力，一般每张机5～6天即可织五十码老宽绸1匹。在清末民初时期，柳疃一带有小木机1万余台。

中华人民共和国成立前，昌邑县柞丝织机以大框桑丝为原料织绢的织机叫平机。还有织陆机绸的陆机，此种织机的机体庞大，两间屋方能容下1部，每机须2人操作。

附机 人力机丝织辅助设备简单，有篗子、撑子、牵床、拧穗车、打蝼蛄车等。到1985年，昌邑县在生产传统丝织产品的乡村丝织业中仍有使用。

拧穗车

倒辘轱机

机电丝织附机设备主要有络丝机、并丝机、捻丝机、整经机、浆丝机、槽筒机、接头机和摇纬机等。随着丝织业的发展，附机设备和主机设备一样不断更新换代。昌邑县丝绸加工厂改革人工套经机，提高工效5倍；1966年昌邑县第一丝绸合作厂改革络丝、合股、摇纬、掏综等设备，减轻劳动强度，提高工效近两倍。1964—1977年，昌邑县东风丝织厂、昌邑县红卫丝织厂陆续购进和制造KQ51络丝机、ZK192卧式卷纬机、K191自动卷纬机、大园柜160型整经机。1979年，开始用K911复纹板机；1980年，昌邑县丝织一、二厂开始用K902纹板打孔机，可以按产品的设计需要自行轧制花板。1985年，两厂已有附机设备189台。

第二节 设备更新

昌邑人发明纩车后，丝绸质量提高很大，织绸的木机仍采用原来模式，叫"腰机"，用手撂梭。机台不断增多，丝绸需求量不断增加，人们开始对原"腰机"进行技术改造。丝绸织机主要部件有机楼子、压轴、黄瓜、盛筐、蚂蚱腿、倒桩、将军轴、元宝轴、座板、缯、盛匕子、小压力、幅丈、脚登板、机耳子、比挺、梭等。工人在织绸时用脚踏综，用手撂梭，十分吃力，工作效率低，所织绸的绸幅窄。后改用"手拉梭"，提高"机械化"程度，织绸速度提高。通过对整个木机的改造，所织绸幅增大。1957年，山东省丝绸公司昌潍支公司驻昌邑柳疃丝绸加工组，在河南省丝织技术人员指导下，试验成功拉梭机。投梭由手扔改为手拉，操作简易且省力，提高工效10%以上。随之，在不到一年时间里，昌邑柳疃一带70%以上丝织手梭机改为拉梭机（一些厚织物，如捻线绸、粗腰带绸等仍用手梭机织造）。1961年，昌邑丝绸加工厂高福圣等人去周村学习，在脚蹬大机基础上加以改造，制作成铁木织机。随着生产发展和技术进步，昌邑县丝织一厂、二厂丝织设备更新换代较快。一方面不断对原有丝织机改造革新，一方面不断引进新型丝织设备。到20世纪70年代，已基本淘汰人力织机，代之以国家定型丝织设备。1985年，昌邑县丝织一厂、二厂共有丝织主机718台。丝织设备更新大致是在1972年以前，基本上沿用老式织机，较好的是手拉梭机，次之是脚蹬大机，再次之是清末民初时期使用的手扔脚蹬式小木机。1973年后，龙池白塔、泊子、楼子、马渠等村开始使用电力传动铁木织机。1978年，有50%以上的村换上电力传动铁木机和全铁织机。1981年，旧式丝织机在社会丝织业中所占比例下降到20%以下，北阎车道、西陈、张家车道、刘家车道、阎家庵等十几个村，先后用上K76、K25等型号较先进的丝织机。

脚蹬手扔梭小木机

手扔木梭

昌邑乡村丝织业，除生产传统丝织产品使用部分旧式辅助工具外，丝织附机设备也不断更新换代。

铁木机　1963年，工业化进程加快，昌邑丝绸企业原县供销社合营经营店改称昌邑县丝绸加工厂。同年，机械化整经机改造安装成功，工效提高5倍。1970年，大部分丝绸企业用上柴油机为动力的铁木机。1981年10月，县内安装110台K251—160和K76—160型丝织机，减轻工人劳动强度，提高工效。

意大利剑杆织机　20世纪90年代初，昌邑市华裕丝绸有限责任公司、昌邑市华

意大利剑杆织机

信丝绸有限责任公司，改制后加大技改投入，引进意大利剑杆织机92台。使用先进机械设备，工效成倍提高，品种不断增加，能生产真丝和丝绵交织系列、幅度0.35～2.5米的纱、纺、绉、缎、绫、绢等60余个品种、100余个花色，以及真丝方巾、睡衣、蚕丝被、床上用品等。

第六章　丝绸技术

第一节　生产技艺

传统织造工艺从缫丝到织造需要经过10套工序，工序间环环相扣缺一不可。用现代化、全自动化的剑杆织机，把生丝放好，织机一响，能织出所设计的丝绸面料。根据设计，投入原料，织出不同规格、花色、品种等。

丝织生产除设计、画小样、放意匠、踏花、织机装造外，主要分准备过程和织造过程两项。准备过程将织造前的原料按照不同特性、通过不同准备工序，卷绕成一定形状，具有一定物理和机械性能，以便织造工序能顺利进行。织造过程则把经过准备过程加工过的经、纬丝通过丝织机织制成织物。准备和织造过程工序简繁，主要视其织物的生产工艺而变化。

昌邑历来手工作丝织绸，一般经过配丝、药丝、漂丝、络丝、牵机、刷机、作穗、织造等工序。配丝即把原料调配顺色，使粗细及色泽大体一致。药丝、漂丝即把调配好的丝放入药液中浸泡，然后拧净、晾干、顺好。络丝即将丝均匀地摇在篗子上。牵机即按经丝的总头数将丝牵到一起，到一定长度拾绞。刷机即将牵好经丝上浆。作穗即将纬丝作成穗子。作好织前准备后，即可将经丝和纬丝通过织机交织成织物。工艺程序主要分为两步。经：络丝→牵机→刷机→织造；纬：药丝→浆丝→络丝→制穗→织造。使用各类电力织机，为完成丝织生产中不同的工艺要求和繁多的生产工序提供良好条件，加上新型丝织原料广泛采用，产品效果不同。其准备与织造过程一般要经过下列工艺程序：浸渍、络丝、并丝、拈丝、定形、再络、扬返、整经、浆经，卷纬、织造。

柳疃丝绸传统织绸主要有泡丝、撞轴和晾绸工艺。

泡丝　**药丝**　用开水加上双氧水，将茧丝泡上24小时后用清水洗净、拧干，反复3次，晾干后再用清豆浆撴3遍。

撴丝　将晾干后的茧丝挂到撴丝机上，用光滑的顿丝棍将丝撴开。由于豆浆的作用茧丝很容易一根根地分开。

撴丝

摞篗子（倒丝） 将撴好的丝线用络丝车机和络车均匀地倒成丝篗子，或由拧穗子车将丝线缠成丝线穗子。这是一个需要熟练技术与细心和耐心的过程。倒丝、拧穗过程中如果有丝断开或成线团等现象，则应将丝线接好、顺好。

摞篗子

牵丝 将丝线一根一根地分别穿到50

牵丝

个瓷圈上，由牵丝工将这50根丝线顺到一起，将其缠到牵床的12～18个牵机脚上，最后将丝线缠成一个个线团。

刷丝 将牵好的线团放到拖耙子上，用特制的丝线刷板均匀地摊开拴到机杈上，将豆浆用刷子均匀地刷到每一个丝线上。不均匀的部分用手一点点地顺好匀好。刷上豆浆的丝线便整齐、光滑、坚硬许多。

刷丝

撞轴　掏综 将刷好的丝线分成四大根栓到综机的两根综杆上。掏综过程需要两个人细心而又熟练配合，不能有一根丝脱落或交织。然后由另一个用竹签子将丝线一根一根地穿到综机轴上，最后将综好的丝线连同综机一起搬到织机上进行织绸。

织绸 将综机架到织机机楼子主架上，综轴按到压轴上，两根绞杆将丝线分成上下交织起来，两条钢综再将丝梳理成上下两部分。织绸工坐到座板上，用两脚踩到两个脚登板，牵动两条钢综上下交织，双手交替推拉织机绳框，将线梭子来回迅速穿梭着，织绸工边织绸边及时清理着出现的乱丝线头，绸就这样被织出来。

漂练 先将织好的绸按照需要加工的

长度尺寸从机上割下，然后将割好的绸用清水浸泡两天两夜后，再放到大锅中，在水中加上火碱、猪胰子沸煮两个小时左右，猪胰子是用来增白、增亮、增加柔软度的。在整个织绸过程中，最为关键最有技术的便是这道漂练程序。漂练工要根据绸的重量、质量来掌握火候，否则便会出现疵品。

染绸 销往少数民族地区的绸子都要染色，以枣红色最多，其次是大红、粉红、玫瑰红、金黄、天蓝、墨绿等。丝绸改革前只是染点浮色，一动则掉色粉子，丝绸改革后大为改观，色泽鲜染，亮光大了，但仍有缺点，由于设备技术所限，掉色仍是很厉害。另外，直到 1956 年公私合营时，丝绸生产各工序仍然是手工生产，没有改进。

晾绸 将漂练好的绸拿到晾绸机上晾

晾绸

干后，再将绸放到平绸机上，由 3 个人进行配合平绸。一人负责转绸、卷绸，一人负责检查绸面上的折皱及时拂平，另一人则负责检查清理绸面上出现的线头等。绸卷好后放两天两夜，然后再将其晾一晾，叠好便成。

第二节 生产工艺

技术革新 昌邑丝绸业从原始缫丝到发明创造脚踏纩丝车，经历两次大的变革。清道光末年，昌邑人发明创造出三人纩丝车，即“每只纩三人，二人抬头，一人摇纩”。随后又经过数次实验改进成脚踏纩车。脚踏纩车一人兼三人之事，提高工效，使丝粗细匀整。柞蚕缫丝技艺屡经改进，形成一套比较先进完整的工艺。昌邑丝绸业原始的织机、木机（也叫腰机）用手撂梭，十分吃力，工作效率很低，所织绸的绸幅也窄。随着丝绸市场需求量不断增加，“笨机”所生产的产量供不应求。昌邑人对木机进行技术改造，经过一次次试验和革新将手撂梭改用手拉梭，提高机械化程度，织绸速度显著提高，劳动强度明显降低。通过对整个木机改造，所织绸幅加宽。

清道光末年，出现脚踏纩车和手拉梭，柞绸产量和质量都有显著提高。一般每张机 5 天能织出一匹五十码老宽绸，后又织出明丝绸、老宽绸、二十码绸、一六绸、大黄绸和小黄绸等，其中老宽绸中的单老宽称府绸，主要用于出口。

剑杆织机工序流程 浸渍（俗称泡

机械络丝

丝）：是天然生丝在络丝前的预处理。生丝通过浸渍达到柔软润滑、提高耐磨性和减少摩擦产生静电的目的。络丝：将绞装的天然丝卷绕成无边筒子、有边筒子和篗

捻丝

子，使原料获得一定的卷装形式和长度。并丝：是将两根或两根以上的丝线合并成一根股线。捻丝：是将合并后的股线加上适当的捻度，增加强力、耐磨度和弹性。

整经

整经：是根据织物规格将等于总经数的单根丝线按一定顺序和宽度排列卷绕成一定长度的经轴。织造：是将两组相互垂直的丝线（即经纬丝线）在丝织机上相互交织形成丝织物。

第三节　织造

生丝经加工后分成经线和纬线，按一定的组织规律相互交织形成丝织物，就是织造工艺。各类丝织品的生产过程不尽相同，大体可分为生织和熟织两类。

生织就是经纬丝不经炼染先制成织物，称之为坯绸，然后再将坯绸炼染成成品。这种生产方式成本低、过程短，是丝织生产中运用的主要方式。熟织，就是指经纬丝在织造前先染色，织成后的坯绸不需再经炼染即成成品。这种方式多用于高级丝织物的生产，如织锦缎、塔夫绸等。在织造前，需做好准备工作，如使丝胶软化的浸渍、能改善产品性能的并丝和拈丝，还有整经、卷纬等。同时，由于蚕丝吸湿性强，还要做好防潮工作。丝织生产使用的自动化织机主要有：用于生产合成纤维长丝织物的喷水织机和用于生产多色纬提花织物的剑杆织机。

第四节　剑杆织机操作

换筒　换筒的要求是掌握筒子容量，做到主动换筒，保证换筒质量，达到二不（污手不摸丝、不满把抓筒。）、一少（筒

脚少，厂丝 60 圈以内，强捻纬 100 圈以内）、六无（无拉光、无宽急纬、无断纬、无带纬、无重纬、无叠纬。），换筒前首先检查满筒质量，查看是否有污丝、碰伤、磨伤、成型不良、筒子起刺等，然后放在储纬架上的筒心轴上。右手拿满筒，强捻纬拉去 2～3 米，左手取空筒，双手交替不重复（左手拿满筒反之），顺势插在筒心轴上，左手拇食指捏住两丝头，打搭结，一结两剪，结尾不超过 3 毫米，然后开车。若发现筒子有油纬、渍纬或绸面出现明显的懈捻、结子污、叠纬等病疵时，可随时换下筒子。

开关车 关车，手按停车按钮关车，若在机后巡回或处理毛丝需停车时，也可按机后经停按钮，较长时间停车时须将两剑头调到织机中央处。开车，开车前查看绸面质量，然后消除停车信号（使用点动按钮以轻、少为好），处理断纬后，两剑头需进入织口后方能开车。若停车时间较长，须调准织口后方能开车。

检查绸面 基本要求：三到、四查、一集中（三到：眼到、手到、灯到。四查：查整幅绸面、查综前筘后毛丝、查废边长短、查绞边松紧）。一集中：一手拿灯（花机）、一手抚摸绸面，手指尖与织口相距 2～4 厘米为宜，视线集中在手的前上侧，眼与绸面相距不超过 50 厘米，自上首到下首认真仔细检查整幅绸面，特别注意绸边，然后检查综前筘后有无毛丝。

拆纬补档 点动单根拆纬不超过 20 根，超过 20 根按拆纬补档操作要领操作。拆纬补档操作要领：量准织口，试好经线及绸面张力，平综，先松前撬再松后撬，分散轻拆；花机拆纬记清根清，超过 15 根要拆一盘花；综提起，先紧后撬，调整前撬，恢复原来张力，把废边绞边整理好，看好卷取、送经克拉子是否复原；量准织口，开 1～2 梭空梭，核准织口位置，找准花线，引纬 2～4 梭查接档质量，符合标准后开车；纬密容差 ±4%；在拆纬接档中兼顾正常巡回。

补头穿综 补头要求：二清、三正确、三无（二清：手要擦清、绞要分清。三正确：穿停经片正确、穿综正确、穿筘正确。三无：无宽急经、无错头、无带错筘）。借头要用借头装置，倒头出来还原处；理出断经（可移动停经片架，手不碰停经片）打搭结，一结两剪，结尾不超过 3 毫米；穿综过筘要求：正确穿过停经片，食中两指夹住丝头，手指平直穿综，顺势夹住丝头拉回，要手势稳、综行小，身体不压经丝，引头过筘带丝低，穿综过筘后挽牢在张力袋上。

理经通绞 理经：要求四清，即手擦清、毛丝择清、糙块修清（一手捏住糙块的前部经丝，托起糙块，另一只手轻轻择除）、绞路分清。一短，即结尾修短（不超过 3 毫米）。二轻，既轻弹、轻分。通绞：要求做到四无：无通绞档、无叉绞路、无宽急经、无断头。通绞前先清理综后与停经片之间的经面有无遗留的毛丝、污丝、糙块、结子等，再清理停经片与经轴之间经丝的毛丝、污丝、糙块及结子等，通绞时通软绞。

巡回 勤巡回、细检查、合理安排、闲忙均匀。一般情况下，顺时针方向，长方形巡回，少走回头路。机前巡回五查：查整幅绸面有无病疵；查筒子大小；查剪刀装置是否正常；查废边卷绕是否正常；查卷取手摇盘是否转动。处理台要分轻重缓急，先易后难，停一顾其他，可以从最短路线抢停台，然后按路线规律巡回。一般情况下，机前巡回 2 次，机后巡回 1 次。每次巡回做经面工作不超过半数。

打结和筘前对结　打结：污手不摸丝，打搭结，一结两剪快而稳，结子要抽紧，不脱结，结尾不超过 3 毫米。筘前对结：污手不摸丝，做到二不、五无（二不：不污丝、不脱结。五无：无错绞、无穿错综、无穿错结、无对错头、无宽急经）。分绞寻头：拆绸，留出丝头 5 厘米，找丝后穿综，过筘，理清丝头进行对结。接档开车：拆绸、穿综、接档的操作同拆纬补档和补头穿综操作方法。

第五节　织造技术传播

最早将柞蚕放养技术向省外传播的人是刘墉的祖父刘棨。李元度《国朝先正事略·刘弢子方伯事略》载：康熙三十七年（1698），刘棨莅任陕西宁羌知州，“一日出郭，见山多槲树，宜蚕，乃募里中善蚕者，载蚕种数万至，教民蚕茧成。复教之织，州人利之，名曰‘刘公绸’。其后桂林陈文恭（陈宏谋）为陕抚，请下其法于他外县，由是陕人之蚕者益众”。刘棨之后，在外地任地方官的山东人，诸城望萦堵、胶州王隽、高密郝敬修、潍县韩梦周等，也效法推广。

昌邑位于山东半岛北部，渤海莱州湾南岸。历史上昌邑县土地“窳卤脆薄居六”，“人众物乏，无他盈余”，“租赋独重他邑”，“故有终岁勤动不免饥寒者”。位于昌邑北部的柳疃、卜庄、龙池 3 镇，地处潍水下游，海潮与洪水灾害频发，生存环境恶劣，人民转变思想，另谋出路，较早产生商品经济意识。种棉织布自明代就是昌邑、潍县乡间传统的家庭手工业。康熙年间，柳疃镇高隆盛村高氏就地采购民间所织棉布，运销北京，致富后在北京开办“隆盛号”布庄。当地民众效仿高氏，在京开设布业商号及行商日渐增多。嘉庆年间，柳疃镇姜家寨村姜士昌家族经销的棉布质优价廉，被誉为“寨子布”，畅销直隶、河南诸省及西北少数民族地区。嘉庆初年，改手工捻线为纺车纺线，使山茧绸的产量和质量均有大幅度提高。昌邑布业商人发现这一商机，纷纷前往收购，利用成熟的北京棉布市场，将这种纺线织造的山茧绸转销国内各地，相关商号也转变为绸布兼营的绸布业商号。消费市场广阔，山茧的商品化进程加速，中国柞蚕史的黄金时代拉开序幕。

《山茧辑略》记载：“自嘉庆初年，以纺车纺线盛行焉。至十七年大凶，乡人或纺线，或织绸，以易有无，而赖以生活者益众。其线名曰‘山线’，织出之绸有二种，其次者曰‘小绸’，亦曰‘黑绸’；高者曰‘大绸’，亦曰‘白绸’。山西、昌邑俱到桃村安庄收买。小绸至张家口、西口，兑换羊皮、口蘑等，否则或贩卖于乌兰察布盟；大绸销行南地并北京”。随着产销关系不断扩展，昌邑绸布商人开始将胶东地区、鲁中南地区的丝茧原料运到当地，发放给北乡柳疃及其周边农户，或捻线，或纺线，从异地坐庄转为本地织造。

纺线与捻线织就的山茧绸，所用丝线粗细不匀，表面不平整，捻线绸被称为“疙瘩绸”。消费群体主要是国内的普通百姓。为提高产品质量，扩大消费范围，取得更高的利润，昌邑绸商把柞茧试验如同家茧来丝。经过不断改进，到道光末年，发明柞丝丝技术。《山茧辑略》载：“至道光末年，昌邑始有坐，每只三人，二人拾头，一人摇，始有丝绸。”柞蚕丝细而匀，织就的“昌邑茧绸”色白或微黄，光润美观，吸湿性强，结实耐用，不怕水洗。昌邑茧绸占有国内、国际市场的份额不断扩大。昌邑绸商通过资本与技术输出，将昌邑茧绸的原料基地由最初的胶东地区、鲁中南地区，扩展到辽东半岛南部，创造“所谓昌邑绸者，原产地尚不仅昌邑”的局面，加速以上地区柞蚕养殖与丝织业的发展。

省内传播　胶东地区是山东省重要的柞蚕产区，为解决原料短缺问题，昌邑人到胶东开办房、机房，这些丝织业商号雇用的职工中除少数本地人外，绝大多数是昌邑亦工亦农的村民，村民利用冬春两季农闲时间，步行二三百里到胶东做工，名曰“闯东山”。

昌邑人闯东山的历史可追溯到嘉庆年间，柳疃镇陈家庄人陈念祖在栖霞唐家泊设有机房。闯东山在光绪初年到民国中期达到极盛。民国初年，烟台成立商务会，按照其章程规定，凡拥有10台木机以上的茧绸业商号即可以入会，当时入会者480余家，70%以上为昌邑人出资开办或经营管理的商号。东冢乡姜泊村“五大功”财东之一的姜亦楷，曾被推选为会长。

昌邑发明坐后，胶东较大的房到昌邑购机器、学工艺、聘领作，胶东出现丝绸。领作即技师，根据上机台数，把整套工序所需工人全部带到。昌邑柳疃有一李姓领作，举家被聘于牟平龙泉汤庄一丝织厂，一家人能够完成织绸全部工序，寻找产品销路，东家净获纯利。胶东的柞蚕业以栖霞为主，其次是牟平、烟台。

民国前期，山东省茧绸年产量约150万匹，约占全国的80%；除去栖霞、牟平、烟台等地织造的茧绸，昌邑年产量约65万匹，占全省出产额的42.9%，占全国出产额的34.3%。

省外传播　东三省南部的辽东半岛是中国重要的柞蚕产地，其柞蚕业发展，与昌邑人息息相关。民国23年（1934）刊《工商半月刊》载《山东柞蚕业调查》一文称：“清代中期以来，辽宁野蚕养殖业逐步扩展。到民国12年，辽宁柞蚕产量已经超过山东柞蚕产量，但辽宁人缺乏柞蚕缫丝织绸技术，所用工匠仍雇佣山东昌邑人。”嘉庆年间，胶东一带连年遭灾，民不聊生。有着放养柞蚕传统的胶东人，背井离乡，越过边禁，进入辽宁，垦殖、挖参、放蚕，朝廷屡禁不止。到同治元年（1862），边禁放宽，胶东人大量流入东北，柞蚕放养业迅速发展。起初，民众“制丝方法很幼稚，产量不大”，仅“作为农家副业来进行”，不能形成产业优势。清光绪中叶以后到民国中期，山东所产原料不能满足昌邑茧绸的生产需求，为保证原料供应，大量昌邑人来到东北，开纩坊、办丝栈、设机房，辽宁等地迅速成为昌邑茧绸最主要的原料基地。

辽宁的柞蚕产区集中在现代西丰、宽甸、丹东、凤城、铁岭、辽阳、岫岩、恒仁等地。凤城、铁岭、辽阳、岫岩、恒仁等处当时有昌邑人开办的丝织商号，较集中的是凤城，有“义信成”（掌柜是柳疃镇柳疃村韩秉衡）、“同顺昌”（掌柜是柳疃镇辛安庄村王丹桂）等11家。吉林的辽源、辑安、柳河、东丰也是昌邑绸商荟萃之地，以辽源最为集中，有“丰盛和”（掌柜是龙池镇龙北村魏作臻）、“仁德和”（掌柜是龙池镇瓦东村赵殿芬）等商号18家。民国23年（1934）刊《工商半月刊》载张兆麟《胶东之丝绸业》一文称：“胶东柞蚕，一部分取给于本地，名之曰‘东山茧’，织成之绸名曰‘宁海绸’。其余大部分之茧则来自安东，名曰‘东北茧’。此类茧丝之织造，多操于昌邑人之手，故名‘昌邑绸’。”

在丹东最有影响的当属“义泰祥”丝织厂，东家是上海的罗坤祥，掌柜是柳疃镇柳疃村韩效思，本金100万两。“义泰祥”前身为龙池镇瓦城村赵乐友在丹东八道沟开设的“复兴店”纩坊，民国13年（1924），韩效思用3000两银子买下，购置设备，从昌邑、蓬莱、掖县、平度等地招收工人500名，于1926年正月初五开业。抗战之前，“义泰祥”职工有近千名，工厂占地约100亩，有厂房200余间，从织机到各种附属设备全是机械操作。民国15年至24年（1926—1935），是“义泰祥”生产形势最好的时期，每年生产各种丝绸约5万匹。产品主要通过“政记号轮船公司”运往上海业务点，发往欧美及南洋各地。在沈阳、哈尔滨各设有丝绸批发站1处。“义泰祥”是继“合聚成”之后丹东最大的丝绸厂，解放后发展为“丹东丝织二厂”。

经过资本与织造技术输出，昌邑茧绸的原料与生产基地规模不断扩大，“昌邑茧绸”的概念不再限于昌邑当地生产的产品。

第七章　品种　产量

昌邑丝绸，按照丝物组成，经纬线组合可分为柞茧绸、桑丝绸、人造丝绸、化纤绸以及人造丝或化纤与桑丝合织的交织绸等多种，按其加工工艺、绸面表现形状及用途等，各种绸类又可分为若干品类。

第一节　柞茧绸

柞茧绸，在昌邑丝绸生产的历史上，自古至今，国内外闻名一时，在1915年和1933年分别参加世界博览会并获奖的产品。柞蚕绸又称柞丝绸，也称山茧绸，简称山绸或茧绸等。根据工艺、形态、用途等，又分为捻线绸、一六绸、大绸、老宽绸和府绸等。

柞茧绸

捻线绸　将山茧放在加入适量碱水中煮，煮好后取蛹晾干，剥后弹成絮绒状，用拔锤子上架打线，用这种线织成的绸叫捻线绸。是一种原始的粗绸，“其耐穿不啻晏子狐裘三十年，此绸间或有之得知其足宝贵”。

一六绸　就是用小木机（腰机）织的绸幅。只有一尺六寸的丝绸，叫一六绸。

大绸　又叫白绸，是用改造后的木机织的一种加厚的绸子。用丝较好，经2股以上，纬每织二梭二扣再换综，织机倒桩要加重，织机工人太累，价格也高。

老宽绸　也叫山东绸，绸幅宽二尺六寸，有二十码、五十码之分。绸子选料讲究，配料合理，既美观大方又朴实耐用，漂染后出口南洋或欧美。

府绸　是老宽绸中的单老宽，府绸为清织造府之绸。清康熙年间，在苏州江宁设织造府，各州设织造局，专管纺织事务。当时苏州织造，是管理全国纺织技术和工艺的官员，此人老家是昌邑。昌邑的织绸人通过他把先进的工艺技术，先进的缫丝和织绸技术学到手，发扬光大，织造出织造府之绸府绸。府绸只供皇宫、后宫和皇亲国戚、达官贵人使用。

第二节　丝绸品类

十四大类　根据织物组织、经纬线组合、加工工艺和绸面表现形状，丝绸品种

花色丝绸

划分14大类。纱、罗、绒不论花部、地部组织分类，其他大类均以地部组织为根据。每大类绸面都可具有素（练、漂、染）或花（织、印花）表现。

纺　平纹组织，采用生织或半色织工艺，经纬一般不加捻或弱捻，绸面较平挺，质地轻薄坚韧。

缎　应用缎纹组织，绸面平滑光亮的织品。

纱　全部或部分应用纱组织的织品，由甲、乙经丝每隔一纬丝扭绞而成。

绉　平纹或其他组织，经或纬加强捻或经纬均加强捻，呈明显绉疢并富有弹性的织品。

绫　应用斜纹组织或变则斜纹组织，绸面呈明显斜向纹路的织品。

绒　全部应用绒组织，绸面呈绒毛或绒圈的织品。

罗　全部或部分应用罗组织的织品，由甲、乙经丝每隔个一根或三根以上的奇数纬丝方扭绞成，即谓罗。

绡　应用平纹或收纱组织的轻薄透孔织品。

锦　应用缎纹、斜纹组织，花纹精致多彩绚丽的色织提花织品。

呢　应用各种组织和较粗的经纬丝线，质地丰厚，有毛型感织品。

绨　应用平纹组织，长丝作经，棉或其他纱线为纬，质地较粗厚的织品。

葛　应用平纹、斜纹及其变化组织，经屈纬疏，经细纬粗，质地厚实，绸面呈横向梭纹的织品。

绢　应用于平纹组织，质地细腻、平整、挺括的织品。

绸　应用平纹或变化组织，经纬交错紧密的织品。

三十五小类　主要是按绸面的表现划分：

双绉　就用平纹组织，经无捻，纬采用二左二右强捻丝，绸面呈均匀绉效应的织品。

乔其　应用平纹组织，经纬采用二左二右强捻丝，质地衡疏轻薄，绸面有纱眼和绉效应的织品。

碧绉　经无捻，纬采用碧绉线（20/22Dx3加S捻1600T/m，再并20/22D1根，加Z捻1600T/m），是细密皱纹的织品。

顺纤　经无捻，纬用单向强捻丝，绸面呈直向皱纹的织品。

塔夫　应用平纹组织，经纬先练染，质地细密挺括的熟织品。

电力纺　桑蚕丝（柞蚕丝）生织平纹织品。

薄纺　应用桑蚕丝生织，平方米绸重在6m/m及以下的平纹织品。

华裕丝绸

绢纺　经纬均采用绢丝的平纹织品。

绵绸　经纬均采用抽丝的平纹织品。

双宫　全部或部分采用双宫丝的织品。

疙瘩　全部或部分采用疙瘩、竹节丝，呈疙瘩效应的织品。

星纹　应用绉组织的织品。

罗纹　单面或双面呈轻浮横条的织品。

花线　全部或部分采用花色捻线或拼色线的织品。

条　绸面呈现横直条形花纹的织品。

格　绸面呈现格形花纹的织品。

透凉　应用假纱组织，构成有似纱眼的透空织品。

色织　全部或部分采用色丝的织品。

双面　应用三重组织，正反面均具有同类型斜纹或缎纹组织的织品。

凹凸　具有凹凸花纹的织品。

山形　应用山形或锯齿斜纹组织，呈明显山形或锯齿花形的织品。

花　提花织品。

修花　经过修剪的提花织品。

有光　有光粘胶丝或半光铜氨丝的纯人丝织品。

无光　无光粘胶丝或无光铜氨丝的纯人丝织品。

闪光　采用有光超光异形断面合纤长丝纯织或交织，呈闪光效应的织品。

亮光　采用金银钱（铝皮）纯织或交织，呈亮光效应的织品。

生　采用生丝织造，不经精练的织品。

特染　经或纬丝采用扎染等特种染色工艺，呈二色及扎染花色效应的织品。

印经　经丝印花后再行织造的织品。

拉绒　经过拉绒整理的织品。

立绒　经过立绒整理的织品。

和服　门幅在 40 厘米以下，或整幅中织有各 40 厘米以下的开剪缝，供加工和服专用品。

大条　经纬采用柞大条丝的平纹织品。

绨丝　通过通经断（回）纬的方式制造的平纹或其他组织的特种丝织品。

第三节　丝绸产量

清末民初，昌邑县丝织品产量位居山东各县之首。其柞丝绸在清末民初是山东主要产地之一，在全国占有重要地位。据民国 22 年（1933）阮湘《中国年鉴》载：中国之茧绸业，以山东为第一，河南、四川次之，贵州、广东、奉天又次之。山东产地以昌邑为第一，栖霞、牟平次之。

清末民初昌邑及昌邑在外织户及产量统计表

表 3-3

区域	机户数（户）	织机数（台）	生产量（匹）
昌邑	65	4290	643500
栖霞	51	900	135000
牟平	65	1170	175500
烟台附近	10	180	27000
合计	191	6540	981000

另据《胶济铁路经济调查报告》分编之四载："昌邑柳疃一带第一次世界大战前后，约有土机一万架，工作人数达十万左右。产品年约六十万匹。" 1929 年 9 月《山东工商报》第一期有所记载："自民五之后，俄国闭关拒绝外货输入，南洋各岛英属地复行重税，暗示抵制，致本省之昌邑绸之制造者和贩卖者均受莫大损失，以致出口日行减少，延至今日每年出品总计不过万余匹。"1937 年，柳疃被日军侵占，切断柞丝来源，堵塞丝绸销路，昌邑丝织业濒临绝境。

中华人民共和国成立后，各级党政部门重视丝织业的恢复与发展，有计划地组织领导丝织业生产。对私营企业采取委托加工、计划订货、统购包销以及发放贷款等项措施，昌邑丝织业得到新生。昌邑县丝织业生产恢复与发展在全省最为突出，丝织品产量由 1952 年的 1.6 万米增加到 1957 年的 121.8 万米。1958—1965 年，丝织生产呈现弃工轻商和弃工务农等状况，丝织品产量低而不稳，平均年产量仅 50.2 万余米。1966—1977 年，昌邑丝织业稳步发展，平均年产 466.5 万米。1982 年，丝织品产量 1292.4 万米。

1980—1984 年，昌邑出口产品捻线绸、坎粒绸、柳絮绸、条纱绵绸荣获省优质产品荣誉称号，内销产品真丝丙纶交织被面荣获国家经委优秀产品奖，获得"金龙奖章。"新峰牌缎背绉获省优质产品奖。随着丝织业的恢复与发展，丝织品质量提高很快，特别是从 20 世纪 60 年代初期到 1985 年，采用中华人民共和国纺织工业部部颁标准衡量丝织品优劣，对丝绸质量提高起到很大作用，创出部分优质名牌产品。1987 年，丝绸产量 486.16 万米；1995 年，丝绸产量 469.12 万米；2006 年丝绸产量 217.57 万米。

1956—2006年昌邑丝绸产量、产值、利润统计表

表3-4

年份	产量（万米）	产值（万元）	利税（万元）
1956	52.34	94.28	0.54
1957	60.84	123.13	1.21
1958	57.43	118.18	0.97
1959	36.35	89.98	2.49
1960	41	110.47	3.67
1961	14.1	37.03	4.17
1962	4.12	17.54	1.02
1963	14.52	25.25	3.28
1964	16.1	26.4	7.7
1965	21.34	34.03	6.6
1966	106.62	298.09	17.16
1967	155.13	330.92	55.9
1968	228.41	524.59	65.7
1969	263.26	565.37	9.4
1970	318.38	585.97	90
1971	355.83	640.31	83.83
1972	311.12	756.57	69.7
1973	222.17	582.57	32.07
1974	236.38	586.45	54.9
1975	399.7	967.67	94.2
1976	508.8	1301	82
1977	592.3	1589.57	107.65
1978	649.43	1865.33	125.4
1979	650.95	1964.62	100.49
1980	714.42	2021.08	100.54
1981	689.36	2109	125.1

续表

年份	产量（万米）	产值（万元）	利税（万元）
1982	786.55	2186.69	152.83
1983	677.46	2140.21	155.38
1984	451.84	2200.65	110.53
1985	498.15	2423.75	105.56
1986	492.49	2484.89	70.02
1987	486.16	1750.9	95.02
1988	483.58	2159.02	125.39
1989	550.95	2405.15	145.96
1990	591.51	3035.84	216.91
1991	596.58	3144.12	292.54
1992	551.62	3251.8	294.47
1993	560.09	4848.7	479.8
1994	551.18	5510.5	528.28
1995	469.12	6437.9	511.8
1996	441.88	4400.5	359.3
1997	408.24	4518	320.8
1998	374.08	4573.5	220.2
1999	320.58	3744.8	200.1
2000	365.94	4175.6	177
2001	348.28	3723.5	132.6
2002	286.27	3467.1	198.1
2003	300.56	2807.8	113.8
2004	316.19	3403.8	131
2005	300.61	4011	100.3
2006	217.57	4282.2	75.4

说明：表内昌邑华裕丝绸有限责任公司和其他丝织厂未统计在内。

第四节　丝绸名优产品

真丝电力纺　属高档真丝纺类织物，组织结构合理，手感滑爽柔软，具有较好的外观效应，是高档时装面料和最佳装饰用品。产品在引进意大利 SM-93 剑杆织机上制织，经科技人员改进、全面消化吸收，完成产品设计小样试织、大批量投产等工作。电力纺产品自投产以后，多次进行工艺改进，幅宽、纬密等经过多次调整，结构日趋合理，性能稳定，各项外观和内在物理指标均达到 GBn229 ～ 237-84 国家标准要求，畅销国际市场。

真丝素绉缎　系纯真丝强捻织物，既有绉的效应，又有缎的效果，在 1×2 梭箱织机上制织，质量轻薄精良，手感滑爽，光泽柔和，富有弹性，组织紧密，结构合理，造工精细，是高档时装面料。自投产以后，经过多次工艺改进，消灭“夹起”病疵。在织造中，由五片综改为十片综，在整理中采用喷雾定型新整理工艺，解决绸面折绉问题，产品质量不断提高，各项物理指标均达到或超过国家标准。

乔其纱　属真丝强捻类织物，其组织结构合理，风格独特，具有良好的手感，飘逸洒脱，是高档时装面料最佳装饰用品。通过把握国际市场的销售趋向，及时研制乔其纱产品，进行试织，多次优选工艺参数，解决“懈捻”等病疵。该产品自投产后，进行多次工艺改进，增强产品效果，各项外观和内在物理指标均达到或超过 GBn229 ～ 237-84 国家标准要求。

颖花绉　具有一定深度水平，物理指标符合 GBn229 ～ 237-84 国家标准，外观质量达到要求，经山东省丝绸公司鉴定，属省内空白，国内领先水平，在国际市场受到外商高度评价，属国际市场中上等水平产品。

人丝线绨　用途广泛，主要用于做棉衣、褥面等面料，具有织纹清晰、色泽鲜艳、光洁明亮、手感厚挺、经济实用等特点。产品组织结构合理，属人丝与丝光棉纱交织的小提花织物，在光泽柔和的平纹织地上，闪现着明亮的人丝浮花，似晶莹“珍珠”布满绸面，更富有艺术感染力，独具一格。1976 年 6 月，人丝线绨设计、研制，经上级有关部门与本厂技术鉴定后，同年 7 月投入批量生产，当年入库一等品率达 94.5%。1982 年、1984

电力纺

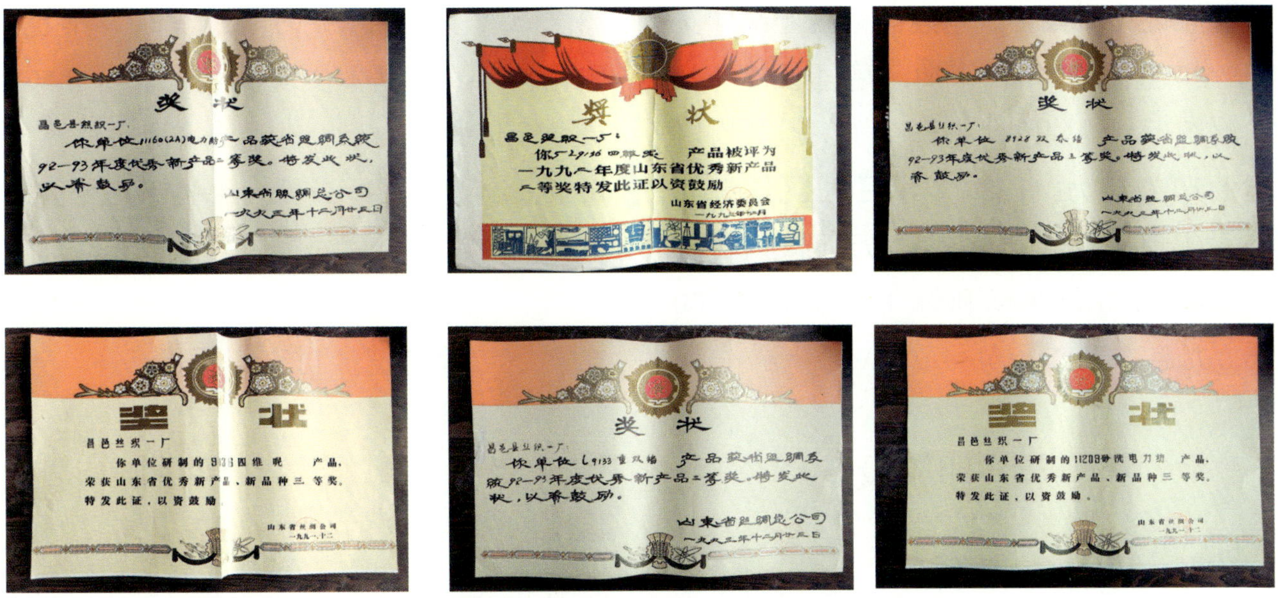

20 世纪 90 年代昌邑丝绸产品获得的部分奖项

年，人丝线绨两次在全省同行业实物质量评比中被评为优良产品。

85002 素绉缎　系纯真丝强捻织物，即有绉又有缎的效果，在 1×2 梭箱织机上制织，质地轻薄精良、手感滑爽、光泽柔和、富有弹性、组织紧密、结构合理、造工精细，具有高档绉类产品外观效应，系高级绣花服装面料。1985 年 7 月，完成产品设计试制，同年 8 月经青岛丝绸进出口分公司鉴定后，投入批量生产，当年入库一等品率 95%。后经多次技术改进，提高产品质量，消灭“夹起”病疵。在织造工艺上，由五片综改为十片综制造，在后整理中采用喷雾定型新整理工艺，使产品结构更加合理，绸面平挺爽滑更富有弹性，产品质量始终保持稳定提高，各项物理指标均达到或超过部颁水平，成品绸入库一等品率在 98% 以上，产量逐年递增，是国际市场上紧销产品。

第八章　丝绸印染

清代至民国 26 年（1937），昌邑民间印染作坊比较兴盛。民国 26 年（1937）之后，印染作坊纷纷倒闭。中华人民共和国成立后，昌邑县丝绸印染业得到恢复与发展。昌邑县柳疃一带建立为数众多的小炼坊和小染坊。1956 年，柳疃炼染作坊全部合营，加入昌邑县供销社柳疃丝绸经营店。1963 年，柳疃丝绸加工厂新建漂炼车间。1970 年，由昌邑县东风丝织厂接管。1976 年，昌邑县红卫丝织厂从丹东购进部分印染设备，新建印染车间。1977 年 1 月，昌邑县红卫丝织厂印染车间和东风丝织厂漂炼车间合并，建成昌邑县丝绸印染厂。20 世纪 70 年代末期，昌邑县部分社队丝织厂相继建立丝绸炼染车间，具有一定的印染能力。1986 年，昌邑县丝绸印染厂实现工业总产值 1857 万元，销售收入 1689 万元，实现利税 341 万元。2000 年 2 月宣布破产。

第一节　印染设备

20 世纪 50 年代以前，昌邑丝绸印染业无现代化机器设备，一直沿用缸、桶、盆、棒、晒绸杆等简陋落后的工具。炼绸用大锅，洗绸多下河，操作笨重，印染效率很低。1963—1976 年，昌邑县丝绸印染业的炼染设备逐步改进和发展。1976 年，昌邑县红卫丝织厂从丹东购进 6 个染槽、1 台烘干机等丝绸印染机械化设备。1977 年，昌邑县丝绸印染厂成立后，丝绸印染设备增加和更新换代步伐加快。到 1985 年末，昌邑县丝绸印染厂有印染专用设备 73 台，年印染 1400 万米。漂炼、染色、印花、后整理基本实现机械化。1985 年，昌邑县丝绸印染厂引进瑞士平网印花机等设备安装投产后，昌邑县丝绸印花设备在全省丝绸印花行业中具有先进水平。

现代印花设备

第二节　印染工艺

炼漂　炼漂的目的在于用化学药剂去除丝织物上所含的杂质，使其具有良好的毛细管效应及均匀的染色性。20 世纪 50 年代以前，丝绸炼漂工艺简单，主要采用草木灰等碱性物质加入水中煮绸，水沸后可达到炼绸目的。20 世纪 60 年代之后，随着丝绸印染业的发展，绸缎的炼漂工艺不断得到改进和提高。至 1985 年，绸缎的炼漂药剂广泛采用纯碱、泡化碱、磷酸三钠、烧碱、表面活性剂、肥皂、分散剂、洗涤剂、漂白剂、双氧水、保险粉、次氯酸钠、莹光增白剂和碱性蛋白酶等。皂碱和酶脱胶等精炼方法广泛应用。各类丝织物均能够根据其质量要求通过烧毛、退浆，精炼、漂白、增白等相应的工序得到加强。

染色　色泽洁白的坯绸经精炼后，进入染色阶段。染色就是使染料和蚕丝、坯绸等发生化学反应，让坯绸染上各种色彩。由于蚕丝属蛋白质纤维，不耐碱，染色宜在酸性或接近中性的染液中进行。用于丝织物染料的主要是：酸性染料、活性染料、直接染料与还原染料等。用酸性染料染上的颜色比较鲜艳，染后用阳离子固色剂处理，可提高产品的水洗牢度。活性染料染在蚕丝上有良好的水洗牢度。织物的染色方法随织物的品种而异，如绉、纱类织物用绳状染色或溢流喷射染色，纺、绸、缎类织物则用平幅挂染或卷染。

昌邑丝绸染色业虽然历史悠久，但直到20世纪60年代末期，其染色工艺简单落后。染色方法基本上是将染料溶于水中煮染，染色色泽单调，色牢度较低。20世纪70年代开始，特别是进入80年代后，随着染色设备更新换代和对各种染料的广泛采用，丝织物染色工艺水平不断得到提高。至1985年，各类丝织物染色工艺状况是：对桑蚕丝织物一般根据不同品种选用染色设备，应用酸性染料染色；对人造丝织物一般用卷染机在直接染料染液中染色；对桑蚕丝与人造丝交织物，一般用酸性染料染桑蚕丝，用直接染料染人造丝，并能利用酸性染料和中性酸性染料对纤维素纤维几乎无亲和力或不沾色的特点，对桑人丝交织物染留白或双色效应。对合纤绸的染色一般采用高温高压染色机，溢流染色机和卷染机等设备在分散性染料、活性染料、直接染料中染色。

印花　一种色彩单调，除染色外，人们还采用印花技术使丝绸变得五彩缤纷。印花是指将染料按照设计好的花色印在织物上的一种工艺。常用的印花工艺有直印、拔印、防染。直接印花指色浆直接通过筛网印花版印在丝织品上，是基本的印花方法之一，可用多种染料共同印制。拔染印花，也称雕板印花，是一种使用雕白剂拔染的工艺，印染前先用具有偶氮结构的酸性染料和活性染料将丝织品染色，再在色绸上按花样需要印上含有破坏色素的雕白剂制成的雕印（拔染）浆，经汽蒸后，印浆部位的地色便呈现白色，叫作“雕白”。防染印花，就是将丝织品按花样印上“防白”浆或“色防”浆，待干燥后再行染色。由于花样部位有“防白”浆或“色防”浆中的防染剂，不会染色，而其余部分则全部上色。

20世纪70年代末期，昌邑丝绸印染业开始手工台板印花，是把色浆印在白底或浅底色织物上而获得花纹图案的印花方法，工艺简单，成本较低，可用于各种丝织物的印花，生产灵活性较大，由于对某

印花车间

些图案具有局限性，生产效率低。1985年，昌邑丝绸印染厂从瑞士引进使用平网印花机，丝绸印花工艺水平有很大提高。

丝绸印花的工艺流程：图案设计→黑白稿→制板→印花→蒸化→水洗→出水→脱水→开幅→烘燥整理→码绸→检验。试样→调色→印花→蒸化→水洗→出水→脱水→开幅→烘燥整理→码绸→检验。

整理 丝织品经过精练、染色、印花后，便可以对织物进行最后的整理工作。整理工艺主要解决前几道工序遗留的潮湿、皱折、门幅参差不齐等问题，突出丝织物本身柔软的特性，增加服用功能，主要采用机械整理和化学整理两种方法。机械整理有拉幅整纬整理，汽熨整理，轧光等方法；化学整理主要是添加化学药剂，如柔软剂、抗静电剂、防火剂、由纯碱及磷酸三钠组成的砂洗剂等，达到防皱、防缩、柔软、厚实的效果。处理过的面料不仅更适合穿着，丝绸消费领域也由此而拓宽。昌邑丝织物整理在20世纪70年代以前工艺简单，印染加工成品大部分只做到烘燥、熨平、整幅即算结束。进入80年代后，随着国外需求变化和国内人民生活水平提高，丝绸整理有较大进展。至1985年，机械整理能够拉幅、烘燥、轧光整理、呢毯整理、热定型等，化学整理能够树脂整理、添加剂整理等。

第三节 印染产品

昌邑市的丝绸印染业在20世纪60年代以前主要炼染一些柞丝绸、桑丝绸以及部分无合纤原料的交织绸，其产品色泽单调，色牢度较差。20世纪70年代，特别是昌邑丝绸印染厂建立以后，随着丝绸印染业发展和工艺水平提高，丝织品花色品种数量增加很快，且印染品质量提高。到1985年，能够印染加工的丝织品有真丝绸类、人丝绸类、柞丝绸类、绢丝绸类、合纤绸类，以及各种交织绸和被面类，印染花色品种200余个，产品一等品率92%。

第四编　作坊　企业

ZuoFang QiYe

昌邑絲綢卷

昌邑丝绸生产早期从一家一户作坊起步，逐渐发展到设立丝绸商号，建立加工厂，形成社会加工、工贸相联的形式。中华人民共和国成立后，成立丝绸生产合作社，后经发展改造为国营丝绸厂，与乡镇村办集体丝织企业并存或是办集体性质的县办丝织企业，2000年和2001年，昌邑市丝织一厂、昌邑市丝织二厂分别改制为民营丝绸责任有限公司，乡镇村办企业也都相继改制。到21世纪初期，昌邑丝织业再次焕发生机，逐步形成集植桑、养蚕、缫丝、织绸、印染一条龙规模经济，成为带动全市经济发展的支柱产业。

第一章 作坊时期

清道光二十五年（1845），瓦城赵连运到昌邑柳疃开设“福盛店”茧庄（复兴店前身）；龙池齐恩明开设“广盛店”；随后，“双盛合”“公聚栈”“合盛栈”等十几处丝绸商号相继开设营业。丝绸商号把原料发放给农户，农户雇佣机匠，逐步形成商号、农户、机匠三位一体的生产体系。清末民初是昌邑丝绸发展的鼎盛时期。方圆数百村庄，几乎家家织机声，村村有半屋（半地下室机房）。清光绪二十八年（1902），清政府为便于丝绸交易在柳疃设立邮政局。早期织绸工作辛苦，生产工具为木机，全为手工作业，效率低，织户生活艰辛。中华人民共和国成立后，昌邑丝绸业迅速发展。1952年，高隆盛村成立“利民丝绸生产合作社”（昌邑丝织二厂前身）。1956年，公私合营的昌邑县供销合作社柳疃丝绸经营店（昌邑县丝织一厂前身）成立，主要经营少数民族常用的各种丝绸，因经营模式灵活，发展迅速，很快销售至青藏高原地区。至1957年，全县从业人员758人，木机476台，有3个车间和17个加工组。同年，丝源困难，丝绸经营店从外地购得原料，加工后销往甘肃、青海等地，维持生产。1958年，昌邑县供销合作社柳疃丝绸经营店改名为昌邑县丝绸加工厂，企业性质属地方国营。

半屋织绸

第一节　个体作坊

家庭作坊　清光绪二十八年（1902）至民国25年（1936），是昌邑丝绸业发展的兴盛时期。柳疃、龙池、东冢、下营等乡镇的数百村庄，几乎家家有织机，人人能织绸。少数家庭是个人购丝、织绸，到集市上销售。大部分人家到商号领取原料，由商号登记姓名、支取原料数量，不开支条和欠条，到排日（柳疃集农历每月逢三、八）把绸子交齐。织户交绸后领取工钱，购买粮食和日用品。民谣“唧啾咯噔织，两天织一匹；五天一个集，卖了籴粮吃”在昌邑流传。各家取得生丝后，一家老小忙碌起来，从白天到夜晚，一刻不得闲。父亲浆丝、药丝、擞丝，母亲络籰子。丝络足了，父亲又牵机、刷机、掏缯。少儿做穗或拧穗子，青壮年上机织绸。织绸工作辛苦，为赶进度、多织几匹绸，一家人忙到半夜才休息，翌日五更继续作业，织户生活艰辛。

丝绸商号　清道光二十五年（1845）至民国27年（1938），丝绸商号多采取“放活”方式。商号把购进的原料发放给周边机户，缫丝、织绸各有分工，机户根据丝绸店的供料和要求加工产品。资本雄厚的丝绸店，采用放料取货、以货出售的方式经营，到月底或季末，根据工日费用和产品质量优劣等级，结算账目。丝绸商号不必置办生产设备即成为产绸厂家；机户通过缫丝织绸获取收入，弥补农业收入不足；机匠受雇于机户，付出劳动，领取工钱。逐步确立社会加工、工贸相联的生产形式，成为商业资本开始投资生产的萌芽；建立

织绸人家模型

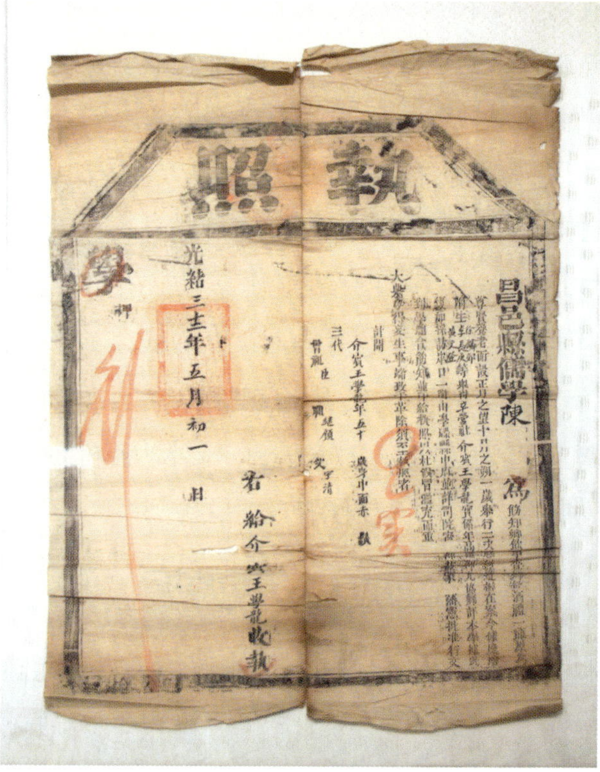

清光绪年间执照

起丝绸商号、机户和机匠三位一体的生产体系。产销相联经营方式对柳疃丝绸生产发展，起到一定推动作用。

清光绪三十三年（1907）始，龙池镇的瓦东村、瓦西村、南白塔村等村相继出现复兴店、利盛泰、锦茂盛 3 个大户，各自雇佣工人织绸，共有木机 200 余台。民国 19 年（1930），青乡一带共有木机 1013 台，机房、半屋（半地下、半地上）220 处，从业人员 3229 人。其中，规模较大的有刘家车道村刘京城开设的“迎祥”号机房，拥有木机 30 台，雇佣工人 70 余人；明家圈的明增玉开设的“德记”机房，有木机 35 台。主要产品是柞蚕丝的丝绸、水丝绸及色绸。周边具有织绸技术的百姓，在当地做工养家糊口维持生活。

第二节　集体作坊

中华人民共和国成立前，昌邑的丝绸业只有个体没有集体之说。1951 年，高隆盛村高曰盛、高锡贤、高曰顺，久丰屯史云洪，后官村魏传蒿，河崖村王修德 6 人贷款 1000 元，合伙开办织绸作坊，织绸、销售全部由作坊完成。1952 年 1 月，在此基础上，高隆盛村成立“利民丝绸生产合作社”（昌邑丝织二厂前身），职工 15 人，同年底增至 20 人，木机从 9 台发展到 12 台，年产柞丝绸 1.64 万米。1953 年，在手工业社会主义改造初期，陆振翔、史洪恩的建昌绸厂入社，社址从高隆盛村迁至柳疃元宝湾南崖。同年，县政府派孙锡庚担任社主任。1954 年，利民丝绸生产合作社在陈家庄、姜家堤子增设 2 个生产车间。1955 年，各村织绸小组并成大组集体入社，统归利民丝绸生产合作社领导，年产丝绸 3 万匹。1957 年，利民社全社从业人员 758 人，木机 476 台，分为 3 个车间和 17 个加工组，分设于 23 个村，共有 21 个核算单位。在 476 台木机中，除 27 台属公有外，其余全属个人所有。

1956 年 1 月 25 日，柳疃的建新染厂、联成染厂、义兴染厂、兴华炼坊、成记炼坊、长兴合炼坊、建华戈线厂和复兴信炼坊 8 家私营绸店商号统一合并，建立公私合营的昌邑县供销合作社柳疃丝绸经营店（昌邑县丝织一厂前身）。合营后共有人员 53 人（5 名工人，48 名工商业者），经清产核资共有资金 2.1 万余元，齐广忠任经理，陈子纯任副经理，县供销社委派王泽公任主管会计，下设业务组、财务组、染整车间、漂炼车间、合线车间等。合营工作进展顺利，半月时间，生产、经营即开展起来，主要经营少数民族常用的各种丝绸。经营方式上扩大自营比重，即个人派员采购材料，委托丝绸组加工（随着农业合作化的开展，织机户组织起来，成立农业社织绸组）。产品经过处理后，由个人进行推销。

1957 年 8 月，因东北产丝地区对生产原料实行统一控制和管理，原料供应一度出现困难。昌邑县供销合作社柳疃丝绸经营店发动群众，广找生产门路，从外地购进一大批丝挽手、茧索子，运到青岛、潍坊弹纺后，放给当地织户织成粗绸，炼染后销往甘肃、青海等地，维持生产。年底，柳疃丝绸经营店盖起14间土木结构的西屋，建立人造棉生产车间，主要是用棉杆皮进行脱胶，再纺成棉纱，织成人造棉布和纺线绳子。

1958年，昌邑县供销合作社柳疃丝绸经营店改名为昌邑县丝绸加工厂，企业性质属地方国营。1959年《昌邑县经济综述》载："1959年，手工业生产合作社归队后，该人社归属县工业部统一领导，县手工业管理局主管，同年8月，组建昌邑县第一丝绸合作工厂、昌邑县第二丝绸合作工厂、昌邑县第三丝绸合作工厂。"1960年8月，3个合作工厂改为昌邑县手工业合作联社丝绸厂（县联社丝绸厂），职工298人，下设5个车间，分别设在高隆盛、陈家庄、姜家堤子、门八、柳疃街。厂办设在柳疃街元宝湾南侧。1963年，昌邑县丝绸加工厂，企业性质由地方国营改为大集体。同年主机增加到36台，新增5台附机和2部40马力柴油机，实现机械化生产。1965年，昌邑县丝绸两厂共有职工164人，年产丝绸105.34万米，实现利润36.48万元。从此，作坊生产步入工厂化生产新时代。

附：利民丝绸生产合作社始末

引自《昌邑丝绸史》

（陈万通口述 徐言年整理）

利民社是"利民丝绸生产合作社"的简称，发起于高隆盛，发展成现在"昌邑县丝织二厂"。陈万通的村庄大，净织机户，农闲没事干，弄一个是一个，想弄点丝织个机。他们依着他在烟台熟，拿丝送绸方便，都来找陈万通。他说，这一行我不想干了，别找我了。他们还是找。临近过年，他三儿说："爹，你在烟台熟。都来找你，你高低不干，你不是要得罪全庄？"陈万通一想，可也是。就说"这样吧，我利害不贪，我去给起丝来，过年缴绸您自己去"。这时，是1950年。

史家庄史恩鸿主持放机，织多长他说了算。他认识个南方人，叫卢云祥，他拿一万元（相当于现在一元）教他放一六绸。烟台也要这种绸。过去一六绸销北京、内蒙古，这回是往上海去。这绸要求质量高，比史恩鸿这个还要好。结果不撵尺码儿，短码了，过了年缴绸，不仅上海不要，烟台也不要。当初陈万通说的是不去缴绸，这一来，非他去不行。陈万通一直缴了好几个月。这是头一年，没干好。

王显志觉得这样不行。1951年春天又叫来两个人，一个姓宫一个姓杨，来到先找陈万通。1950年，柳疃街上就先后出现了私人绸厂、绸店、染坊等十几家。第一次王显志来，在柳疃建昌机房（原十字街口）里碰见陈万通就问："您是哪庄里？"他说"陈家庄。""哎，陈忠岳这个老头还壮实？"他说："是我父亲……"他说和陈万通的父亲是好朋友，他父亲在牟平的时候他在学校里念书……这一来陈万通和他熟了，宫、杨二人也是要一六绸，弄了些南山丝，质量挺好，大伙儿织的也好。秋天来丝就多了。

1952年插大伙，上半年东陈五六个

组先干起来，下半年西陈四五个组也干起来，其他村也纷纷插伙织起机来。东陈算陈家庄的总组，陈万通顶着，一共60张机，给多少丝织多少绸。去缴绸，说“陈万通这个丝一匹没坏”，给他挣下好名。其实他也没守着织机的，净东山丝，什么颜色的都有，分丝陈万通在场，比北范范良成（他在北范拿总）那个丝还杂，但是哪个做经，哪个做纬，他都交待好了。所以1952年秋天，丝来得更多。

1951年，高隆盛的高曰隆、高锡贤、高曰顺，还有九丰屯史云洪、后官魏传蒿、河崖王修德，他们六个人贷款1000元，在高隆盛干起来，自己织自己卖。高曰顺在烟台买丝，管丝的姓包，好丝不让他看。陈万通正在烟台给陈家庄缴绸，他说：“你上‘建新’”。“建新”是丝绸栈，龙池一带的集股买卖，掌柜的是泊子姜孝后。陈万通和他上建新买丝，连回家哪个做经，哪个做纬，使多少丝织多少码绸都和他说清楚，他们活干得不错。

1952年成立生产合作社，高隆盛闲着些财主房子，公家派孙锡庚，接着他六个人这个底儿，在高兆俊房子上成立了“利民丝绸生产合作社”。姜亦忠管配料，他不大敢承担，陈万通帮着他。原有职工15人，年底到20人；木机由9台到12台；年产1.6万米，价值3万元，生产6380、6381、6384、6385、6391等十几个丝绸品种。

1953年4月，公家安排接管柳疃“建昌”私营绸厂，两处合并后共有48人，吃国库粮，办公处由高隆盛搬到柳疃。这时候，孙锡庚把陈万通叫去掌握高隆盛的生产。高曰隆六个人还有四包丝的本儿，每月点货他还得把这四包丝点出来；这时的丝杂，不定什么色，一包一包地剩了些底儿，他都给配了出去。

这时，陈家庄分成东西两村，所有的组都一块儿加进去了，东陈六个组，西陈四个组，每组五六个人，三四张机，都有个组长，会计牵机，做丝；连前后官庄、北西高、阎家庵等，差不多俺周围加北乡、河东王家庙子、高戈庄、张戈庄都到利民社来拿丝，进丝的人多得屋里站不下。那时的丝还不行，现在这个丝好，统缝毛没有，铮明瓦亮。现在是机器纺，出来这个丝匀和；过去私人纺就不一样，那是伙食纺，买卖家放出茧去，收丝论分量，一两一两的钱，也叫放外。工人光挣钱了，纺丝的时候先把些挽手皮子剥出来，不等清头就上桌抽。这就不行，出来丝有杠条，使上功夫也能好，可没人使那功夫。早前河南镇平、鲁山、许昌等是纺纺自己纺，叫内纺，把山茧上锅蒸出来，加上面碱，锅里水翻开着就开始纺，这叫水纺。昌邑柳疃这里，东山里都是炸出茧来让女工端盆，放外纺。现在这个纺丝是机器，早晚等清了头再上桌，揉烂薄茧都甩出来，净拔明丝。

1955年，各村小组并成大组，集体入社，统归利民社领导，年产丝绸2.58万米。1956年，陈家庄又成立一个组，在韩玉宗东屋和韩玉祥的南屋里，还有地屋子，陈东和领着干，20多人，30多张机，农闲织绸，和陈家庄这样还有些村。这年利民社职工达到780人，木机438台，各村分设16个丝绸组，年产50码绸52万米。1957年有木机476台（属高隆盛利民社集体公有27台，其他是利民社属原建昌绸厂和各个村的）增添拉梭机48台，年产50码绸60.84万米。

1958年成立人民公社，利民社归公社管理，改名为“柳疃人民公社丝织加工厂”。高隆盛办公室一共四个人，一个男会计李秉昭，一个女会计张启新。高曰隆是二把手，孙锡庚负责，他是公社干部，兼职。秋天女会计过月子，高曰隆到上海、杭州参观，李秉昭有事，剩下他一个人。上着40多张机，陈万通不光管着织绸，还得拨人大炼钢铁、翻地。陈万通的三儿说：“爹，你快算了吧，这样就把你累死了！”后来又叫陈万通到厂里睡。后又并上邓家庄，高曰谦带着些机匠女工来了。

1959年，家里生活困难。陈万通的大儿子在广东，来信叫他去。不久，陈万通就辞职了。

第二章　工厂化时期

1956—1970年，昌邑丝绸生产逐步摆脱木制织机、花色品种单一的落后局面，生产工具发展为铁木动力机，品种50余个。1978年以后，以县属丝织一厂、二厂为龙头企业，柳疃镇的48个村庄实现村村有村办丝绸厂。其中，规模较大的有横地村丝绸厂、常家庄丝绸厂、西陈村丝绸厂、后官村丝绸厂。1980年，昌邑丝织一厂、二厂有员工1800余名，织机有356台，年产丝绸总量1648万米，花色种类达上百种。印染产品走进百姓家，新兴印花业成为昌邑丝绸发展的新路子。20世纪90年代，生产力发生重大变革，传统老织机全部淘汰，现代化的喷气、喷水、剑杆等无梭织机的应用，为昌邑纺织丝绸业的发展发挥巨大作用。至2006年，昌邑市丝绸产量217.57万米，产值4282.2万元，利润75.4万元。

第一节　村办企业

中华人民共和国成立后，丝绸原料、成品销路恢复畅通，柳疃丝绸枯木逢春，绸商和店主们争相投资建厂、设店。柳疃镇各村纷纷组织成立丝绸加工组，有条件的成立丝织厂。比较有规模的有横地村、常家庄、西陈村和后官村。改革开放后，村办企业发展迅速。1984年，柳疃南部42个行政村，各类大小村办企业发展到378处，从业人员6048人，其中村办纺织企业36处，纺织主机961台，附机251台，从业人员3014人。主机型号一般都是 K76、K74、1515、K251。1984 年，村办企业，织机超过 20 台的村有：南西高 40 台，南东高 28 台，西傅 22 台，邓家庄 20 台，刘家庄 20 台，东傅 30 台，常家庄 46 台，堤子 24 台，柳疃 46 台，西陈 74 台，金家庄 26 台，郭家车道 32 台，姜家寨 38 台，院头 38 台，后官 36 台，门八 22 台，北阎 58 台，中阎 26 台，西玉 22 台，南玉 42 台，河滩 28 台。当时其主机机型为 K76、K74、1515、K251。柳疃镇 42 个行政村只有三官庙、徐家庄、曹家庄、李家庙子、傅戈庄 5 个村无村办纺织企业。此现象引起镇政府重视，采取调整领导班子、给予经济支持、派专人蹲点扶持等一系列措施，在短时间内 5 个村全部办起纺织企业，实现柳疃镇村村有村办纺织企业局面。

横地村丝绸厂　横地村村办丝绸厂，早先用木机，人力一梭一梭织。1964 年改成拉梭。1970 年，购进 6 台丰田铁机，用柴油机作动力，这是昌邑县第一家村办丝织企业。1973 年，用柴油机带动发电机发电，用电动机带动铁织机，减轻工人的劳动强度，提高丝绸质量和数量。改革开放前期为集体经营，后期承包给个人管理，直至全部改制成民营。2000 年将原织机换成剑杆织机，2004 年大搞技术创新，使用比较现代化的喷水织机，民营企业逐步实现自动化。

常家庄丝绸厂　常家庄染织厂，原系单一的村办丝织加工组，始建于 1964 年。利用闲屋 8 间作厂房，设手扔梭木机 32 台，30 余人从业。主要业务是给县丝织厂加工包皮布等低档产品，年收入 1 万余元。1977 年，新建厂房 8 间（建筑面积 264 平方米），改用 10 台仿丰田电力木框机，给县厂加工线绨和包皮布等，年收入增至 7 万元。新建厂房及一切机器设备，不提折旧不核算成本，仍是“肉烂在锅里”。1978 年，增置 10 台木框机，收入增加到 11 万元。1979 年，开始对外扩大业务，给青岛加工塑料编织袋，年收入增加到 18 万元以上。1980 年，扩建新厂房 40 间，添置塑料挤出机，开始搞自营（同时保持外加工）生产塑料丝和窗纱，年收入猛增至 25 万元。实行企业经济核算制度，设立准备、力织、塑料、制杼 4 个车间以及财务、供销、运输等科室，加强经营管理，建立健全各种岗位责任制，逐步完善企业化的管理方法。靠自力更生培养人才（工人边干边学），全套工艺流程完全靠个人完成。不断采用先进技术，生产先进的热门品种。自行设计的新品种有化纤织品（10 余种）、线绨、窗纱、塑料编织袋、布杼等 30 余种，产销对路，畅销全国各地。1982 年，添置 26 台“1511 窄幅机”，开始生产化纤纺织品，停止对外加工，完全搞自营，当年收入猛增至 60 万元。实行“高价包产”办法，即：种责任田每亩包产小麦 500 斤，由集体每斤补贴生产费 5 角；按牌价卖给国家的收入全归个人。农税、电灌设施和水费、耕播费用等全由集体负担。从工务农，收入基本保持平衡，且随时可以调换，把报酬的差别体现在工人劳动态度和贡献大小上，既保证劳力的数量，又充分调动劳动力的积极性。从1983年起，村民按规划建新房（按人口实际需要安排，一般每套院落造价2万元左右），集体负担建房费用的80%。一切农税、水电费、义务工全由集体负担。集体文化福利设施建设，建成敬老院、幼儿园、图书馆、老干部活动室等。另外，大专学生每人每年集体补助学费500元，中专、高中学生每人每年补助100元。1984年，职工发展到60人，添置“K76宽幅机”开始织西服尼、中长哈达尼和美丽绸等新品种，年产值达520余万元，销售收入423万元，纯利润（1980年开始发工资）49万元（企业经济核算数字）。全村总人口676人，从工人员135入，占总人口的20%。农业总收入2.4万元，工副业总收入（纯利润）49万元，占工农业总收入的95.3%。由于经济收入的不断增长，其利润再分配，用于扩大再生产和搞村政建设。

西陈村丝绸厂 1955年，西陈村群众30余人组成织绸合作小组，1962年建成西陈村丝织厂，设手扔梭木机22台，给“中蚕公司经营组”（与县联社合办、驻址在柳疃）加工柞丝绸。年产50码绸700余匹，收入加工费7000元左右。其收益分配，采取低工资分成（定成到人）方式，一次分配完毕。同年，高隆盛村织绸小组改组，成立“利民丝织手工业生产合作社”，该合作小组部分成员加入“合作社”，由高隆盛迁到该村，1958年，改建为“东风丝织厂”，迁址柳疃（后为昌邑县柳疃丝织二厂）。此后，该村仍保留丝织小组，转为大队办。收益分配实行工分加补贴制度，即按各队劳力的实干工日下拨到生产队，全体社员参加分配(年收入1.4万元左右)。

1964年，改手扔梭为拉梭，工效有所提高，年收入增加到2万元左右。1975年，筹集资金新置10台仿板本老式电力铁机，木机增加到40台，继续给“东风”织加工（主要产品是“人造棉”），年收入增至4万元左右。1978年，闯出自营新路子（同时保留加工业务），当年盈利6万元（加工收入仍保持在4万元以上）。1982年，添置27台仿津田和16台仿丰田宽幅木框电力机，自营生产弹力尼，给青岛塑料九厂加工塑料编织袋，年收入猛增到81万元。

1983年，农业实行大包干，取消工分制，工副业人员开始发工资，厂里开始试行企业经济核算制度，当年实现利润（除去工资）70万元。机台增加至74台（“K76”“K271”“1515”三种宽幅机），具备中型企业规模。劳动管理上，逐步建立健全各种岗位责任制。劳动报酬，实行工资加奖励（年终评比，分完成数量、质量和劳动态度3个因素），平均每人每月（出全勤）收入150元左右。劳动力源自该村村民，同时向外村招聘能手，扩大技术力量，补充西陈村劳力不足。全村劳力，一定数量坚持农业生产，完成国家粮食任务，其余劳力均参加工副业生产（有7名个体劳动者从事专业经营）。全厂职工250人，占全村总人口的25%以上。

1984年，花色品种增加至15个，主

要有弹力尼、美丽绸、中长哈达尼、新春尼、玉图尼、西服尼等。年产量 70 万米，产值 250 万元，实际销售 281 万元，纯利润 39 万元。

工业收入不断提高，群众物质文化生活逐步改善。1984 年开始，群众生产、生活费用，均由工业公积公益金承担，如机耕机播、电灌、脱粒、大部投肥、国家义务工和办学费用等。村民建新房，个人备料，集体施工。建楼房者，以户按实有人口计算，每人补助 2000 元。村政建设日新月异，建成敬老院、幼儿园、小学、石砌街道暗沟、大型蓄水池（2 个，114000 平方米）、文化大院（游艺室图书馆、电影放映、体育场等，三层楼房，造价 22 万元）。至 2006 年，传统丝绸业仍是村里支柱产业。

后官村丝绸厂 柳疃镇历史上被称为“丝绸之乡”，后官可称为“丝绸之村”。后官的丝绸起源于清代前期，是柳疃丝绸发源地之一。据民国 26 年（1937）统计，一个 700 人左右的村庄，有地屋 7 处。每个地屋大的可容机 25 台，加之个人家中安机，全村有织机 200 余台。缫丝、浆丝、擞丝、络簨、刷机、过综、引杼、拴机、拧穗、织绸等十几道工序全部用手工操作。原料源于东北、东山、南山等。机户多数织加工，部分织卖绸。每台机需 3 个人，1 人织，2 人打下作。农忙时，白天种田，晚上织机，多数织工通宵达旦。春季、冬季，全体劳力投入织绸，一年四季织绸不断，可谓机户如林，机声遍闻。

民国 27 年（1938），日本军队侵占柳疃，机户多停业散失。民国 34 年（1945），日本投降后，少数人重拾旧营生织绸卖绸。1951 年，魏传蒿贷款在高隆盛织卖绸。1956 年后，村里组织织绸组，时有手扔梭木机 14 台，给中蚕丝绸经营组织加工。1957 年，手扔梭改拉梭。1973 年冬，购进旧铁轮机 12 台，织机 42 台，仍给中蚕织加工。1978 年，大队将丝绸组和绣花组改成丝织厂，拥有动力织机 50 台，原有木机大部分被淘汰。1984 年，成立后官丝织厂。1986 年，后官印染厂成立。1988 年，丝织厂拥有动力织机 74 台，职工 170 余人，年产值约 40 万元。1989 年，两厂合并成立后官染织总厂，开始搞承包。1990 年，成立后官印花厂、网络厂。1995 年，丝织厂的织机卖与村民，私人经营。1996 年后，

后官丝绸印花厂老厂区

后官印染总厂改组为印染责任有限公司。1997年，改组为后官集团有限公司。2006年，后官集团有限公司年产值5亿，实现利税1500万元。

1986年，后官村被中共昌邑县委、昌邑县人民政府授予“文明村庄”称号。1990年秋，时任山东省委书记的姜春云，到后官村考察村办企业。1992年12月，中共潍坊市委、市政府授予后官染织总厂“明星乡镇企业”称号。1996年7月，后官染织总厂被中华人民共和国农业部认可“全国大型二档企业”。1998年12月，山东省建设委员会、山东省人事厅授予后官村“村镇建设明星村”称号。

第二节　乡镇企业

乡镇丝绸企业的诞生，给昌邑丝绸业注入活力。

1977年10月，柳疃公社丝织厂建成投产，1980年，有职工200人，固定资产40万元，厂房360平方米，主机41台，附机15台，年产量117万米，产值280万元，利润31万元。1983年，产值450万元，利润36万元，1985年承包转产。

1978年后，党的工作重点转移到社会主义现代化建设方面，柳疃镇办企业快速发展。同年12月，柳疃人民在上级党委、政府领导下，发扬光大传统的丝绸生产，迅速步入商品经济的大舞台。以县属丝织一厂、二厂为龙头企业，46个村庄纷纷恢复和新建规模大小不等的丝织厂、染织厂。1980年前后，柳疃丝绸的品种大致分为出口绸、内销绸、少数民族绸3大类，近80个花色品种。出口绸有捻线绸、13878绸、条纱棉绸、坎粒绸、柳絮绸、格子呢、涤棉交织绸、和服绸、南山绸、宁海绸、宝光呢、43603艺纬绸等。内销产品有466电力纺、人丝线绨、桑丝府绸、绅光纺、花软缎、缎背绉、天香绢、真丝线绨、软缎背面交织缎、交织绸、桑丝线绨等。到1984年，柳疃镇镇办企业发展到10家，从业人员792人，工业总产值1017.23万元，比1980年的420万元增长142%，平均年增长28%，其他各项经济技术指标均大幅度增长。同年，投资50余万元新建的印染厂当年完成利润41.8万元。镇办丝织厂有织机80台，附机22台，固定资产88.6万元，净值75.38万元，年产值548.1万元，净产值102.6万元，1984年实现利润42万元。同年底，柳疃镇有织机2000余台（其中国营丝织厂占30%左右，村办企业占70%左右），主要生产柞蚕丝、桑蚕丝、化纤、绢丝、人造丝等织品，年产量5000万米。部分村庄保留100余台木机，用传统工艺生产捻线绸等产品。

丝绸产品有绸、缎、绢、纱、绉、锦6大类，120余个花色品种。其中，府绸、柳絮绸轻若云烟，宁海绸、宝光呢、和服绸紧密厚实，提花缎、缎背绉富有民族传统特色，格子呢、捻线绸织物粗犷、美观大方。有专门为少数民族设计的广憧绸、氆氇、哈达等多种用绸，光彩夺目，美不胜收。柳疃丝绸以柞蚕丝和丝为原料，配丝合理，经纬匀称，织工细密，具有质地柔软结实，色泽鲜艳，耐酸碱防腐蚀，夏穿轻快凉爽，冬穿温暖舒适等优点，颇受国内外各界人士青睐。

20 世纪 80 年代末期，随着改革开放不断深入和人民生活水平提高，对衣着和布料要求发生很大变化，弹力呢产品市场萧条，一度使昌邑的万台织机出现“瘟机”现象，造成产品销售困难。随着人民生活水平改善和社会发展，装饰业悄然兴起，全县纺织印染产品逐步走进千家万户，发展起一个新兴产业——印花业，从而探索出一条适合昌邑纺织丝绸发展的新路子。从台板印花发展到转移印花、平网印花、圆网印花，解放生产力，提高丝织品的产量和档次。主要产品以室内装饰用品和床上用品为主，有 250 余个花色品种，印花机发展到 20 台（套）。印花坯布主要源于织布机生产的产品，全县 2 万余台织机重新焕发生机，解决“瘟机”问题。印花业产生与发展，带动纺织业兴盛，昌邑纺织业进入又一个高潮，一跃发展到织机 2.5 万台。1995 年 3 月，昌邑市被国家命名为“中国丝绸之乡”。

至 20 世纪 90 年代后期，以纺织印染为主的乡镇企业、民营企业成为柳疃重要经济支柱。1996 年春，昌邑市委、市政府根据实际适时提出二次创业战略决策，发展昌邑纺织丝绸主导产业。即用 5 年左右时间，大中型企业完成从有梭到无梭织机的过渡，在乡镇企业二次创业中，1511、1515 等传统老织机全部淘汰，更换现代化的喷气、喷水、剑杆等无梭织机，昌邑纺织丝绸业得到大发展，产品和产量提高到一个新水平。至 1995 年，柳疃镇内各类纺织机台达到 5000 余台，圆网印花机、平网印花机 12 台（套），年印花能力 2.4 亿米，村村有织机，户户有织女，全镇万余人从事纺织印染业，占男女整劳力的 85%，产品品种有各种纺毛、网络呢、仿真丝、夏凉绸、装饰布等系列产品 300 余个品种。2005 年，全市织机发展到 3 万余台，其中无梭织机 1500 余台，产量相当于 6000 台老织机，效益相当于 1.5 万台老织机；印花生产线 30 台套；染色能力达到 3 亿余米；印花能力 3.5 亿米，产品主要用于中高档服装面料和室内装饰，从而使昌邑纺织业发展到一个鼎盛时期，成为全国县（市）级三大纺织基地之一。

第三节　重点企业选介

昌邑市华裕丝绸有限责任公司　2000 年 8 月由昌邑市丝织一厂改制，更名为此名称。其前身是昌邑县丝织一厂，是由昌邑县供销合作社柳疃丝绸经营店改造合营而成。

1956 年 1 月，昌邑县供销合作社柳疃丝绸经营店建立，生产厂房及设备一无所有，仅有 300 余元固定资产，租赁柳疃街上几间民房联系业务，生产工具主要是 1 口炼绸锅，2 辆小推车，3 条担绸扁担和 2 杆秤。生产方式是组织外放加工捻线绸、一六绸、30 码长绸、50 码长绸、小黄绸等，丝绸经营店负责漂炼、染整。原料没有长期供应单位，靠市场收购“找米下锅”，生产的产品自找销路。同年4月至年底，全店加工各种绸子3万匹，销售2.5万匹，在社会上建立起5个常年织绸加工组，有木机700余台。1957年8月，丝绸经营店从外地购进丝挽手、茧索子，在青岛、潍坊弹纺后，放给当地织户织成粗绸，炼染后销往甘肃、青海等地，维持生产。

1958年，昌邑县供销合作社柳疃丝绸经营店改名昌邑县丝绸加工厂，企业性质属地方国营。管理上设有办公室、业务室、会计室、保管收发室，生产方面设漂炼、染整2个车间。到1959年4月，厂里增加力织车间，安装铁轮木架丝织机23台，自制24个锭子的卷纬机、整经机和打包机各1台。生产形式开始转变，由单纯的加工转为加工、厂内生产两条腿走路的经营方式。生产品种有一六绸、捻线绸和绢纺绸。1956—1960年，是发展国民经济的第一个五年计划时期。全厂职工五六十人，私方人员占半数以上。昌邑县人民政府先后派张世熙、崔功述、魏一亭到厂加强思想政治工作。到1961年，厂房扩建到36间，主附机全部设备共27台，其中主机23台，附机4台，年产丝绸10万米，棉布40万米。年底又购置12马力柴油机1台，通过革新改造，将手扔梭木织机全部改为电力织机。

20世纪60年代初期，三年自然灾害时期，丝绸原料无供应，职工生活困难。由形势所迫，企业对职工进行大批调整和精减下放。期间，分3批下放职工62人，分别发给精减费，各自回原籍务农。由于人员变动过于频繁，生产无法正常进行。1963年，企业性质由地方国营改为大集体。同年，中国共产党八届十中全会提出“调整、巩固、充实、提高”八字方针。农业获得丰收，蚕茧业取得好收成，厂内生产随之有转机。主机增加到36台，新增添5台附机和2部40马力柴油机组，实现机械化生产。大力开展技术革新和技术改造，高福圣、姜日希等人先后改制摇纬机，试制成功自动捻墨机，改进主机纬停部件和机械化整经车，分别提高工效40%和4倍。

1968—1969年，厂里新上主机24台，总数60台，附机增加到12台，淘汰2台柴油机，新添2台135柴油机组。1970年1月，由于原料紧缺，开工不足，厂内招用的80余名临时工均被辞退回家。三班生产改为二班生产。同年3月，原料恢复供应，招回大部分思想好、技术高的临时工。1971年，抽调回厂的临时工均转为正式工人。1976年，党支部号召全厂职工抓革命、促生产，把国民经济搞上去。全厂一年内连续开展5次生产大会战，新建成1座锯齿形生产车间，安装50台主机和部分附机，淘汰一批老式主、附机。丝绸产量、质量都超额完成上级下达的指标要求。同年10月，厂房由40余间扩展到260余间，新上印染车间，盖起印花楼。同时，还建起烘丝房、浆丝房和整浆联合机屋，生产设备有大幅度增加。八项经济技术指标全部完成，工业总产值比1975年翻一番，丝绸品种也由低档向中高档发展。1977年，全厂丝织主机发展到204台，附机70台，通用设备12台。根据全县的生产布局，经县委决定，把丝绸加工厂的印染车间和东风丝织厂的部分印染设备合并，建立昌邑县丝绸印染厂，厂址坐落在昌邑县城西马家村前，所需人员从两厂抽调，全部印染设备共有10台，年印染能力400万米。

外国客户参观丝织一厂

1978—1980年，厂内生产处于全面发展阶段。生产的品种由织丝绸、棉布、交织绸，扩大到织化纤、弹力尼等产品。1979年4月27日，日本株式会社奥山商店顾问东范雄一行到厂参观，对生产发展给予高度评价，党支部书记张世熙向外宾介绍工厂的发展演变全过程。同年下半年，厂内安装空调。年底，领导班子改选，张世熙任党支部书记，高林孝任厂长。全厂分设为11个科室，3个车间，41个生产班组。1980年，安装6.5吨锅炉。同年4月，恢复历史悠久柳疃丝绸老字号，经县地名委员会和有关部门批准，昌邑县红卫丝织厂改名为昌邑县柳疃丝织一厂，山东省副省长高启云书写厂牌。

自1983年起，厂里对生产设备进行全面更新改造，一些仿津田型老式织机全部淘汰，换成咸阳、周村等地生产的K251-160型和K76-160型先进织机。同年，企业进行全面整顿，制订全面计划管理和质量管理制度，制订厂规厂纪和奖惩条例，开始向正规化管理方向发展。

1984年，新建一座现代化厂房，总建筑面积8900平方米，安装设备，迅速投入生产。同年3月，厂名由昌邑县柳疃丝织一厂改为山东省昌邑县丝织一厂。11月，厂长郝毓瑶调到纺织公司工作，经职工代表大会选举，上级主管部门批准，由张作乔担任厂长，高福圣、姜素梅任副厂长。

1985年，全厂职工增加至1371名，其中固定工294名，合同制工人121名，

原丝织一厂

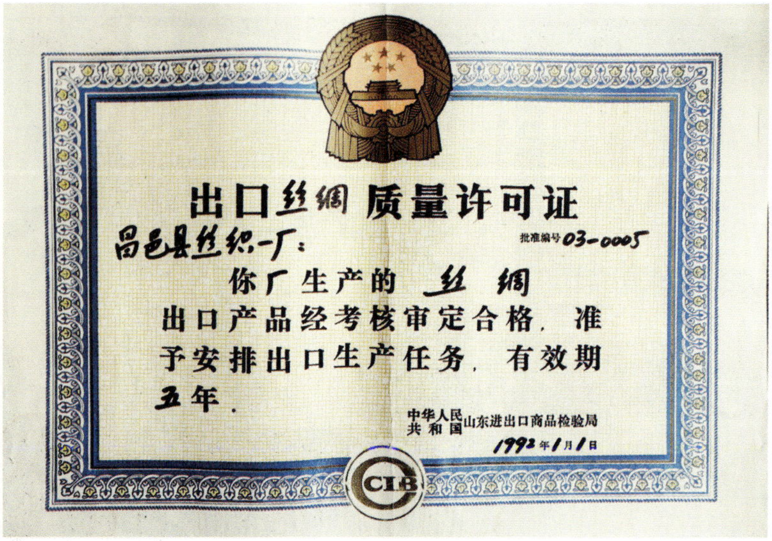
出口丝绸 质量许可证

昌邑县丝织一厂： 批准编号03-0005

你厂生产的 丝绸 出口产品经考核审定合格，准予安排出口生产任务，有效期五年。

中华人民共和国山东进出口商品检验局
1992年1月1日

1992 年，丝织一厂获得的出口许可证

亦工亦农轮换工 956 名（另外有日工 105 名）。全厂职工中，有国家干部 20 人，党员 101 名，团员 102 名，大专文化程度 3 人，中专文化程度 4 人，自学成才 3 人。全厂主机到年底增加至 376 台，附机设备 125 台。年度主要以内销生产为主，品种有缎背绉、纬绒缎、康乐缎、寿字葛、美丽绸等 60 余个，出口品种主要有 4878 素软缎、85002 素绉缎、14467 花绉缎、花新绉、美丽绸等。通过增加品种，充实市场需要，扩大经营范围，全面完成全年生产计划。年度内销产品彩蜂牌缎背绉、雅风牌寿字葛获省优质产品奖。同年底，全厂占地总面积 6.37 万平方米，建筑面积 3.57 万平方米；全厂行政科室划分为党总支办公室、厂长办公室、车队、劳资科、保卫科、财务科、行政科、供销科、经营科、工会、团总支、教育科、基建科和设备科 14 个科室；全厂生产车间划分为力织车间、准备车间、机修车间、染色车间和整装车间 5 个生产车间；年生产能力 550 万米。

1981—1985 年，随着形势发展和人民生活水平提高，产品进行大批量更新换代。化纤和纺毛尼是主要生产品种，销路去向主要是北京、天津、辽宁、河南、河北、内蒙古、青海、新疆、山西、黑龙江及山东省。社会加工也由原来的单纯织加工，改为自产自销。出口产品坎粒绸、柳絮绸和条纱棉绸被评为省优质产品。内销产品丙纶被面荣获国家经委优秀新产品开发奖，获得“金龙”奖章。

在生产设备方面，从一家一户手工操作，逐步发展到机械化、电气化和半自动化生产；在生产品种方面，由单调的柞丝绸、小黄绸、一六绸和捻线绸逐步向质地优良、品种多样化方向发展，共有 100 余个花色的中高档产品；在生产发展方面，

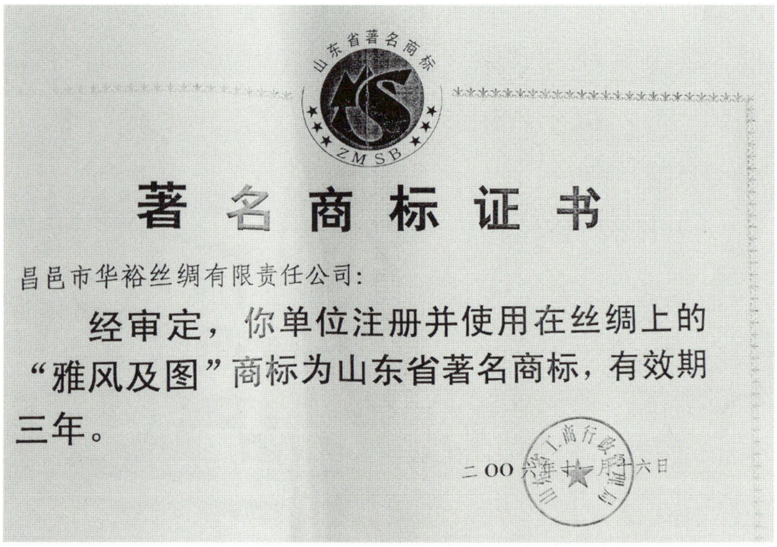
山东省著名商标
ZMSB

著名商标证书

昌邑市华裕丝绸有限责任公司：

经审定，你单位注册并使用在丝绸上的“雅风及图”商标为山东省著名商标，有效期三年。

二OO六年十一月十六日

2006 年，著名商标证书

八项经济技术指标都有成倍地增长，1985 年工业总产值比 1956 年提高 75.7 倍，历年上缴国家的工商税和完成的利润达 2544 万元。同时，为发展对外贸易，为国家出口创汇作出贡献。

华裕丝绸大门

随着改革开放的深入，企业有了新的发展。1987 年，企业固定资产 491.4 万元，工业总产值 1196 万元，销售收入 1262 万元，利润总额 34.2 万元。十多年时间里，企业不断加大技改投入。共有丝织主机 328 台，其中引进意大利剑杆织机 60 台，瑞士辅机 20 台以及配套漂炼、染色、砂洗、定型等后整理设备和服装制作设备，主要生产真丝和丝棉交织系列，幅度 35 ～ 250 厘米的纱、纺、绉、缎、绫、绢等 60 多个品种，100 多个花色，以及真丝方巾、睡衣、蚕丝被、床上用品等。年产真丝绸 400 万米，销往日本、韩国、欧美、东南亚 20 多个国家和中国香港地区，是山东省丝绸出口重点厂家。1990—1991 年，颖花绉、素绸缎、电力纺、乔其纱 4 种产品均获纺织部部优产品称号，“雅风”牌丝绸面料系列产品被评为中国丝绸行业名牌产品；2000 年 8 月，改制更名为昌邑市华裕丝绸有限责任公司。公司占地面积 7.73 万平方米，建筑面积 7790 平方米。2005 年，“雅风”牌丝绸面料又获“山东省名牌产品”称号。2005 年，固定资产 4590.9 万元，实现工业总产值 5312 万元，产品销售收入 5067.3 万元，出口交货额 4629.2 万元，利税总额 274.3 万元，职工年平均人数 629 人。2006 年，代表昌邑柳疃丝绸技艺申报非物质文化遗产名录并获批。

昌邑市华信丝绸有限责任公司　2001 年 3 月，由昌邑市丝织二厂改制，更名为此名称，其前身昌邑县丝织二厂，是由利民丝绸合作社改造合营的。

1951 年，高曰隆、高锡贤、高曰顺、史云洪、魏传蒿、王修德 6 人贷款 1000 元，在高隆盛组织起来，自产自销 50 码长绸。

1952 年 1 月，昌邑县供销合作社派黄德昌到柳疃区高隆盛村以高曰隆等班底，租厂房 20 间，组建起利民丝绸生产合作社，职工 15 人，年底增加到 20 人，木机从 9 台增加到 12 台，年产作丝绸 1.64 万米，年产值 3 万元，利润 3000 元，生产 50 码绸 6380、6381、6384、6385、6391 等十几个品种，交售烟台蚕丝公司，当时人们简称为“中蚕公司”。

1953年4月，利民丝绸合作社接受陆振翔和史恩洪私营的建昌绸厂入社，合并后迁到柳疃元宝湾南崖办公，县里派孙锡庚任主任，职工增至48人，陈万通负责高隆盛的生产，姜亦忠管配料，吃国家商品粮。1954年在陈家庄和姜家堤子增设2个车间。1955年产绸2.58万米，产值4.78万元，利润4619元，固定资产净值898元，流动资金3916元。1956年职工增加至780人，木机438台，分设各村18个织绸组，年产50码绸52万米，产值94.3万元，利润5482元，固定资产净值1050元，自有资金11872元。1957年木机476台，其中高隆盛27台属公有，其他属各村队。增设拉梭机48台，年产50码绸60.88万米，产值123.1万元，利润1.21万元。1958年5月，下放到公社管理，更名为柳疃人民公社丝绸加工厂。1959年，手工业生产合作社由县工业管理局主管，同年8月，组建昌邑县第一丝绸合作工厂、昌邑县第二丝绸合作工厂、昌邑县第三丝绸合作工厂3个丝绸合作工厂，分设于柳疃公社高隆盛和龙池公社岱邱、夏店公社高戈庄。

1960年8月，3个合作工厂改为昌邑手工业合作社联合社丝织厂，厂址设在柳疃街元宝湾南侧。同年12月，与龙池公社岱邱丝织加工厂合并，简称县联社丝绸厂。有职工298人，木机146台，下设5个车间，分设高隆盛、陈家庄、姜家堤子、门八和柳疃街，租用民房，统一核算。年产丝绸40.9万米，产值110.5万元，利润3.7万元，固定资产净值1.3万元。1962年，县联社丝绸厂试制络丝机、合股机、摇纬机、铁轮丝绸机、掏综器，提高生产效率。1966年，厂区占地面积9346平方米，其中房屋建筑面积929平方米。厂内设有织绸、漂炼、染整3个生产车间。管理机构设办公室、财务组、生产供销组、验收组、业务纺线组。年末全部职工人数77名（不包括合同工），其中，管理人员11名、服务人员2名、生产工人64名（合同工226名）。随着“文化大革命”的开始，在破旧立新潮流的推动下，厂名由“昌邑县手工业联社丝织厂”改为“昌邑县东风丝织厂”。同年，接收昌潍地区丝绸公司、昌邑经营组的生产任务，生产形式分为社队加工和厂内生产两大部分。厂内设备有手织木机15台、人力络丝机1台，漂炼车间使用大锅漂染，全部手工操作。社队加工有手织木机1325台，占用劳动力2000人，年产量104.6万米，全年投放加工费55.46万元，有力地支援农村发展多种经营和生产。全年完成工业总产值298.09万元，占年计划的127.1%；全年完成总产量106.62万米，占年计划的135.4%；全年劳动生产率平均达到2305元；全年完成利润17.16万元。

1970年，根据形势发展需要，在原有5个组室3个车间基础上，又新建1个弹丝车间。职工138人，其中，管理人员10人、服务人员3人、生产工人125人（临时工48人）。厂内设备有弹丝机5台、手织木机15台、电动机12台、63.9千瓦50千伏变压器1台、社会加工手织木机

1685台，占用劳力2600人。厂内新增房屋建筑面积723平方米，其中，生产车间683平方米、配电室27平方米、厕所13平方米。全年共生产18个品种，出口产品有50码、6527、6528绸、6529、6391、6526、13464、18152绸8个品种；少数民族用绸有粗腰代1个品种；内销产品有交织绸、30公尺绸、22棉纺、21棉纺线、绝缘绸、油丝绸、绢纺绸、人棉绸、布绸9个品种。全年完成丝绸总产量318.38万米，占年计划的123.4%，比1967年增长20.8%。其中，社队加工完成产量316.8万米，投放加工费145.48万元；全年完成工业总产值585.97万元，占年计划的112.68%，比1969年增长3.6%；质量入库一等品率达到90%；固定资产增加至10万元，当年完成利润总额90万元。1975年，全厂总人数400人，其中，服务人员8人、管理人员30人、生产工人362人，行政生产由党支部统一领导。根据形势发展和人民生活需要，厂内和社会加工机台都有所发展，厂内大提花织机增加至50台；社会加工生产铁机发展至252台、木机1059台，附机也有相应增加；纺纱车间和染整车间设备保持原台数；135柴油机配套84千瓦发电机新增1组；大小切削机床发展到11台。基本达到对一般机台维修和改革能力。全厂占地面积2.87万平方米，房屋建筑面积6045平方米。企业自有载重汽车1辆。生产的品种共27个，其中，出口产品有6385绸、6526绸、6391绸、6382绸、6384绸、6401绸和服绸7个品种；少数民族用绸有桑人一六绸、粗腰代绸、一四广壮绉、二四广壮绉4个品种；内销产品有交织绸、30公尺绸、油丝绸、彩旗绸、捻线绸、线绨绸、花软缎、缎背绉等16个品种。全年完成丝绸总产量399.7万米，占年计划的140.99%，比上年增长69.08%，其中，社队加工生产完成354.21万米，投放加工费103.59万元，比上年增长37.1%；全年完成工业总产值967.67万元，占年计划的142.3%，比上年增长65%；当年产品质量入库一等品率达到96.97%；完成利润总额94.2万元；固定资产净值68.4万元，全部流动资金343.4万元，工资总额9.7万元。

1980年，该厂改名为昌邑县柳疃丝织二厂，职工人数730人（其中合同工513人），全厂生产工人688名。全厂占地面积4.55万平方米，房屋面积1.29万平方米，其中，厂房9579平方米，宿舍3240平方米。管理机构设厂长办公室、政工组、生产组、财务组、供销组、技术组、质检组、设备组、保卫组、总务组。设有准备车间、力织车间、漂炼车间、纺纱车间、机修车间5个车间。设备现有丝织主机152台，实际开台数125台，配套附机42台，社会加工机台铁木机400台、木机600台，占用副业劳力2500人。年度主要品种40个，其中，13372合服绸、6385、6391、6526、13878等出口产品15个；一四广壮、二四广壮、桑一六腰带等少数民族用绸6个；桑棉提花、人丝线绨、桑棉府绸、有光纺、花软缎、缎背绉、天香绢、被面、交织缎、绣花坯等内销绸19个。产量完成714.42万米，占年计划的166.14%，比上年增长9.8%。其中，社会加工完成544.34万米，投放加工费153.89万元，比上年降低2.5%；产值完成2021.08万元，质量入库一等品率达到95%，利润100.54万元，占年计划100.54%，比上年提高0.05%。1984年3月，改为山东省昌邑县丝织二厂。1985年，全厂职工总人数1220人，其中，固定职工415人，亦工亦农工797人，工程技术人员8人。全厂占地面积5.39万平方米，房屋建设面2.99万平方米，其中职工住宅面积经工业普查实测1.06万平方米。管理机构设党总支委员会办公室、工会办公室、厂办、保卫科、供销科、财务科、技术科、设备科、行政科、劳资科、教育科、车队。设有准备车间、力织一车间、力织二车间、力织三车间、漂炼车间、成品车间、机修车间等生产车间。全厂主要生产设备有丝织机350台、配套附机109台，蒸汽锅炉4吨、6吨各1台，各种机床6台，84千瓦发电机组4组，动力机械总动力1.26万千瓦，运输车辆6辆，固定资产原值705.82万元、固定资产净值562.78万元，工资总额93.63万元。年度品种43个，其中内销品种25个，有寿字葛、花软缎、纬绒缎、软缎被面、彩旗绸、涤丝被面、55弹力呢、84弹力呢、尼龙绢、涤丝印花绸、缎背绉、美丽绸、线绨被面、窗帘绸、条格呢（色织）、新春呢、真丝斜纹绸、天香绢、涤丝纺、人丝线绨、明纱锦丝被面、涤纶呢、涤纶新纹绉、明花纺等；出口品种7个，年产量63.15万米，有4787交织素软缎、M2026涤棉绸、花新绉、真丝格绉、6391宁海绸、6385绸、6384绸；少数民族用绸11个，年产量66.26万米，有桑人一四广壮、桑人一六绸、哈达、人丝二四广壮、人棉二四广壮、纺线腰带、文尚葛、桑丝一六绸、棉绸腰带、一四腰带、桑人二四广壮。全年产量计划470万米，实际完成498.15万米，其中，厂内完成483.23万米，比上年提高42.63%；工业总产值计划2420万元，实际完成2423.75万元，完成年计划的100.15%，其中，厂内完成2368.19万元，比上年提高10.14%；利润计划105万元，实际完成105.56万元，完成年计划的100.53%；上缴税金178.94万元；综合产品坯绸入库一等品率计划93.5%，实际完成95.83%，

原丝织二厂大门

比年计划提高 2.49%；丝织品出口合格率计划 93%，实际完成 97.72%，比计划提高 4.72%；投放加工费 19.74 万元。年底评出先进车间 1 个、先进科室 2 个、先进集体 1 个、先进班组 24 个、劳模 2 个、先进生产（工作）者 320 人、三八红旗手 1 个、生产标兵 5 人、县级先进生产（工作）者 9 人、工会积极分子 58 名、先进团支部 1 个、优秀团员 16 名、先进青年 13 人。

华信丝绸

1986 年，改称昌邑县丝织二厂，大型（二）集体企业，固定资产 761.6 万元，实现工业总产值 1660 万元，产品销售收入 1401 万元，利润总额 70 万元。主要产品有斜纹绸、电力纺、真丝绡、东风纱、素绸缎、双绉等真丝品种和富春纺等化纤品种，共 100 余个花色品种。同时生产睡袍、旗袍、蚕丝被、真丝毛毯等家纺产品，产品销往日本、美国、法国、东南亚等国家和中国港、澳、台地区。1989 年，全厂职工总人数 1423 人，其中工人及学徒 1333 人、工程技术人员 22 人，管理人员 68 人。全厂占地面积总计 8.11 万平方米，房屋建筑面积 3.94 万平方米，其中职工住宅面积 1.09 万平方米。管理机构设党总支委员会办公室、厂经营办公室、生产办公室、技术科、企业管理办公室、保卫科、供销科、设备科、劳资科、财务科、教育科、车队、行政科。设有准备车间、力织一车间、力织二车间、力织三车间、漂炼车间、成品车间、机修车间、染色车间等生产车间。全厂主要生产设备有丝织机 452 台、配套附机 149 台，蒸汽锅炉 4 吨、6 吨各 1 台（6 吨级为当年更新换代的节能型锅炉），各种机床 6 台，84 千瓦发电机组 3 组，160 发电机组 1 个，运输车辆 9 辆。固定资产原值 1148.4 万元，固定资产净值 811.9 万元，工资总额 211.45 万元，销售收入 2405.15 万元。年度品种有 159 个，其中新品种投产 22 个，主要出口品种有花软缎、电力纺等；内销主要品种有丽丽缎、醋酸富春纺、富春纺、麻涤纺等；少数民族用绸主要有桑人一四广壮、人棉二四广壮、人丝二四广壮、文尚葛、桑人一六绸、桑入二四广壮等。全年产量 550.95 万米，是年度计划 520 万米的 105.95%；工业总产值 1837.01 万元，是年度计划 1800 万元的 102.09%；利润总额 145.96 万元；丝织品生坯绸入库一等品率计划 90%，实际完成 92.14%，是计划的 102.88%，比上年提高2.57%；丝织品出口绸合格率计划90%，实际完成93.14%，是计划的103.79%，比上年提高1.68%。同年底评出厂级先进集体、财务科、准备车间、厂级先进班组18个，省丝绸系统先进工作者李华光、徐爱莲，省节能先进工作者范春平，省丝绸系统操作能手孙美莲、张惠芳。

1994年9月，超薄顺纤乔其产品获“联合国第四次世界妇女大会中国组委会中国丝绸博览会”银奖。2000年，“潍柳”牌丝绸被省技术监督局确认为“山东省名牌产品”。2001年，该公司产品“潍柳”牌商标被省工商局认定为“山东省著名商标”。企业成为由国家“三部一委”直接下达计划的山东省少数民族特需用绸定点生产厂家，生产广壮绸、哈达绸、宁海绸等16个品种。其中，“宝光呢”曾被国家领导人作为礼品馈赠外国贵宾。主要设备有丝织主机265台，配套辅机184台，其中引进意大利剑杆织机32台，瑞士产辅机32台。同年，通过ISO9000质量体系认证；2004年，通过ISO14000环境认证。2005年，固定资产4535.5万元，实现工业总产值4350万元，产品销售收入4011万元，出口交货额3493万元，利税总额100.3万元，职工年平均人数433人。2006年，全年产绸217.57万米，实现销售收入4282.2万元，利税总额75.4万元。

昌邑市新星织造有限公司 1987年3月，从昌邑县丝织一厂分离，名为昌邑县丝织厂，小型集体企业，厂址在昌邑柳疃镇。1991年1月更名为昌邑县日久丝织厂，同3月迁至昌邑城区昌盛路北首。1999年12月，改制为昌邑市新星织造有限公司。占地面积3.8万平方米，建筑面积1.4万平方米。有丝织主机180台，其中，日本产喷水织机80台以及整、浆、併、络、捻等配套设备，主要生产真丝、人造丝、化纤及其交织品，其中缎背绉、寿字葛被评为山东省优质产品。企业平均人数689人。2002年6月，因资不抵债，依法破产。其有效资产由诸诚四达公司买断，组建昌邑市四达纺织制造有限责任公司。2006年，有3万纱锭生产能力，固定资产2110万元，销售收入3000万元，职工210人。

昌邑市丝绸印染厂 中华人民共和国成立后，昌邑茧绸迎来复兴，印染业也有巨大发展。1977年1月，经上级有关部门批准，将柳疃丝织一厂的印染车间和丝织二厂的漂炼车间合并，组建成“昌邑县丝绸印染厂”，以解决丝绸印染漂炼的水质、排污等问题，厂址在县城利民街西首马家村前。职工80人，染整机10台，年产量383万米，产值1135万元，利润31万元，固定资产30万元。到1981年底，全厂总占地面积1.36万平方米，职工304人，固定资产原值348万元，丝绸印染设备74台，年印染1000万米。

20世纪80年代以后，所用丝绸原料扩展到家蚕丝、人造丝、化纤、绢丝等，其产品分绸、缎、绢、纱、绉、锦6大类型，120余个花色品种，形成“柳疃丝绸”品牌，并促使昌邑的印染业更加兴盛。1985年，昌邑县丝绸印染厂区占地面积4.02

万平方米，房屋建筑面积 2.54 万平方米。共有职工 552 人，其中固定职工 292 人，合同制工人 83 人，临时工 177 人。固定资产总值 948.7 万元，拥有印染专用设备 73 台，年印染能力 1400 万米；工业总产值（以 1980 年不变价计算）6006.2 万元，实现利税 449.8 万元。1986 年，固定资产 1138 万元，实现工业总产值 1857 万元，销售收入 1689 万元，利润总额 341 万元，职工年平均人数 572 人。1996 年，丝绸印染厂拥有涤纶交织物染整生产线、中长化纤织物染整生产线及高温高压喷射式染色机、烘燥拉幅定型机等设备，试验成功中长化纤织物的纺毛染整、涂料印花、涤纶纺真丝整理等工艺，主要染炼真丝绸、化纤绸、交织绸 8 类产品，花色品种 200 余个，年印染能力 1400 万米。染炼的 4878 交织素软锻、1387 条纱棉绸、M2026 交织绸等十几个品种，深受日本、美国、南斯拉夫等国家和中国香港等地区顾客欢迎。因经营不善，2000 年 2 月，依法宣布破产。其有效资产由香港龙丰有限公司全部买断，组建龙丰（潍坊）纺织印染有限公司，投资 1500 万元新上印染生产线 1 条。2005 年，公司有固定资产 2531 万元，实现工业总产值 16810 万元，销售收入 17932 万元，利税 362 万元，职工 625 人。

昌邑市赛奥丝绸有限公司 2001 年开始，昌邑市筹建缫丝厂，以弥补短板。在交通街西首的都昌开发区，征地 50 余亩，规划设计 20 组自动缫丝机，分两期实施。第一期兴建厂房、库房、办公楼、职工食堂和宿舍楼共计 1.5 万余平方米。购进安装 10 组自动缫丝机及配套设备，总投资 3000 余万元。2002 年，注册成立昌邑市赛奥丝绸有限公司，为股份制民营企业。一期注册资金 108 万元，孙建军为董事长兼总经理，安玉桥、翟效春、尹福生、夏玉萍、焦丕霞为董事。当年投入生产，年产白厂丝 300 吨，产值 7000 余万元，实现从种桑养蚕到缫丝织绸一条龙生产加工的完整产业链条。

赛奥丝绸有限公司与丝绸公司并存期间，为一套领导班子。昌邑市丝绸公司先后被省政府和潍坊市政府授予省级和潍坊市级“农业龙头企业”。2003 年，被潍坊市委、市政府命名为“农业产业化龙头企业”（也是潍坊市唯一的一处桑蚕业农业龙头企业）2004 年，被评为全国名优特稀产品优秀企业。2005 年初，被批准为潍坊市环境友好企业。2006 年，董事长由孙晓东担任，董事会其他人员职务不变。

第四节 三资企业

1988 年，昌邑开始招商引资。1992 年，通过建立港澳台同胞、海外侨胞和归国华侨“三胞”档案，确立发挥“侨乡”优势的主攻方向，利用各种渠道，扩大招商引资力度。至 2005 年，全市成立“三资企业”304 家，总投资 90277.25 万美元、合同利用外资 65616.49 万美元。在正常运行的 80 家“三资企业”中，纺织服装企业 39 家，占 48.8%。

2005年昌邑市主要三资企业基本情况一览表

表4-1 单位：万元

企业名称	资产	主营业务收入	主营业务利润	利润总额	投资总额（万美元）	注册资本（万美元）	经营范围	职工数（人）
潍坊海鑫发纺织有限公司	80.5	0	0	0	200	180	高档织物面料生产销售	200
山东同大超纤有限公司	2621.4	3715.7	-15.7	-231.3	150	110	超细纤维人工革生产销售	60
潍坊鲁发服装有限公司	1659.9	2456.7	57.6	52.1	108	85	服装、面料辅料生产销售	120
昌邑大华服装有限公司	8615.8	611.8	93.5	-72.6	30	21.9	夹克衫系列生产销售	317
潍坊成宇服装有限公司	319.2	799.1	139.4	4.1	50	50	服装加工	200
潍坊宇运服装有限公司	168.4	13.2	0.8	-3.6	70	70	各类服装	8
潍坊华晨悦胜纺织有限公司	21	0	0	0	360	525	高档织物面料生产销售	100
潍坊富日通服装有限公司	521	469.1	-25	-51	38	27.6	服装生产销售	180
潍坊华源印染有限公司	940	666	-41.2	-57	50	40	染色、织造布匹	120
昌邑新官印花有限公司	2099	1590.9	-47.3	-47.3	280	196	印染织物面料	220
潍坊昌富织造有限公司	2919.8	2926.9	-37.5	-159.3	268	218	高支纱纺织色织品	156
昌邑华达织造有限公司	5412	5194.4	462.4	161.5	332	282.5	高档纺织印染	623
昌邑东洲纺织器材有限公司	141	93.6	-2.6	-12.3	13.9	9.75	各种塑料管加工销售	20
潍坊大裕昌盛织物有限公司	392	110.8	8.2	-20	130	110	生产销售毛巾	30
昌邑三邑服装有限公司	663	2467.2	329.3	21	38	27	生产服装	480
佑盛网印（潍坊）有限公司	1085	0	0	-4.2	50	35	生产印花机	16
昌邑阜盛印染有限公司	3837	141	-43.2	-49.4	88	66	生产印染织物	76
昌邑大有印染织造有限公司	16386.7	18766.3	1137.1	124.2	295	213	生产销售化纤	672
昌邑华晨纺织印染有限公司	11977	13456	646.5	-214.1	360	252	印染纺织	342
昌邑嘉华纺织有限公司	442	344.2	14.6	-21.8	71	50	织布、床上用品	40
昌邑政日织造有限公司	1012	623.6	-17.2	-34.1	71	50	生产高档织物	53
潍坊惠通纺织服装有限公司	361	1093.2	31.7	3.5	10	7.2	生产床上用品	66
昌邑恒丽非织造布有限公司	492.7	168.6	-0.9	-0.9	32.62	26.58	非织造布等服装辅料	108
昌邑昌美织造有限公司	138.8	89	5.7	1.6	6.6	6.6	化纤布、色织布	35
山东华发丝绸服装有限公司	361	1012.4	31.1	5.5	240	200	服装生产	300

2004年柳疃染织业总产值、销售产值过亿元10大公司一览表

表4-2　　单位：万元、人

企业名称	工业总产值	销售产值	从业人员	公司地址
山东省昌邑市张家车道印染有限公司	11436	11157	301	张家车道
昌邑市兴安实业有限公司	28512	27821	736	阎家庵
山东省后官富民印染有限公司	42895	41847	1090	后官
昌邑大富实业有限责任公司	54629	53296	1150	西傅
昌邑市富兴印染公司	12029	11749	302	东傅
昌邑常家庄纺织印染有限公司	12323	12017	456	常家庄
昌邑昌进贵和纺织印染有限公司	50484	48714	1120	昌邑城北
昌邑青阜纺织印染有限公司	47276	46110	1110	青阜
昌邑市华达织造有限公司	30460	29871	832	柳疃镇驻地
昌邑市东丽纺织有限公司	17352	12965	220	柳疃镇驻地
合计	307396	295547	7317	—

2004年柳疃镇部分染织公司产值统计表

表4-3　　单位：万元、人

企业名称	工业总产值	销售产值	从业人员	企业负责人
昌邑市华宝纺织有限公司	4820	4713	250	李振宝
昌邑市明洲纺织有限公司	2472	2418	80	齐明洲
昌邑市翔达事业有限公司	3765	3676	126	姜言玲
潍坊市金款服装有限公司	4494	4341	161	金德利
昌邑市振成纺织有限公司	2208	2156	85	李振成
昌邑市政亨织造有限公司	1825	1782	53	孙文政
昌邑市乾东有限公司	1575	1538	80	高振虎
昌邑市华源印染有限公司	1137	1112	135	韩良宾
昌邑市伟宏纺织公司	3227	3150	65	刘维洪
合计	25523	24886	1035	—

第五编　域外办厂

YuWaiBanChang

昌邑絲綢志

清末民初，昌邑丝绸经营者到省内的栖霞等地和东北安东开设丝绸厂缫丝和织绸，柳疃丝绸在民国5年（1916）后面临危机时，不少昌邑人就到东北开拓丝绸市场，如柳疃街的韩效思，以上海罗坤祥为东在1900年开办起聚星成丝店，到民国11年（1922）“因织户生产偷工减料，丝绸销路不畅而倒闭。”民国13年（1924），又去东北开办义泰祥丝绸厂，并发展为安东三大丝绸厂之一。广大织户为维持生活，在走投无路的情况下，只有离乡背井下关东去放蚕、缫丝、或织绸，成年的工人去吃“劳金”，未成年人跟着出去学徒，多是“自虎头崖上船，经龙口、蓬莱、长山抵大东沟进入鸭绿江达沙河子。行程一般六七天，遇上大风，半月二十日也不一定。”大量的缫丝工人流落到东北，促进当地柞蚕业发展，昌邑人在东北成为一支柞蚕业生产的主力军。据民国23年（1934）《工商半月刊》中张兆麟的《胶东之丝绸业》载：“胶东柞蚕，一部分取给于本地，名曰东山茧，织成之绸名曰宁海绸，其余大部分之茧则来自安东，名曰东北茧。此类茧丝之织造，多出自昌邑工人，故名昌邑绸，国人皆称之为山东绸。”可见当时柞茧产地的缫丝工人，无论胶东还是东北，昌邑人居多。

第一章　胶东办厂

第一节　栖霞办厂

胶东一带丝织业集中地要数栖霞县，该县唐家泊村更为集中，不仅有丝绸厂，还有数家丝绸代理店。民国元年（1912）至民国34年（1945）间，栖霞农村拥有30支纩车以下的约200家纩房，拥有10台木机以下的约100家机户。昌邑人在栖霞投资或参与管理的拥有30支纩车、10台木机以上的商号有43家。这些大的商号分布于唐家泊、栖霞城里、桃村、南埠、后江、老杜、于杜、青山、卧龙、大壤家、东野、钓台前、钓台后、河波、瓷口等村落，唐家泊村就有12家。唐家泊是栖霞丝织业中心，也是昌邑人在东山的重要集结地。较有名的绸号有“东协记”“西协记”“聚丰”等。“东协记”与“西协记”掌柜分别是李明堂、李清堂，均为柳疃镇辛安庄村人；“聚丰”掌柜是都昌街道刘家辛戈村刘奎元，有职工200余人。设在栖霞城里的“公利兴”，东家是国内知名的大地主牟墨林（牟二黑子），掌柜林贵友是柳疃镇后青村人，领作孙锡泽是柳疃镇前青村人。

唐家泊办厂　柳疃镇人集中在栖霞县唐家泊村办厂，鼎盛时期所办丝织厂有10余家。

和盛德（后改为东协记）　纩车50支，

木机69台，炼房1处，掌柜李明堂（柳疃辛安庄人）。

久成瑞（后改为久成福） 纩车30支，木机40台，炼房1处，掌柜范曰清（柳疃北范村人）。

和兴东（由久成福改该号） 纩车30支，木机50台，炼房1处。东家兼掌柜萧振邦（本地人），领作李长华（柳疃辛安庄人）、张恩福（柳疃张家车道人）。

同生利 纩车50支，木机30台，炼房1处，东家兼掌柜姜玉文（东冢乡姜家泊村人），领作范西庚（柳疃北范村人）。

玉顺祥 纩车30支，木机27台，炼房1处，掌柜张恩福（柳疃张家车道人）。

同兴利 纩车80支，木机30台，掌柜高进汤（柳疃北西高人）。

同聚昌 纩车50支，木机30台，掌柜张□□（柳疃北西高人）。

西协记 纩车30支，木机25台，炼房1处，掌柜李清堂（柳疃辛安庄人）。

聚成东 纩车30支，木机25台，炼房1处，掌柜范继成（柳疃北范村人）。

同兴东 纩车30支，木机25台，炼房1处，东家萧振邦（本地人），掌柜兼领作张邦文（柳疃张家车道人）。

和盛源 纩车30支，木机52台，炼房一处，掌柜兼领作王增德（柳疃辛安庄人）。

和兴泰 纩车60支，木机50台，炼房1处，东家萧振邦（本地人），掌柜兼领作姜玉文（东冢乡姜家泊人）。

栖霞城里 公利兴 纩车36支，木机30台，炼房1处，东家牟墨林（栖霞县，绰号牟二黑子）。掌柜林会友（柳疃后青村人）。

□□ 纩车40支，木机40台，炼房1处，东家是掖县的一位律师，掌柜兼领作史恩洪（柳疃史家庄人）。

桃村 东盛裕 纩车60支，木机30台，炼房1处，东家本村人孙玉休，掌柜兼领作孙永和（柳疃孙家河滩人）。

德聚厚 木机30台，炼房1处，掌柜兼领作孙瑞祥（柳疃孙家河滩人）。

源兴福 纩车60支，炼房1处，木机30台，掌柜兼领作徐佃元（柳疃七甲村人）。

东盛泰 纩车30支，炼房1处，木机30台，东家本村人孙玉休，掌柜兼领作孙寿堂（柳疃孙家河滩人）。

天□德 纩车30支，木机30台，东家本村人孙姓，掌柜兼领作孙锡纲（柳疃孙家河滩人）。

南埠村 □□号 纩车25支，木机20台，掌柜兼领作孙学堂（柳疃前青村人）

□□号 纩车26支，木机20台，掌柜兼领作孙克宴（柳疃前青村人）。

□□号 纩车30支，木机12台，掌柜王玉田（原籍不详），领作张作鹏（柳疃张家车道村人）。

后江村 源兴福 纩车30支，炼房1处，木机30台，掌柜孙姓（本地人），领作徐佃元（柳疃七甲村人）。

老杜村 东盛恒 纩车30支，炼房1处，木机30台，掌柜孙玉休，领作孙永清(柳疃前青村人）。

□□号　纩车30支，木机17台，炼房1处，掌柜不详，领作孙福堂（柳疃前青村人）。

青山村　德聚谦　纩车60支，木机30台，炼房1处，东家宫姓（本地人），掌柜兼领作徐云通（柳疃灶户村人）。

德聚同　纩车60支，木机30台，炼房1处，东家兼掌柜宫姓（本地人），掌柜兼领作徐宝光（柳疃灶户村人）。

德聚厚　纩车60支，木机30台，炼房1处，东家兼掌柜宫姓（本地人），掌柜兼领作曹尽忠（柳疃孙家庄村人）。

德聚祥　纩车60支，木机30台，炼房1处，东家宫姓（本地人），掌柜兼领作孙洪尧（柳疃孙家庄村人）。

德聚安　纩车60支，木机30台，炼房1处，东家宫姓（本地人），掌柜兼领作孙洪振（柳疃孙家河滩村人）。

德聚茂　纩车100支，木机28台，炼房1处，东家宫姓（本地人），掌柜兼领作徐进汉（柳疃灶户村人）。

卧龙村　□□号　木机30台，掌柜兼领作孙洪渐（柳疃孙家河滩村人）。

大壤家村　和盛长　纩车80支，木机40台，炼房1处，东家兼掌柜李明成（柳疃辛安庄村人），领作朱希太（围子镇辛隅村人）。

六合成　纩车40支，木机25台，炼房1处，掌柜兼领作董述汉（流河乡董家屯人）

东野村　□□号　纩车80支，木机20台，掌柜兼领作张金邦（柳疃张家车道村人）。

钓台前村　同兴聚　纩车30支，木机22台，炼房1处，东家姓张（本地人），掌柜兼领作张金邦（柳疃张家车道村人）。

玉兴东　纩车30支，木机20台，炼房1处，东家姓赵（本地人），掌柜兼领作徐言阶（柳疃镇老官庄人）。

公顺堂　纩车26支，掌柜兼领作孙尧升（柳疃前青村人）。

天德恒　纩车26支，掌柜兼领作孙高升、孙照升（柳疃前青村人）。

钓台后村　□□号　纩车30支，本机20台，东家赵二毛（绰号），本地人，掌柜兼领作张恩禄（柳疃张家车道村人）。

□□号　纩车30支，木机20台，炼房1处，东家姓赵（本地人），掌柜兼领作孙锡坤（柳疃前青村人）。

河波村（清江口）　□□号　纩车30支，木机16台，东家姓于（本地人），掌柜兼领作范锡纲（柳疃北范村人）。

瓷口村　民国三十四年（1945）有丝织厂1处，只设机房。

县联社　木机10台，经理王寿山（籍贯不详），领作孙永怀（柳疃后官村人）。

栖霞县农村30支纩车以下的约有200余处，10台木机以下的约有100余处，约拥纩车2500支，木机800台。

第二节　烟台办厂

民国元年（1912）至民国34年（1945）

间，烟台城内及郊区有10台木机和20台纩车以上的商号16家，以下的约六七十家，几乎均以昌邑人为主。规模较大的“玉祥”有纩车100支，木机60台，炼坊1处，领作柳疃镇刘家车道村刘宗孝；“惠昌泰”有纩车100支，木机120台，炼坊1处，东家上海罗坤祥，掌柜兼领作柳疃镇高戈庄姜言令；“长盛”有纩车60支，木机50台，炼坊1处东家是柳疃镇陈家庄陈聘三，掌柜兼领作东冢乡胡家道口村胡子玉。另外，在烟台城内还有昌邑人开办或任掌柜的专门搞柞丝与茧绸出口贸易的“义泰聚”“同兴公”等丝绸代理店7处。

胶东柞蚕产区还包括乳山、莱阳、文登、荣成、海阳5县。以上5县不包括家庭小户，仅木机10台以上、纩车25支以上的昌邑人为主体的商号就有21家。

烟台市里 **玉祥** 纩车100支，木机60台，炼房1处，掌柜孙守卿（籍贯不详），领作刘宗孝（柳疃刘家车道人）。

惠昌泰 纩车100支，木机120台，炼房1处，东家罗坤祥（上海人），掌柜兼领作姜言令（夏店乡高戈庄人）。

长盛 纩车60支，木机50台，炼房1处，东家陈聘三（柳疃东陈村人），掌柜兼领作胡子玉（东冢乡胡家道口村人）。

协昌 纩车50支，木机30台，炼房1处，东家兼掌柜李明吉（籍贯不详），领作胡风荫（东冢乡胡家道口村人）。

恒兴东 纩车30支，木机40台，炼房1处，掌柜李勤位（东冢火道村人），领作刘根京（柳疃刘家车道人）。

聚记 纩车30支，木机20台，炼房1处，东家兼掌柜源桂兰（东冢湾崖村人），领作刘学堂（柳疃刘家车道人）。

玉盛 纩车100支，木机50台，炼房1处，掌柜胡子玉（东冢乡胡家道口村人）。

双聚兴 木机20台，东家兼掌柜刘洪滨（柳疃西玉皇庙人）。

□□号 木机20台，掌柜魏永滨（龙池镇马渠村）。

同义和 木机22台，炼房1处，东家兼掌柜胡凤荫，领作刘洪滨。

上扩村 **□□号** 木机30台，东家兼掌柜车龙章（柳疃西玉皇庙人），领作范曰兴（柳疃北范村人）。

永丰 木机15台，掌柜兼领作孙瑞书（夏店乡孙家扶宁村）。该村还有其他小型机房5家，共有木机60台。

朱家村 **呈祥** 民国8年（1919年）纩车60支，木机50台，炼房1处，掌柜刘京城（柳疃刘家车道人）。

□□号 木机18台，掌柜王修德之叔父（柳疃南西高村）。

芝罘 **□□号** 木机40台，掌柜兼领作孙明东（柳疃孙家庄村）。

另外，大海洋村还有小型丝织厂4处，木机40台。烟台市及郊区有10台木机和20支纱车以下的六七十家，共有纩车260支，木机400余台，另外还有数家只设炼房。

第三节 牟平办厂

牟平的柞蚕业除去家庭小户，大型的

商号主要集中在城南的殿后村及城东的龙泉汤庄。民国元年（1912）至民国34年（1945）间，仅龙泉汤庄就有纩坊11家，工人700余人，以“春和成”“广隆绣庄”规模最大，其掌柜、领作、职工均为昌邑人。另据1956年统计，牟平有织绸工人620人，其中徒工220人，外地技师4人，其余396人全部是昌邑人。

龙泉汤村　仁和盛　民国8年（1919年）　纩车150支，木机82台，炼房1处，掌柜兼领作刘述文（柳疃刘家车道人）。

敦和　纩车100支，木机90台，炼房1处，掌柜孙锡俭，领作孙锡敖（均为柳疃前青村人）。

□□号　纩车80支，木机78台，炼房1处，掌柜兼领作刘京森（柳疃刘家车道人）。

八甲村　□□号　纩车100支，木机50台，炼房1处，该厂首创汽锅浸茧。掌柜兼领作孙锡敖（柳疃前青村人）。

英格庄　□□号　木机150台，炼房1处，掌柜不详，领作先为刘学堂，后为刘云峰、刘京森（均为柳疃刘家车道人）。

第四节　乳山办厂

台上村　同心德　木机25台，炼房1处，东家郁福生（本地人），掌柜兼领作姓姚（柳疃后官村人）。

马石店　义盛东　纩车40支，木机25台，炼房1处，东家兼掌柜曹振田，领作曹文祥（均为柳疃曹家庄人）。

大顺德　纩车80支，木机35台，炼房1处，东家姓宫（本地人），领作徐怀正（柳疃东二甲村人）。

仁成　纩车60支，木机20台，炼房1处，东家姓宫（本地人），领作高清俊（柳疃后官庄人）。

埃子村　复记　纩车30支，木机22台，炼房1处，东家本村，姓孙，领作徐方令（柳疃久丰屯人）。

永顺利　（1947年）木机13台，厂长孙维周（籍贯不详），领作徐怀正（柳疃东二甲村人）。

田家村　□□号　民国6年（1917年）木机20台，炼房1处，掌柜兼领作孙从新之父（柳疃孙家河滩村）。

史家庄　纩车30支，木机8台，掌柜兼领作傅法林（柳疃横地村人）。

第五节　莱阳办厂

莱阳城里　广泰兴　纩车60支，木机30台，炼房1处，掌柜兼领作安绥帮（柳疃院头村人）。

文生本　纩车60支，木机26台，炼房1处，东家王烂武（本地人），领作林官松（柳疃后青村人），帮作刘克田（柳疃刘家车道人）。

德祥永　木机20台，炼房1处，掌柜兼领作林官竹（柳疃后青村人）。

张扩村　□□号　木机20台，炼房1处，东家李烂武，领作姜其绪（东家姜家泊村人）。

石官坡村 纩房2处，纩车60支。

第六节 文登办厂

汤上村 *万和* 木机30台，炼房1处，掌柜兼领作孟继三（柳疃潮海村人）。

土前村 *□□号* 纩车30支，炼房1处，掌柜兼领作陈希汤（柳疃潮海村人）。

荣成里 共有5处丝织厂坊，纩车180支，木机130台，炼房3处。

莱阳、乳山、海阳、牟平、荣成、文登6个县，木机10台以下的有250余处，约1600台，纩车在25支以下的有400余家，有2900余支。

清末民初烟台市部分昌邑丝绸代理店一览表

表5-1

名称	掌柜	籍贯
义聚泰	刘纯义	柳疃刘家车道
同兴公	谢其宣	东冢乡二甲村
义增德	明泽文	柳疃新兴村
协和盛	李明堂	柳疃辛安庄村
隆泰昌	谭桂月	东冢乡湾埃村
源昌盛	李连传	东冢乡火道村
敦和成	刘秀芝	东冢乡马疃村

第二章 关东办厂

第一节 辽宁纩丝

民国16年（1927），昌邑丝绸商人刘学太时年14岁，去辽宁，先是学徒剥茧、纩丝，以后即上山买茧验茧，在纩坊验丝，去西丰、安东卖丝，50岁还乡，历30余年。从放蚕到煮茧、纩丝、验丝，掌握全套技术。

民国初年，辽宁柞树很多，北起西丰、东丰、柳河、开原、清原以至宽甸、抚顺、海城、盖平、辽阳、桓仁、凤城、锦州、富生等地，丘陵山地都有柞林，以西丰为最稠密，凉泉镇是最稠密的中心，所有山地都长着柞林。

在东北开丝房（也叫纩房），首先要看蚕场的远近多寡、产茧好坏。放蚕以本地人为多，另外就有昌邑人。放蚕需先租好林地，打好林场，把杂草杂树和衰老的柞树砍掉，只留嫩茁的柞苗。再在山上搭好窝棚，准备出蛾后日夜守护，开春开始有蚕。将蚕种引到发芽较早的柳条上，装入筐内，用头顶着送到柞苗上。也有用乌拉草把雌蛾栓到柞苗上，使其直接在柞树上产卵。此后要注意捕杀害虫如蚂蚁、黄峰之类，驱害鸟如乌鸦、山雀等，夜间还要防狼。秋后，蚕将做茧时，要把有完整叶子的老枝一束束摆在蚕场树枝上，让蚕在整叶上作茧，便于收茧。放蚕只三两人就够，收茧却像农民秋收一样忙，需要雇用些短工。秋收后，各纩房即派人来买茧，首先测量每仟茧重量，然后过秤计量。旧社会买卖生意处处有假杂，计量过秤时买茧的与放茧的往往互动心计。

纩房买到茧即开始紧张生产，煮茧、剥茧、纩丝、烘丝、验丝各自忙碌。纩丝厂房里一般两排长炕，纩安在炕上，每人一纩，像学生人各一桌一样，夜间把坐凳一推即在纩下伸铺睡觉。炕的一端壁外即是煮茧的大锅灶，烟道通过长炕同时取暖。一般每间房可安6只纩，若安60只纩，即需10间厂房，两口煮茧的大锅煮茧，要掺一定量的碱。一般在夜间煮茧，五更煮熟，捞出滤干水分置案桌上，准备点剥。剥茧前有的要掺一部分假杂，把白糖熬到一定的程度，掺上滑石粉搅成粉浆，洒在茧上，使丝质既亮又硬，还可以增加重量，行话叫掺浆。

剥茧即剥去外层，不能抽丝的一层，叫大挽手（纩丝时剥下的乱丝叫二挽手，都可以用来纺粗些的丝）。然后点数，一般每百茧装一盒。将盒子层层叠起。黎明，纩丝工持签取茧，每签一盒，每盒需一条丝，一般每人每日可纩八条丝。也是视茧的厚薄分难度大小，一般是大的九条，小的十条。熟练工人午后三四时即可完成，学徒工往往要拖到夜晚。纩好的丝扎上工人的号扉，送暖房烘干，然后检验装包。

纩丝技术逐渐提高，民国初年只能十二三根头，十二三根丝合一股。后又进步到七八根头。伪满时与日本人竞争，能纩到三至五根头的细丝。企业规定，每人每日八条丝，不得增多，以保证质量；也不能减少，以保证数量。每月休假大致为三至四天，不得过多，全勤有奖。包装前验丝，按纩的好坏有警告、看丝、申斥、下工等几种处罚，并按以上情况，分别奖扣，发工资时兑现。工人工资极低，学徒工更为艰苦，一般三年无工资。无论成手工、学徒工生病死亡不问，都是计件工资。学徒工头一二年基本上挣不到多少钱，比如每人每日八条丝，学徒工只能纩二三条，还要老师给代干。一年无工资，老师给做件衣服。到第三年，钱挣多点，老师领用。三年出徒后，才能挣出路费探家。

民国16年（1927）至民国18年（1929），正遇张作霖被炸等时局变化，加上民国17（1928）年3月23日天降大雪，山茧冻死，蚕民遭灾，纩房都赔钱。此后数年间丝业不振，纩房多数散伙改行。“九一八事变”以后，日本人为控制经济，号召组织缫丝组合，并改良蚕虫，提高产品质量，扩大销路，缫丝又有复兴。刘学太于1939年由开原到西丰，住聚祥泰的义成永丝厂当会计，经理是白塔陈绍兴。这时正有柞茧丝工业组合，由和发永经理邓喜昌为组长，协顺利经理王洪升为副组长，并到日本学习新技术（日本人已成立种蚕场、兴农合作社、柞茧株式会社等），使蚕业复兴发展，质量也逐步提高。此时期，西丰丝房逐渐增多，计有和发永安纩240只；德丰丝厂经理温希浩，亦安纩40只；掖县东和玉，安纩160只；双盛丝厂，经理蔺殿安安纩120只；文记丝厂，经理魏祝三，安纩70只；还有同丰德，经理陈延礼，阜顺兴经理齐恩宽，同原昌经理赵元珠，复合永经理陈恩泽，以上5家各安纩50只。估计这时期西丰城共安纩1000只以上，生产发展好于民国15年（1926）。

抗战后期，日本劳动力不足，在东北到处按户抓劳工，有的夫妻双双被抓作劳工。民国33年（1944），刘学太也被抓，幸遇一赌者协助逃回。

民国时期，昌邑县去东北者都是徒手单身，丝业发展即放蚕纩丝，丝业衰落即转到农矿林业。辽宁各县几乎无处不有昌邑老乡或山东老乡。民国35年（1946），解放军开始入东北，年轻人多从军，后南下。刘学太参加革命，解放沈阳后在沈阳总工会、沈阳合作社等工作数年，至1950年随伴父亲回家，又在柳疃组织丝绸社，终以其父年迈需人服侍，于1953年退而为农。

第二节　西丰办厂

辽宁西丰县设于光绪二十八年（1902），全县丘陵山地都有柞林，丝行在1926—1927年发展到高峰，年产丝约37500件，每件丝60公斤，能卖到800两银子。据西丰县丝栈统计，当时该县有纩房65家，工人3000余名，多为昌邑人。仅西丰县城内昌邑人开办的纩车在50支以上的纩房就有11家。其中德丰丝房有纩车240支，掌柜温希浩，龙池镇白塔村人；复合永有纩车100支，掌柜魏浩芝，龙池镇岱邱村人；吉兴茂，掌柜魏兴林，龙池镇岱邱村人；利增福，掌柜刘思英，龙池镇岱邱村人；同庆昌，掌柜迟振久，龙池镇岱邱村人；同庆泰，掌柜魏甲文，龙池镇龙北村人。

凉泉镇是西丰县四大镇（凉泉、平岗、兴隆、桦木）中丝房子最多的，而凉泉镇的丝房子又大部分为昌邑人控制，主要有利增福（经理岱邱刘思英）、聚成泰（经理岱邱迟洪升）、聚隆福（经理瓦城傅万述）、同庆昌（经理岱邱迟振孔）、同丰泰（经理岱邱迟志春）、同庆泰（经理龙北魏甲元）、隆泰成（经理龙北魏述彩）、万庆利（经理岱邱迟焕清）、太兴丝厂（经理马渠魏浩芝）等。故该镇有“小昌邑”之称。另外，在平岗镇、坊木镇、兴隆镇、振兴村、干沟子、神树、野鸡背、大庆阴、高家店、牛河等镇村，还有昌邑人开办的大小丝房28处。

清末民初昌邑人在西丰县开办丝房基本情况一览表

表 5-2

地点	丝房名号	规模	经理	籍贯
西丰县城	鸿盛增	纩车 60 支	魏作明	龙池乡龙北
	协顺利	纩车 70 支	赵乐荣	龙池乡瓦城
	德丰丝房	纩车 240 支	温希浩	龙池乡白塔
	复合永	纩车 100 支	陈贵泽	龙池乡白塔
	义成永	纩车 70 支	陈绍宗	龙池乡白塔
	文记丝房	纩车 70 支	魏文修	龙池乡龙北
	同源昌	纩车 50 支	赵文珠	龙池乡瓦城
	复盛永	纩车 45 支	齐恩宽	龙池乡齐西
	合记丝房	纩车 60 支	温考先	龙池乡白塔
	同丰德	纩车 60 支	陈延礼	龙池乡白塔
	复盛利	纩车 50 支	郝尊惠	龙池乡岱邱
凉泉镇	泰兴丝房	纩车 60 支	魏浩芝	龙池乡马渠
	致中和	纩车 30 支	刘思英	龙池乡岱邱
	吉兴茂	纩车 60 支	魏星林	龙池乡岱邱
	万庆泰	纩车 40 支	魏利泽	龙池乡龙北
	公成久	纩车 40 支	迟志春	龙池乡岱邱
	泰记	纩车 40 支	魏含忠	龙池乡龙北
	万庆利	纩车 40 支	迟焕清	龙池乡岱邱
	泰兴	纩车 40 支	魏浩芝	龙池乡马渠
	利增福	纩车 70 支	刘思英	龙池乡岱邱
	聚成泰	纩车 70 支	迟洪升	龙池乡岱邱
	同庆昌	纩车 60 支	迟振久	龙池乡岱邱
	同丰泰	纩车 60 支	迟志春	龙池乡岱邱
	同庆泰	纩车 60 支	魏甲文	龙池乡龙北
	隆泰成	纩车 50 支	魏述彩	龙池乡龙北
房木镇	□□	纩车 40 支	迟圣清	龙池乡岱邱

续表

地点	丝房名号	规模	经理	籍贯
房木镇	□□	纩车 40 支	迟兆坤	龙池乡岱邱
	□□	纩车 50 支	魏清鉴	龙池乡龙北
	□□	纩车 50 支	陈贵隆	龙池乡白塔
	□□	纩车 30 支	温正吉	龙池乡白塔
平岗镇	复盛祥	纩车 60 支	迟伍箴	龙池乡岱邱
	复盛利	纩车 40 支	郝　瑞	龙池乡岱邱
兴隆镇	聚成泰	纩车 50 支	傅光海	柳疃街
	和记丝房	—	魏得晋	龙池乡马渠
	同顺祥	—	赵继君	龙池乡瓦东
	□□	—	李广善	龙池乡郭疃
	仁太和	—	赵庆仁	龙池乡瓦西
	同义太	—	赵庆美	龙池乡瓦西
振兴村	同顺源	—	刘介宗	龙池乡龙北
	新盛和	—	傅惠寰	龙池乡瓦北
	金成涌	—	齐恩光	龙池乡齐西
	同盛源	—	刘方善	龙池乡龙北
干沟子	和记丝房	—	陈延九	龙池乡东白塔
神树	和泰盛	—	陈洪盛	龙池乡东白塔
	同和盛	—	刘方令	龙池街
	宝兴永	—	刘明扬	龙池街
野鸡背	普厚	—	王子元	柳疃辛安庄
大庆阴	庆玉长	—	徐惠茂	龙池乡瓦东
	福庆太	—	邓凤彩	龙池姚徐邓
高家店	和发永	—	邓立昌	龙池姚徐邓
	福庆利	—	魏传家	龙池乡马渠
牛河	庆玉德	—	徐宣茂	龙池乡瓦东

第三节　宽甸办厂

宽甸县，位于辽宁东部山区鸭绿江畔，气候宜人，柞林茂密，被称为“辽宁柞乡”。光绪三十四年（1908），全县蚕区19处，有纩房20家，纩车403支。当时，就有龙池镇齐西村齐凤吉、齐树通等人在大川头、老道排一带从事纩丝业。到民国5年（1916），又有一批昌邑人到该县，全县纩房发展到54家，其中规模较大的范家丝房、福兴德、宋家丝房等均为昌邑人开办。清初，为保护“龙兴重地”，朝廷将这里划为禁区。嘉庆年间，山东灾害严重，有人便偷越边禁，垦植、挖参、狩猎、放蚕。同治元年（1862），朝廷放宽边禁，山东人大量涌入，特别是有着柞丝织绸历史传统的昌邑技术工人的涌入，使宽甸县柞蚕丝绸业得到迅速发展。到光绪三十四年（1908），全县已有蚕区19处，放蚕人数达4959人，产量也逐年增加。昌邑县齐家庄齐凤吉、齐树通等人首先到宽甸大川头、老道排一带从事丝织业。民国5年（1916），蚕业又有较大发展，产茧量比光绪三十四年增加57%，此时这里有缫丝作坊20家，缫丝机403台。民国14年（1925），全县有缫丝作坊54家，其中在石柱子昌邑人开办的作坊有“范家丝房”“福兴德丝房”“宋家作坊”等。

民国17年（1928）以后，昌邑及胶东一带人民因自然灾害等原因，大量进入宽甸，靠纩丝织绸维持生活，其中昌邑人大约千人。当时全县丝织业商号不下七八十家，主要集中在长甸、永甸、红石柱子、虎山、毛甸子、大川头等沿江村堡。毛甸子一个村就有8家，如“协兴和”的掌柜就是瓦城人赵殿庆，有200余工人，织绸机150余台；“裕兴东”掌柜是昌邑人陶松林；“东祥号”掌柜是龙池乡岱邱村郝新泰；“新成”掌柜是柳疃刘家车道人刘介朗；“康林茂”掌柜是龙池乡姚瓦街人李文炳；“利聚昌”（兼营杂货铺），掌柜是龙池南白塔的温立彦和温立渊；“大顺号”掌柜是柳疃刘家车道刘介祥。这些丝绸厂，大都有织机上百台，人数在七八十之多。由于昌邑人较多，不少地方的昌邑人喜欢老乡们集聚在一个土堡里缫丝或织绸，逐渐形成昌邑人居住的村庄，如永甸镇的“机匠泊”和振江乡的“昌邑泊”等村。民国28年（1939）昌邑遭遇海潮，大批农民流入宽甸，如范士海、刘克礼、魏兰普、范丙成、陈廷玉、李希彬、史维新先后到毛甸子一带织绸，相继又有范春道、范春澜、范雄君、齐正希、刘明达、赵立房等人历尽艰辛到永甸、长甸、太平哨、牛毛坞、杨木川等地织绸，从此从事丝绸业的昌邑人遍布全县各地。

清末民初昌邑人在宽甸县开办丝房基本情况一览表

表 5-3

地点	丝房名号	经理	籍贯
县城	新发东	郝新太	都昌镇郝家城后
	东记丝房	陈贵章	龙池乡马渠
	同顺和	刘同顺	龙池乡岱邱
	义成信	齐正盈	龙池乡二甲
	公兴永	齐述功	龙池乡二甲
	增顺和	张朋云	龙池乡岱邱
	增顺永	陈廷林	龙池乡北白塔
毛甸子	利昌	温立参	龙池乡西白塔
	东祥号	傅春启	龙池乡王家庄子
	新成丝房	刘介朗	龙池街
永甸	永记丝房	齐丕进	龙池龙东
	松林丝房	陶松林	李家埠乡陶埠村
长甸	□记丝房	齐丕禄	龙池乡龙东
	公和利	温立瑷	龙池乡西白塔
泡子沿	同盛永	赵正礼	龙池乡瓦西
三道沟	协兴合	赵佃庆	龙池乡瓦东
板面岔	同盛源	赵继和	龙池乡瓦东
太平峭	同祥成	魏嘉义	龙池乡龙北
	□大公	姜宗曰	龙池乡马渠
小荒沟	同源茂	齐庆山	龙池乡龙街
董家岭子	益泰昌	齐怀赞	龙池乡二甲
大荒沟	天兴福	刘述贞	龙池乡龙街

第四节 丹东办厂

辽宁丹东市的丝绸代销店多是昌邑人经理，丝房子都是小手工业，产品无力运销上海、国外或运至老家柳疃（数量不多），都由安东丝栈代销。安东丝栈有聚祥泰（经理岱邱张明照）、复兴祥（经理邓凤彩）、同盛合（经理龙北魏述彬）、同顺栈（经理魏北刘方普）、义泰祥（经理柳疃韩效思），其中以聚祥泰最兴盛，只有双合成经理是外县人。

丹东（原称安东），是辽宁柞茧集中的产地之一。清朝末年，昌邑人便陆续到此开办纩坊，到民国初年，已建成几家有一定规模的丝绸生产厂，在昌邑人聚居的蔡家沟还出现为数众多的家庭织机户。义泰祥迁到时，丹东市的纩丝、丝绸生产已有相当的规模，较大的厂有：夏店乡三教堂人胡继堂在九道沟开办的东记号丝绸厂和义丰丝绸厂；龙池街人刘清品在八道沟开设的同顺栈代理丝店；柳疃镇太平集高庆堂在东坎子开设的聚祥泰代理丝店；龙池人在江崖开设的阜丰栈代理丝店等。民国13年（1924）春，韩效思亲赴东北购丝，在辽宁省的丹东市（时称安东），碰到柳疃镇陈家庄人韩云飞，谈话中，韩云飞说赵乐友（龙池镇瓦城人）在丹东八道沟开设的复兴店坊要停业处理，纩坊面积很大，能用电，建议将其买下，把丝绸厂迁来丹东。韩效思听后心中有意，回到柳疃即与义泰祥骨干人员韩思明（柳疃街）、孙立凤（青乡乡申明亭）、徐长聚（柳疃镇徐家庄）3人计议，均表示同意。商定后，随即与罗坤祥联系，罗回信赞同支持，并将本金增至100万两银子。韩效思见信后，一面安排处理柳疃的厂房木机，一面于民国13年（1924）秋与韩思明、孙立凤、徐长聚等人赶到丹东。经韩云飞出面联系，用3000两银子买下复兴店坊。韩效思亲自筹办，孙立凤联系业务，韩思明、徐长聚负责建厂，先后购进铁机、木架铁机100余台，纩车250支，并从昌邑、蓬莱、掖县、平度等地陆续招收工人500余名（大部分是昌邑北乡人）。到民国14年（1925）年底，历时一年零三个月，各项准备工作基本就绪，义泰祥丝绸厂于民国15年（1926）1月5日开工生产。

义泰祥，是继合聚正之后丹东最大的丝绸厂。厂址在丹东市八道沟街，工厂面积100亩，厂房200余间，木架铁机70余台，日本进口铁机30台，纩车250支，并兼漂炼。全厂有工人1000余人，其中女工200余人。设织绸车间，车间掌柜刘京州（奎聚街道张家辛庄）；附属车间掌柜刘汉章（东冢乡王家庄）；纩房掌柜韩成志（柳疃镇东陈村）。另有柜房、茧屋子、炸茧房、

1935年，安东义泰祥电机部同仁合影

炼房、绸屋子、锅炉房、大小伙房和勤杂人员等。此外还在上海设业务联络站，常驻业务员6人，在沈阳、哈尔滨各设丝绸批发站1处。民国25年（1936）后，该厂还在丹东各地附设专营小厂：在东坎子设宝泉号烧锅1处，在聚宝街办宏道书局1处，在东坎子设义泰祥木匠铺，在八道沟设磨坊1处，还在辽宁省宽甸县设纩房1处，纩车30余支，掌柜是龙池乡郭疃人。工厂在八道沟南大院建有工人宿舍200余间；水沟南山有菜地20余亩，房子30余间；并在南山办女子学校1所，不收费，实行义务教育，教师工资及办公费用均由工厂支付。

义泰祥是丹东市三家（合聚正、正源号）生产设备较先进的丝绸厂之一。当时昌邑柳疃和山东各地大部分机房还是手扔梭木机，而该厂从织机到各种附属设备全是机械操作，厂里有1台德国产的伸幅机，织出的绸子经过这里整边、喷雾、熨烫、烘干、平整等几道工序流水作业，一次成功。工厂有十几台电动机，生产及生活用电由丹东市日本发电厂供应。厂内锅炉房为生产供水、供暖，各车间都装有暖气。

厂里生产的主要品种有：二尺宽五十码长绸、二尺宽四十码绸、一尺宽三十码绸、二尺宽四十码大绸、小府绸和提花绸。提花绸是桑蚕绸，是从山东莱芜和日本等地购进的桑蚕丝。本厂设在宽甸县的分坊和厂内纩坊所缫之丝，仅能供2～3个月生产，柞丝的主要来源是辽宁省的海城、盖平、宽甸、凤凰城（凤城）等县。

民国21年（1932），“义泰祥”购进提花机15台，专织提花丝绸被面。该被面用料为桑蚕丝，因东北当地桑蚕丝质量不好，仍从山东莱芜县和日本购进。该提花被面销路一直很好，后因原料缺乏而停机。

到民国24年（1935），工厂资金雄厚，韩效思为防止资本流失，在丹东市西南的蒋家屯购买土地50亩，义泰祥也在卧龙房购买土地100余亩，买后都租给当地人耕种，并与各地租户订有合同。但因各种原因他们都从未收过地租，土改时都分给当地农民。

民国25年（1936），日本加紧全面侵华准备，把伪满洲国作为其后方基地，一方面对东北的经济大肆掠夺，一方面为大开矿藏和广修工事在东北各地大批征抓劳工，农村劳动力减少，各地柞丝生产受到很大影响，山岭荒芜，蚕茧产量下降，柞丝来源逐渐缩小。为保证柞丝供应，义泰祥除加紧本厂纩坊生产外，还想方设法加派人员去东北各地购丝，东北丝价格昂贵（每箱合大洋250～300元），基本能保证供应，生产经营时好时坏，利润大不如从前。

“七七事变”以后，日本帝国主义在东北加紧对各工厂的经济盘剥，各种名目的抽税、摊派、公债、出工之类接二连三，好多小厂生产难以维持，纷纷停产倒闭，义泰祥处境艰难。一方面要高价购丝以维持生产，一方面又要应付日本人的各种经济勒索，生产变得更不稳定。

民国27年（1938），东义泰祥掌柜姜言令在烟台去世（姜言令因嫌在昌邑生产利润低而将工厂搬到烟台市）。该厂搬迁烟台后几易其名，到民国27年（1938）改成久大丝厂，时拥有木机60台，铁机20台，提花机6台。姜言令去世后，工厂管理混乱，生产难以维持，罗坤祥乃将工厂转交韩效思。他接管后，久大丝厂改名为久大祥丝绸厂，自己亲住烟台近一年，生产正常后回到丹东，派孙立凤去烟台管理久大祥丝绸厂。该厂维持到民国29年（1940），因原料缺乏停产。停产后，韩效思将工人遣散，机器封存，派牟平人赵洪慈看管。

民国27年（1938）下半年，丹东各丝绸厂的生产形势每况愈下，各小绸厂相继倒闭，剩下的只有合聚正、正源号、东记号和义泰祥4家。时日本侵略者又成立各种专业组合，对各工厂进行政治监督和经济控制，并频繁召开各种会议进行抽税摊派，挑拨各厂之间关系，各工厂为维护本身利益，相互之间经常明争暗斗。合聚正等3家绸厂生产情况相似，又有一些其他的原因，因而常采取“联合行动”，使义泰祥吃亏。他们3家都是老厂，在义泰祥初建时，没把义泰祥放在眼里。昌北人民生活苦，说话土气更被瞧不起，他们叫昌邑工人是“挠个”，叫义泰祥是“挠个厂”，还在他们厂门口前挂有“谢绝参观”的牌子，大有看热闹之势。可是义泰祥投产仅一年就声名大震，他们不得不刮目相看。在以后的生产竞争中，都不是义泰祥的对手，因而更加嫉妒排挤，使义泰祥在4家绸厂“组合”中，摊排、公债、抽税等独占大头。到民国28年（1939）合聚正的生产已不能维持，被迫停业。是年，正源号相继关闭。东记号勉强维持到民国29年（1940），迫不得已关门。

东记号丝绸厂倒闭后，经联系，把厂房和机器设备全部赁给义泰祥。义泰祥从厂内抽调一批技术人员，又从社会上招收部分工人，随即投入生产。这就是人们常说的丹东市东义泰祥，也叫东厂。东厂的生产及经营管理全由义泰祥统一安排，实际上是一个纯生产性的单位。

民国28年（1939）后，日本帝国主义对东北的经济掠夺达到疯狂程度，为全面控制东北的柞茧生产，自下而上成立一系列管理柞茧生产的组织机构：在长春成立“柞茧株式会社”，丹东成立“柞茧株式会社支社”，县设“出张所”，村设“大茧收买所”，对蚕茧生产进行层层监督。他们将农民收获的蚕茧收购后，由“收买所”全部运到日本人控制的缫丝厂，然后将柞丝由安东装船经烟台运往日本。这时各地丝绸厂被加上日本名字，义泰祥被改成“义泰祥株式会社”。伪满当局还下令，东北各地的蚕茧生产和各丝绸厂用丝一律由“柞茧株式会社”统一安排，不经批准，农民不得放蚕缫丝，各丝织厂不得任意购丝，违者轻则倾家，重则坐牢。民国28年（1939），该厂尚能勉强维持生产。民国29年（1940），柞丝时有时无，生产干干停停，机器不能正常运转。

民国30年（1941）后，义泰祥的生产形势急转直下，“柞丝株式会社”每年仅供应三四个月的柞丝，除此之外别无原料，厂内250支纩车因买不到蚕茧，于民国30年（1941）停产，200余名工人被全部辞退，与此同时宽甸县的纩坊也因无丝可纩而关闭。

民国30年（1941）七月二十五日，伪满当局又颁布“七二五”物价停止令，即所谓“七二五”价格，按照这个法令规定，一切工商业生产与销售，必须按此规定进行配给、采购、出售，通过统购进行管理，其中规定布匹丝绸类实行公定价格，不准擅自出售。“七二五”价格实施后，工业原料堵塞，商业失掉货源，物价飞涨，市面顿时萧条。此时义泰祥的原料和产品销售已被完全控制，处境愈加困难。

民国30年（1941）十二月，太平洋战争爆发，日本帝国主义为战争需要，经济掠夺变本加厉，柞丝供应链4个月的生产也不给保证，加之海上封锁，交通断绝，销路也完全受阻。该厂为维持生计，又辞退一批工人，停机50余台，并将其余织机改产更生布。当时东北各地日用品短缺，人民生活饥寒交迫，而布匹一类尤为紧张，该厂即从东北各地大量收购烂经线然后织成更生布。更生布比好布便宜得多，因此成为当地人民的抢手货，不愁销路。尽管如此，生产仍不能保证，又加大烧锅、书局、木匠铺的经营，才勉强维持生存。

民国32年（1943），韩效思65岁，眼见社会混乱，工厂濒临倒闭，自己无力应付，与少东家罗德华、罗建华（罗坤祥之子，时罗坤祥已去世）商议后辞去掌柜，在八道沟南山居住。韩效思从19岁学习丝绸生意，到65岁退职，经营丝绸近50年。他一生酷爱丝绸事业，善于经营，治厂有方。他认识到丝绸生产对昌北人民生活的重要性，在家乡到处宣传种桑养蚕，每年回家还常派人张贴宣传标语，遇有集会演戏他必上台演讲，号召昌北人民种桑养蚕发展丝绸事业。在丹东，他的名字很响，但他生活简朴，出门办事从不坐车，都是手提袍子步行，成为很多人的话题。他一生办过1所私人学校，2所义务学校。民国19年（1930），在柳疃街办育正小学，聘请教师10余名，民国26年（1937），因日军侵占昌邑而停学。民国21年（1932）至民国26年（1937），在柳疃办道德女子义务学校，均实行免费义务教育。出资从东北购进大批红松木，在柳疃雇人做成棺材，以赈济没钱殡葬的穷苦人。在丝绸经营中，他以质量求生存，从不投机取巧，在昌邑及丹东的丝绸业同行中享有很高的声誉。

东北是中国柞丝的主要产地，昌邑在东北各柞丝产地都有不少从事柞蚕丝绸产业的人。仅龙池齐增修家的广盛号在长春就有70余家分号。陈干在东北时曾主持修建在长春的山东会馆，由于昌邑在东北经营丝绸的业主多，所以常有昌邑人在山东商务会馆里任职，如柳疃北史家庄的史敬斋就曾在长春山东会馆任过商务会长。而在东北办厂的最有名气的是韩效思开办的“义泰祥”。

清末民初昌邑人在丹东开办丝房基本情况一览表

表 5-4

丝房名号	经理	籍贯
义泰祥	韩效思	柳疃街
同顺栈	谢怀桂	东冢乡二甲
□□栈	刘方可	龙池乡龙北
仁昌丝纺	齐善记	龙池乡齐西
恒兴增	刘子义	东冢乡小马疃
远东丝房	李润芬	夏店乡李家抚宁
久丰丝房	李润芬	夏店乡李家抚宁
宝兴隆	刘朋启	龙池乡龙街
聚祥泰	张明照	龙池乡岱邱
复兴祥	邓凤彩	龙池乡岱邱
同盛合	魏述彬	龙池乡岱邱

清末民初昌邑人在辽宁省其他地方开办丝房基本情况一览表

表 5-5

地点		丝房名号	经理	籍贯
凤城县	凤城县城	义成信	韩秉衡	柳疃街
		同顺昌	王丹桂	柳疃辛安庄
	鸡冠山	新城丝房	陈思林	龙池乡北白塔
	老边沟	同顺盛	王香亭	柳疃辛安庄
	石头城子	富顺成	齐建贵	龙池乡瓦东
		金盛隆	王修桂	柳疃辛安庄
		锦泰盛	王绣桂	柳疃阎家车道
		同兴利	温希豪	龙池乡西白塔
		公和泰	齐朋阳	龙池乡龙街
		乾益祯	齐传瑛	龙池乡齐西
	草和口	广盛永	赵增俊	龙池乡瓦西

续表

地点		丝房名号	经理	籍贯
凤城县	瑷阳	同泰盛	齐怀芳	龙池乡二甲
		同泰成	齐述儒	龙池乡二甲
		天太丝厂	温朝苏	龙池乡西白塔
	太堡	顺记丝厂	谢怀顺	东冢乡二甲
	通远堡	仁和泰	赵庆仁	龙池乡瓦西
	桥头	义盛公	李廷柱	龙池乡郭疃
铁岭市		复兴丝厂	邢润生	东冢街
辽阳市	上马屯	振隆丝厂	赵竹轩	龙池乡瓦东
	岫若县	振太丝厂	齐礼廷	龙池乡齐西
	桓仁县	东记丝厂	齐庆东	龙池乡龙街
		义兴祥	齐建兴	龙池乡龙东
	二户来	利盛源	齐思信	龙池乡龙街

清末民初昌邑人在吉林省开办丝房基本情况一览表

表 5-6

地点	丝房名号	经理	籍贯
辽源市	丰盛和	魏作臻	龙池乡龙北
	仁德和	赵殿芬	龙池乡瓦东
	协兴丝厂	赵建普	龙池乡瓦东
	正义号	陈绍慈	龙池乡东白塔
	利顺盛	陈延锡	龙池乡郭疃
	利顺西	李照荣	龙池多郭疃
	同顺兴	李汉阁	龙池乡郭疃
	和盛公	孙瑞云	龙池乡孙家庄
	利顺长	陈洪箴	龙池乡郭疃
	同兴永	齐传信	龙池乡龙东
	万顺丝厂	齐兴水	龙池乡龙东
	隆兴成	魏嘉隆	龙池乡龙北
	天盛祥	齐建福	龙池乡齐西
	复顺丝厂	盛立柱	龙池乡龙街
	□□	王广盛	龙池乡龙东

续表

地点		丝房名号	经理	籍贯
辽源市夹信子		同兴永	齐明选	龙池乡齐西
		天增东	姚洪范	龙池乡姚徐邓
辽源市渭津站		丰顺丝厂	李城志	龙池乡郭疃
辑安县	榆树林子	同盛隆	陈百善	龙池乡北白塔
柳河县	山城子	永江丝厂	王文升	李家埠乡逄翟
东风县	小四平街	新盛东	王善亭	柳疃辛安庄
	鹿圈	同和利	郝　逊	龙池乡岱邱

说明：表格内容摘录于《昌邑（柳疃）丝绸史》

第六编　丝绸贸易

SiChou MaoYi

昌邑絲綢卷

丝绸是中华民族对世界文明的一大贡献。中国自有对外贸易以后，丝绸便是对外贸易中最重要的商品之一。昌邑丝绸生产历史悠久，清嘉庆年间，《山蚕辑略》载:“山茧之用，虽自汉至明，谓之祥瑞，终未能畅行。降至清初，文明日启，齐东一带，乡人间有以此制线者。自此以后，渐多效尤。我栖自嘉庆初年，以纺车纺线而盛行焉。至嘉庆十七年，岁大凶，乡人或纺线，或织绸，以有易无，而赖以生活者益众。其线名曰山线，织出之绸有二种：其次者曰小绸，亦曰黑绸；高者曰大绸，亦曰白绸。小绸至张家口、西口，兑换羊皮、口蘑等，否则或贩卖于乌兰察布盟。大绸销行南地并北京。”此后，昌邑丝绸通过丝绸之路，行销西域各国。那时，罗马、希腊人把中国称为“丝国”，把丝绸视为珍品。当时罗马的丝价是一两黄金一束丝，足见蚕丝之珍贵。宋元时代，海上交通已比较兴盛，中国丝绸逐渐改为海道出口。明代中叶以后，海上贸易更为发展，外销丝绸也不断增加。历史上丝绸对外贸易主要通过3种形式进行：朝贡式的贸易，外国使者带来贡品，中国统治者回赠丝绸及特产，不但促进中外经济文化交流，也显示出中国经济文化的发达和强盛，实际上是一种变相贸易；国家有组织地通过内外商进行贸易活动；由私商进行贸易活动。

道光二十年（1840），鸦片战争爆发，帝国主义入侵冲破清王朝闭关自守经济。驰名中外的柳疃丝绸被视为珍品，争相抢购，畅销世界各地，销量日渐增多且价格昂贵。此时，昌邑丝织业逐渐兴盛，丝绸贸易也得到相应的发展。清末时期，昌邑丝绸产品除内销外，还有部分远销俄罗斯及南洋一带。

第一章 国内贸易

第一节 概况

清末民初，昌邑柳疃柞丝绸进入兴盛期，丝绸贸易也随之发达。清道光二十五年（1845），昌邑县瓦城赵连运到柳疃开设“福盛店”茧庄，之后“柳疃及其周围丝绸商号发展到400余家，柳疃街有100余家。柳疃街每隔5天1个集日，每到集日，四方织户手提肩背、人挑驴驮，成群结队云集柳疃，自朝至夕，熙熙攘攘，络绎不绝，繁荣非常，每个集日丝绸成交数千匹。各地商人买上绸子，有的赶旱路，赴岞山、潍县运往北京、上海、洛阳，有的运往下营港，通过水路用船运往安东、香港，再转外销”。清代王元綎所著《野蚕录》一书中，曾对这一时期的丝绸盛况作如下叙述：“今之茧绸，以莱为盛，莱之昌邑柳疃集，为丝业荟萃之区。机户如林，商贾骈坒，茧绸之名，溢于四远，除各直省外，至于新疆、西藏、内蒙古，裨贩络绎不绝于道，镳车之来，十数里衔尾相接。”可见柳疃一带柞丝绸贸易繁盛情况。自1929年，丝价惨跌，丝绸产量减少，贸易量也随之下降。特别是“七七事变”后，丝绸贸易几乎停止。

昌邑丝绸业的发展，使昌邑经营者从作坊式小生产中解放出来，形成规模生产和走出昌邑闯东山、闯东北、上北洋、下南洋的“开放意识”。全国各大城市、世界各地都是柳疃丝绸的市场，昌邑北部几百个村庄不论大小，多数在北京、上海、哈尔滨、青岛等城市有丝绸商号。

昌邑柳疃丝绸经营者有着很强的“合作意识”，几家股东要合作，几个掌柜要合作，“东家”和“西家”更要合作，这样才能保证企业的生机和活力。另外，作坊各工序也必须合作，以保证丝绸产品整体质量。

柳疃丝绸经营者富有开拓精神。商品经济是遵循价值规律，在市场竞争中不断发展。这种开拓，既要创新产品，又要开通新销路，拓展更加广阔的市场。只有不断开拓，才有生存和发展的出路。昌邑绸商将“小绸至张家口、西口，兑换羊皮、口蘑等，或贩卖于乌兰察布盟。大绸销于南地并北京”。昌邑的丝绸业户大部分聚集在柳疃、龙池一带，形成柳疃集日（三、八日）上市销售3600余匹。更有众多昌邑人背包袱到外地走街串巷沿街叫卖，称为“行商”。

中华人民共和国成立后，茧、丝绸收购由供销合作社统一管理。自1966年开始，蚕茧收烘业务归土产采购供应站经营，丝绸内销业务归纺织品站经营。潍坊的纺织品站在昌邑柳疃派常驻人员，负责安排生产计划、质量监督，生产企业按计划将产品交于纺织品站。纺织品站通过调拨批发方式，向全国二、三级站销售，同时为调节市场，满足当地人民生活需要，适时购进一些适销对路的外地丝绸产品。

1981年8月，随着经济体制改革和开放搞活，市场竞争日烈，促进销售方式向多样化转变。销售对象主要是省内外批发企业和各零售商店。1985年，逐步扩大服务对象，发展到生产企业和个体工商户批发业务。

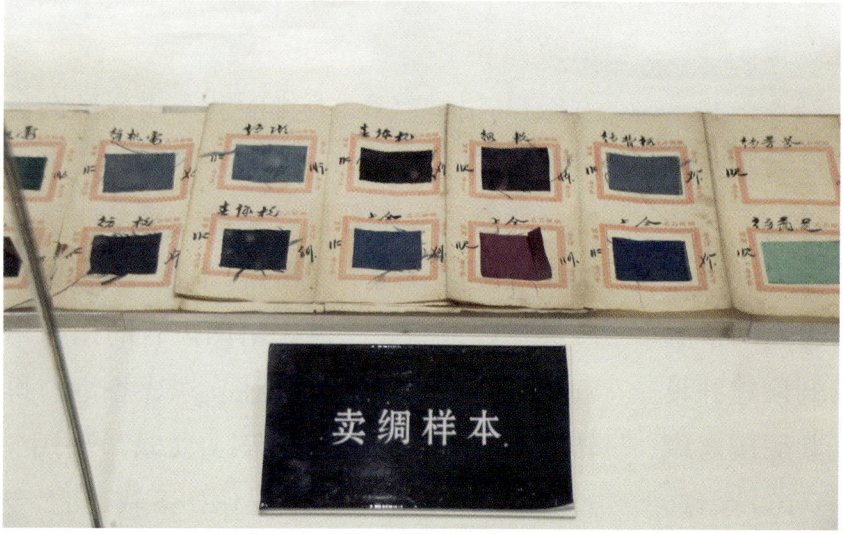

卖绸样本

随着人民生活水平提高和审美观变化，丝绸产品需求量越来越大，要求丝织品向高档次和多品种方向发展。20世纪50、60年代穿丝绸的人不多，起初以柞丝绸为多，后来柞丝绸在市场上渐被淘汰，代之以桑丝绸、化纤绸、人丝绸及其交织绸。20世纪70年代，化纤品异军突起，风行一时。进入20世纪80年代，人们的衣着要求发生新变化，真丝产品，如双绉、乔其纱等，出现供不应求局面。人丝绸及其人丝交织提花产品，如缎背绉、美丽绸、花软缎、天香绢及被面等数年内一直畅销不衰。1990—1995年，丝织厂不生产柞丝绸，生产桑蚕丝。产品主要销往甘肃、青海、内蒙古、四川、新疆、辽宁、吉林、黑龙江及西藏等少数民族地区和北京、上海、西安等城市。2006年，国家为扶持西部经济建设，启动“东桑西移”工程，种桑养蚕重心西移。昌邑种桑养蚕规模有所缩小，丝织厂的成本加大，但昌邑丝绸也仍保持着强劲的发展态势。

第二节 集市交易与座庄

《昌邑县志》载：清道光二十四年(1844)，境内柳疃丝绸兴盛，外地商人争相经营。柳疃有商号100余家。由于丝绸业的发展，昌邑成为中外闻名的丝绸之乡。光绪三十年(1904)，胶济铁路全线通车后，内陆与沿海诸港口联通，使胶鲁接壤腹地的柳疃成为丝绸交易的繁荣商埠，柳疃南北大街两侧，店铺鳞次栉比，绸庄、货栈、炼坊、染坊等一字排开，一家挨着一家。钱庄、金银首饰店、当铺、中药铺应有尽有，车马行、镖局匾额硕大醒目，街巷住户开展各项服务，通宵达旦，张灯结彩，小贩走街串巷的叫卖声，酒馆饭店的猜拳行令声，茶馆说书唱曲的卖艺声，融汇街市，回荡不息。逢农历每月三、八日是柳疃大集，邻村织户和外地商人天不亮就出动，云集柳疃，大做丝绸交易。东至胶东各县，西到鲁中南山区，都有织户前来赶集，车拉驴驮，肩担手拎，把手工织成的丝绸送到绸布庄。柳疃集上，满大街都是抢眼的绸子，店里摆的是绸子，往外运的是绸子，自朝至夕，络绎不绝。北京、上海、青岛、烟台、西安、兰州、乌鲁木齐、伊宁等外地客商，有的买足货即走，有的常驻采购发运。上海、青岛、烟台的客商多是购50码大绸出口。其他多供应少数民族，每集日交易3000余匹。

昌邑在北京座庄的商号，从经营性质上分，有批发、批发兼零售和零售三

泰和号故宅

种。“泰和”“阜盛茂”“正泰”“同圣昌”等专做批发，“天有信”“同春和”“天圣长”等批发兼零售，其余多数零售。茧绸和寨子布，多运往西北地区，包括内蒙古、甘肃、青海、新疆等地。“泰和”在张家口专设批发分号，货直接运去，西北地区的绸布贩子拉着骆驼，到张家口，近一程提货，所以“泰和”近水楼台先得月。越过张家口进京的骆驼，多数径奔批发庄。零售主要是坐等顾客上门，有时候大户人家一次购货较多，店员送货上门。

市内商号到批发庄提货，一般雇用“洋车”或者人力洋车。“洋车”本是拉人的，有棚子，有前帘，类似农村旧社会那种轿车，一匹马或一头骡子拉着，装上布，拉下前帘，街上人不知车里是人还是货。那时北京还没有其他更方便的运输工具。当时，柳疃丝绸商号用的镖车也是这种轿车。

20 世纪 30 年代昌邑丝绸商号及机具数量一览表

表 6-1　　　　单位：台

地点	商号名称	机具数量
柳疃街	付盛公	100
	福泰和	70
	聚呈成	100
	福顺台	30
	益顺和	40
	复兴号	100
瓦城	同聚恒	50
	同祥泰	50
	瑞祥泰	100
	瑞盛祥	100
	同盛德	80
	复兴和	100
	协成德	60
	瑞源盛	100
	同聚泰	30
	通顺利	80
夏店街	增祥和	30
	利泰和	40
	同祥公	50
	和聚昌	40

续表

地点	商号名称	机具数量
姜家寨	巧源阜	100
	树德堂	50
姜家泊	利顺和	100
	合盛广	100
	合盛长	100
	合盛隆	80
	合盛号	100
	合盛福	100
	合盛裕	80
新河镇	利源阜	100
	东盛泰	30
	泰兴祥	30
	离源祥	40
魏西	恒聚泰	20
	恒祥茂	40
	同盛祥	50
	同源盛	60
昌邑城里	益泰昌	80
	利和祥	40
	六合水	50
	大兴盛	40
城后	永顺祥	50
	兴顺成	50
李家抚宁	利源祥	150
	天聚祥	50
	广生利	40
孙家河滩	裕丰成	50
	广兴成	90
	鸿盛福	50
	同聚泰	40
	万兴福	90

续表

地点	商号名称	机具数量
石湾店	同昌祥	80
	新顺永	40
辛安庄	三合昌	60
	三合水	50
高戈庄	永增德	20
	益顺裕	40
火道村	聚兴福	40
	同成福	30
刘家车道	恒兴利	80
张戈庄	同合成	80
	和聚福	100
逄家庄	云生祥	80
马疃	惠吉堂	50
	久成瑞	100

附1：在京昌邑绸布业（由高守信口述　徐言年整理）

1992年，高守信在北京70年了。中华人民共和国成立前，他曾对昌邑绸布业在北京的情况做过调查，包括清末以前的老号和现有的大小号，昌邑在京的全部绸布商号100余家，而北京全部绸布业商号300余家，昌邑约占三分之一；店员约有2000人，背包行商约有5000人，连随从人员在内，总数不下万人。

高家三代从业　曾祖父高作栋以前，世居南高，祖父辈上移居南西高。昌邑北乡土地洼涝、反碱，海潮过后，寸草不生，且经常遭遇洪水。南西高土地虽多，但是水潦多碱，歉收、无收年份并不稀罕，需要找寻生活出路，所以故乡人或者在家织绸，或者外出做生意。高家从高守信的大祖父开始，三代在京经营绸布业。

光绪十三年（1887）以前，大祖父高传会在“协盛隆”（东家高隆盛）30余年，为副理。约在高守信12岁（1917）时，国内局势持续紊乱，北京政局变幻如转轮，该年“协盛隆”歇业，大祖父已年迈，从此回家未出。

高守信的父亲高伦堂（字理亭）大排行排三，北京的同行或称高三爷。光绪末年，由大祖父介绍到“天有信”，东家是昌邑中阎家车道阎玉瑛、阎振元家。庚子年（1900）八国联军打进北京，北京店号人员四散匿藏，或逃亡回家。高理亭（为副理，正理侯恒田，通县人）坚持留号，回家比别人晚，保住财产。事变过后，东家委为正理。副理由东家阎振元兼任，有事与东家商量，东家就在身边，办事极为方便。

庚子之后，北京始有三轮车等不多的同业公会；那时银号不多，北京绸布业除“八大祥”势力较大，多数店号资本不大，资金常不凑手，需要互相接济，同行业需要有个行头周旋；再是经商要讲究信誉，要真正做到童叟无欺，同业中需要有人出面监督，保证价格，保证质量；要立新字号，必需盖章取保，政府才给予审批备案等。于是光绪二十九年（1903），高守信的父亲倡议，联合花儿市“协成生”（河北饶阳人）、东四十条路东“利源增”（经理于家山下于洪志）、西四“裕昌厚”（河北饶阳人）、布巷子“义信厚”（经理大窑姜福廷）等，成立北京市第一个布业同业公会，办公地址设在大蒋家胡同，高守信的父亲为副会长。

光绪三十二年（1906），北京市商会设于珠市口，首推“宝隆”号冯霈霖为总理，交通银行袁鉴和高理亭为协理，下设理事、文书、会计等办理日常事务，设商事公断处，调解和处理商事纠纷。光绪三十四年（1908），全市120余个同业公会加入该会。民国3年（1914），北洋政府改称该会为京师总商会，下设总、副会长和协理名议，高守信的父亲为副会长。1919年“五四运动”，北京学生上街游行，要求北洋政府拒绝在巴黎和会上签字，反对割让青岛给日本，呼呼抵制日货；北洋政府下令驱散游行队伍，逮捕游行的学生。总商会就逮捕学生一事召开紧急会议，决议用实力赞助：不卖日货；急救被捕学生；联合全国商会致电欧会，力争取消无理决定。遂又号召于5月20日各同业公会同时召开大会，自即日起，采取一切行动，停止贩运日货，不阅读日本人在京办的《顺天时报》，并在报刊上刊登广告，声明拒用日钞等。

民国17年（1928）北伐成功，国民党政府迁都南京，北京改称北平，一时市面萧条，不断有商户倒闭。此时北京商会改称北平特别市商会，会长冷家骥，高守信父亲仍为副会长；民国24年（1935），北京特别市商会改选，粮食公益局邹泉苏（招远人）任会长，父仍为副会长。“七七事变”以后，华北临时政府成立，又改称北平市商会，指派“中孚银行”经理孙锡三等16人接受商会；1946年，北京120个同业公会改选理事长和常务理事，高守信其父为副理事长。1953年逝于北京，葬京西香山。

高守信的父亲只念过四五年私塾，文化不高，但好钻研，办事认真，有韧性，讲究信誉，同行朋友之间信得过。“同顺公”于咸丰十一年（1861）之后资本加大，遂改号“天有信”，东家阎玉璞和他前边的一些经理，如阎修圣、彭澄清、阎重新、阎修信、阎相法、郭庚西等素有交游之风，据说阎玉璞与宫里边相熟，慈禧的太监李莲英时常将慈禧送给他的东西转赠给“天有信”，宫中翰林诸官与之往来的也不少，连其中阎老家的春联，都有翰林操笔。经商更需要广交朋友，而与上层社会接触，是寻找靠山，防备不测，上层觊觎商户的好处，也愿意与商户交往。在“天有信”这个底子上，高守信的父亲发起布业同业公会到参入市商会，联系面由同业商户扩大到全市商界，落脚处越来越多，即与军政界上层人士，如冯玉祥、于学忠、宋哲元、韩复榘、袁良（北京市市长），甚至天津卫戍司令王绪长，以及昌邑县几任县长刘豫章、马丹铭等相熟相识，其中详情不知。纳税养兵打仗、维持财政等互相利用，也是水到渠成，事有必然。

其实“天有信”资本不大（不及“谦太”），因为有高守信其父亲这个名字，活动面较大，业务较活。如北京曾有个集成公司，他兼公司的委员，西北来的粮食在永定门外卸下来，差不多都要带点寨子布回去，“天有信”因为高守信的父亲而得近水楼台。

有人说“赖高理亭昌邑北乡有饭吃的不下几千人”，这话亦近实情。民国以后，昌邑北乡在京商号、行商越来越多，与高理亭做副会长，联系面广，人脉好，路子宽有关系。不要说高理亭，高守信介绍到北京的昌邑人也有百人以上。

高守信兄弟三人，也先后到北京从业。童年时期，高守信先念了六年洋学堂，下学后，又种了两年地，17岁（1923），其父亲让高守信弃农就商，到“天有信”的分号“天圣长”学徒。1929年，他早已出徒，掖县人在北京创办“双合盛”啤酒厂。那时啤酒很少，外国人爱喝，是一热门，可以多挣钱；昌邑的寨子布受日本大五幅的排挤，已经走下坡路；高守信做事也是较为认真，待人接物、研究买卖出路等也擅长。基于上述原因，“双合盛”又要他去，该年到广安门外啤酒厂。不到一年，珠口市批发号“宝祥益”开张，生意不太景气，东家为保住字号，又动员他以店员的身份到“宝祥益”。1937年，其父辞去布业同业公会，由高守信继任。

1941年春，昌邑打来电报，要高守信立即回家。原来是牟敦友捉了一个人叫牟子夫，说是共产党员，要马上枪毙。他和牟子夫曾经打过一次交道，那年，高守信从北京回家，提一只柳条包，在车站上被牟大队长的人马发现，立生怀疑，带他到牟大队部审问，刘赞伍、姜绪涛等人随即出面，牟子夫竟然特别开恩，给他一匹大白马骑着回家。因为有这个交情，高守信说该人是他的亲戚，可保证他不是共产党员，于是释放。1944年，高守信的大儿高大有正在清华大学上大学。高守信不知他已参加了瞿秋白共产党外围组织，星期天晚从“谦太”出门，一小时后，在东安市场金鱼胡同开秘密会议，突遭包围、被捕，押在安定门外黄寺最高特务机关。原来特务已跟踪他很长时间。他在被捕时吞掉一个字条，再找不到其他罪证，高守信以“谦太”名义“随传随到”担保、释放。

1947年，有高守信和阎振元、孟百川、董兴念、李葆华五人发起，筹备成立北京昌邑同乡会，牟敦友侵占昌邑人民钱财，在冰窖厂30号购平房六间，会址拟设此处；1946年国民党接管北京市，敌伪财产被国民党敌伪产业处理局接管未成；1948年底北京解放，敌伪产业处理局由北京军管委接管，由此停止，未再进行。

中华人民共和国成立后，高守信带头捐献飞机大炮，也多捐了几千元。1953年将“谦太”交国家接管。“文化大革命”中，人们对高守信非常关心，常有人跑到他家门口看看，见没有大字报，就放心走了。现在高守信87岁高龄，仍任工商联顾问，还可为北京工商界做点力所能及的事情。

老三，高守信的弟弟怀信，12岁，比他早一年到京。在大栅栏西口南拐角“天利涌”（股东姜家寨姜复亭兼经理）学徒。该号三间门脸，有座小楼，十四五个人。约在1928年高守信还在“天圣长”的时候，夜间生煤炉子失火，人从火堆里逃出来，虽没有重伤和死亡，整个货底子化为灰烬，损失合时币两万元；东家无力复兴，该号宣告关闭。事后他们几个人凑了点时币，又帮他在布巷子开起四个人的小号“同盛昌”，除卖点家里来的寨子布，就是来回跑天津，捣鼓大五幅，也跑保定，贩“双鹿牌”粗布。“七七事变”前，该号歇业。高守信经营管理的“谦太”上缴国家时，高怀信随进，归国家接管。

座庄和行商　设有门头的谓座庄，大小不一，股东需有大小不等的资本，所以多出自昌邑北乡的大户人家和中上家庭。座庄从出现时间上有老号、晚号之分。清末之前的古称老号，如“协盛隆”“天有信”“阜盛茂“泰和”“同春”和”“利源增”等等。老号向上推，最早出现的在什么年代，还需要下功夫追查。现已知道的，“天有信”较早，它出现在咸丰十一年（1861）英法联军火烧圆明园之后；其前身“同顺公”立于嘉庆末年。高守信大祖父在“协盛隆”30多年，他到该号的时间在光绪六年（1880年庚辰）之前，再向前，该号存在了多长时间，尚不清楚，但《昌邑文史资料》第四辑《柳疃丝绸专辑》披露，康熙年间高隆盛就有人在京经营“隆盛号”，“盛隆”与“隆盛”只是字的位置颠倒一下，是否包含着亲缘关系，怎样的亲缘关系，现无据可查。再如姜坡“五大功”的“泰和”号，依靠他在吉林省榆树县颇具声望的“公成裕”银号为后盾，在京有四处：菜市口批发号，经理邢发堂，另在张家口设批发分号，是为两处；菜市口和西护国寺又有两处零售号，经理分别是王星五和王典富。另如姜家寨有“同春”和“天利涌”“天利增”三处，以及李家扶宁李润芬的“利源增”；瓦城赵乐友家的买卖等等，都始于清朝较早时期，但他们的起始时间都未知。

新号以清末民初为界。这个时期是柳疃茧绸的兴旺时期，出现特别多。这个时期的老号宜加兴旺发达，有的排出分号，有些是新开张的。始于光绪末年的“阜盛茂”批发庄，原系白塔陈传喜、陈传洪、陈传德兄弟们的，太平集徐龙祥、姜子高、孙子然等人任经理。徐龙祥大个儿，有两个麻子，谁家存什么货，存多少货，以及周转情况如何等，他都了若指掌，人嬉以外号曰徐贼。但谁也不能不佩服他经营有方，所以“阜盛茂”在北京批发庄中比较有名。

从昌邑地面上看，北京大小这么多商号，皆出自昌邑北乡，多是公路以北，而公路以南的极少。“背包袱的”，就是所说的行商，或者叫游动商贩。他们无需多少资金，串街走巷，单独行动，固然出力，但活动灵活方便；其成交额虽没有与商号（主要是零售和批发兼零售的）做个比较，因为行商众至五千，是商号总人数的2.5倍，其售量也必是相当可观的。

行商以双台、王耨和卜庄居多。这些人很有吃苦精神，他们不避风雨，沿街叫卖，晚上凑合着寄宿在简陋便宜的小旅店里。他们很有闯性，宫门森严，并不畏惧，时常闯进宫去，一进宫门，“干什么的、干什么的……”，把门的太监叠声喝住。不过是“卖茧绸的”，随即揭开包袱，太监难色顿逝，还能帮着卖一些货呢；工厂的工人也是为数可观的顾主，他们平时上班，不在家，他们便赶在工厂下班之前，在厂门口摆下包袱；进而，即使上班时间，也可以闯进厂门。长此以往，传达室也给予帮忙，给各科室甚至车间里招呼招呼。宫门外西城是黄胄贵戚的世袭居住地区，在旗的多，整个北京也是旗人多，不是显官，便是大户。他们注意研究，不同旗人不同的穿着习惯，有的喜欢穿蓝，有的喜欢穿黄……他们大致都摸透了，今天到哪里去，该带什么货，八九不离十。旗人管得严，年轻女子特讲究大门不出二门不迈，听到吆喝声，多是上年纪的妇女出来，先领进自己屋里，然后遍大院给招呼，于是张大妈、李大妈聚了一屋，挑挑拣拣，一包袱货，霎时间也就卖完了。

可以这么说，昌邑出洋的，多数是先在北京转悠过。北京一是有昌邑绸布商人多的基础，二是口语跟昌邑没有大的差别，不需过语言关，却摸到走街串巷的法子和窍门，与顾主打交道，有了比较丰富的经验，后来，连语言不通都不在话下。于是，漂洋过海，履迹遍及五洲。这些人之所以能这么闯，其根本原因是，光靠种那二亩地不足以解决全家人的生活问题；昌邑人也由此产生一种竞争、拼搏精神。

茧绸和寨子布　昌邑大量出产的茧绸和寨子布，是北京昌邑绸布业繁荣昌盛的强大后盾。茧绸和寨子布，不管它在昌邑出现，还是在市面上销售，究竟谁早谁晚，就和昌邑在北京的坐庄和包袱商一样，都很不容易分辨清楚。但是，当茧绸行情还可以的时候，就二者在北京市面上的销售现象看，除姜家寨的字号主要批发寨子布，“阜盛茂”主要批发茧绸以外，其他批发和零售店，一般是两种货物齐备，行商也是想卖什么货就上什么货，二者一直结伴而行。

昌邑茧绸和寨子布在全国四通八达，它在北京这个重要销售区域，也是充分显示着产供销异常灵活协调的优势。商号向批发号购货，不需先缴纳现金，卖完货，下次提货时缴上上次的货款；批发号在昌邑向织户采购，采取同样的赊购方式。真像和睦相处的一家人一样，互相信赖，互相依存。长期延续的这种生产方式，赋予昌邑茧绸和寨子布以坚强的活力。

这里顺便提一下向昌邑运镖。清末民初之前，交通极不方便，沿途土匪分布，而镖局谙熟各地关隘关系，可以保证银子安全运达。当时只有“瑞蚨祥”这样的大商号专门雇着镖局，昌邑商号没有专雇的，都是现用现雇。那时候北京没有几家存放银子的银号，住上一段时间，银子积存多了，便几家联合起来雇一辆镖车。这种做法多属于一些小商号，像“泰和”“同春”和“阜盛茂”“天有信”等等的批发商号和大商号，尤其是批发的，输出量大，进银子多，久贮北京，很不保险，家里的织户也正在待哺，他们一般是单顾，且也频繁。昌邑镖车之多，这个是主要原因。他到北京的时候，铁路、公路运输和邮电都已方便，少数银子可以随身携带，大宗银款通过邮政汇兑，昌邑、潍县均设有不少银号，就不需要镖车了。

对于昌邑的茧绸的来历，已做了不少的追踪调查；而寨子布，高守信认为，从名称上就与姜家寨有关。姜家寨原名寨里庄，都有一个“寨”字。它与长胡同之间曾有一道大沟，原是早年的潍河故道，姜家寨紧挨河沿，安危攸关，村名有一个“寨”字或有祈福征祥之意。姜家寨在北京的“同春”和“天利涌”“天利增”等，不仅都是老号，也都以经营寨子布出名，虽然尚说不清其起始年代，但知早年姜家寨、长胡同曾经有过蓝靛染坊，就用老河道那块水。后来，它的供应基地向昌邑偏南临近棉产区的密城、大章转移，密城、大章等地的蓝靛染坊是北京寨子布的主要供应基地，安丘、平度、高密及潍县部分地区和昌邑南部所产棉花，在日本人于青岛设厂、机织大五幅之前，这些地方的农民家庭手工纺织，除自用部分以外，可以说都曾供应过寨子布；而关于它的详细生产过程，还有待详细调查求索。

昌邑茧绸和寨子布在北京走红。历史上的江南宁、杭、苏、沪是中国纺织业很发达的地区，织工技术也很高明，但是它在江南的供应面大，除了广大农村，还有苏南、浙北地区密集繁华的城市，另有沪甬大量出口，江北已经来不了多少；清朝皇宫内务府又在宁、苏、杭专设采办，以上等丝绸和毛青布（当地所产棉布的名称）供应皇宫，宫室分布在全国各地的亲眷僚属也不断向这里摊派，所以江南这个纺织业异常活跃之区在北京设号就不多了。昌邑一带是江北纺织业发达之地，有悠久的纺织历史，人心技巧，做工上乘。茧绸兴起之后，基于柳疃茧绸织的精细，加上品种特殊，冬暖夏凉，米黄染色颇不难看，既耐穿又美观，所以无论宫里还是西城的皇亲显贵，包括北京的回族富户，以及社会上其他世族之家，西北口外少数民族也特别喜欢，与他们的口蘑、毛皮、药材等以货易货，售量也相当大。昌邑的寨子布质朴、耐穿、价格不高；河北省饶阳、高阳和京东通县地区虽然也都产棉花，也织一种棉布叫涩布，但是染色发乌，织工比较简陋，相形之下，昌邑寨子布格外精致、利索，很得主顾的青睐。它在北京地区的销路较广，不仅北京市的市民需要，连宫里的太监、宫女、苏拉（满语执役）、匠役也都喜欢，北京郊县怀柔、密云、延庆、昌平、房山以及石景山、门头沟等地和西北口外地区的少数民族，另有北京阔家的丧仪所用，销路宽广。民国前后寨子布兴旺时期，寨子布从昌邑源源而来，都是大包，50 匹一包。但是，在昌邑多数只能染成蓝色（较浅，靛蓝，那时还缺乏洋色），没有青、香黄、深蓝和浅绿，这些染色大都是北京的“大庆洗染店”（经理掖县吕 ××）和砖塔胡同的“三义祥”（经理河北人）染。

高守信到北京的时候，因为受日本经济掠夺，在原料产区设厂机织等原因，茧绸和寨子布已经是末尾了。“瑞蚨祥”等大号原也是以销售昌邑茧绸和寨子布为主，因为其资金实力雄厚，在茧绸和寨子布受日商排挤之初，即迅速向江南采购丝绸，花色也好，仍然很有生气，而昌邑字号虽多，个体势力不及，除维持一点茧绸，社会上还有相当一部分人需要寨子布，所以柜台上摆的主要是本县出的寨子布了。

那时高守信在“天圣长”，它的位置较好，在西城的白塔寺旁。西城的旗人大户人口众多，单死人办丧事一项，一次用量就需数百匹，高守信送过数次。旗人的风俗是，人死了头戴大红缨帽子，戴着大朝珠，身穿上朝衣服，头两边一边置一盏忽闪忽闪的煤油灯；一边备下一只凳子，外人去了，都必须坐这只凳子。据说，这样可以把死人的灵魂带走。丧主不允许白天，必须晚上去。大门口点着蜡烛，风吹烛光闪闪，平添了几分阴森恐怖，心头哆嗦，30 岁以下的大都不敢去。另外，寨子布还有个名称叫“铁门”。北京西北山区盛产核桃、各种果子和杏仁、药材等，山民挑着担子进城，卖了山货，再买点家常用东西。西城的“天圣长”便是他们乐于光顾的地方，顾客多的挤破门，近不得前的，把钱挑在扁担头上送进，割上布，给捆上、再挑出。他们割到寨子布非常高兴，回家则夸耀自己买的是“铁门”。原来“天圣长”的外门是一阁铁门；他有很好的经营传统，待客朴实、和气，不论尊卑老幼，一视同仁，货真价实，一如门外挂的牌子，“童叟无欺”。如顾客有不满意之处，问则好答，如遇上短尺或次点，先赔礼表示歉意，再换上布。顾客特别是郊县农民和社会下层，像“瑞蚨祥”那样的大号阔号，大门又宽又大，雕、磨、刻、画得先就森严怯人。顾客进店，客气倒是客气，但是满店处处，连旮旮旯旯里都是贵族气象。那时的平民觉得自己穿得不好，脸没人家白，说话不及人家中听，怕人家笑话，一般不敢贸然问津。有时，壮壮胆才几个人一起进去一趟。“天圣长”则不然，下层人感到亲切，信得过，进店舒心，出店满意，于是就不叫寨子布为寨子布，而直称之为“铁门”。

大五幅刚上柜台的时候，尽管其幅宽

价低，但是北京市劳动人民、郊区农民和西北少数民族，他们成天汗流浃背，寨子布粗、结实、耐汗渍，他们算了一下，一件洋布料只能穿一年，而一件寨子布料可以穿几年，所以寨子布还能在劳动人民中站得住脚，与大五幅同时存在，持续了若干年。

但是，日本人继续加紧掠夺。到1922年，日本人已在青岛设厂六家，共有纱锭23.96万枚，其中“大日本纺织厂”和“钟渊纱厂”拥有布机1021台，大五幅源源而出，寨子布所用棉花大部流入青岛，民间的脚踏小木机只能低头于青岛的纺织机械之下。日本人又在天津设批发分站，大五幅一天比一天多地流入北京，穿的人越来越多，逐渐由中上层普及到下层。在这种形势下，北京及西北地区的劳动人民对寨子布尽管有再大的感情，也架不住大五幅廉价、质优又剪裁方便（寨子布面窄，做衣服需两幅拼接）的诱惑。到1930年，北京的寨子布已经很少，昌邑周围织寨子布的老式木机也就慢慢地搁置起来了，间或还织一点，已经不上市，只可自织自用。由于技术落后仅仅在七八年的时间里昌邑的寨子布就被日货挤垮了。

日货排挤寨子布的手段和过程是：开始价格特低，随着寨子布的逐渐减少，其价格也逐渐上升，到国货真正俯首帖耳地低下了头去，它的价格也就涨到了相当的高度。

附：昌邑人在北京开设的丝绸商号

同春　清嘉庆年间开办，中华人民共和国成立前衰落，东家和掌柜是姜家寨人姜振彩，商号位于北京前门外，是昌邑在京最早的布匹绸缎商号之一，开始经营布匹，批发零售，买卖异常红火。其经营的布匹称为“寨子布”，名气很大。后来布匹、绸缎兼营，是当时较大商号之一。

利胜长　创办于清道光年间，经营至1952年，门头在前门外珠市口，后期的东家是柳疃南西高村高守信，掌柜是柳疃长胡同村姜言读。

谦泰　门头在前门外珠市口，位于繁华街道，生意火爆，东家是东冢姜家泊姜言诠，掌柜是高守信，1950年交公（交给国家，私营改为国营），高守信被任命为崇文区副区长。

利源增　位于东四牌楼三条，是昌邑在北京较大商号，东家是夏店乡李家抚宁李润芬，掌柜是卜庄姜家姜秉泉，1944年李润芬病故，买卖逐渐衰落。

天有信　位于前门外肉市胡同，东家由柳疃中阎村10户合股，当时被称为“十大门”，掌柜是柳疃南西高村高立亭。

北泰和　位于西护国寺，东家是东冢姜家泊“五大功”，掌柜是夏店庙头村王殿农。

西泰和　位于西护国寺，东家是东冢姜家泊姜言诠，掌柜是柳疃长胡同村姜言讼。

泰和　位于菜市口，东家是东冢姜家泊“五大功”，掌柜是东冢村邢姓人，名字不详。

忠信公　位于前门外，东家和掌柜是

夏店乡三教堂村孙香谱。

华昌　坐落在西单东路，东家和掌柜是柳疃潮海村孟百川。

华兴　位于西单北大街，该商号是由山东、河北、山西三人合股经营，昌邑股东是东冢董家庄董义安。

天利增　位于北京前门外大栅栏，东家是柳疃姜家寨村姜其记，掌柜是柳疃中阎村阎京芝。

裕成祥　位于北京前门外，东家、掌柜是柳疃孙家河滩孙有文。

恒信　位于东四牌楼，东家是柳疃姜家寨的“洐庆堂”，掌柜是姜言为。

隆泰昌　位于北京前门外，东家、掌柜是卜庄孙家孙文林。

天成布店　位于西单北大街，东家、掌柜是东冢大院村孙汉杰。

天利涌　位于前门外，东家是柳疃姜家寨村姜其记，1947年转给柳疃中阎村阎云芬。

鲁昌　位于前门外，东家是柳疃孙家河滩人，掌柜是李光田。

三义兴　位于北京前门外，东家、掌柜是东冢董家庄董义安。

华祥　位于北京前门外，东家是柳疃潮海村孟宪枢，掌柜是青乡马家村马殿栋。

同顺公、同顺栈　位于北京前门外，东家、掌柜是柳疃中闫村10户合股，人称“十大门”。

远东商行　位于前门外珠市口，东家、掌柜是柳疃中阎村阎云龙。

恒信公　位于西护国寺，东家是东冢西石桥人。

大顺染坊　坐落在芦草园，主要从事印染，坊主是东冢火道村人。

合胜织布厂　厂主是东冢前张村李仁甫。

瑞丰和　坐落在前门外。

庆丰和　坐落在广内大街。

公裕泰　坐落在西单大街。

隆盛号丝绸庄　昌邑柳疃高隆盛高姓掌柜，后村庄取其名高隆盛。

高隆盛在北京开设绸布庄宣传画

第三节 行商

清末民初，昌邑人到北京、西安等地行商叫作“背绸包”，即背包袱的游动商贩。他们无需多少资金，背着一包袱绸子串街走巷，单独行动，灵活方便。成交额没法与商号（主要是零售和批发兼零售的）比较，行商多达5000余人，是商号总人数的2.5倍，销售量相当可观。

行商以双台、王耨和卜庄人居多。行商不避风雨，沿街叫卖，晚上凑合着寄宿在简陋便宜的小旅店里。北京宫门外西城是皇亲国戚世袭居住地区，在旗的多，整个北京也是旗人多，不是显宦，便是大户。背包袱的人注意研究不同旗人不同的穿着习惯，确定行动路线、地点、所带货物。听到吆喝声，多是上年纪的妇女出去，把行商领进自己屋里，然后满大院招呼，一包袱货，霎时卖完。

昌邑出洋的商人，多数先在北京转悠过。北京有昌邑绸布商人多的基础，口语跟昌邑没大差别，不需过语言关，就摸到走街串巷的法子和窍门，与顾主打交道，积累下比较丰富的经验。此后，漂洋过海，履迹遍及五洲。清嘉庆十六年（1811）到道光三十年（1850），昌邑在北京的座庄和行商究竟谁出现早，已很难说清。“天有信”是个大字号，中阎家车道八大门依靠它过上小康生活的不在少数。其前身“同顺公”创始人阎宗珠，因为潍河屡发洪水，阎家车道一迁再迁，生活无以为继，于嘉庆十六年（1811）被迫到北京卖绸。在大栅栏背包袱，靠吃苦耐劳、坚韧不拔，逐渐小有积蓄。到嘉庆末年，终于立三四个人的小门脸(即门店)“同顺公”。道光末年，“同顺公”扩大到十五六人，成为自东、自伙、自掌的大号。高守信讲述过在北京的经历：“我到北京之初，这种原始的递嬗现象屡见不鲜。例如北京五、六白塔寺，七、八护国寺，九、十隆福寺，都是很大的庙会，逢每月三、十三、二十三是花儿市集，咱那儿背包袱的必去摆摊。而大号，不管座落距离庙会、集市远近，都不去摆摊。小号小门市，则不管是远的还是近的，三人或者是两人一起，背上包袱，一般都到，哪里下货到哪里摆。这一方面因为本小利薄，一方面是还延续着他们不久之前的经营习惯。背包袱转一天很累，需要个领头的，保证供应货源，帮助解决生活上的问题，诸如刮风、下雨、生病等，都需要有个藏身之地。于是凑几个钱，弄个地儿。领头的自然是经理，实则是小业主。伙计在外跑一天，卖多少货，给多少钱，类似大号的店员，逐渐便成为小股东，也有了自属门脸的小号了。”

第四节 运输方式与保障

运输方式 昌邑丝绸在3000多年的历史中，主要产区在柳疃、龙池一带，柳疃五天一个排日（集日），凡逢三、八集日，人们手提肩扛，或用小推车，用驴驮，从四面八方将绸布送到各商号，每个集日，从早到晚，成交量都在数千匹以上。在未通铁路前，昌邑丝绸经营者到西口、北京一般是用二把手车子，后来发展到用骡马车运输。清光绪三十年（1904）胶济铁路全线通车后，外地商号购足丝绸后有的走旱路，经岞山、潍县火车站，用火车将货物运往北京、上海、青岛、洛阳等地；有的通过下营港或烟台港口，运往东北、上海、香港，转而销到德、美、英、法、俄、日本以及埃及、印度、印度尼西亚等50余个国家和地区，换取大量外汇。北京市内商号到批发庄提货一般雇用“洋车”或人力洋车。销往西北地区内蒙古、甘肃、青海、新疆等地的丝绸直接用骆驼驮运。中华人民共和国成立后，运输方式发生很大变化，特别是中共十一届三中全会后，增加了汽车、火车、轮船和飞机等运输工具，货物运输更加便捷。

运输保障　清嘉庆元年（1796）至民国9年（1920），运输保障靠仁义、信誉。运银子则用镖车，押镖的镖师都有功夫，对货物完全负责，保证货物安全到达。若出现丢失，则按合同赔偿。20世纪三四十年代，由于土匪、战乱等原因，丝绸贸易停顿。中华人民共和国成立后，社会秩序稳定，丝绸运输保障依靠社会治安力量。1978—2006年，承运货物，需缴纳一定数额保险费，出现问题，由保险公司和承运人共同赔偿。

第五节　市场建设

昌邑市是中国著名的“丝绸之乡”“印染名城”。中国近代海上丝绸之路发源地之一，中国棉纺城区位优势明显，交通发达便捷。纺织印染业是昌邑市的传统支柱产业。至2005年底，全市拥有各类织机5万台，纺织行业年产量40亿米，是全国重要的纺织原料生产基地和纺织品原产地，昌邑家纺印花布产量全国第一，家纺成品产量全省第一。先后荣获“中国印染名城”“山东印染产业基地”“中国纺织产业基地市”“山东省家纺用品产业集群”“纺织产业集群示范地区”等荣誉称号。

1999年，昌邑市引进浙江省绍兴市中国轻纺城钱清轻纺原料市场发展有限公司，投资1亿元兴建中国轻纺城钱清昌邑轻纺原料市场。2005年，山东柳疃棉纺城股份有限公司投资3亿元兴建中国棉纺城。

中国轻纺城钱清昌邑轻纺原料市场　中国轻纺城钱清昌邑轻纺原料市场，是由浙江省绍兴市中国轻纺城钱清轻纺原料市场发展有限公司和山东省昌邑工商行政管理局共同兴建的大型纺织原料综合性市场。1999年开工建设，市场总投资1亿元，占地300亩。一期投资3000万元，占地100亩。建设营业房380套及配套仓库、金融、邮电、劳务、运输、住宿、娱乐、保安等多种服务设施，享受税、费、办照、租房等一系列优惠政策。

2001年1月，建成开业，引进浙江、

中国轻纺城钱清昌邑原料市场

江苏、内蒙古、黑龙江、吉林、辽宁、河北、天津及济南、青岛、淄博、日照等各地棉纱、化纤纺纱厂落户昌邑轻纺城市场。同时建立起自己的销售网络，场内主要经营化纤、棉纱、涤纶丝等品种，销售由昌邑市逐步扩展到潍坊、坊子、寒亭、高密、诸城、安丘，胶东半岛的青岛、烟台、日照、威海，淄博市张店、周村、临淄以及河北、天津、山西、安徽等省市部分织布厂家。

轻纺城市场知名度越来越高，广东、浙江、江苏、安徽、河北、天津、辽宁、吉林、黑龙江、上海、北京等全国各地知名纺织企业的厂长、经理到市场考察。2001年春天，印度纺织企业一行8人到市场调查化纤、棉纺原料行情。市场管委会于上海、浙江、江苏、北京、河北、天津等地建立信息网站，增设市场信息报，发至各网站和昌邑市各乡镇纺织企业，重点是销售原料企业。

轻纺城市场带动昌邑纺织企业大发展，2001—2002年，昌邑投资20余亿元扩大生产规模和新上各种设备，两年内到昌邑市销售剑杆织机和配件售后服务企业有30余家。

2006年，租出商户126户、标准库房48个（1.32万平方米）；年交易额突破100亿元，实现利税2100余万元。成为江北第一、辐射全国的大型轻纺原料集散中心。

中国棉纺城　2005年，山东柳疃棉纺城股份有限公司投资承建中国棉纺城，占地面积500亩，总投资3亿元。建成纺织产品展示、交易区10万平方米，共建成商铺26排98栋977套。建成仓储、物流区12万平方米。中国棉纺城集国内外贸易、现代物流、纺织产品设计、展示、人才公寓、餐饮娱乐、文化旅游等功能于一体，是国内规模较大、产业链较完整、集聚度较高

中国棉纺城

的纺织品一级交易市场，也是全市小微企业入驻创业就业的有效载体。

中国棉纺城入驻企业主要经营范围：加工销售棉花、棉纱、涤纶纱、坯布、染色布、床上用品、窗帘布、服装面料、服装以及纺织染机械、配件、印染助剂等家纺产品，从生产加工到成品批发销售，基本形成一个完整的纺织产业链。

2006年，租出商铺830套，入驻率80%以上，交易额80亿元，出口创汇13600余万美元。

第二章　对外贸易

第一节　概况

柞丝绸主要集中于昌邑柳疃一带。清道光年间，昌邑柳疃丝绸初步兴盛起来，绝大部分运往北京，再由北京商人加工染色后销往蒙古、俄国等地。以后又由上海、中国香港开始逐步把柳疃丝绸扩销到美、英、法、意、德等国。清咸丰三年（1853），昌邑县岞埠村徐忠绍、徐长庚首次携带丝绸经销于印度尼西亚。把丝绸业在南洋做大的是双台乡裴庄杨岱山兄弟二人及后人杨茂春等人，清光绪四年（1878），他们带着丝绸南下爪哇，到达印度尼西亚。由此，昌邑柳疃丝绸在南洋诸国打开销路。同时，昌邑城北和城西北一些村的布绸商行还经过烟台、青岛等港口销往东洋，把昌邑丝绸销到朝鲜和日本。

清末民初，柳疃丝绸日益兴盛，产品销往英国、美国、法国、埃及、印度、俄国等50余个国家和中国香港地区。

民国21年（1932）出版的《胶济铁路经济调查资料汇编》提到，柳疃一带丝绸产品，在前十数年繁盛时代出口约60万匹，总值约400万元，销往日本、印度、荷兰等地。随着对外贸易的发展与兴旺，一些南洋等地区的资本家在与

柳疃邮政局模型

柳疃绸庄通信时，地址直接写“中国柳疃”字样。光绪二十八年（1902），清政府在柳疃镇设立昌邑县第一家邮电局，便于丝绸贸易货币汇兑。民国3年（1914），昌邑县商务会由城里迁至柳疃，各绸庄商号有83家加入商务会，受商务会的关照和保护，便于经商，这样柳疃便成为昌邑及周围各县的丝绸贸易中心。同时，商务会各绸庄的东家、小业主和外地的商人建立联系，通过都市商人的引荐与外商直接或间接地进行贸易。

民国18年（1929）后，由于资本主义国家发生经济危机，国际市场丝绸滞销，价格猛跌，出口减少，柳疃丝绸业从此开始衰败。随着丝绸业的衰败，昌邑柳疃一带商人、织匠不少背起包袱去中国香港和苏联、南洋诸国经商，以谋生路。他们在外地发扬吃苦耐劳精神，奔波于各地之间，广交四海朋友，有的靠经营丝绸发了家，后来有的定居国外，繁衍大批炎黄子孙。民国26年（1937）“七七事变”后，日军侵占昌邑柳疃，对丝绸原料严加封锁，控制销路，肆意掠夺和破坏，使兴盛几百年的柳疃丝绸业陷入绝境。

中华人民共和国成立后，随着丝绸业的发展，丝绸贸易也得到相应的发展。1955年4月，山东省丝绸公司昌潍支公司成立，并接管昌邑柳疃加工组业务，增加昌邑丝绸产品对外出口量。1981年5月，昌潍地区丝绸公司成立，负责丝绸对外贸易业务。

1955—1985年，昌邑出口的绸缎主要有桑丝绸、柞丝绸、柞绢绸、真丝绸、交织绸、化纤绸及其复制品。丝绸出口品种主要有捻线绸、坎粒绸、柳絮绸、格子呢等十几种。出口的国家和地区主要有日本、新加坡、法国、西德、美国、瑞士、意大利、瑞典、约旦、卡塔尔、科威特、澳大利亚、荷兰、比利时、马来西亚、巴林、利比亚、加拿大等国家和中国香港、澳门地区。

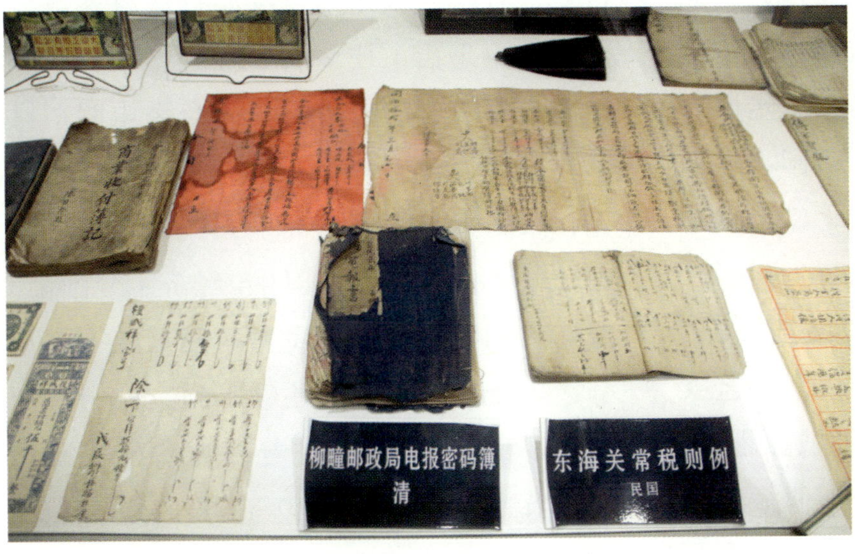

清柳疃邮政局电报密码簿

1986年后，昌邑的丝绸企业在外贸公司、丝绸公司、昌邑市丝绸有限公司等管理机构的指导帮助下，走出国门，扩大国外订单。通过工艺改革、技术创新，争取到自营出口权。1991—2006年，颖花绉、素绸缎、“雅风”牌丝绸面料、13372和服绸、“潍柳”牌电力纺、乔其纱等品种，销往日本、

昌邑丝绸宣传海报

口练军总教习、傅文淦充古北口哨官等。由于老乡关系，古北口成为昌邑人经张家口到俄国的第一个站口。上北洋的人群中，双台乡、卜庄乡、都昌街道、柳疃镇为最多，最多达400余人，仅双台乡岞埠村就有100余人。

清光绪三十一年(1905)，双台乡北裴庄张乃孝为股东，刘家北逄刘逢君为掌柜，伙计有齐丰庆、褚朋格、齐登荣等9人，装运柳疃绸子徒步西行张家口，雇用骆驼去俄国经商，一路上风沙寒暑、历尽艰辛。同时期双台乡岞埠村徐竹三和南侯章村宋泽深等人，都曾拉骆驼到过俄国，回乡后分别开设起“利源兴”与“利顺兴”钱庄。辛亥革命时期，胶东形势不安定，许多在那里缫丝的工匠从东北经绥芬河，横跨西伯利亚到俄国背绸包袱。民国2年(1913)，卜庄乡营子、高丰庄等村庄一行七八人由烟台乘船直达海参崴去俄经商，之后卜庄乡有24户在俄国定居。民国5年(1916)10月，双台乡申明亭村林增密和南侯章村徐邦泰、宋玉升、齐守先、宋力勤等人从满洲里去俄国经商。民国6年(1917)，苏联诞生，经济十分困难，莫斯科和彼得堡的市民每两天只能领到八分之一磅面包，有时还领不到。他们返乡后说：“我们在苏联过着战时共产主义生活，当黑列巴（黑面包）也吃不上的时候，只得杀马分点肉吃。”苏维埃废除沙皇旧

韩国、欧美、东南亚等20余个国家和中国香港地区，昌邑丝绸畅销世界各地。

第二节　北洋贸易

昌邑人上北洋经销柳疃丝绸历史较早，初刊于清光绪二十八年（1902）的《野蚕录》载：柳疃丝绸除销“直省外，至于新疆、回疆、前后疆、内外蒙古，裨贩络年不绝于道。”可见清代光绪年间，柳疃丝绸已广泛销往西北各少数民族地区。在中俄边界上的维吾尔族和蒙古族人逐步把昌邑丝绸引入俄国境内，于是昌邑走西口的丝绸经营者便跨越国界进入俄国。早期上北洋的是“拉旱”：穿过古北口，有的再经过森吉图，到内外蒙古；有的西行，到塔什干，后再从塔什干去“毛斯嘎瓦”（莫斯科）。同治年间至光绪年间，昌邑虫埠傅氏家族有不少武将先后镇守古北口，如傅振京管带古北口后营马队、傅振溪管带古北口练军前营响官、傅廷珍管带古北

币，禁止私人经商，经商者纷纷破产。加之社会动荡不安，华侨商人的生命财产得不到保障，生活极为艰难，在这种情况下，大部分华侨商人选择回国。

十月革命后，上北洋的侨民回国，有的转为下南洋，双台乡南侯章村齐守先、宋玉升、齐文飞等人民国 7 年（1918）从俄国回国后，又于民国 8 年（1919）结伙下南洋到印度孟买，后又到达缅甸的仰光。

附：闯北洋记忆

据《昌邑柳疃丝绸史》记载：袁岚章 1922 年离开昌邑，前往莫斯科。在去苏联之前，他从 16 岁开始就背着包袱，出外卖绸子。到过中国香港、新加坡、马来西亚、爪哇（印度尼西亚）和印度。

背包袱是个苦营生。在外国，语言不通，水土不服，整天背着几十斤重的绸包，沿街挨户串街叫卖，有时，只能混饱个肚子。但卖绸子也是个赚钱买卖，外国人都喜欢中国的绸子。

袁岚章的父亲也是背包袱的。于 1914 年到俄罗斯。1922 年的冬天，袁岚章的爷爷跟他说：“你爸爸跑俄罗斯，一去七八年，钱也不往家捎，信儿也不打回来一封，你去找找他”。就这样，张罗一阵，凑了一笔钱，办了些货（柳疃绸），袁岚章就走了。先到海参崴，那里有山东老乡。过去，跑俄罗斯卖绸子，旱路有两条，一条走蒙古，一条从海参崴入境。不料，袁岚章在海参崴一停就是一年多。原因是中国政府和苏联政府没有外交关系，入不了境。

那一年，袁岚章就只好在海参崴做小买卖，打零工，等着入境的机会。经过一些老乡帮助，到 1924 年 6 月，袁岚章终于辗转到莫斯科。记得很清楚，他是 1924 年 6 月份离开海参崴的。5 月底，苏联同中国建立外交关系。

到莫斯科后，袁岚章一面托中国老乡打听父亲的下落，一面开一座小染坊。在昌邑走时带的绸布、花边等货，在海参崴时就已经卖光了。

后来，袁岚章用开染坊积攒下的钱，开始做买卖。当时，不论本国人还是外国人，做买卖都得向政府申请登记。那时，在莫斯科的市中心有一个贸易交流中心。当地人都叫它“玻璃楼”。整个大市场里，有国营开的商店，有个人开的小货店。里头有不少中国人。袁岚章开的是个小门头，主要卖线。另外也弄一些中国的网扣、花边和绸

背包袱

布出售。每天八点钟开业，晚上天黑闭店。政府派专人管理卫生、纳税等等。小买卖赚不上什么大钱，但也够吃够喝和打发租赁房租的。

转过年，莫斯科郊外出现一群狼，常常窜到农庄里祸害牲口，接二连三地还糟蹋了不少女人和孩子。政府便组织成立莫斯科田猎工会。经过房东保德金介绍，说袁岚章枪法准，他也成了这个工会的会员。保德金是猎狼工会的指挥。第二天，保德金弄来两匹马，问他：你会不会骑马？他看着那两匹苏联的大洋马，心里胆突突的，嘴上却说：会骑。实际上，他在山东老家时连个毛驴都没骑过，哪会骑什么马。接着，保德金把他扶上马，他们就一块到郊外的树林子里去。头一趟，是去侦察一下狼的行踪。

又一天，保德金花十几块钱买来一匹瘦马，一块牵着来到郊外。在一片沼泽地上，保德金将马拴住四蹄，抽出刀，很利索地把老马杀了，大卸八块，扔在地上、树林边上。袁岚章问这是干啥？他神秘地一笑说是喂狼。袁岚章从没打过猎，当然不知道这其中的窍门儿。

回到莫斯科后，保德金组织起一个21个人的猎狼队，几天后又来到那沼泽地。先是仔细查看被吃掉的马肉，又四处查看狼踏过的草地上留下的爪印，拿出一捆小红旗，插在沼泽地的三个方向。那天，袁岚章是扛着一杆打麻雀的枪去的。保德金用他的猎枪把他的换了。最后他把大家分配在林子边埋伏下来。每个人都有自己的位置，袁岚章在四号位，保德金的干女儿伊拉在五号位。那姑娘黄头发，淡蓝的眼睛，长得挺漂亮。

指挥把一切都布置好后，先是趴在地上学一阵狼叫，接着，就吹起哨子。不久，狼群被引出来。它们先凑在一块儿，四处瞅，瞅了半天，一只狼试试探探地走过来。指挥早就吩咐过，头一只别打。他们就伏在地上，不出一点动静。又过一会，群狼才蜂拥着跑过来。跑着跑着，一看有小红旗，扭头又往别处跑。三面都有小红旗，只好直冲着猎狼队的枪口跑。没等指挥发令，袁岚章瞄准一只肥狼，叭地一声，就开了枪，五号位的伊拉接着也开枪撂倒一只。就这样，你一枪，我一枪，三下五除二，很快就把狼都打死了，一共12只。

从那次猎狼之后，保德金就让他的干女儿伊拉给袁岚章做老婆。开始，他还不太乐意，他想他是来做买卖的，要是哪天找到父亲，还得回国。说上媳妇，带又没法带回去，扔下她心中又不割舍，不能找这个麻烦事，可保德金和伊拉倒是十分乐意。伊拉那时在部队一个机关当打字员，是布尔什维克。每到礼拜天、节假日她就回家来，陪他逛公园，看戏看电影，一来二去的，袁岚章也就同意娶她，结成夫妻。结婚那年他25岁，伊拉23岁。

转年，他们生了个儿子，又过几年，生了个女儿。

伊拉仍在部队机关工作，袁岚章还是做一些小买卖。当时，在莫斯科的中国人挺多，干啥的都有。卖绸布的，有山东人，也有河南人，河南的绸子也卖到苏联。袁岚章的父亲的下落一直没有个准音信。有人说十月革命时在圣彼得堡见过他，恐怕早回了国，有人说听说死在边境，只好慢慢再打听准信儿。结婚两年后，收到家里一封信。信是袁岚章的爷爷托人写的。信上说：你咋也要找到你爹，活的见人，死的把骨头背回来。在中国的抗日战争全面爆发的前两年（1935），袁岚章的一个叔父也来到莫斯科，找到袁岚章，他也是背包袱来苏联卖绸子的。叔父告诉袁岚章，他这次来，从国内发来不少货，那个小门头先别开了，咱爷俩还是串街卖绸子。

背包袱才是叫苦营生。走一天，肩膀子被绸包压得像掉了环儿，胀乎乎地疼，两条腿酸麻酸麻，沉得抬不起脚。苦和累不说，还常常遭人欺侮。卖绸子的量尺，一般都是竹制或木制的，而在"北洋"，就都换上铁制或钢制的。为什么？苏联也是个多民族国家，虽说是十月革命成功后，建立了社会主义，但是因为在经济恢复、建设时期，经济贫乏，生活比较困难，城市里的治安秩序也不是那么稳定。中国人卖绸子，常常遇上些坏人，不是扯了绸子少给钱，就是挨上三拳两脚。所以，卖绸子都用铁尺。卖绸子时量布，碰上有坏人可用来自卫防身。如果在街上成交买卖，卖绸子的也都多个心眼，找个墙角蹲下来，讨价还价，量布，收钱，以防坏人从背后袭击。据说，这种情况在十月革命前更厉害。

有一天，袁岚章在街上走，看见路旁有一幢二层小楼，门装修的也挺漂亮，心想，这是个有钱人家，说不定会多卖些绸子，叫开门，用俄罗斯话问：要不要绸子人家正在做饭。走出个挺胖的"马达姆"，说了一句不要，又折回厨房。他不死心，就走上台阶，说少要点吧。说了几遍谁知那个胖娘们儿气冲冲地走出来，用手里的木柴杆子杵他，横叨叨地说不要！不要！他哪想到她会这样对他，加上冬天，台阶上有冰雪，她这一杵，袁岚章从台阶上摔了下来。听到外面的动静，那家的男主人出来了，那男的一看他摔在地上，就说了那女的几句，接着，又请他到屋里暖和暖和，他随那男人进了屋，坐在椅子上，那男人又冲了一杯茶，问他摔坏没有。人家挺客气，他那肚里的火也就消了。一会儿，那男人打开衣柜，取出里面的冬夏衣服，对他说，你看，这些料子也是你们中国的丝绸，有的已经30多年了，还穿不坏。中国的丝绸真好。

他们叔侄俩整天串街卖绸子，这期间，去过列宁格勒（圣彼得堡）明斯克等好几个城市。

1937年7月7日，卢沟桥事变，全面爆发了抗日战争。国内打仗不太平，绸子也卖的剩下不多了，他叔父就先到新疆，辗转回了老家。

那时，袁岚章又回到"玻璃楼"。玻璃楼里也有工会组织。为这件事，工会专门开了一个会，讲日本对中国的侵略，讲中国人在上海、东北和河北的反抗斗争，告诉苏联人不应该歧视、笑中国人。苏联人应该声援和支持中国的抗日。

不久，有个中国老乡来找袁岚章，跟他说，给你找个活儿，弄好了，能挣点钱的。袁岚章问是干什么？他说：拍电影。在莫斯科，电影倒是不少看，可是咋拍的咋演的就不知道了。这事挺新鲜，他就应承下来。

第二天，那老乡领袁岚章一块到电影厂。一个大棚子里，人不少，灯也不少。找到那个管事的（导演），他从上到下打量打量他，又让他走了几步，说了几句话，就说，行，穿上衣服试试。那部电影是反映苏联反对日本侵略中国的，名字记不清了。让他扮演谁呢？让他扮演当时伪满政府总理大臣张景惠。从照片上看，张景惠挺胖，可他很瘦。咋让他胖起来呢？化妆的就给身上贴了好多棉花再穿上衣服，戏不多，记得是在一间办公室里，走几个来回，戏词儿也没有几句话。

那时，袁岚章有苏联的名字叫伊里亚·伊里奇。家里人都叫他伊留沙，这是昵称。他在莫斯科住了多年，苏联话还是很不错的。

1941年6月22日，德国法西斯未经宣战，突然开始向苏联的进攻。据当时的报纸介绍，那场战争开始的几小时内，1000多架次轰炸机对苏联西部地区的工业中心、港口、铁路和军事设施进行了轰炸。7月初，敌军就占领了立陶宛、拉脱维亚的大部分，还有白俄罗斯和乌克兰的西部地区。希特勒匪徒进攻的当天，苏联共产党就号召各族人民起来保卫祖国，动员一切力量抗击敌人。无线电广播政府的告人民书。告人民书的最后两句话是：我们的事业是正义的，敌人必败，我们必胜！另外，在十几个军区，对23岁至36岁有服兵役义务的人发布了动员令。这些人被组成歼敌营和民兵队伍，陆续开上了前线。

伊拉是共产党员（苏联布尔什维克），又在部队工作，战争一开始，就上了战场。儿子那时是17岁，也报名上了战场。袁岚章和女儿留在莫斯科。开始，他也参加政府组织的勤务队。勤务队干啥呢？就是敌人飞机轰炸走后，拿着铁铲、笤帚，上街救火、清除燃烧弹，送伤员到医院。飞机一来就钻防空洞，飞机一走再出来。勤务队的人，胸前都带着一个小牌牌。有个邻居从战场上负伤回来，说伊拉在前线牺牲了。后来，接到她阵亡通知书。儿子是1942年牺牲的。战争越打越厉害，在莫斯科是待不下去了，他就把女儿托付给伊拉的一个远房亲戚，绕开战场，到了新疆那一带。

直到1944年，战争快结束时，袁岚章又回到莫斯科。他的苏联老丈人保德金在战争中也死了。伊拉的那个亲戚也找不到了，女儿连个下落也没有。往日一个挺热闹的家，就剩下他一个人。德国发动的那场战争，夺走了他三个亲人的生命。

袁岚章自1924年到莫斯科，直到1953年才回到祖国，回到故乡。他在苏联生活了29年。整个青壮年时期，他是在那块土地上度过的，卖绸子，开染坊，做小买卖，开汽水厂，并且加入过莫斯科田猎工会，打过狼，参加过苏联电影的拍摄。从 16 岁开始，袁岚章就开始漂洋过海闯南洋，背着绸包闯北洋，他的人生之路，走得很艰辛，走得很疲惫，走得很苦涩。

1987 年春，山东电视台“齐鲁海疆”摄制组到昌邑，请袁岚章老人讲讲去苏联卖绸布的经历。老人很爽快地答应下来，并折回老屋，从黑漆漆的柜子中拽出一个包袱，找出一件黑色灯芯绒的衣服套在身上。同村一位当年闯南洋的老汉，跟他开玩笑说：“老袁，你这叫啥衣服，还拍照哩。”不料，老人却急了，操着大嗓门儿，两手拍打着衣服说：“你懂个啥？这叫斯大林服，是从莫斯科带回来的。当年，穿上这衣服，腰上系上武装带，嘿嘿，要多威风有多威风。你穿过吗？”

说这番话时，这位 87 岁的老人收腹挺胸，腰板挺得笔直，苍老的脸庞霎时充满了勃勃生气。他仿佛又回到了难忘的青壮年时代，他终于又有机会对着镜头和人群，尽情地咀嚼那些咀嚼了千遍万遍的往事了。而这些往事，对于我们，对于子孙后代，绝不仅仅是走街串巷卖绸子，不仅仅是他和伊拉的情与爱，不仅仅是他与结发妻子的离别与相见。无论是人们出于对金钱、富裕的渴望，抑或是出于被“逼上梁山”的挣扎，以袁岚章为代表“背包袱”的人，在过往的岁月里，以果敢、坚韧的进取精神，用青春与生命，为柳疃丝绸走向世界、为古老文明的中国，开拓出一条“丝绸之路”。

第三节　南洋贸易

光绪二年（1876），昌邑西乡南裴庄（在今都昌街道）杨嵩山、杨岱山兄弟到柳疃干织绸工匠。在柳疃织绸期间，杨氏兄弟二人听到去北京卖绸回家上货的商人说，外国人在北京争购柳疃丝绸，要带到南洋“一溜五印度”（泛指南洋群岛）去，据说在南洋丝绸很“享钱”。岱山、嵩山兄弟回家过年时，商议去南洋做丝绸买卖。光绪四年（1878）正月，杨氏兄弟二人由青岛上船，经上海、汕头、香港、新加坡，直达爪哇岛，路上行程 3 月余。

当时的南洋诸岛如爪哇岛、苏门答腊岛、加里曼丹岛、新几内亚岛、苏拉威西岛及周围无数小岛，都在荷兰、英国殖民者统治下，荷兰管爪哇岛叫东印度。爪哇岛的首府巴达威（也叫巴达维亚，今雅加达，是印度尼西亚的首都），是南洋的主要海港和大商埠，是华人聚居的地方。杨氏兄弟到达巴达威之后，住进广东人开的一家饭店里，略微熟悉环境之后，开始沿街串卖丝绸。一段时间后，听说三宝垅买卖好做，杨岱山便往三宝垅。三宝垅在巴达威以东 400 公里，是明朝三宝太监郑和下西洋时到过的地方，“三宝垅”即因此而得名。经过一年多，带来的货基本售完，兄弟俩拟回国上货。但因日本侵占琉球岛，经常在海上骚扰，航运交通受阻。二人便以获得之利，由当地购些绸缎布匹转手出售。这些外国货，不是人造丝就是麻织品，不如柳疃绸柔软轻便，多数外国人不愿要这些货，都盼望柳疃绸。

杨岱山之子杨茂春后又继续拓展南洋丝绸之路。杨茂春先与柳疃丝绸织户协商好，供应丝绸货源，并聘请中间人，订立合同，言明先付半价，卖货后再付清，并按本长利，一年后当交不欠。用家中的三亩地抵押，取得织户信赖和支持。货源定好以后，光绪十一年（1885），杨茂春28岁，与堂弟杨茂德、侄子杨玉成等人带着一批丝绸，渡海到南洋。到达爪哇岛，在父辈经营的巴达威、三宝垅两地背包袱串卖。后来，在巴达威租赁房子，开办“源兴泰”丝绸庄。生意逐渐兴隆，他雇了两个伙计经营商店。一年之后，货物售出，获利较多，杨茂春即回国上货。这次回国，除与柳疃织户算清账目之外，又在柳疃成立自己的丝绸庄“源兴恒”号，专供外商用货。生意越做越大，获利渐丰，杨茂春又让侄子杨玉成在广东汕头成立“源兴泰”分号，作为向南洋运货的中转站。他们由柳疃上丝绸，运到青岛，再由青岛装船运到汕头，然后由汕头运往南洋。此后，杨茂春又邀请前埠渊泉（今都昌街道前埠村）隋忠堂、中裴村张鸣凤、杨秀圣等人入伙，到南洋后，他们有的当二掌柜，有的当先生（会计），杨茂春任大掌柜（总经理），常住巴达威。摊子铺开了，丝绸之路打开了，源源不断的柳疃丝绸运往南洋，生意越发展越大。伙友们不断向家里汇钱，吸引邻近村庄的许多老乡，纷纷到南洋入伙卖绸。他们有的去开座庄（设店铺），有的当行商（背包袱串门叫卖），达到鼎盛。

此后，杨茂春又让侄子杨玉成随外商到非洲开辟丝绸新市场。杨玉成沿非洲东海岸到达南非洲的德班（在今南非），在那里开设一座丝绸庄，专供当地购货。两年后，因运货太远撤回。

杨氏丝绸生意越来越兴隆，昌邑柳绸运往南洋的丝绸之路越来越开阔，杨氏家族也因此获得了不少红利，不但扩大了商业资本，增设了店铺，柳疃丝绸声誉也大大提高。杨氏把钱捎回家来，建了房子，买了土地，勤劳发家，摆脱了贫困。尔后杨茂春的侄孙杨其洋等人，又相继去南洋，继承祖业。

杨茂春故居

由于杨茂春一家的影响，昌邑、潍县、平度、安丘各县的老乡们纷纷下南洋卖丝绸，民国初年曾形成高潮。据杨茂春先生之孙杨其干、杨其祯介绍，从光绪初年到民国25年（1936），下南洋卖丝绸的不下万人。他们遍布爪哇岛等“一溜五印度”，有的甚至远到澳洲、非洲。杨茂春公墓碑刻有“乡人受公汲引，继起商南洋者日益增多，至今英、荷属地，谈及华商华产，辄称杨氏叔侄与昌邑茧绸，盖非仅一家一邑之光矣”等碑文。

徐长庚故居

“九一八事变”后，南洋丝绸之路受阻。“七七事变”后，南洋华商遭到帝国主义的扼制和掠夺，杨氏陆续绕道回国，丝绸生意渐衰。太平洋战争爆发，日本占据南洋群岛，丝绸之路断绝，华侨改从别业。滞留未回的杨茂德、张鸣凤等人定居爪哇，后又迁至香港等地。1977年，张鸣凤之侄儿张乃文又到南洋继承父业。杨氏祖孙四代人，自清光绪四年（1878）始达南洋，至民国25年（1936）陆续回国，前后达半个多世纪。杨岱山、杨嵩山、杨茂德等十余人先后在南洋病逝。他们开拓了柳疃丝绸在南洋的销路，加深了华侨与侨居国人民的相互了解与友谊。

早期下南洋岞埠的徐忠绍和徐长庚等人，从南洋回昌邑后，开设“义兴顺”商号和油房。对下南洋的情况，《柳疃镇志》和《南逄乡志》都有记载。《南逄乡志》载：“乡境村庄密集，地少人多，历有‘出门’经营谋生的传统。乡里习俗，年青小伙子‘出门’才算‘有出息’。有的在国内城市所谓‘出天朝门’；有的远涉重洋，奔波海外。远在清代就有不少人侨旅帝俄，俗称上北洋。据传本乡华侨有的参加过俄十月革命。苏联革命成功，社会改革，华侨经营转向南洋（东南亚各地），辗转遍及世界各地。”

《柳疃镇志》载：“昌邑县许多人也背起绸包到菲律宾、印度尼西亚、新加坡、马来西亚、印度等东南亚国家出售。柳疃一带到南洋卖绸的有千人之多，这就是昌邑历史上有名的‘背绸包’。绸商往来和数以千计人背绸包，既增进了中外友好关系和相互了解，又促进了柳疃柞绸品种改进和整个丝绸业的发展。日军侵占时期，柞绸业几乎毁于一旦，众多绸商和背绸包的人侨居海外，改做其他事情。据统计，昌邑县居国外华侨有2000余户，1万余人。”

《双台乡志》记载：双台乡在1945年以前，因生活困难，“被迫上东山谋生的有947户，1862人。下关东的有1978户，4655人。下南洋的有592户，613人”。

抗日战争时期水路交通中断的情况下，双台乡仍有许多丝绸经营者到大后方的四川和云南，岞埠村人在昆明开的联成公司拥有运货汽车4辆。在昆明开商号的还有双台村李春亭、南侯章村宋力勋、宋加谋等。双台乡南侯章村宋加阶等还从西安到成都，经昆明出国到缅甸经商。

第四节 改革开放后对外贸易

20世纪80年代，昌邑丝绸企业在改革开放大潮中，不断引进先进织造技术和先进织造机械，加强工艺改革创新，提高市场竞争力，丝绸新品种逐步增加，质量明显提高，产量比20世纪70年代末翻了一番。自营出口交货额逐年增加，品种达到100余个，其中，斜纹绸、真丝绡、素绸缎、双绉、柳絮绸、颖花绉、和服绸、真丝毛毯等产品销往英国、法国、意大利、日本、韩国、东南亚等20余个国家和中国香港等地区。1980年，出口丝绸106.6万米，收购值457.55万元。1983年，出口丝绸100万米，收购值517万元。1985年，出口丝绸98万米，收购值321万元。

到21世纪，昌邑丝绸企业实行改制，改革了工资分配制度，调动了职工的积极性，丝绸产量质量大提高。2005年，生产真丝绸等产品400余万米全部外销，出口交货额达8122.2万元。2006年，昌邑市华信丝绸有限责任公司实现工业总产值4282.2万元，出口交货额3853.98万元。

第三章 金融

第一节 白银市场

从清同治十二年（1873）到民国24年（1935），随着昌邑丝绸的发展，昌邑柳疃成为丝绸荟萃之区，商贾骈坒，买卖兴隆，成为昌邑乃至周边地区的商业贸易中心，白银交易活动频繁，昌邑柳疃白银市场随之形成。昌邑柳疃银价也比周边地区低一二百文，在国内享有信誉。与印度、印度尼西亚、马来西亚、新加坡、菲律宾、日本、朝鲜等国有金融往来。清同治十二年（1873），昌邑柳疃街出现相当可观的

银锭

白银交易市场。光绪十三年（1887）农历二月，昌邑柳疃街立起《惠我无疆》碑，或曰银子市碑。碑文载:“柳疃自同治癸酉，并各设字号，量力捐资，公当议会，每当财神圣诞，众家演戏，共庆润盛事也……”据此为证，柳疃的白银市场，始于“同治癸酉”，即同治十二年（1873）。

清光绪十二年（1886），昌邑柳疃丝绸交易为主的商业相当发达，大量柞绸外销换回源源不断的白银，白银交易活动频繁，昌邑柳疃白银市场伴随着丝绸业发展而产生。柳疃银子市场有2个，在财神庙前的南头银子市，俗称南钱市，规模较大，因为柳疃街南头商号、货栈多。街北头的叫北钱市，规模较小，银价和南钱市一样，到哪个银子市交易，只是根据地段和习惯各自图方便而已。随后出现的银号和钱庄，促进了金融流通，使昌邑丝绸业发展迅速，进入鼎盛时期。光绪二十八年（1902），昌邑县白银市场以柳疃为代表，所用之“平”，称为“昌平”，在全国各地享有“信得过”的称号。

同年，昌邑县第一个邮政局在柳疃街建立，办理商贾和个人（汇票）金融流通转移，柳疃成为昌邑县金融活动中心。银价亦比邻境低一二百文。因而，沙河、烟台、青岛、上海、天津、北京等地白银市场的交易，无不闻柳疃白银价格动向而变动。每逢三、八柳疃大集，白银交易，数目可观，最多时成交十几万两。当时，柳疃有炉房8家，银商络绎不绝，镖车之来，衔尾相接，北京的“德顺”镖局和“永泰”

清铜币

镖局亦不远千里而来，可知输入之多。潍县姓尹的和姓郭的2家首饰店，亦经营白银首饰，白银市场甚显活跃、繁荣。

清宣统二年（1910），清政府颁发《币制则例》，规定银元为银本位币，每枚重库平七钱二分，含纯银九成，合六钱四分八厘。虽然翌年6月开始大量制造，但是国家收支仍以银两为货币计算单位。柳疃白银市场交易，仍以“平”计量。大宗交易用银锭，最大的500两，称“大元宝”，普通50两，称“元宝”，还有10两的，称“小元宝”。再就是银锞，重一、二、三、五两不等。铜币“清钱”，亦称“制钱”，圆形中有方孔，清代“顺治”“康熙”“雍正”“乾隆”“嘉庆”“道光”“咸丰”“同治”“光绪”“宣统”10个年号所铸之铜币，皆流通于市面，与银币交轧川兑。光绪二十六年（1900）、宣统元年（1909）和宣统三年（1911）所铸之铜板，由于式样新颖，最受群众欢迎。铜板分两种，面额10文者称小铜板，面额20文者称大铜板，亦称双铜版，

民国银票

500 文为一吊（小铜板 50 个，大铜板 25 个）。

由于各地银价不一，铜币与银币兑换比例各异，因而出现一批银钱贩子，此买彼卖，从中渔利。这时，柳疃白银市场上交易，不单纯是白银，交易日益广泛，与印度、印度尼西亚、马来西亚、新加坡、菲律宾、日本、朝鲜等国皆有金融往来。墨西哥的“鹰洋”、孟买的“站人洋”亦流通于柳疃金融市场。

民国 3 年（1914），民国政府颁发《国币条例》，规定货币单位为“元”。银块使用面逐渐缩小，市场流通货币多属银元，但大宗交易仍以银两作计价标准，而银元则作为流通手段和支付手段，保持着“两”“元”并存局面。柳疃白银市场，发展为金融市场。潍县、烟台、威海等地较大钱庄，开始到柳疃扩展存款和放款业务，办理汇兑。特别是潍县钱业，仰给于昌邑柳疃。据《潍县志》第二十四卷《商业•实业篇》中载：“潍县有 24 家钱庄的资本和存、放业务，多来自昌邑柳疃。”此时，潍县的工商业，受昌邑柳疃的金融势力支配。济南“义聚隆”钱庄，青岛“利元”银号，烟台“福顺德”钱庄，潍县“德盛昶”汇兑庄，皆到柳疃办理内外汇兑业务。

第二节　钱庄

民国 4 年（1915），经民国政府农商部注册，昌邑县商务会在柳疃成立，掌管商业和金融。继而，以柳疃为中心，成立“钱业联合会”，全部利用钱庄运作货币的经营模式。柳疃的“泰元”“天源永”“福盛茂”“利盛泰”，昌邑城里的“德祥合”“福聚信”“德源祥”“裕成祥”，岞山的“瑞丰祥”“华丰楼”“天增长”“源裕兴”，饮马的“德盛泰”，北孟的“宝和泰”，姜泊的“忠诚义”共 15 家钱庄经商务会注册加入“钱业联合会”，并发行“本票”“庄票”和“乡票”，视同现金在昌邑、潍县境内流通。“本票”和“庄

民国银元

票”除在市面流通外，还分“定期”和“即期”两种：定期是规定期限（一般是10天为限），到期即付现金，即期是见票即付现金。主要是因为钱庄资本不大，以县商务会和钱业联合会组织的名义，扩大资本、扩大信用和扩展业务范围。

民国18年（1929），震撼世界的经济危机波及日本，日本把山东当成掠夺对象，极力向山东扩大经营，倾销大量工业产品和农业产品。人造丝输入数量成倍增多，柳疃丝绸受其排挤，江河日下。这时的年产值不过200万元，与19世纪末相比，降低一半。加上社会动荡不安，军阀混战，土匪迭起，张宗昌部属刘志陆、方永昌、刘珍年、黄凤岐及地方土匪高志七、王路全等部盘踞昌邑各地，蹂躏昌邑人民。地方官吏，横征暴敛，苛捐杂税，花样百出，致使财政混乱，金融腐败，信用不立，借款者多，出借者少，利率普通3分，高达5分。至于铜币，一则受铸币之影响，二则被外人搜罗，加之私人积存，几乎绝迹。其金融之紧张，可见一斑，此时柳疃金融市场陷于恐慌冷落。

民国19年（1930），韩复榘督鲁，筹备成立“平市官钱局”，控制地方金融，追求官方营业收益。民国20年（1931）1月成立，发行铜元角票，初为50万元，最多发到676万元，实际流通469万元，并在潍县设立分局。在成立“平市官钱局”的同时，又准备设立“山东民生银行”，于民国21年（1932）7月正式成立，发行“民生票”（角票）总共1000万元，实际流通583万元。另发行库券300万元，以52万元留作省库打发各种经费，以248万元分发各县，分发昌邑县2.4万元，与银元一体流通，10角为1元，并准予用之完粮纳税。该行还对民营企业和农村施行各种贷款，当时辅助工商业在发展上起到一定作用。

韩复榘为加强对金融业管理，先后发布许多条令：民国19年（1930）10月，下令禁止“制钱”和“铜元”的出境。民国20年（1931）1月，下令禁止现洋出境等。这些做法，对维护金融市场正当交易、打击投机倒把活动、防止白银和铜币外流起到一定作用。

由于“制钱”和“铜元”几乎绝迹，缺乏辅币找零，各地兴起“乡票”和“土票”发行热。粗制滥造，任意发行。民国政府曾下令取缔，蒋介石令地方一律停止发行，限期收回。韩复榘故作未闻，民国21年（1932），以山东省名义发布《253》号特许训令。训令中云：“各县商号发行的纸钞，迭经明令取缔，限期收清，唯固铜元缺乏，不敷周转，呈清展期收回，或以所发行纸钞信用巩固，市面乐于行使者尚不少。兹为适合各县需要起见，特定特许办法，准予暂时发行，延期收兑，以示通便。”此时柳疃金融市场之紊乱，达到极点。

民国22年（1933），民国政府宣布“废两改元”，规定自4月6日起，所有收付和交易，一律使用银元，不得再用银两，每元含纯银23.49公分（公制质量或重量单位，克的旧称），银元同银两折算率定于一元等于上海“规平”七钱一分五厘。

此后，一切收付和交易，如果仍用银两计算者，法律上不承认其有效。柳疃所有钱庄商号，均按时更换新账。

实行“废两改元”之后，各地银行兴旺发展起来，银钱业也伴随着增多，柳疃金融市场骤然活跃起来。柳疃银钱业，多数与丝绸商集股经营。因而，潍县、烟台、威海、掖县、平度的钱庄纷纷到柳疃开展存款、放款和汇兑业务。柳疃的钱庄商号发展到400余家，其中经营丝绸者即300家。昌邑全县交易额500万元，柳疃一地即占200万元之多，仍不失为昌邑县金融和商业中心。

第三节　银行

民国23年前的一段时期，柳疃金融市场，虽然得到恢复和发展，但是由于官方对民营金融业的管理很严，特别是官方银行业之迅猛扩张，金融业之实力已趋向集中于官方银行，就资本而言，有天壤之别，无法与之抗衡。所以柳疃金融市场复苏之后不久即出现衰败之势。

民国24年（1935）11月，民国政府为进一步完成金融垄断，进行币制改革，废止银本位制，规定以中央、中国、交通银行（后加农民银行）发行的钞票为“法币”（即法定货币）。将白银收归国有，当时表面情形虽然稳定，实则影响很大。现洋100元可兑换“法币”140～150元，足以证明“法币”贬值。

民国政府再令：“严禁银元流通和相互买卖……”并将银号、钱庄的库存现银集中封存，由中央、中国、交通3家银行集中保管。山东总计封存3000余万元。在现银保管上，韩复榘与蒋介石发生争夺。蒋屡令将现银解到南京集中，韩借地方绅士之名，力争在济南保管。以后这笔现银终为蒋所收缴，各钱庄银号均受损失。各地银钱业，有的倒闭，也有的转改他业。据报载：“烟台钱庄一落千丈，掖县钱庄萧条，青州钱庄仅存一家，昌邑钱庄销声匿迹……”柳疃的白银市场和钱庄就此告终。

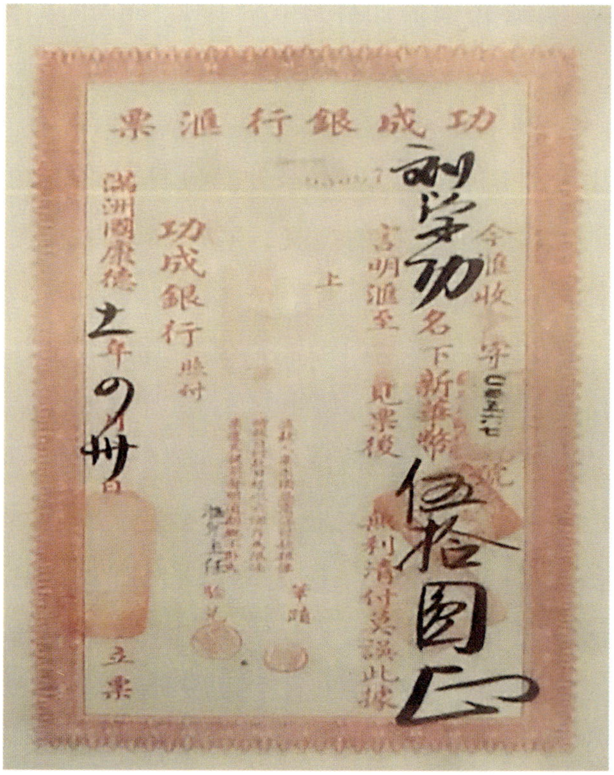

功成银行汇票

第四节　镖车　镖局

镖局，最早创建于清代康熙年间，到20世纪20年代左右结束，从发生、发展到消失，不到300年时间。

清光绪二十八年（1902），交通很不方便，沿途又有土匪劫道。要想保证银子安全运达，必须雇用镖局，用镖车（当时用于运输物资的一种轿车）运送，因为镖局的镖师们熟悉各地关隘关系，能避险免劫。

柳疃丝绸繁荣时期，每天都有许多镖车从北京向柳疃运送银子。《野蚕录》中载："昌邑柳疃集，为丝业荟萃之区，机户如林，商贾骈坒"，"裨贩络绎不绝于道，镖车之来，十数里衔尾相接"。可见当时镖车之多。

据柳疃镇陈家庄陈万通介绍，"从北京来的镖车最多，车上插个小旗儿，写着'永泰镖局'或'永顺镖局'，都是北京的大镖局。保镖的清兵打扮，包着头，过去是背把腰刀，后来是背枪。车里边拉着顶包。1000两银子为一顶包，六十二斤半（16两为1斤）。如果路上被劫，镖局需履行合同，包赔损失，因此保镖很挣钱。"

"延庆堂"好时候，一天到过3辆镖车，镖车是北京"长胜镖局"的。传说这个镖局，在八国联军进京时，曾给慈禧太后保镖到热河避难。据说镖头是李武的后人，外号御钩神弹子，镖师傅有魏育志和张凤傲等。

姜家寨过去有个赶大车往北京送寨子布的，名叫姜述范，曾讲过一个到姜家寨送银镖车的故事。有一天傍晚，他在德州东门里住进一家客店，看到店里老板和跑堂都斜戴着"帽头子"捂着左耳朵。晚饭后他和店主攀谈起来，说明自己是柳疃姜家寨后，店主人立刻热情起来，摘下帽子，一边叫他看一边说我们没有左耳朵，只好盖着。店主人说："有一年北京去姜家寨的一辆镖车住店后，我们见赶车的是一前一后两个男的，而保镖却是一位20岁左右的姑娘，就决定下半夜出店后，安排店里所有伙计在城东10里没有人烟的大洼里截劫。谁知那姑娘一弹弓就把我左耳朵打掉了，说'先留下耳朵，你捡一条命，滚回去吧！其他人要想活命，自已把左耳朵留下。'从那以后，我们就没有左耳朵啦。说来，人家神弹子镖局也真够义气，我们要是早知道是他们的镖车，打死也不敢打他们的主意。"

北京工商联顾问、柳疃南西高的高守信，在1992年写的《在京昌邑绸布之我见》中对镖车情况回忆道："清末民初之前，交通极不方便，沿途土匪密布，而镖局谙熟各地关隘关系，可保证银子安全运达。据我所知，当时只有'瑞蚨祥'这样的大号专门雇着镖局，昌邑商号没有现雇的，都是随用随雇。那时北京没有几家可以存银子的银号，过上一段时间，银子积存多了，便几家联合起来雇一辆镖车。这种做法多属于一些小号，像'泰和''同春和''阜盛茂''天有信'等。批发号和大号，尤其是一些干批发的，输出量大，进银子多，久贮北京，很不安全，家里的织户也正急需，他们一般是单雇，且也频繁，到昌邑镖车之多，这是主要原因。"

镖，是一种旧式武器。镖行产生之初，原始镖师的小推车上放着的生活日用品和武器中，最醒目的武器是许多短矛，短矛的头类似镖，一排排的短矛，矛头朝上立放着，以便遇到贼匪拦路时迅速地飞出去，其实这种武器应称为“飞矛”。由于矛头类似镖的形状，故又称之为“飞镖”。镖师的小推车称之为“镖车”，车上的小旗称之为“镖旗”。

另外一种说法：镖，指镖师所护送的财物银两。所以，镖行的人管外出执行任务叫“走镖”。财物银两被贼人劫去称之为“丢镖”，贼匪们管抢夺镖师护送的财物叫“劫镖”或“夺镖”。

镖行的任务是保障雇主生命财产安全，以收取酬金，即所谓受人钱财，为人保安。

按照走镖的规矩，沿途要喊镖号。镖号又称“趟子”。镖号是“合吾”二字，其意是“和我合得来的”，也就是“朋友”的意思。每每行进到易出事的地段，镖号喊得格外频繁，目的是向朋友（贼匪）致意，以避免冲突。另外，快到目的地时，镖号也喊得抑扬迂回，以显示其威武气势。

清末民初，柳疃丝绸如日中天，名扬四海，本地一些有实力的商号，以柳疃为大本营，不断将营销触角延伸到省外的大中城市，如北京、上海、长春、哈尔滨、青岛、大连、烟台、天津、合肥、石家庄、洛阳等，在这些城市，设立规模不等的商号。另外，随着口岸开放，昌邑绸商的生意也由北洋拓展到东洋、南洋，外汇越来越多。大宗银两、财物向家乡发送，途中时有不测。于是，大的商家开始雇用保镖，一为长途运输钱物、原料；二为看家护院。据东陈村陈万通讲述，“光绪二十六年（1900）前后，柳疃街上的‘双盛合’‘广盛店’‘广庆成’3个大字号先后被砸，闹得人心惶惶。所以，一些大字号开始出钱雇用镖师傅。我记得，柳疃那时的镖师傅大约有十几个”。这些镖师傅只看家护院，保卫雇主家生命、财产。

光绪三十年（1904），“双盛合”招砸案子，因为这家买卖的财东是潍县陈大花翎和虫埠的傅振邦，所以很快破案，杀了两个嫌疑犯。但是，事隔二三年后，又有“广盛店”和“广庆成”两家商号相继被砸。3个大商号遭明火，从此柳疃街上大商号都出钱雇镖师傅，大约有十几个，此后出现保镖和镖局。柳疃镖局是光绪三十二年（1906）成立的，名为“福祥镖局”。其时，柳疃本地设立镖局，镖师傅受雇于各大丝绸商号，外地镖局的镖师傅，也经常踏入丝绸之乡。

陈万通说：“那时，柳疃绸子生意特别红火，进来的银子多。我小的时候，夜里就常常听见镖车队进街的喊声。‘呕噢—噢—’。那动静，一高一低，听起来挺威武，也挺瘆人的。其实那叫声就是一种暗号，宣布是哪家的镖局到了。”“后来，不断有‘胡子’（土匪）来绑票，北部沿海的海匪也窜到柳疃来砸商号，抢财物，那些给大字号看家护院的镖师不顶用，镖局名声扫地，换上了商团。”

民国4年（1915），昌邑成立商务会（前身为柳疃商务会）。随之，组建保护地方商号的“商团”，代替镖局，但个别商家仍雇有镖师。对柳疃镖局和商团的情况，《柳疃镇志》有系统记述：“商务会雇用镖局，保卫其安全，镖局人员由镖师傅关继祥率领，驻扎商会。民国 11 年（1922）冬，海匪自下营港到柳疃绑票，先控制商务会，把全部镖局人员绑了，以防他们抵抗，然后派一匪徒持枪挟制商务会人员挨家传达各商号掌柜到商会集合，绑走商务会成员、商号掌柜 20 余人。事发之后，报告给县城驻军，县令立即派兵追赶，追兵行至诚愿寺时，从青乡传来消息：'海匪在青乡集开饭'。官兵得知消息，故意就地开饭休整，实际不敢迎敌，故意拖延时间，等海匪上船后，才虚追一阵了事。从此镖局威风扫地，全部人员被解雇。商务会为了自身安全，便向省府请求保护，省里派来国民军五师的一个连，驻扎柳疃街。后五师执行命令撤回，商会便成立自己的武装——商团。共有乡丁 20 余人，身着灰军装，佩有长短钢枪，历任团长是马洪彪、马凤仙、王振东。"20 世纪 20 年代，镖局消失。

第七编　经营管理

JingYingGuanLi

昌吉丝绸卷

清末，以柳疃为中心形成一个丝绸交易的繁荣商埠，绸庄、货栈、银号、钱庄大大小小的店铺商号400余家，事务纷杂，市场需要管理。宣统三年（1911）七月，柳疃丝绸商务会诞生。商务会把有一定资本、设固定门头的商号和商户，注册登记，并按清政府农商部颁发的章程，推举德高望重且有管理能力的人负责筹备组织商务会，通过商务会管理柳疃街工商事务。

中华人民共和国成立后，昌邑先后成立丝绸公司、蚕茧公司、纺织工业局及昌邑市丝绸有限公司等机构，管理指导各企业丝绸生产及经营，为企业发展架桥铺路，使企业步入有序发展快车道。

第一章　管理机构

第一节　商号自治

“义泰祥”是昌邑丝绸商人在丹东市设立的一家丝绸厂家，以此为例说明一下当时丝绸商号的管理情况，“义泰祥”按合同规定，每年生产利润东家与厂家按六四分成，东家罗坤祥提6成，厂方提4成，厂方提取部分再按10成各掌柜分红。具体是：韩效思1.5成，韩思明、孙立凤各1成，徐长聚、刘京州、韩先贤（柜房先生）、王汉章每人0.8成，韩成志、高百官（夏店乡高戈庄）、姜言成、于德门（石埠镇西黄埠）、赵洪慈（牟平）各0.5成，王永（蓬莱）、高帮善（柳疃镇东高家庄）各0.2成，剩余部分以后视工作情况再定。

生产车间工人分两班作业，每班12小时。工种两类：一是学徒工，初进厂的工人与厂方签订3年学徒合同，月工资大洋3～4元，在厂内食堂吃饭，不交伙食费，学徒期满转为吃劳金；二是吃劳金，计件工资，一般月工资在大洋25～30元之间，每月交伙食费4.5元。各掌柜及柜房工作人员为固定工资，多少不等，最少者10元，韩效思每月工资30元。

厂里还制定生产、奖惩、节假、检验、交接等各项制度，由各车间掌柜严格把关。车间各种机器设备都有班次、号码，工人与机器设备同号，如有违反制度，按规定罚款处理，从不姑息迁就。验收中对有穿梭、底漏、夹梭、接线不平等质量问题，按2～5毛处罚办理，达到或提高质量者也按2～5毛的规定奖励。奖惩情况当天写在厂内的黑板上（只写班次号码，不写名字），各车间记账员将号码逐一记录，月底开支统一兑现。对柜房（前后柜）的工作人员也定有各条制度，由韩思明具体负责。

“义泰祥”自兴办以后，根据生产情

况，可分为以下几个时期。兴盛时期。从建厂到民国24年（1935），是“义泰祥”生产形势最好的时期。“九一八事变”前，辽宁虽处于军阀统治之下，但农村经济尚有所发展，加之山区人民生活困苦，柞丝生产便成为他们赖以活命的经济来源，又因昌邑人大批来此兴办纩坊，所以柞丝产量空前提高。丹东周围丝源充足，价格低廉（每箱约为50公斤，价格120两银子），运输方便，充分保证原料供应。“义泰祥”管理者韩效思接受柳疃“聚星成”破产的教训，对产品质量严格要求。当时厂里规定，对质量不合格的产品一律作次品处理，不准打包外运，就地销售给小商贩，对厂内漏检或误发的不合格丝绸，由设在各地的丝绸批发站就地处理，使销往国外的丝绸合格率大大提高。该厂所生产的丝绸主要通过“郑记号”轮船公司（掖县沙河杜家村人办）运往上海业务点，然后发往英、美、新加坡及南洋各地。他们想方设法为外商提供各种方便，丝绸交易强调信誉，信守合同，从不拖延交货时间，因而建厂不久“义泰祥”就赢得信誉，国内外客商都愿意购买该厂丝绸，一时销路四通八达，价格也比同行高，有时还出现供不应求的现象。

抗战以前，昌邑及胶东各地的机房，多是木机操作，工人劳累且生产效率低。该厂全部机械作业，加之电力保证供应，技术工人吃劳金计件生产，提高生产积极性（有的工人一天织五十码），又改原来的一班生产为两班制，机器昼夜不停，因而工厂的生产效率大幅度提高，产量成倍增加，每年生产各种丝绸约5万匹，成为丹东地区工商界颇有名气的八大家之一。民国18年（1929），东家罗坤祥去丹东，看到工厂的生产情况非常高兴，拍着韩效思的肩膀说：“心田哥（韩效思字心田），咱们再干几年，到60（岁）就不干了，一起享清福。”可见当时工厂的兴旺景象。

义泰祥虽然每年都赚钱很多，但工人的生产条件和生活待遇却得不到改善，尤其是生活方面，工人意见很大，多次与伙房人员发生争吵。那时昌邑人民为生活所迫，背乡离井，漂洋过海到工厂做工，为的是养家糊口。因为交通不便，他们吃住全在厂里，为节省一点血汗钱，春节大部分不回家。平常劳累的工作，粗劣的伙食，他们已是忍气吞声，可春节期间还吃不上可口的饭菜，使他们更忍无可忍。民国17年（1928）正月初三，留厂工人因饭菜质量不好与大师傅发生口角，一气之下将大师傅韩廷臣打成重伤。处理时厂方偏袒韩廷臣，工人非常气愤，有60余人捆起行李回昌邑，还有一部分工人离开工厂。

“九一八事变”后，日本占领东北全境，日伪当局为粉饰太平，收买人心，在推销“东洋”货同时，尚允许当地工商业和农村经济自由发展，因而在伪满初期辽宁各柞丝产区产量仍能保持稳定，柞丝价格与“九一八事变”前基本相平，“义泰祥”的丝绸生产仍属稳定兴旺时期。

第二节　销售合作

东六西四　从清咸丰三年（1853）到民国27年（1938），昌邑县城的大商号，其经理人多是从资本家手中领取资金，叫作“领东”。“领东”要订立文约，一般是“听挣不听蚀”。经理人“领东”开业之后，其营业纯利润一般是60%交给出资的“东家”，所以叫“东六”；40%由经营人支配，所以叫“西四”。当地“放东”的资本家，比较出名的是李家抚宁李润芬和姜家泊“五大功”。其余大财东，多数是北京、上海的资本家。由于昌邑出门闯外的多，多数大的村庄都有“放东”的“柜屋”（即东家雇用管理人员的办公室）。

东四西六　昌邑商人下南洋经销丝绸开支大，风险也大，所以一般是“东四西六”。韩其宽在《海外生涯》中讲道：“昌邑人下南洋，一般通过两条渠道，一是由东家招雇，即当地大财主为了在国外经商赚钱，雇用一些想出国的青壮年，付给全部来回路费和经商资金，这样的财东称为‘东家’，付出的资金称为‘东股’。出国的人由一人负责，称为‘领东’。领东（又称大掌柜）与二掌柜、记账先生及几个业务熟练赚钱多的人组成‘西股’。东西股之间根据所定合同把赚的钱按比例分配，一般为四、六开，即东股分四成，西股分六成。东家在国内坐享其成。西股的六成再由入股的按股分配。”

赊购　从清光绪四年（1878）到1995年，随着丝绸产量增加，绸商绸贩也多起来。绸商绸贩大体可分为两种类型：一种是当地卖绸的，俗称绸子包袱，多的时候有几百人，以柳疃、龙池、双台居多。经营方式有赊购的，俗称回程钱，由炼坊担保。这种形式绸价稍高些（机户委托炼绸时即言明是现金交易还是赊购）。有自己用现金买的，绸价稍低些，这些人多是卖绸老手，有一套销售本领，也能吃苦耐劳，整天背着绸包走街串巷，叫卖不迭，多则一两个月，少则半月十天回来一趟。值得一提的是机户赊丝也好，绸子包袱赊绸也好，都很守信用，拐骗者几乎没有。

半赊购　下南洋的杨茂春等商人，先与丝绸织户协商好，织户供应丝绸货源，并邀请中间人订立合同，言明先付半价，卖货后再付清，并按本付利息，一年后当交不欠。杨茂春用家中三亩地做抵押，取得织户信赖和支持，所以他们在南洋的丝绸生意越发展越大，丝绸之路越来越开阔，提高了昌邑丝绸知名度。

1949年到1995年，各行各业仍然采用赊购、延期付款等经营方式，适当解决资金短缺问题，扩大销量，提高企业经济效益。

第三节　丝绸商务会

宣统三年（1911），柳疃商务会成立，管理各商号和商户。会址设在柳疃街东侧，并呈报北京国民政府农商部注册，当时入会商号计有63家。商务会大门向西，门前有石阶数级，门内分内外两院，办公室设在内院。进内院要通过一个石框圆门口，门口上额有石刻“蠡隐”二字，取“范蠡隐居在此”之意。

商务会的人自比范蠡，其意有二，一是颂扬自己的事业，利国利民；一是说商务会这个地方藏龙卧虎，住的不是庸碌无能之辈。商务会大门上有一副对联，上联“经营莫忘陶公（范蠡）业交友常存晏子风”，下联“道莫渔盐无大隐须知货殖有商贤”。

商务会会长由入会会员推举产生，再呈官府备案，设总理一人，协理1人，董事20人。

民国4年（1915）1月，在柳疃商务会基础上，改组成立昌邑县商务会，会址设在柳疃商务会原址，入会者增加县城商号共71家。民国5年（1916），昌邑商务会在柳疃街北小龙河上，树起“万善同归”石碑，刻有140余家商号、炼坊、绸店等名称，足见当时柳疃丝业发达和兴旺景象。随即改选商会领导机构，选出会长1人，副会长1人，董事20人。到民国12年（1923），董事增补到26人。民国18年（1929），昌邑县商务会改选，入会商号100家，选出商会主席1人，常务委员5人，执行委员15人，监察委员7人。商会虽不是官方组织，但受官方保护，官府亦通过商会对商号征收税金和筹办地方事宜所需资金。如果地痞流氓对商号进行敲诈勒索或有合同失约纠纷，则由商会出面向官方提起起诉，官方即同商会为商号作主调理。此外，商会还为商号制定公约法规，组织安全警戒、防火、防盗等措施。商会活动所需经费，由入会商号共同负担。

担任会长需具备如下条件：有经济实力和管理能力，本身就是财东经理；与官府交往甚密，取得官府信任者；具有较高威望。宣统三年（1911）七月柳疃商务会（后改称昌邑县商务会）建立，至民国27年（1938）2月日军侵占昌邑终止，历经26年7个月，共推举8任会长。其中，名誉会长陈干。

柳疃商务会（昌邑县商务会）历任会长一览表

表7-1

任次	姓名	任期	籍贯	备注
第一任	姜述贤	1911.7—1914	柳疃姜家寨	柳疃商务会
第二任	姜述贤	1915—1918	柳疃姜家寨	昌邑县商务会
第三任	姜其泮	1919—1922	柳疃长胡同	
第四任	郝子玉	1923—	东冢张戈庄	
第五任	郝子玉	—1928	东冢张戈庄	
第六任	陈东阜	1929—	柳疃东陈村	
第七任	陈东阜	—	柳疃东陈村	
第八任	陈东阜	—1938.2	柳疃东陈村	

第四节　丝绸公司

民国35年（1946），昌邑县在柳疃成立丝绸公司，旨在加强对丝绸行业管理，指导恢复发展丝绸生产，使丝绸生产逐步走向正规化。1950年，丝绸管理委员会丝绸检查所成立，负责检查验收丝绸质量。1953年春，成立丝绸改革领导小组，杨玉昆、范申庭任正副组长，组员有孙锡庚、李麟、温立让、齐广忠等，下设办事机构——丝绸交易所，温立让任所长。每逢柳疃集日，大张旗鼓地宣传丝绸改革的重要意义，规定严格检验制度，没有加盖合格印章的绸子不准上市出售。

1953年5月16日，在柳疃设立昌邑县人民政府丝绸展销检查所，在丝绸交易中派专人检查质量，规定长宽尺度和重量，并向各织户广泛宣传掺假的危害性，不合格的绸子一律不准进入市场，这样就解决了偷工减料、绸中加浆等问题，使柳疃绸重新走向正轨。

1955年4月，山东省丝绸公司昌潍支公司成立，接管昌邑柳疃丝绸加工组经营组业务。1977年7月，山东省蚕丝公司潍坊采购供应站成立，负责蚕茧收烘业务。下设昌邑等5个县级蚕丝公司，由山东省蚕丝公司统负盈亏。昌邑的蚕茧生产经营，在丝绸公司成立之前，由供销社的土产杂品公司经营管理。1977年下半年，蚕丝公司成立，蚕茧经营管理由土产杂品公司移交蚕丝公司，蚕丝公司为县供销社下属经营单位，为股级。1981年5月，昌潍地区丝绸公司成立，下设昌邑等4个县级丝绸公司。1981年7月，昌潍地区丝绸公司改为潍坊地区丝绸公司。1983年10月，潍坊地区改为潍坊市，潍坊地区丝绸公司改为潍坊市丝绸公司，职能未变。

1983年，昌邑丝绸公司成立，蚕丝公司由供销社移交丝绸公司管理，规格不变，与公司下属科室平级。昌邑丝绸公司为科（局）级事业单位，与昌邑县纺织工业局合署办公，一套领导班子，挂两个牌子。昌邑县丝绸公司对所管理的昌邑丝织一厂、昌邑丝织二厂加强业务指导，协调各方关系。在企业整顿中成立驻厂工作组，帮助企业进行全面整顿，使企业向正规方面发展并通过山东省丝绸公司和潍坊市丝绸公司的考核验收，达到各项整顿要求，得到企业整顿合格证书。

1984年4月，机构改革，纺织工业局改为纺织公司，仍然与丝绸公司一套班子，挂两个牌子。1986年5月，丝绸公司与纺织公司分设，为正科（局）级事业单位，属潍坊市丝绸公司和县委、县政府双重领导。丝绸公司分设后，主要职能是负责对全县的桑蚕茧生产经营和丝绸工业生产的行业管理，实现农、工、商贸一体化。丝绸公司下辖昌邑丝织一厂、昌邑丝织二厂、丝绸印染厂、华侨绣服厂等企业。公司内部机构设党委办公室、经理办公室、工业生产科、蚕茧科、财务科、丝绸批发站、物资供应站、供销经理部、丝线厂、丝绸展销部等经营实体。1986年秋，丝绸公司联合所属企业成功举办丝绸产品秋季展销会，邀请全国100余个厂家和丝绸批发站参加，出席人数300余人，签订购销合同500余份，交易额4000余万元。

1989年，成立昌邑县丝绸工业总公司，丝绸公司管理的丝绸企业整体划归到丝绸工业总公司管理。从此，丝绸工业总公司主要从事桑蚕生产经营业务，为省属国有企业，人、财、物由山东省丝绸工业总公司、潍坊市丝绸工业总公司管理。2006年，昌邑市丝绸公司报经省国资委批准，实行整体改制，由省属国有企业改制为民营股份制企业，改制后名称为昌邑市丝绸有限公司。

第五节　织造协会

2002年，昌邑市政府针对昌邑市纺织业的现实情况，为促进昌邑织造业健康、有序发展，组织成立织造协会，随即召开第一次代表大会，选举李华光为会长，副会长单位有昌邑市华裕丝绸有限责任公司、毛巾厂、昌进纺织厂、青阜纺织厂，会员单位有120家纺织企业，秘书长由昌邑市经济和信息化局副局长王亚民担任，会址设在昌邑市华信丝绸有限责任公司。协会成立后，充分发挥管理职能和服务职能，通过组织联谊活动加强织造企业之间的信息交流、技术合作、协作协商，促进昌邑纺织产业在循环经济、环保生产、技术创新、市场拓展等方面登上新台阶，推动昌邑纺织产业的快速、持续发展。

2006年，昌邑市纺织业协会会长仍由李华光担任，秘书长是王亚民，其职能未变化。

第二章　污水处理与消防管理

第一节　污水处理

自1978年中共十一届三中全会后，改革开放不断深化，纺织企业高速发展和科学技术进步、纺织机械不断更新，昌邑市纺织、印染企业所排出大量污水，给周围环境、人们生活带来不利影响。昌邑市人民政府认真贯彻落实环境保护这一基本国策，积极组织全市纺织印染企业等推广污水深度处理及中水回收利用改造项目。据《昌邑市志》记载，1995—2003年，昌邑市投资6432.44万元，用于水污染治理。昌邑市纺织印染总厂、昌邑市丝绸印染厂、昌邑市华裕丝绸有限责任公司、昌邑市华信丝绸公司均在厂区内投资兴建污水处理厂。项目全部完成投入运营后，排放污水完全达到污染排放COD ≤ 50毫克每升、

昌邑污水处理厂

氨氮≤5毫克每升环保标准要求。通过实施污水深度处理及回用改造，将污水回收并达到循环水补水要求，不污染环境，又提高水资源利用率。

第二节　消防管理

中华人民共和国成立前，纺织企业对消防安全不够重视，只通过商会组织安全警戒、防火、防盗等措施。中华人民共和国成立后，昌邑纺织企业，制定消防安全措施和管理制度，在厂区重点防火区域建立防火池，堆放防火沙，购置灭火器等消防工具，有条件的企业购买消防车。

2006年，纺织企业按照新的发展理念、新标准要求，从思想上绷紧消防安全这根弦，牢固树立安全第一的思想，制定一系列安全管理制度。在安监局和消防中队指导下，建立起专业消防队和义务消防队，每年进行业务培训，提高全员消防安全意识。

第八编　丝绸之路与华侨之乡

SiChouZhiLuYuHuaQiaoZhiXiang

昌吉絲綢卷

清代中期以后，昌邑的民族工商业者开辟柳疃丝绸国内市场，加速山茧绸商品化进程。鸦片战争之后，随着各项不平等条约签订，关闭已久的中国大门被迫开启，中国从此被卷入资本主义世界市场。在社会剧烈变革大背景下，昌邑绸商为适应市场需求，通过技术改良，使“昌邑茧绸”成为国际商品。同时，昌邑绸商还通过技术与资本输出，将昌邑茧绸的原料与生产基地由山东省内的胶东地区、鲁中南地区扩展到辽东半岛，加速当地柞蚕业的发展，催生中国茧绸史上的黄金时代。清咸丰年间，柳疃丝绸作为优质国货开始融于中国近代丝绸之路，并逐渐开辟由下营港外运的海上丝绸之路。

清代后期，柳疃丝绸不断发展，销路不断延伸。到咸丰年间，昌邑丝绸经营者开始走出国门，闯北洋进入俄罗斯。辛亥革命前后，他们又开始进军东洋，即朝鲜和日本。有资料记载，下南洋最早的是清朝咸丰十三年（1853）岞埠徐忠绍、徐长庚。光绪四年（1878），双台乡裴庄杨岱山兄弟二人带着丝绸南下爪哇。此后，下南洋的逐渐增多，民国5年（1916）至民国26年（1937）进入高潮，据1956年不完全统计，昌邑籍在外侨胞1327人，仅印度尼西亚与印度就有1001人，昌邑也因之成为山东省著名的华侨之乡。

第一章　丝绸之路

第一节　近代丝绸之路

清朝末年，渤海沿岸各大港口被列强侵占，中国小商船不得停靠，许多商船移至小港，下营港开始成为重要商港。下营港可容纳大小船只二三百艘，年吞吐量100余万吨。船只从东北大连、营口、盖平、海城运送木材、粮食、柞蚕丝茧到下营港。超过10吨的大船不进入潍河，货物通过小驳船倒运到码头。到码头运粮和柞蚕丝的驴骡牲口，最多有几千头。各村的驴驮子，多源自卜庄镇大阎家一带，群众称“三千六百

下营港

下营海关衙署

头神驴”。近途货运多是人挑。

下营港码头分为高低货台两段，大小渔船及商船在高低潮时均可停靠。当时柳疃丝绸进入繁荣时期，销售异常红火。各绸庄炼整后打包装箱，有的走旱路驮运参与丝绸销售，有的从岞山、潍县搭火车或从水路自下营港进行航运，经北京、烟台、上海、香港、洛阳、安东等大商埠，销往欧美、日本及东南亚各国。下营港成为柳疃镇海上丝绸之路的重要源头。

丝绸贸易鼎盛时期，仅下营村就拥有帆船104只，其中李克文、李述香、谢克俊等人的商船，可载重10～15吨。柳疃镇辛安庄王光恕的3只商船，可载重20～25吨，夏店镇吕家庄谢法孟拥有2只汽船，运输量更大。货物增多，贸易货栈随之增多，规模较大的有“泰兴隆”“利昌盛”等7家。“泰兴隆”拥有门市柜房数间，职工15人，资本10余万银元，董事是下营镇李刘村刘同和，设有分号“太元福”，有汽船一艘。

大连、烟台及江浙沿海的洋布、人造丝等，人们称“避路”，是高利润的畅销货。通过下营港源源不断地运到下营，由下营经营布绸等杂货的“泰兴隆”（掌柜刘同和）、“利昌盛”（掌柜李宪谋）、“海盛永”和“和顺盛”4家大店铺进行销售。

贸易危机 据民国七年（1918）《海关十年报告》记载，光绪三十三年（1907）开始，日本在安东（辽宁丹东市旧称）设柞丝收购店11家。为控制柞蚕丝茧市场，日商“在未收成以前垫付养蚕人款项若干”，使其不能转卖给他人。日商在买到蚕丝后“效法法美，以机器织成茧绸，转销美国”。蚕丝原料来源被日本掠夺，昌邑丝绸业受到打击。民国十年（1921），英国管辖龙口海关，当局在下营设海关，强征海关税，从下营港输入的东北柞蚕丝茧受到很大影响。原料缺乏，欧美市场被侵夺，国人技术低，海外无自办的贸易机关，所有出口物品均受洋行操纵，昌邑丝绸业出现衰落现象。

柳疃丝绸经营者从危机中寻机遇，拓展领域，开拓市场。在昌邑县内，扩大下营和东冢街的丝绸业务。陈真光《丝绸史研究》（1984）记载：“另一个丝绸业集中地位于昌邑北部的柳疃镇，它的形成始于清末，因海上走私猖獗，经渤海泊来的东北、烟台等地的柞丝和日本的人造丝，以及金、银、首饰、药物、香料等物品在柳疃形成集市，从而振兴当地手工业的发展，一时‘机户如林，商贾骈坒，茧绸之名，溢于四海’，产品通过新疆、西藏等地，向东跨海与日本、印度尼西亚等地……”

欧美市场　咸丰十一年（1861），烟台开埠，次年东海关成立，昌邑茧绸借助商埠开放与新航道的开辟，通过洋商买办进入欧美市场。《山东省第一次物品展览会审查报告书》载："盖西人之初用此绸，以制妇人之上衣及夏服者居多。而西俗妇人装饰品之材往往与其服相同，因之钱包、妆奁之类，亦竞用之。凡去华尚朴之上中流社会，靡不珍之为优异之品。"丝绸开始应用于汽车、飞艇制造等工业领域，用途增多，需求增大，出口量不断增长。曾同春《中国丝业》载：（中国）茧绸产地以山东为第一，山东重要产地首推昌邑……山东茧绸贸易均由栈房介绍，售于烟台、青岛之洋商。烟台有栈房二十余家，洋商有三井、和记、仁德、百多、敦和及捷成等十家。青岛有栈房六七家，洋商有玄兴、捷成、和记、振兴、瑞记、哈利、卫礼等7家。此等洋商收买茧绸送至上海、香港，转运欧美各国。

北洋市场　昌邑人称赴俄罗斯为"上北洋"。昌邑丝绸商上北洋主要集中在苏联建立之前，行商以双台乡、卜庄镇和柳疃镇较多，最多时约有400人，仅双台乡岞埠村就有约100余人。昌邑茧绸出现不久，昌邑绸布商人已通过张家口将昌邑的棉布和茧绸销到新疆、回疆、前后藏及内外蒙古。光绪二十八年（1902）张家口开埠后，昌邑绸布商人将昌邑茧绸销到俄罗斯境内的莫斯科、彼得堡等主要城市，开辟昌邑茧绸的北洋市场。光绪二十八年（1902），双台乡北裴村张乃孝、都昌街道刘家北逄村刘逢君带领齐庆丰、褚朋格、齐登荣等9人，雇用骆驼装运昌邑茧绸，徒步西行出张家口去俄罗斯销售。同时期，双台乡岞埠村徐竹三和南侯章村宋泽深等雇骆驼去俄罗斯销绸，致富回乡，分别开设"利源兴""利顺和"钱庄。

此后，昌邑绸商在东北地区开辟多条进入俄罗斯的通道。宣统三年（1911），胶东形势动荡，昌邑的许多缫丝工人由东北经绥芬河横跨西伯利亚到俄罗斯销绸。民国2年（1913），卜庄镇营子村高丰庄一行七八人，由烟台乘船经海参崴去俄罗斯销绸。民国五年（1916），双台乡申明亭村林增銮和南侯章村徐邦泰、宋玉升、齐守先、宋力勤等由满洲里去俄罗斯销绸。

民国6年（1917）11月7日（俄历10月25日），列宁领导的布尔什维克推翻临时政府，建立苏维埃政权，废除沙皇旧币，闭关拒绝外货输入，昌邑茧绸的北洋市场消失。上北洋的昌邑绸商部分滞留，大部分回国。苏联经济状况困难，昌邑绸商与苏联人民一起过着战时共产主义生活。莫斯科和彼得堡每人两天只能领到八分之一磅面包，有时领不到，绸商杀掉骆驼和马匹充饥。其后，苏维埃政权提倡小型经营，滞留的昌邑绸商重操旧业，做起茧绸、丝线等小本生意。民国18年（1929）10月，"中东路之战"爆发，双方相互逮捕彼此侨民，滞留的昌邑绸商大多被捕入狱。同年11月16日，中苏签订《中苏伯利会议草约》，两国息战，中东铁路恢复中苏合作，双方释放被捕人员。滞留的昌邑绸商少数定居苏联，其余人回国。从北洋回国的昌邑绸商，大多凭借经验，重新招募合伙人，背起绸包"上东洋""下西洋""下南洋"。

南洋市场 昌邑绸商的"南洋"，广义的指南洋地区，包括东盟10国、印度、澳大利亚、新西兰以及附近的太平洋诸岛、马来半岛等，主要是英国与荷兰的殖民地。

光绪四年（1878）正月，杨岱山、杨嵩山到荷属爪哇岛首府巴达维（也叫巴达维亚，今印度尼西亚首都雅加达）及三宝垄（今印度尼西亚中爪哇省首府）。考察当地风土人情，总结先辈经商的经验教训，开辟南洋市场。

光绪十一年（1885），28岁的杨茂春与堂弟杨茂德、侄子杨玉成带昌邑茧绸到巴达维和三宝垄两地销售。在巴达维租房开办"源兴泰"绸庄。一年后，货物全部售出，杨茂春回国办货，与商户清算账目，约都昌街道前埠村隋中堂、双台乡中裴庄村张鸣凤、寒亭区杨家埠村杨秀圣等入股，共同到南洋发展。杨茂春在柳疃开办"源兴恒"绸栈，专供南洋用货，派杨玉成在广东汕头开办"源兴泰"分号，作为向南洋供货的中转站。供货渠道建立后，昌邑茧绸源源不断地运往南洋。此后，杨茂春常住巴达维坐庄，生意规模增长，昌邑茧绸在南洋的声誉提高。合伙人不断向家乡汇钱，吸引邻近村庄民众投奔。杨茂春叔侄首次将昌邑茧绸销往非洲。为拓展非洲市场，杨茂春让杨玉成随外商沿非洲东海岸到达德班（在南非），开设一座批发庄，专供当地行商购货。两年后，因供货不便撤回。其后，杨茂春的侄孙相继到南洋继承祖业。对于杨氏叔侄的贡献，时任北洋政府教育次长的林修竹在《杨茂春墓表》中给予评价："昌邑故产茧绸，广销齐鲁燕晋，而运售海外者殊乏。自公再度航海，习外情。起服，携运土产绸布，经营南洋群岛，骎骎乎开海外贸易之风，而入世界商战之局矣……乡人受公汲引，继起商南洋者日益多，至今英荷属地谈及华商及华产，辄称杨氏叔侄与昌邑茧绸，盖非仅一家一邑之光矣！"从杨氏叔侄身上，昌邑的财东看到昌邑茧绸在南洋地区的市场潜力，在上海、

繁荣的南洋市场

香港等地投资开办“南洋庄”，招募掌柜、行商前往销售。到民国初期，下南洋形成高潮，昌邑茧绸也销遍南洋地区。至民国25年（1936），下南洋卖绸的昌邑侨商有万人。

昌邑财东在外埠开办的南洋庄规模最大的是马毓俊、陈贵丹、李润芬合股的上海“锦成裕”。3人资本雄厚，联络上海30余家银号兼营银行业务。柳疃邮政局不能办理汇兑时，昌邑的南洋侨商向家乡汇款，大多先汇到上海的“锦成裕”。

民国26年（1937）至民国29年（1940），为躲避战乱，昌邑人下南洋再次形成短期高潮，每年出洋200人。下南洋的侨商一般每二三年即回国一次，很少留居南洋。民国31年（1942）太平洋战争爆发后，水陆交通中断，国人无法外出，侨商难以归国，兼之昌邑茧绸来源断绝，滞留的南洋侨商被迫定居，从事其他行业维持生计。

受地缘影响，平度临近昌邑的新河、官庄、马戈庄一带，潍坊临近昌邑的寒亭一带华侨较多，最初多是通过攀亲寻友，在昌邑侨商的带领下出洋。潍县华侨下南洋始自清光绪二十七年（1901），潍坊市寒亭区牛埠村贫苦农民王麟书跟随昌邑岞埠村的亲戚去印度孟买卖绸。王麟书聪颖勤勉，侨居印度10年，先后5次回国发货，均获厚利。王麟书在印度孟买和加尔各答，新加坡，中国香港、潍县、烟台、上海、哈尔滨等地设“利盛福”商号和汇兑庄，在昌邑柳疃设立丝绸收购货栈。旅居南洋各国的500余名潍县籍华侨，均依赖王麟书开展经营。

附：下营港码头

清末民初，下营港分南北码头。南码头位于李刘村西河岸，北码头位于西营村北河岸。民国27年（1938），日军侵占昌邑后，下营港几乎变成死港。中华人民共和国成立后，内地渔船日益增多，外地商船往来频繁，旧码头已不适应需要。为发展渔业生产，中共昌邑县委决定兴建新港。1973年，下营港工程全面开工，修建水泥灌注桩、凤尾墙、三排桩工程，建浆砌石码头1处，长200米。1976年7月，昌邑县筹建下营商港。山东省交通厅投资89万元，昌邑县自筹3万元。同年8月破土动工，1979年12月竣工。建成栈桥式装卸货台3个，800吨泊位1个，500吨泊位2个。港区前货场面积1.2万平方米，后货场7.05万平方米。四周有1110米防潮石墙护围。码头岸线长242米，设计年吞吐量20万吨。1983年3月，下营港西岸兴建简易码头，5月竣工，投资4万元。1984年下半年，省盐业公司拨款2.15万元，维修3470平方米港面和通港道路。1997年，投资4000余万元，对港进行扩建。港口南北长400米，码头长300米，3个浮桥式泊位，其中800吨级1个，500吨级2个，码头前沿设计水深4米，船舶进出港须乘潮，核定通过能力1000吨，年设计吞吐量20万吨。露天货场1个，面积2000平方米，仓库面积500平方米，生产生活辅助建筑物2000平方米。

1986年，下营港口直达航线有下营至

天津、秦皇岛、烟台、龙口、营口、大连、刁龙嘴7条。1994年，航线扩至山东南部沿海的日照等。2003年，又扩至海南岛等。至2005年，昌邑市航线北至丹东、锦州，南至广州、海南岛及长江中下游沿江港口，共有28条。

第二节　现代丝绸之路

1950年，在人民政府的支持下，沉寂了多年的丝织业重新在柳疃启动，绸商和店主们纷纷投资建厂、设店。建昌绸厂、永庆丝绸店、裕兴染坊、复兴店、恒兴染坊、联成染厂等商号，雨后春笋般出现在柳疃街上。这些商号沿袭传统的丝织加工程序，出资从南部山区和东部山区购进原料（柞蚕丝），放给周围村庄的农户机匠加工成绸，然后进行染炼、出售。绸布品种有：五十码绸、二尺宽绸、一六绸、粗腰带绸等。粗腰带绸主要运往新疆、西藏、内蒙古等少数民族地区，其他品种经张家口运往国外销售。主要转销法国、瑞士等国家。

为开发丝绸生产和增加出口，中国丝绸公司烟台分公司曾派人到柳疃开设丝绸加工点，大量向附近村庄发放加工。随后，昌潍专区丝绸公司也派人在柳疃设立了加工组。由于政府的大力扶持和工酬关系的日趋合理，柳疃一带的丝绸加工生产得到迅速发展。据《柳疃镇志》载："1950年，柳疃一带已有木机6000多台，年产丝绸近1000万米。"

1952年1月，在柳疃高隆盛村成立了"利民丝绸生产合作社"。生产的丝绸产品有五十码6380、6381、6385、6391等十几个品种，全部交售给烟台蚕丝公司。

1956年1月，柳疃的建新染厂、联成染厂、义兴染厂、兴华炼坊、成记炼坊、长兴合炼坊、建华戈线厂、和复兴信炼坊，8家丝绸经营店与商号统一合并，建立了公私合营的"昌邑县供销合作社柳疃丝绸经营店"。合营后，主要经营业务是到集市上购买一六绸、小黄绸、戈线绸等，加工染炼后，销往甘肃、青海、四川、内蒙古等地。

以利民丝绸生产合作社和昌邑县供销社丝绸经营店这两个集体企业为主，柳疃的丝绸生产得到了迅速发展壮大，1956—1970年，柳疃的丝绸生产已经从木制织机、花色品种单调，发展到铁木动力机，可生产50多个品种，年产丝绸近900万米。

到1980年，昌邑丝织一厂、昌邑丝织二厂已拥有职工1800多名，织机356台，印染主机50台，年产丝绸1648万米。上述数字中，不包括村、队的织机和产量。从1953年到1979年的26年间，村队共加工丝绸15764万米。

按销售途径柳疃丝绸的品种分为出口绸、内销绸、少数民族绸3大类，近80个花色品种。出口绸有：捻线绸、13878绸、条纱棉绸、坎粒绸、柳絮绸、格子呢、涤棉交织绸、和服绸、南山绸、宁海绸、宝光呢、43603艺纬绸等。内销产品有：466电力纺、人丝线编、桑丝府绸、绅光纺、花软缎、缎背绉、天香绢、真丝线绵、软缎背面交织缎、交织绸、桑丝线绵等。少数民族绸有：14.24广壮绸、粗腰带，哈达绸、16绸等。出口绸主要销往日本、瑞士，英国、法国，叙利亚、意大利、南斯拉夫等国家。

20世纪80年代初期，昌邑从事纺织、丝绸生产的织机达一万多台，县属及乡镇丝织企业遍布全县。尤其是柳疃、龙池、青乡、都昌一带的纺织丝绸印染行业星罗棋布，主要生产柞蚕丝、桑蚕丝、化纤、绢丝、人造丝等织品，年产量达5000万米。部分村庄保留一百多台木机，用传统工艺生产捻线绸等产品。丝绸产品有绸、缎、绢、纱、绉、锦六大类，120多个花色品种。其中的府绸、柳絮绸轻若云烟，宁海绸、宝光呢、和服绸紧密厚实，提花缎、缎背绉富有民族传统特色，格子呢、捻线绸织物粗犷、美观大方。还有专门为少数民族设计的广憧绸、氆氇、哈达等多种用绸。柳疃丝绸以柞蚕丝和丝为原料，配丝合理，经纬匀称、织工细密，具有质地柔软结实，色泽鲜艳，耐酸碱，防腐蚀，夏穿轻快凉爽，冬穿温暖舒适等优点，颇受国内外各界人士的青睐。这些产品和织机增加了昌邑人民收入，使城乡人民生活水平得到较大改善，被称为昌邑的第一次创业。

从1984年以后，柳疃的丝绸生产开始走上快速度、高效益的发展道路。瞄准国内国际丝绸市场的动向，在保留传统丝织产品的同时，加快更新设备、更新技术、更新产品。并发展起了印花产业，从而探索出了一条适合昌邑纺织丝绸发展的新路子。从台板印花发展到转移印花、平网印花、圆网印花，解放了生产力，提高了丝织品的产量和档次。据1985年统计，出口产品8个，主要销售美国、日本、瑞士、巴基斯坦、菲律宾、新加坡、印度尼西亚、澳大利亚、意大利、苏联、伊朗和中国香港等50多个国家和地区。1995年昌邑市被百家中国特产之乡命名委员会命名为“中国丝绸之乡”。

1996年后，昌邑纺织丝绸业实施二次创业战略决策，大中型企业完成从有梭到无梭织机的过渡，在乡镇企业二次创业中，把1511、1515等传统老织机全部淘汰，更换上现代化的喷气、喷水、剑杆等无梭织机，昌邑纺织丝绸业得到大发展，产品和产量提高到一个新水平。全市织机发展到了3万多台，其中无梭织机1500多台，印花生产线30台套，染色能力达到3亿多米；印花能力3.5亿米，产品主要用于中高档服装面料和室内装饰，从而使昌邑纺织丝绸业发展到一个鼎盛时期，成为全国县（市）级三大纺织基地之一。

第二章　华侨之乡

第一节　华侨产生

历史根源　华侨出国谋生有其历史根源，清乾隆年间，昌邑柳疃一带丝绸业不断发展，昌邑县始有人出国经营。至19世纪末，柳疃的丝绸业相当发达。据光绪二十八年（1902）安徽省出版的著名蚕书《野蚕录》记载："今之茧绸（柞绸）以莱（莱州）为盛，莱之昌邑柳疃集为丝绸荟萃之区，机户如林，商贾骈坒，茧绸之名，溢于四远，除各省外，至于新疆、回疆、前后藏、内蒙古。裨贩络绎不绝于道，镳车之来（凡运银两之车必用镳护送故称镳车），十数里街尾相接。"

昌邑的丝绸商上北洋到俄国、蒙古等国经商。道光二十二年（1842）与英国订立五口通商条约（即《南京条约》允许英国人在上海、厦门、福州、广州、宁波五口通商）之后，昌邑人背包袱闯东洋、下南洋者不断增加，民国26年（1937）达到极盛。

第二次世界大战爆发后，日本侵占中国山东和东南亚国家，丝绸业萧条，交通中断，许多出国经商的人，为谋生定居国外。

社会根源　昌邑北部地处渤海之滨，潍河下游，中华人民共和国成立前的旧政府，不关心人民的疾苦，河道常年失修，潍河连年决口。大部分土地盐碱化，大量荒芜，一年收获之物不够糊口，历史上外出谋生者较多。民国26年（1937），"七七事变"后，日军入侵中国，政局大乱，土匪四起。旧政府苛捐杂税，筹粮逼款，抓丁拉夫，民不聊生。许多青壮年背井离乡，漂洋过海，出国谋生。

昌邑华侨下南洋始于清朝乾隆年间。《昌邑县志》卷二《物产》中出现"樗茧绸"。柳疃一带地处平原，率先缫柞丝茧绸，乾隆七年（1742）后，丝织者增多，贩丝绸利润大，有本钱的人进入丝绸行业，走南闯北，远离家乡经商。清咸丰三年（1853），双台乡岞埠徐忠绍、徐长庚等，携柳疃丝绸赴南洋。清光绪四年（1878）双台乡南裴庄杨岱山、杨嵩山兄弟，到南洋爪哇岛三宝垅经商，水土不服，先后病卒。

光绪三十一年（1905），双台乡北裴庄张乃孝为股东，刘家北逄刘逢君为掌柜，伙计有齐丰庆、褚朋格、齐登荣等9人，装运柳疃绸子徒步西行张家口，雇用骆驼去俄罗斯经商。民国二年（1913），卜庄乡营子高丰庆等一行18人，由烟台乘船到海参崴，在俄罗斯经商。苏维埃政权推翻沙皇后旧币作废，经商者大都破产；苏联国内革命时期社会秩序混乱，华侨商贩的生命财产受到威胁；苏联实行共产主义，限制私人经商，部分华侨弃商回国。至20世纪80年代末，卜庄乡在苏联定居的华侨有24户。

沙俄时代（俄国十月革命以前），昌邑县有许多人去北洋（俄国）经商，双台乡峠埠上北洋的有百余人，全县约400余人。当时，闯北洋以卜庄、双台一带为盛。其中有些人几经辗转流落俄国，从事经商活动，积累到一定财富，自此上北洋经商者越来越多。

柳疃丝绸业繁盛下南洋经商的民众日益增多。20世纪30—40年代，政局动荡，人民生活贫困，出国谋生形成高潮，抗日战争全面爆发后，昌邑县每年有几百人出国。据南逄乡调查，民国26年（1937）至民国29年（1940）有近百人外出。出国经商的一到二年即回家一次，定居者极少。民国31年（1942），太平洋战争爆发，水陆交通中断，国人无法外出，在外的人难以归国，许多人定居国外。

1949年，全国解放前夕，国民党败退，昌邑县有人迁居台湾，少数人参与军政，多数人从事经商、教育等活动，有些人通过经商、研读、探亲渠道离开台湾定居国外。

昌邑旅居国外的侨民，少部分人保留中国国籍，加入侨居国国籍；大部分人受历史传统观念影响，长期未入外籍，在侨居国的生意、旅游、汇款、参政等方面都受到限制。中华人民共和国成立后，中国政府鼓励华侨自愿选择国籍。昌邑县旅居海外华侨有80%以上加入外国籍，成为外籍华人，子孙后代为华裔。未加入外籍的多是老一代华侨。

第二节　华侨状况

吃劳金背包袱　“吃劳金背包袱”是18世纪末19世纪初，昌邑县旅居海外华侨谋生的主要做法。“吃劳金”是指“财东”或掌柜雇用的伙计。事先经主雇方商妥每月所得多少劳金，即为“吃劳金”;“背包袱”是指将丝绸品、花边、台布之类装在包袱里背在肩上，走街串巷四处叫卖的行业。

每逢春节以后，财东雇人出国背包袱。财东事先雇请一个最信任的人做“掌柜的”，然后由掌柜再雇用几名青壮年去“吃劳金背包袱”。所需资本由财东支付，掌柜对财东所付资本，到期要如数偿还，付给利息（利息最高每月2分最低1分）。出国做生意所挣的钱，除付给雇工应得劳金外，其余由财东和掌柜按四六或三七开分红。雇工和财东、掌柜有严格规定，多数签订合同。雇用期限有的2年1账（即2年的合同），有的3年1账，有的按月计算（一订20个月的为多）。吃劳金来回路费由财东和掌柜负担。掌柜对雇工管吃不管穿，每月只付给“劳金”3～5块大洋，合同期满后是否去留则由掌柜酌情对待。在合同执行期间，如果雇工发生特殊情况而身亡者，处置办法均有规定，有的事先立碑刻文，签字画押到县里备案。如民国10年（1921），几个财东买通县知事，在王耨村头立起一块约两米高、一米宽的石碑，上面刻有："吃劳金者发生伤亡、病故、被害等意外事故，东家只需付给家属了了钱数即可了结。两断藤葛，永无纠缠。"上面还规定："掌柜或吃劳金者携资潜逃，则以其家产地产作为抵押，重者将其家属问罪。"

漂洋过海到异国做生意，一方面，要学会异国语言，熟悉当地风俗习惯；另一方面，必须适应环境，学会做生意。"吃劳金"早出晚归，走街串巷，四处叫卖，所卖的钱每晚与掌柜结算。昌邑的印度尼西亚归侨侯连明回忆前辈人在外"背包袱"的情景："简直像是牲畜，早出晚归，一天长达十七八个小时。山东人多是光棍，自炊自食，自己做衣服，为节省点钱和时间，合伙买上一把理发推子，人人理光头，被当地人称为'和尚'。"印度尼西亚华人徐洪亭在《山东华侨在印度尼西亚之概况》中叙述："初去时，话不懂，天又热，肩背两个比自己体重还重的包袱，沿街流动叫卖。卖不到钱回来就受老板斥责、辱骂、冷嘲热讽，甚至毒打……故常有人晚上或出街无人处偷着流泪，有的甚至不堪虐待郁闷而死。那时吃大锅饭，睡三页小板。印度尼西亚是热带，四季皆夏，蚊虫很多，没有蚊帐，唯一的家私是木箱一只，穿的是家乡带去的猪皮掌子鞋，布袜子，粗布衣，衣服破了一补再补。当你拿着货郎鼓沿街叫卖时，小孩都会喊你'喔郎山东'（即印度尼西亚话山东人）。"

合伙经商或改行 民国31年（1942），太平洋战争爆发，水陆交通中断，国货难以外运。昌邑县在国外以"背包袱"为主要活动的华侨，在东南亚各地无法维持，为生存发展，改变经营方式和职业。出现以下几种情况：就地取材继续经商；合伙合资开铺头、餐馆、洗衣店；当海员、船工；到当地人开的铺子当雇员；从事农业、木、瓦工、鞋匠等。

继续经商者有以下两种情况：战前，掌柜存有大量货物，继续经商，市面上中国货减少，货价上涨（如斯里兰卡的中国货上涨15倍），掌柜获得巨大利益，资金充足，不断购进当地产品及其他外国货，扩大经营范围；另一种是掌柜与国内通商断绝，无货可买又无足够资本，只能多人集股合伙经营，办起餐馆、洗衣店、杂货店等小生意，仅供糊口。

另有部分华侨，无资本，无其他生意可做。在大战期间，许多商船被征调为军备运输，急需大量船员，外国人怕危险不敢干，无路可走的华侨迫于生计，冒险当船工（华侨当船工只能从事简单的维修、油漆、炊事、搬运等苦力活）。当时在英国船上有近百名昌邑县籍船员。

第三节 华侨经济发展

华侨出国经商，开始多为财东、领东所雇用，每月只能获得微薄的"劳金"，很难致富。经过几年的经营活动，人情、地情和商情不断熟悉，有些人在少量资本

民国 24 年（1935）在东南亚做丝绸生意的昌邑华侨合影

的基础上，摆脱财东和掌柜控制，开始独立经营或合伙经营，经济状况好转。丁立通、刘化春、宋述荣等 3 人在印度开的杂货店，一年盈利 3 万余元（卢比），积累资金，为事业发展打下基础。

中华人民共和国成立以后，中国国际地位提高，华侨的社会地位和生存环境得到改善，与当地人共同开发当地资源，华侨事业得到发展。经过几十年发展，多数华侨在国外立足生根，成家立业，成为富裕之家。

在行业上，昌邑旅外侨胞经过长期摸索、实践、奋斗，由初期小本流动叫卖，发展到开设商店、商行、公司；由单纯经商发展到开办工厂、农业、房地产、交通运输和金融业。在各行业中积累管理经验和专业知识，创立信誉和声誉。在经营方式和手段上发生变化，由封闭转向开放，由内向转为外向，由传统家族型转变为富含时代特点的社会型。华侨同当地人交往增加，依存关系增强。华侨经济的发展增强自己的经济实力，为侨居地人民提供更多就业机会。

第四节　华侨政治地位

在中华人民共和国成立前，国外华侨没有政治地位，被洋人称为“东亚病夫”，辱骂为“猪仔”。中华人民共和国成立后，经济建设迅猛发展，国际地位不断提高，许多国家相继与中国建立外交关系。华侨在国外政治地位不断提高，激发起华侨爱国热情。昌邑县早年出国的老华侨十分重视在创业的同时，培养后代。大批华侨二、三代人从父辈开设的饮食店、洗衣店、修理铺、小商店的职业圈子里走出去，步入科技界、文化界、医务界、政界等。许多人在侨居国成为科学家、工程师、高级医师、高级职员。昌邑县都昌镇大埠村旅居新加坡的王同琴之子王新州，在新加坡中央医院任外科主治医生，是新加坡一流的外科医师。都昌镇南店村旅居新加坡的傅云升之子傅金国，被新加坡政府先后任命为驻中国、日本领事馆副领事。双台乡岞埠旅居斯里兰卡华侨徐云庭之子徐有生，是美国一所物理研究中心的高级科研人员。

第五节　华侨文化教育

昌邑旅居国外的老一辈华侨多是贫苦

子弟，出国前很少有读书机会，文盲、半文盲很多，在国外多年遭受外人欺侮。经济好转后，他们大力培养子女，送其出国深造。旅外华侨的子女在文化知识方面取得成就，大批子女接受高等教育，许多人获得硕士或博士学位。

1950—1991 年昌邑部分华侨、外籍知识分子一览表

表 8-1

姓名	性别	学历或职称	侨居国家	祖籍
刘金川	男	博士	美国	南逄乡刘家北逄
邵新生	男	建筑工程师	新加坡	围子镇东邵
王德光	男	建筑工程师	新加坡	都昌镇大埠
黄公志	男	高级职员	新加坡	都昌镇山前
傅金国	男	大学	新加坡	都昌镇南店
陈官隽	男	工程师	美国	龙池乡东白塔
吴学君	女	师大	美国	都昌镇东店
吴学英	男	大学	美国	都昌镇东店
王秀兰	女	大学	美国	李家埠乡十字路
刘悦	男	博士	美国	南逄乡刘家北逄
黄恩瑞	男	大学	澳大利亚	李家埠乡黄家辛庄
王国栋	男	大学	加拿大	东冢乡北王家庄
徐化普	男	生物学博士	美国	南逄乡徐家北逄
徐立华	女	大学	美国	南逄乡徐家北逄
王鲁青	女	博士	加拿大	东冢乡北王家庄
王鲁梅	女	教授	加拿大	东冢乡北王家庄
王鲁花	女	博士	加拿大	东冢乡北王家庄
徐立训	男	大学	美国	南逄乡徐家北逄
陈乃法	男	大学	新西兰	—
李春林	男	设计师	马来西亚	宋庄乡王珂
史东青	男	大学	印度	南逄乡榆林
王有光	男	大学	法国	石埠镇晴埠
王明光	男	大学	法国	石埠镇晴埠

续表

姓名	性别	学历或职称	侨居国家	祖籍
王继光	男	大学	法国	石埠镇晴埠
高圣漳	男	大学	印度尼西亚	卜庄乡营子
高圣孝	男	大学	印度尼西亚	卜庄乡营子
高圣文	女	大学	印度尼西亚	卜庄乡营子
徐有生	男	物理博士	美国	双台乡岞埠
王爱民	女	大学	斯里兰卡	李家埠乡南鄌亭
徐天香	女	大学	斯里兰卡	双台乡岞埠
傅美芳	女	大学	新加坡	都昌镇南店
徐乃敬	男	大学	美国	双台乡岞埠
徐乃叶	女	医科大学	美国	双台乡岞埠
李春元	男	设计师	马来西亚	宋庄乡王珂
李春盛	男	设计师	马来西亚	宋庄乡王珂
李述行	男	大学	巴基斯坦	南逄乡西马埠
李昌	男	大学	巴基斯坦	南逄乡西马埠
李全	男	大学	巴基斯坦	南逄乡西马埠
徐化南	男	设计师	加拿大	南逄乡徐家北逄
贾文俐	女	大学	澳大利亚	南逄乡巡保
刘海华	男	大学	巴基斯坦	南逄乡刘家北逄
刘海民	男	大学	巴基斯坦	南逄乡刘家北逄
杨太平	男	大学	加拿大	李家埠乡李家埠
孟繁瑞	男	工程师	加拿大	南逄乡孟家洼
徐云庭	男	律师	斯里兰卡	双台乡岞埠
贾文阁	男	工程设计师	印度尼西亚	南逄乡巡保
刘月年	男	硕士	美国	南逄乡
史经成	男	博士	新加坡	南逄乡史家洼
邵新春	男	博士	新加坡	围子镇东邵
徐应元	男	硕士	加拿大	—

续表

姓名	性别	学历或职称	侨居国家	祖籍
刘台生	男	大学	巴西	北孟乡小南孟
刘国华	男	大学	巴西	北孟乡小南孟
刘国柱	男	大学	巴西	北孟乡小南孟
刘惠明	女	大学	巴西	北孟乡小南孟
刘惠珠	女	大学	美国	北孟乡小南孟
张玉来	男	大学	印度尼西亚	双台乡中裴庄
张玉德	男	大学	印度尼西亚	双台乡中裴庄
张立天	男	大学	美国	李家埠乡徐家鄌水
张立青	女	硕士	美国	李家埠乡徐家鄌水
张立川	男	硕士	美国	李家埠乡徐家鄌水
张立文	女	大学	美国	李家埠乡徐家鄌水
张立红	女	博士	美国	李家埠乡徐家鄌水
马振华	男	硕士	缅甸	双台乡西永安
马昌华	男	硕士	缅甸	双台乡西永安
王星州	男	医学硕士	新加坡	李家埠乡大埠

第六节　侨团组织

海外华侨为立足国外，互济共存，往往在一个地区或一个城市成立各种群众性团体。其宗旨是联络团结侨胞，维护华侨利益，处理华侨的福利生活及日常事务，沟通信息，开展爱国爱乡和募捐活动等。各地侨团组织成立以后，侨务事业得到蓬勃发展，团结各地侨胞，维护侨胞利益，发展中华民族文化，开办教育事业，开展互助互济，推动爱国募捐，开展爱国爱乡活动等。

山东公会　民国 26 年（1937），昌邑旅居印度尼西亚的华侨在雅加达成立山东公会（以昌邑、平度、潍县华侨为主体，其中昌邑人最多），民国 30 年（1941）—民国 34 年（1945），因日本南侵一度休会。会章规定公会每年改选一次，会员每月交会费一次。公会设会长 1 人，副会长 1—2 人，设理事若干人。历届会长、副会长：民国 26 年（1937）—民国 30 年（1941），会长王子久（昌邑县夏店人）；民国 35 年（1946）—民国 36 年（1947），会长王子久，副会长高希秋（平度人）；民国 37 年（1948）至 1952 年，会长高希秋，副会长宁祥雨（平度人）；1953—1956 年，会长任铭东（昌邑卜庄人），副会长宁祥雨；1956—1958 年，会长卢建奎（昌邑卜庄人），副会长崔功尧（平度人）；1958—1959年，会长张洪奎（烟台人），副会长任铭东、宁祥雨；1960—1966年，会长宁祥雨，副会长高祥年（昌邑人）刘书法。

山东公会成立以后，筹资赞助办“群进”小学1处。1967年4月，宁祥雨被害后，山东公会被印度尼西亚政府取缔，公会停止活动。

同乡会　1957年，在印度尼西亚万隆成立同乡会。历任会长有徐学文（昌邑卜庄人）、刘延亭（昌邑卜庄人）、孙承光（平度人）。

山东同乡会　民国23年（1934），在孟买成立山东同乡会。孟买很早就有华侨定居经商，按照祖籍地域的不同，分别于各个时期成立自己的侨团组织。山东同乡会，是孟买较大的侨团之一。至20世纪50年代，会员500余人，昌邑县旅居印度孟买的华侨多数参加。山东同乡会每年选举一次，产生由30名理事组成的理事会，再由理事会选举产生会长、副会长和常务理事，理事均不驻会，尽义务工作。历任会长、副会长有李殿英（昌邑县西马埠）、王振兴（潍县）、滕洪吉（潍坊）、刘效扬（昌邑县）、王维棋（潍县）、刘华春（昌邑双台）、滕洪书（潍县）、赵寿春（潍县）、丁立通（昌邑县北裴庄）等人。1962年，印度排华，山东同乡会停止活动。

印度孟买山东同乡会在团结华侨、同舟共济、抗日募捐、兴办教育、处理华侨事务等方面做了大量工作。中华人民共和国成立后，为教育培养子女，同乡会发动捐资筹办华侨学校1处（6个班300余学生），由滕洪吉任校董事长；1949年10月1日，同乡会组织升旗活动，第一面五星红旗插上山东同乡会的会馆；组织侨胞募捐，支援抗美援朝活动；1952年，中国工业展览在孟买举行，会馆组织华侨协助；1953年，中国大型文化展览在孟买举办，山东会馆做大量工作；会馆协助中国驻孟买领事馆工作人员了解侨情、走访华侨，反映华侨生活情况，开展侨务工作等。

南洋华北同乡会　1935年，昌邑县旅居新加坡的华侨，由李铁岭（昌邑县人）、夏连松（昌邑县夏家庄人）、夏连泮（昌邑县夏家庄人）、刘江清（昌邑县人）等23人发起，组织华北同乡团体，在小坡大马路中华公学礼堂召开发起大会，旅新同乡踊跃参加，一致拥护定名“南洋华北同乡会”，设总会于新加坡。英属星（星岛）、马（马来西亚）、婆（北婆罗洲）各埠设立分会。民国26年（1937）11月17日，新加坡殖民政府核准为合法社团，租定大坡海山街为正式会所。之后，接受三江会馆要求，团结在大三江旗帜下，作为基本成员社团之一。中日战争爆发后，募捐支援抗战，星岛沦陷后停止活动。

山东华侨公会　民国26年（1937），昌邑旅居斯里兰卡的华侨，在首都科伦坡成立山东华侨公会（以昌邑县华侨为主体）。首届会长唐效明（昌邑县双台），秘书金德升（昌邑县金家庄）。历届会长有徐云庭（昌邑县峠埠）、高建宾（昌邑县高侯章）等。民国29年（1940），由于日军南侵，斯里兰卡政府对华侨行动严加限制，公会停止活动。抗日战争胜利后，山东公会改为山东同乡会，会长高建宾，副会长徐云庭，齐秋芳，秘书金德升，会议活动恢复正常。

冀鲁同乡会 民国36年(1947)8月，香港冀鲁同乡会成立。昌邑县旅港同胞高省三先生任第12届、13届理事;第14届、15届、16届常务理事；张坤德（昌邑县王耨）任17届、18届、19届理事；第20届总务组副主任。

山东同业公会 1953年，旅印度加尔各答华侨成立山东同业公会（以昌邑华侨为主体），选举徐明山（昌邑峠埠）为会长，贾建堂为副会长。后改为山东同乡会，会长王永光(潍县人)、刘维泰(昌邑刘家道照人)。

第七节 华侨贡献

支援祖国抗战 民国26年（1937），“七七事变”后，东南亚华侨在各地侨团组织的领导下，掀起支援抗日救国的热潮。以南洋著名侨领陈嘉庚为首成立“南洋华侨筹赈祖国难民会”，华侨不分男女老少，到街头卖花、义演、义卖等，有钱出钱，有力出力，以不同形式支援祖国抗战。巨商小贩，均解囊捐助。昌邑县旅居东南亚的华侨经济并不宽裕，也参加捐款。南逄乡旅居印度尼西亚华侨黄德基，因募捐被日军抓走，坐牢两年。

华侨另有多种抗日救国的活动，组织抵制日货运动、抗议活动，不给日本人做工，打击日本侵略者，配合国内抗日战争。

开展爱国活动 1949年，中华人民共和国宣告成立，国外华侨组织各种庆祝活动。五星红旗在华侨会馆和华人商店、工厂、学校上空迎风飘扬。

昌邑县旅居印度的华侨举行盛大的庆祝活动，放鞭炮、踩高跷、扭秧歌。印度尼西亚华侨组织在校学生收听中华人民共和国成立实况，举行升旗仪式，五星红旗在异国的土地上飘扬，其他各国爱国侨团也举行不同形式的欢庆活动。

抗美援朝时期，昌邑县旅居印度的华侨刘维泰等带头捐款、捐物，并动员其他侨胞每月献出个人的部分收入，汇给祖国，有力地支援祖国抗美援朝，直至取得最后胜利。

昌邑县旅印度的华侨协助使馆开展一些工作。国内各种代表团每次访问印度时，都受到广大华侨的热情欢迎和盛情接待。1954年5月，周恩来总理率中国政府代表团访问印度时，以山东会馆为主华侨组织大小汽车前往机场迎接护送，参加欢迎的华侨有千人以上。

1952年，中国工业展览在印度西部大城市孟买举行。以山东同乡会（昌邑县、潍县华侨为主体）主要成员刘效扬(昌邑)、刘化春（昌邑)、韩其恩（昌邑）等人为首，周密安排，四处动员，组织人力、物力，支援展览会。从布置、管理、警卫以至为参观者讲解或翻译，都有华侨身影。为此，中国政府发电报给华侨会馆表示感谢。

1953年，中国文化艺术展览会在孟买

举行，“巴刹”的两座四层楼都挂满敦煌壁画和其他名画。在会馆统一组织下，昌邑县旅印度孟买华侨都停止自己的工作，为展览会轮流值班服务。

1954 年，中国足球队访问印度，昌邑县双台乡双台一村旅印度华人李洪瑞设宴接待，在食宿等方面提供方便和协助。

1955 年，亚非拉各国首脑会议在印度尼西亚万隆召开。昌邑县旅居印度尼西亚万隆的华侨与其他华侨一起，组织庞大的欢迎队伍，欢迎中国政府代表团，腾出自己的楼房为周恩来总理及随行人员下榻办公。

旅居海外的广大爱国侨胞、外籍华人非常关心祖国和平统一大业，为促进祖国和平统一做大量工作。有侨民借回国参观、旅游、观光、探亲等机会，了解党和政府的对台方针政策、家乡变化，向在台亲朋好友宣传解释。有的借旅居海外的方便条件，为台胞台属转信转汇，查找亲人。1980 年，昌邑县外籍华人张先生在回家探亲时，为 11 名在台同胞带回信件、照片和现款。1981 年，港胞陈先生为 30 余户台胞捎回信件和照片，使台胞在隔绝 30 余年后，第一次与家人取得联系。1972—1981 年的 10 年间，昌邑县旅外侨胞为台胞台属转信转汇 7500 余件（次）。通过侨胞的大量工作，许多在台同胞了解到祖国政策，消除疑虑，回大陆探亲、旅游、洽谈贸易的不断增多。

侨胞捐赠　昌邑县旅居国外华侨、外籍华人及港澳同胞，为支援家乡工农业生产、兴办教育、卫生及其他公益事业，自愿捐款捐物。据不完全统计，20 世纪 60—90 年代，昌邑华侨和港澳台同胞捐赠给昌邑县日产“德胜”轿车 1 辆，日产、德产面包车 12 辆，“解放”牌货车 1 辆，“130”汽车 1 辆，日产客货两用汽车 2 辆，“铁牛（55）”拖拉机 2 台，潍坊产（50）拖拉机 1 台，“泰山（25）”拖拉机 4 台，电子计算器 14 块，半导体收音机 2 部，彩色电视机 9 台，黑白电视机 4 台，录音机 1 台，日产照相机 1 个，日产“祖奇（555）”缝纫机 5 架，挂钟 2 座及汽车、缝纫机零件若干件等，总值人民币 350 余万元。为兴办山东省华侨中学、昌邑县华侨接待楼、昌邑县职业中专、县儿童乐园以及办农电、修缮学校、编修侨务志等公益事业，捐资人民币 90 余万元。

另外，昌邑县的侨胞与平度县的旅外

1967 年 2 月 17 日，都昌街办高侯章村斯里兰卡华侨高见宾先生捐献救护车 1 辆

侨胞68人联合捐赠给山东省侨联、青岛市侨联、潍坊市侨联日产小轿车3辆、面包车3辆。

1981年，昌邑县侨务部门遵照国务院侨办泉州侨务工作会议精神，组织发动全县在外侨胞、县内归侨、侨眷以入股形式集资人民币45万元，华侨从国外引进缝纫设备13种、184台，捐赠面包车、小型货车各1部、缝纫机5台。在县城兴建山东省第一家侨资企业——昌邑县华侨绣服厂。该厂征地15亩，当年建厂，当年投产，安排侨属职工67人。

第九编　绸乡文化

ChouXiangWenHua

昌邑丝绸卷

丝绸，不仅为昌邑创造了丰硕的物质财富，也为昌邑人创造了宝贵的精神财富。柳疃丝绸经历了艰辛的发展历程：从农业产品到市场商品、自力更生发展起民族资本主义工商业，再从半封建半殖民地重压下挣扎出来，闯出国门走向世界。这需要巨大的精神力量，而这种力量的支撑就是“天行健，君子以自强不息”的民族精神，这是柳疃丝绸带给人们发展经济的宝贵精神财富。柳疃丝绸是中国封建经济崩溃时期，昌邑人民在自己的土地上亲手开创的资本主义市场经济，是昌邑新兴民族工商业者与入侵的外国资本主义经济抗争，在发展丝绸过程中的创举。柳疃丝绸丰富了中国丝绸的产品领域，扩大了国际市场，以昌邑人发展生产“人心机巧”的聪明才智和经营丝绸业“勇于冒险”的精神，使其在世界市场激烈竞争中立于不败之地，在艰难曲折的光辉历程中留下了“织造府绸”“丝绸之乡”“华侨之乡”的美名。柳疃丝绸在漫长的发展历程中形成了一种独特、完整的企业文化，柳疃丝绸文化激励着昌邑的科技进步与社会文明，柳疃丝绸3000余年的发展变迁历史经验，对发展昌邑市场经济和建设现代化文明有着现实的借鉴和深远的历史意义。

第一章　商业思想

第一节　经营机制

丝绸业发展，使昌邑经营者从封建作坊的小生产中解放出来，形成规模生产和走出昌邑闯东山、闯北洋、下南洋的“开放意识”。柳疃丝绸是商品经济，全国各大城市、世界各地都有柳疃丝绸的市场，昌邑北部几百个村庄不论大小，多数都在外面有丝绸商号。

柳疃丝绸的经营者都有很强的“合作意识”，几家股东要合作，几个掌柜要合作，“东家”和“西家”更要合作，这样才能保证企业的生机和活力。另外，作坊各工序也必须合作，以保证丝绸产品整体上的质量。

柳疃丝绸的经营者都富有开拓精神。商品经济是遵循价值规律，在商场竞争中不断发展的。这种开拓，既要开创新产品，又要开通新销路，拓展更加广阔的市场。昌邑人发明“三人纩车”，经过不断改进织绸工艺，相继创出纩丝绸、浆绸、制服绸和棉府绸等品种。把工厂从柳疃开办到胶东、东北，把市场从国内拓展到国外，使柳疃丝绸走向北洋、东洋、南洋、西洋，遍布全世界。

柳疃丝绸在长期的经营活动中，形成一个系统灵活、完整的运行机制，促进丝绸业的发展。齐行碑、侨契碑记载一些重要的经营活动准则，但是形成惯例的准则主要体现在“东六西四”和“东四西六”的分配原则上。《昌邑商业志》载：东六西四。旧时昌邑城的大商号，其经理人多是从资本家手中领取资金，叫作“领东”。“领东”要订立文约，一般是“听挣不听蚀”。经理人“领东”开业后，其营业的纯利润一般是60%交给出资的“东家”，所以叫“东六”;40%经营人支配，所以叫“西四”。当地“放东”的资本家，比较出名的是李家扶宁李润芬，姜家泊“五大功”；其余大的财东，多数是北京、上海的资本家。由于昌邑出门闯外的多，多数大的村庄都有“放东”的“柜屋”。

下南洋经销丝绸开支大，风险也大，所以一般是“东四西六”。韩其宽在《海外生涯》中讲道：“昌邑人下南洋，一般通过两条渠道，一是东家招雇，即当地大财主在国外经商赚钱，雇用一些想出国的青壮年，付给全部来回路费和经商资金，这样的财东称为‘东家’，付出的资金称为‘东股’。出国的人由一人负责，称为‘领东’。‘领东’（又称大掌柜）与二掌柜、记账先生及几个业务熟练赚钱多的人组成‘西股’。东、西股之间根据所定合同把赚的钱按比例分配，一般为四、六开，即东股分四成，西股分六成。东家在国内坐享其成。西股的六成再由入股的按股分配。在100多年前，就有‘领东’带一些雇用的人，背着柳疃一带土产的丝绸、花边等手工制品（每人背六至八匹不等）出国贩卖。”

开办丝绸厂的，因为生产环节多，资金流动周期长，情况较为复杂，一般不简单订成分配，但在经营管理中却有着一套完整科学的“东西责任制”经管体制。刘汉儒在《昌邑人在胶东各地开办的丝房》中写道:“胶东山区多柞树，便于放养柞蚕，历来盛产丝茧，昌邑人向来以丝茧绸闻名，解放前在这一带兴办丝绸业者为数众多。”民国初年，丝绸业资本家在上海成立商务会，其章程规定，拥有10台木机以上者可入会，当时入会约480家，70%以上为昌邑商号，如果加上其余的小型厂房，约有1200余家，职工除少数外籍人，绝大多数是昌邑亦工亦农的村民，约有4000余人。他们多是利用农闲步行五六百里到胶东做工，名曰“闯东山”。专营缫丝业的成为炼房。有单设的，有并设的，还有三者兼设的。办厂出钱不出人的叫“东家”，受东家之托主持厂务的称“西家”，领东也称“掌柜”，有的既是东家也是掌柜。指导工艺技术的为“领作”，也有少数掌柜兼做领作的。一般为一厂一东，一厂多东；一厂一西，一厂多西；一厂一名领作，一厂多名领作，类型不一。东家既有本地人，也有昌邑人，还有少数外籍人，大多数西家和领作均为昌邑人。较大厂坊都有字号，较小的一般无字号，家庭自营者只雇用数名工人而已。

行商，背包袱的也是有组织的。据高守信讲，在北京“背包袱转一天很累，需要个领头的，一是供应货源，二是解决一些生活问题，诸如刮风下雨、生病等，都需要有个安身之地。于是凑几个钱，寻个地儿，领头的自然是经理和小业主了。伙计在外跑一天，卖多少货，给多少钱，类似大号的店员，逐渐发展为有小股的股东，也有自属门脸的小号了”，“昌邑在京的全部绸布商号一百余家”，多数都得益于这种灵活的经营机制而发展起来的。

第二节　经商理念

昌邑是著名的“丝绸之乡”和“华侨之乡”，在漫长的经济活动中逐渐形成独特的乡俗文化。

“昌俗尚质朴，敦本抑末。士勤于学，农务于耕。邻保有周恤之义，吏民无告讦之风。”明代邑人史载勋著《昌邑纲纪志》中称：“夫昌濒海民贫，男通盐之利，女攻绩纺之业。士高而无私谒，民醇而无嚣讼。”在这些传统民俗的基础上，正当中国由封建社会进入半封建半殖民地社会时期，昌邑人把发展民族工商业视为应敦之本，把鱼盐之利和攻绩纺之业结合起来，引进胶东土产柞蚕丝，不断改革创新，逐步发展成为在国际、国内具有抗争能力的民族资本主义工商业，在新的经济浪潮中，形成昌邑新民俗。在民国21年（1932）出版的《胶济铁路经济调查资料汇编》中，讲到昌邑民生况状时称：“诚厚质朴，敦本抑末，此固该县特殊习尚。而人心机巧，勇于冒险，尤属民性特长。故年来在海外贸易及各口岸都会之经营绸布者踵迹相接。且境内素以织绸织布而著称，故民间经济，尚不十分拮据。”

从自给自足的封建自然经济，转变为专门“做生意”“做买卖”，专门生产商品的商品经济，昌邑人的观念也相应发生改变，即在封建道德讲诚实、重信义的前提下，发展自己的丝绸事业，从而把“利”和“义”有机结合在一起。

靠信誉发展丝绸业。在字号中不少用德信义等字眼，如利顺德、天有信、义泰祥等。重信义，讲道德是昌邑丝绸习俗的一个重要内容。高守信在《在京昌邑绸布之我见》中说：“昌邑茧绸和寨子布在全国四通八达，它在北京这个重要销售区域充分显示出产供销灵活协调的优势，商号向批发号购货，不需要先缴现金，卖完货，下次提货时缴上次的货款。批发号在昌邑向机户采购，采取同样的赊购方式，真像和睦相处的一家人，互相信赖并依靠。这种生产方式，赋予昌邑茧绸和寨子布以旺盛的活力。”

靠高质量低价格发展丝绸产业。昌邑丝绸最大的特点是质厚色美，价格低廉。民国18年（1929）六月《山东工商报（第一期）》载：“胶东昌邑绸质厚色美，服用性耐久，远近闻名，为本省工业生产大宗。”《山蚕辑略》载：“都昌所织之绸，今则改良，亦有仿佛山里，而价格甚廉。”

靠名牌效应发展丝绸事业。《野蚕录》载：“闻有刘姓巨商，与各商联合资本，设立公司，拟将茧绸大加改良，以便专售洋布，并拟用双龙、双鱼等商标，以重信用。”烟台聚丰机房，刘家辛戈人刘奎元当掌柜，创的“大中山”洋服料子，商标为“三鹿头”，在英美很有声誉。据民国21年（1932）10月《山东实业公报》载：“我国出口有昌邑茧绸，应美国总统胡佛宣言邀请，参加美国1933年举行的芝加哥百年进步纪念世界博览会展出。”

靠培养人才提高技术改进工艺发展丝绸事业。正如《南逄乡志》记：“乡里习传，年青小伙子‘出门’才算‘有出息’，青年小伙子从年青时就应该跟着掌柜的出去学做买卖，学一门手艺。”“穷闯南，富进京，死逼梁山下关东”，指的就是青年小伙子依据各自家境的不同，跟着走南闯北磨炼成材。昌邑从丝绸产品输出和资本输出开始，进而发展到“吃劳金”的缫丝劳力输出、背绸包劳力输出和领作工匠们的技术输出，柳疃丝绸发展的每一步，都依靠诸多经营专家，还有大批工程技术专家和数以万计的技术工人。

在长期的丝绸经营活动中，昌邑人靠信誉发展丝绸事业，他们利用名牌效应，优质低价和大力培养人才，改进丝绸工艺使丝绸生产突飞猛进。柳疃丝绸乡俗中的一个显著内容是爱国、爱乡和爱家。大批的丝绸经营者们，因为生活所迫离开养育自己的家园，离开父母妻儿，远走他乡，漂洋过海，必然会产生强烈的思乡情怀，使昌邑人发出深厚的爱国爱家的真挚感情和传统思想。《南逄乡志》载：“他们热爱祖国，热爱家乡，辛亥革命，抗日战争，不少华侨志士，奔走捐资，投身战斗。在新中国建立后，又积极捐助投资，支援国家建设，支援家乡。”龙池镇马渠村魏汝栋，在南洋背包袱时结识革命家周恩来，民国13年（1924）从南洋到广州投身黄埔，民国16年（1927）参加北伐战争，解放战争后参加长春第一汽车制造厂和西安飞机制造厂的领导组建工作。“在家靠父母，出门靠老乡”是昌邑人出门的信条。民国元年至15年（1912—1926），昌邑在胶东闯东山的丝织工人，分布于1200余个工厂，人数有4000余人。为保护自己的利益，他们成立职工会，负责人有住青山的吴方兰（柳疃门八人）、住唐家泊的马均洪（围子人）和王占鳌等。他们领导民国5年（1916）、民国15年（1926）两次为提高工人工资而举行的罢工，取得胜利。

柳疃丝绸乡俗最大的特色是能吃苦耐劳，且“人心机巧，勇于冒险”。昌邑人出门，多数是去“吃劳金”，靠吃苦耐劳维持生计。“穷走南，富进京，死逼梁山下关东”，大都是指出去“吃劳金”，无论下南洋背绸包袱，进北京做“行商”，还是闯关东放蚕圹丝蹬大机都是苦累营生。刘学太在《东北圹丝回忆》中说：“山东人去东北圹丝究竟从何时开始，谁也说不清，有这样一则故事：陈干幼时随同村陈述典去东北，在家只说是去那里发财，但到了东北一看，才知道是圹丝卖苦力，由于难忍生活艰苦，曾写信给他父亲抱怨道‘述典述恒，不符前言，在家应的升满斗满，离乡来是手紧腕浅’，一时传为笑话。从这里可以看出昌邑人闯关东起始较早，而且非常艰辛。”

高守信在回忆昌邑人在北京做行商时说："行商以双台、王耨、卜庄居多，这些人很有吃苦精神，他们不避风雨，沿街叫卖，晚上凑合着寄宿在简陋便宜的小旅店里。他们很有闯性，宫门森严，并不畏惧，时常闯进宫去……这些人之所以这样闯，其根本原因是，光靠啃那二亩地不足以解决全家人的生活问题，昌邑人也由此产生了强悍无畏的抗争、拼搏精神。"

韩其宽在《海外生涯》中说："南洋的华侨中，百万富翁固然有，但数量不多，大多是一般的工人和小商人。工商业者都很能吃苦耐劳，工作能力也很强，人皆乐用，但他们的工资是很低的。""在印尼，我也到处漂泊，过着流浪乞丐般的生活。1934 年我们由巴城到了中爪哇，还是背着包袱四处叫卖，一天要奔波十三四个钟头，经常吃不上饭，有时背着包袱一天要跑三四十里，累的疲惫不堪……几十年来，我在印尼受尽千辛万苦，一直熬到回国。"

《辛置志》中载："辛置村许多人身背丝绸外出经商做生意创事业，在 20 世纪 30 年代前后，曾盛行一时……他们不但为本村创下了雄厚的物质财富和经营之道，也为当今留下了众多的海外侨胞，这些人不但为所在国经济发展做出了贡献，同时也为祖国和世界各国经济交往做出了贡献……辛置村先人们这种敢冲敢闯敢于冒险的创业精神，极为后人所钦佩，激励着现代人不屈不挠，勇于战天斗地改造自然和善于经商做生意办企业发展市场经济的开拓精神。"

第三节　乡俗民风

村名源于丝绸商号　有些村名来源于丝绸商号，成为丝绸之乡的文化特色。

高隆盛　原柳疃镇高家庄，以高姓在北京设立的隆盛号丝绸庄取村名，取其生意兴隆、财源茂盛之意。

广刘村　由夏店乡原刘家道和张家道两个村合成，张家道因过去在北京的丝绸商号为广茂，人们称为广茂道。民国 31 年（1942）广茂道和刘家道划为一个行政村，取名广刘村。

同泰庄　原是东冢乡新庄村，后因村民在烟台有大商号"同泰"而命名。

西机房　在李家埠乡郭岔河村西，村里居住的 10 多户人家都是织机户而得名，1985 年并入郭岔河村。

丝绸企业楹联　**柳疃街上昌邑商会门联**

经营莫忘陶公业，交游长存晏子风。

莫道鱼盐无大隐，须知货殖有商贤。

五湖寄迹陶公业，四海交游晏子风。

万古高风仰管鲍，千秋义气羡陈雷。

双台乡峠埠村早期下南洋者徐长庚回家后盖起砖制新瓦房，大门上雕刻的对联

水能性淡为吾友，竹解心虚是我师。

丝绸商号楹联

财丰大有，公平交易。

生意春前草，财源雨后花。

兴隆同旭日，发达胜阳春。

协力山成玉，同心土变金。

长春融法宝，余庆衍财门。

贸易岂无廊庙志，权衡须用圣贤心。

湖海客来谈贸易，缙绅人至讲经纶。

交以道，接以礼，一团和气；近者悦，远者来，四海春风。

染坊门联

用尽海外千种色，染成中华异彩新。

百尺高竿照彩色，千层瓮内起金花。

东冢街开绸市、牲口市

东冢街新添绸市，看我朱孔阳，优孟且欣谐雅奏；北极阁依作牧场，当尔牲则具，编氓亦愿起田歌。

炉房（银匠铺）门联

信实随时在，真诚逐日存。

一生公心平似水，十分生意稳为山。

机坊门联

黄装金甲蟒，白织玉麒麟。

经纶成利益，衣被作生涯。

机动龙梭跃，丝萦藕锦添。

经纶罩四海，衣被覆千家。

经通东西南北，纬连五湖四海。

戏台楹联

借梨园以扩市面，唱卖刀买犊之歌，正好逢场作戏；在蓉郡而收利权，咏抱布贸丝之句，为洵奇货可居。

民谚民谣

织机千日不富，不织一日受穷。

穷闯南，富进京，死逼梁山下关东。

唧就咯噔织，两天织一匹；

五天一个集，卖了籴粮吃。

黑夜灯火多如星，村村户户机杼声；

男耕女织笑语喧，牛郎织女下天宫。

第四节　文学艺术

文学作品　电视剧《韩掌柜的》　辽宁省丝织二厂，是在安东市义泰祥丝绸厂的基础上发展起来的，该厂始于民国15年（1926）秋，是当时安东生产规模较大、效益较好的企业，创办人是昌邑柳疃人韩效思。“韩掌柜的”从19岁学习丝绸生意，到65岁退职，经营丝绸近50年。他一生热衷丝绸，善经营、会管理，很有名气。他生活简朴，出门坚持步行，从不坐车。他办过一所私人学校和两所义务学校，均实行免费教育。他乐善好施，从东北购买木材，做成棺木赈济出不起殡的老乡。他诚信经营，以质量求生存，赢得很高声誉。丹东市将其事迹搬上荧屏，赢得广泛赞誉。

秧歌剧《跑四川》　是教育青年“出门闯外”一个传统文艺节目，剧情主要是教育儿子、儿媳正确认识“出门”的意义，打消不必要的顾虑。选摘如下：

“爹：我名叫陈志杰，
所生那一子，
三月里取的妻，
娶妻卖二亩地。
叫一声我的儿，你出去趟外乡去，
商议商议你母亲乐意不乐意。
娘：有为娘闻此言笑哈哈，
叫一声我的儿细听为娘啦，
人不得外财不能发富，
看看人家看看咱，
看看西屋你大妈，

想当年你大爷出外发的家，
我的儿出趟外也能赶上他。”

“爹：有为父闻此言皱皱眉头，
叫儿媳你不必对我来胡诌，
年轻轻出谣言有什么好处，
你不必把他留，
管怎么留来他是走，
现如今上四川不远其非洲，
如今似上“歪子”（海参崴）走趟家门口。
娘：有为娘闻此言笑哈哈，
叫一声儿媳细听为娘啦，
你说的这些话为娘明白，
为的是无儿女年轻轻的还不知？
想当年我出去，都说我是绝户，
为娘的四十四生的你女婿。”

《风雨南洋》和《下南洋》 围绕柳疃丝绸为主题创作的文学作品众多，其中著名作家张笑天创作的电视剧《风雨南洋》搬上荧屏后受到广泛赞誉。此外，平度市作家张振铎创作的长篇小说《下南洋》和昌邑市董云卿、董少卿创作的同名小说《下南洋》等描写的都是昌邑人在南洋各国经营丝绸生意的情景，再现昌邑人民闯南洋那一段可歌可泣的奋斗史。

王统照《欧游日记》 诸城籍文学家王统照《欧游日记》对昌邑与他同船的魏海洁等人有许多详细记述。

1934年3月17日，“与昌邑诸商人闲谈，9位昌邑魏姓者皆同族也，彼等富有旅行经验，无初次旅行者。爪哇、新加坡、日本、俄国多曾去过，中有一位前后在俄近10年。俄革命前后，彼皆深知，后遇中东路之战偷回，费力不少，3人被俄人拘于狱中。彼等受高等教育者殊少，识字无多，完全一种团体的组织与冒险精神，使其不顾危难，不图安逸，昌邑人之足迹遍海外，能各国之语者尤多。此真山东人之特点，然他县固不及也。彼等同行中一老者方50岁，群尊之为掌柜。俄国革命前在俄经商凡8年，名魏海洁，诚笃老练一望即知。又有最少年者方29岁，高小毕业，乃其同行中之账先生，彼与余谈最多。其人聪明精干，自言16岁时随人往莫斯科寻其父，盖其父叔皆在俄久居，娶妇生子矣。彼抵俄都后，值俄人正在提倡小经营，允许人民设小商店。彼原贩棉线，时其父已回，彼乃代为经理，数年后对一切事甚熟悉。而中东路之战始矣，凡在东三省制赤俄被东军拘留，而俄人亦拘华人，惟待遇不平，较之中国之对俄国相差天渊。凡在列宁格勒与莫斯科之华人除已加入共产党者无一幸免，而魏君（号金铸）以早得俄友电告未敢留宿寓所得免。寄住俄人家，出入靡定。有华人流荡与彼商货款未遂者向俄警局告密，而魏君遂更秘其踪，直至伯力和约成，禁解始得离俄京，然字号之货物荡然矣。存有数千元美币拟偷携出境，不再返俄，亦不想纳税于俄人。但此非易事，虽有护照而无他种文件，固难由俄境入中国也。彼乃约其号中伙友及他商人共11人，乘车去海参崴住数日，每人以60元之代价请高丽人之偷税者作向导出海参崴，由山中拉荒（意即过边也）昼伏夜出。时2月中祁寒犹重，着破衣如劳工然携利薄（黑面包干也），将纸币缝于外衣之裹，疲则卧山洞草堆中，此等地境荒凉殊甚，无人家住此，惟有劳苦之高丽人与砍柴之中国人耳。道中草莽深密无径可寻。第2夜10时，由高山下渡一河流过此即国界，而河之彼面有俄哨兵驻守搜查，虽黑夜越此不易。此11人既过河穿行深草中，因人多，有声为逻者所闻，初出空枪一响，魏君曰，时，余知第二枪必向人行处射来。前行5人尽力飞奔，余在中间势难幸免，不得已，急侧卧草中，枪弹擦面部而过。行者去远，不也再走，且数日足创越山无力，遂任运，寐卧其中，不敢少动。哥萨克之铁骑数十追至，搜草中，好友刘姓者被其擒获，痛扶有声。不久，遂缚之马后向回路去，马蹄在吾头上过数次竟未见吾。时觉疲乏苦痛交集，起步草中不能数寸，痛极睡昏去，醒后则见月色西斜，高山在望，欲觅出径，茫无所从。不得已就前行者踏倒之深草前趋，惟知南向可入国境。走里许遇歧路，择正南一迳过山涧攀登山半，饥寒交集忧痛殊深，忽闻猛兽吼啸，自思如再前行究不知何时出山，路由何往，且糗粮已失无可果腹，冰蹬滑溜如失足或为猛兽所害，则谁可知者，无已复返旧道。不如入俄境，投入俄狱中至重不过四个月之禁期，还可有生还望也。天色既明，行涧中不知所往，忽山巅有人趋走下相持痛哭，盖同行之失路者亦我友之一也。顷之，遇二人持锯一负他物，上山，询之知为河间府之作木活者，住此10余里外之一小屯中。言高丽人某已同其他伙伴先往，派彼二人来觅后行者，余至此方度更生随其往，峰转径通固非远也。在小木屋中向火取暖以生黄米煮饭，食三巨碗，由此往东宁县，雇车赴哈尔滨。我叔父处休息四月，待被捉之刘君至（拘禁后释出又偷过来者）遂回东省。”3月20日，船至新加坡，“新埠人共60余万，闻华侨已占有50余万人，广、闽人为多，鲁人在此贩丝绸者有数家，皆昌邑人，闻近年营业不甚易发展云”。3月22日，船行印度洋上，“午后饮昌邑诸位之茶水，尽二玻璃杯，十余日未尝此味，甚慰”。3月23日，“昌邑商家同行者带中国茶叶，往饮两次一清肺肠，较之饮冷开水好多”。3月30日，“兹将同行赴意下船，昌邑诸君之姓名录下：利顺公司伙友姓名：魏海洁、魏海镜、王蒙政、魏放水、魏鸿增、魏乃宣、刘坤铸、魏海会、魏金铸，公司东家刻住潍县西门里路南，旧当铺勤慎堂李润芬。因昨晚与彼等谈，彼等谓俟余回东时路过烟潍，可以告知公司东家云云，故录之如此”。

民间艺术 柳疃历史悠久，商业发达，文化繁荣。在民俗民情中，除春节、元宵、清明、端午、仲秋、重阳等节日外，人们的祭祀神灵，纪念先圣先祖，祝颂风调雨顺，以及各种各样的文体活动，都带着浓郁的绸乡特色。

根据现存的有关绸乡的文化、风情、礼俗等文字资料及当地的口碑资料，中华人民共和国成立以前，柳疃一带的群众文化、人生礼俗、体育、岁时祝祭等，继承和展示中华民族传统文化多彩的形式与丰厚的内涵，具有不断丰富完善和全新创作浓厚的地域特色。

听大戏　清光绪末年，柳疃一带丝绸生产正处于繁荣鼎盛时期，许多当地的人便将丝绸运到北京销售，其中一部分资金充足者，还在京城设栈开店，获利甚丰。闲暇之余，就到戏园看戏。由于频繁地往来于京城与家乡，相互传达经济、文化信息，便将现称之为“国粹”的京剧带入柳疃。当时，人们称京剧为“大戏”。经常活动于柳疃一带的戏班子，有四喜班、京三庆、永福班、德盛班等，以四喜班和京三庆最为兴盛。以赵双山为班头的老四喜京剧班，主演张德旺（文武老生）、孙颜福（旦角）都有较高的艺术造诣。以高全禄为班头的京三庆京剧班，行头壮观，阵容整齐，有四生、四旦、四花脸。文武并举，剧目繁多。文武老生高全禄，刀马花旦孙颜福（由老四喜转入），享有很高声望。民间有“颜福上了台，老婆孩子跑掉鞋”说法。很长一段时间里，老四喜班和京三庆班以柳疃为基地，活跃于昌邑、潍县、平度、掖县、黄县，在群众中享有盛名。

当时的京剧，多数以表现帝王将相、才子佳人的生活为内容，宣传封建的人生观、婚姻观和价值观。很多剧目中充斥着封建礼教与封建迷信。另一部分则反映为民做主的清官和除暴安良的好汉，教人除恶扬善，勤奋上进。

柳疃一带上演最多、最受欢迎的剧目，有《粉妆楼》《盗御马》《连环马》《洛马湖》《打金枝》《武家坡》《御碑亭》《桑园会》《法门寺》《大保国》《打龙袍》《女起解》以及以《三国演义》故事为内容的剧目。

中华人民共和国成立前，请戏班唱戏多有名堂。

其一，逢庙会、山会唱戏。随着绸业的发展，地方经济的繁荣，许多大商号为庆祝自己的买卖兴隆、财源茂盛，经常利用这样的机会，出资请戏班搭台唱戏，以炫耀其财势，借此扩大知名度。

其二，唱“老母戏”（泰山老母）。

其三，唱还愿戏。中华人民共和国成立前，限于民众的文化、科学知识的贫乏，对于自然的、社会的许多现象无从认识和解释，往往便要寻求于某种所谓“神灵”的指点、庇佑。

另外，许多财主、商人，逢自家老人寿辰、孩儿百日或婚丧嫁娶，也都请来戏班，吹拉弹唱，借以炫耀自己的忠孝、明达与财势。

不论出于何种缘由，看戏成为绸乡人最盼望的文化生活。他们通过看、听，积极地“介入”，常常将戏中的故事与现实“对号”联系起来。

京剧的引进与传播，为柳疃一带的文化增添异彩，唱大戏，听大戏，成为上至官宦、富绅，下至贫苦群众共同的文化需求与享受。通过戏，人们增长知识，开阔视野。

好多人不光听戏，还学戏、演戏，表达自己的思想情感。柳疃东陈村的韩殿爵老人回忆说：“俺们年轻时，柳疃街上经常有戏班子来唱戏。最热闹顶数正月里“玉皇大帝”出巡，阴历四月二十一日的太平山会，阴历九月十三的庙会，或是祈雨还愿等等。请来戏班子，就着高坡搭起台子，锣鼓一响就唱起来。有时，是一台戏唱，有时还唱对台子戏。两个东家请来的戏班子，你东我西，你文我武，吆吆喝喝，对着唱。听得多了，不少人都能哼上几句。俺村的一群后生们都爱唱，唱得最好的一个叫陈松河，后来他被河水淹死了。一块长一块耍的伙伴们为了纪念他，每逢七月十五，都到小龙河上，垒着小船，一边唱戏，一边放河灯……听戏，唱戏，成了俺们这一带人的一大喜好，村里像我这样岁数的人都会唱几段，或西皮，或二黄。1945年，柳疃还成立了业余京剧团。上演了新编京剧《档夏》，在群众中反响很大。”

《昌邑县志》中记载，民国9年（1920），昌邑北部的瓦城村（距柳疃约5公里）的“同乐会”，办起全县第一个业余京剧班。尔后，不少村镇陆续成立业余京剧班。当时，较为出名的村庄有马渠、岱邱、柳疃、辛安庄等。演出内容均为传统剧目，如《大保国》《九江口》《三娘教子》等等。

由于丝绸生产的兴盛，地方经济基础雄厚，一些地方小戏也蜂拥至绸乡寻求生机。从高密、安丘一带流入柳疃的“周姑子戏”，也曾风靡一时。这个被称之为“拴老婆橛子”的戏，表现的内容大都是人们的日常生活和喜怒哀乐，戏词通俗，唱腔流畅，对白有风趣，很受普通群众喜爱。

子弟耍　子弟耍主要指高跷、狮舞、龙灯、旱船、地跷、跑驴、老姜背老婆、撅登官儿、晃大人（大头娃舞）等等。这些民间艺术形式，大都内容朴实，形式活泼，表演诙谐，群众不分男女老幼，自演自赏，极为普及。

每到春节后，各村都组织各类子弟耍到镇上和各村做拜年性质的演出。尤其在正月十二日这一天，柳疃街各商号“开市”的日子，各村杂耍早早便云集柳疃，活跃于大街小巷。各家商号彩灯高悬，燃放鞭炮。锣鼓声中夹杂着相互拜年、恭祝平安、发财的问答，半空中弥漫着喜庆、硝烟，把整个丝绸重镇渲染得格外热闹。尤其是预兆吉祥的龙灯，每到一处，都要叱咤雷电、腾云驾雾的舞上一场，以博得满堂喝彩。

踩高跷　这是民间文艺中最常见的一种形式，也称高跷秧歌。踩高跷是一种多人组成的集体耍，人数可多达几十人或百人，亦可十几个人，主要是根据各村经济实力、人才情况和表演的具体情节而定。每个演员都绑一副高跷腿子，用两根木棒，中间钉装脚踏板，用布带缚在小腿上。跷，有一尺左右的，也有3尺左右的。演技高的人一般都踩3尺的跷，按表演内容化妆成各种角色。旧社会时，大都装扮《水漫金山寺》《西游记》《水浒》等故事中的人物。距柳疃镇数十里的郭家庄，有百年演唱秧歌的历史，郭家庄大秧歌的表演形式极富特色。演员10名，有和尚、尼姑、渔翁、渔婆、丑妇、秀才、腊花、回回、鞑婆、货郎。还有一名叫排头的，开演时，由他执旗踏步领先，入场则立中央指挥，小和尚跟在其后，手持一对棒槌，边打边舞，藉以打场。此时，各种打击乐齐鸣，体态轻盈的尼姑一边扇着扇子，一边摇步起舞；腊花一手持一块手帕，舞姿似尼姑；相公斜披蓝衫，歪戴帽儿，持画扇，摇摆起舞；渔翁持橹，踏步摇橹似行船；渔婆臂挎竹篮，舞姿大方稳重；鞑婆穿长袍，持烟袋边抡边舞；回回跨腰鼓，边打边舞，配合打击乐，气势壮伟；货郎手摇货郎鼓，肩背货郎箱，右手摇鼓，左手扶箱，左腿颠，右腿抡，也配合打击乐。乐器，除演员用的，另有锣一面，鼓一对，旋锣一面，秧歌队按拍节踏步，边舞边行。

入场时，小和尚打场围成一圈子后，乐器刹住，排头在圈中央首先唱歌，末尾点出对唱者。此时便有一名演员边走边舞，乐队同时奏乐："嘣嘎嘣——呛呆……"直到找到对手，乐器停止，二人开始表演对唱。每当一个完整的故事情节结束，排头唱声"哎咳"，全体齐唱最后一对所唱的最后一句歌词，一场结束，再开始第二场。

《东平州》是秧歌的高潮部分。这一节是以舞台形式为主，狗官斜坐在椅子上，皂隶垂手而站，扈三娘，顾大嫂二人出场，对白是京腔，舞姿以小步半"八"字形，配有旋锣，一步一"呆"，唱时不用乐器伴奏。

在多种多样的秧歌调里，最有特色的是"走南闯北"的演唱。

一阵锣鼓之后，那个扮老妈妈的走出来，拽着儿子，婉婉地道"看看人家看看咱，看看东屋的二大妈，想当初你二大爷出外发的家，我的儿你出趟外，咱也能赶上他"。

扮演儿子的听老妈妈唱完，便将一个装着绸布的包袱系在肩上，准备出洋。这时候，扮演儿媳妇的却走出来，拽着自己男人的衣襟，带着淡淡的悲伤和深深的挽留，唱起来："爹娘老，孩子小，你走了，谁照应？奴家是块铁，能打几个钉？"很明显，她是不割舍让丈夫出洋。在大正月里，每每演到这一段，就会引逗得那些日思夜盼希望出洋的丈夫早日归来的女人们，左一把右一把的抹泪。可是，在那种年月里，遇上天灾人祸，不出外"背包袱"，又有啥好招法养活老小？唉唉，"穷走南，富走京，死逼无奈下关东"啊！

耍龙灯　耍龙灯是绸乡最为普遍也最为红火的民间文艺表演形式。古人将龙、凤、麒麟、龟称之为四灵，它是古代人为寄托美好愿望而创造出来的图腾。龙的造型优美威严，全身线条刚中有柔，柔中藏刚，动感强烈，早在3000年前的商殷时代，铜器和骨刻上就已经有龙的图案，周代的铜器上，龙的形象已渐趋完整。汉代时，民间已普遍有"耍龙灯"的活动，宋代吴自枚的《梦粱录》中说："元宵之夜……草缚成龙，用青幕遮草上，密置灯烛万盏，望之蜿蜒如龙之状"，在我国浩如烟海的文学著作中，诗人墨客对于龙有大量的描写。如"潜虬媚幽姿，飞鸿响远音"（宋·谢灵运《登池上楼》）。虬，传说中的一种龙，"神龙神龙天下奇，

舞龙灯

爪牙鳞甲光陆离。潜藏显见各有时，顷刻变化谁能知”（明·商辂《龙》）。“乾坤能大，算蛟龙、元不是池中物”（宋·文天祥《酹江月》），龙是人们神化出的动物。旧时，人们用舞龙的形式祈祷神龙庇佑人间，及时呼风唤雨，以获取五谷丰登。

耍龙灯，多在正月十五元宵节，二月初二（龙抬头），逢大旱祈雨时也要耍龙灯。

龙，用木、竹仿龙样分节扎成。龙身有七节、九节、十一节、十二节等，约数丈长，龙身画有鳞片，龙头、龙尾及每节有一撑杆，表演时演员手握撑杆随锣鼓节奏摇摆翻舞，除舞龙者外，另有艺人手擎“宝珠”。舞宝珠者为舞龙的指挥。舞蹈开始，宝珠引路，巨龙随后紧跟，宝珠入海，巨龙便作掀波逐浪潜入海状，游龙千变不离宝珠。巨龙舞动，生气勃勃，千姿百态，气势恢宏，把人们带入紧张、兴奋的境界中。

这一古老的文艺形式有新的发展，如在晚间舞耍，宝珠、龙头、龙尾及龙身各节，都安装电池灯，舞动起来，巨龙翻腾，光芒耀眼，更具风采。耍龙灯的技巧节目有单龙戏珠、双龙戏珠、蛟龙漫游、龙串花、龙摆尾、蛇蜕壳等等，尤以双龙戏珠最为壮观。

顶狮包 顶狮包又叫舞狮子。与龙灯一样，是绸乡人民非常喜爱的传统民间节目。诗人白居易《西凉技》中说：“西凉技，西凉技，假面人头假狮子。刻木为头丝作尾，金镀眼睛银贴齿。”舞狮子的活动起源很早。舞狮子是一项技巧很高的表演项目，要求演员既要有气力、耐力，还要有娴熟的腾、跳、滚、翻等功夫。花样很多，有狮子滚绣球、狮子带子、勇士戏狮、兄妹戏狮等，表演时，一般由三人组成，一人舞头，一人操尾，另一名手持绣球引导、指挥。文狮，主要表现狮子的搔痒、舔毛、洗脸、打滚、抖毛；武狮，表现狮子的跳跃、爬杆、跌扑、上桌、滚球，刻画狮子的形象。舞狮，同样于春节、元宵等重大节日进行表演。

跑旱船 在黄河流域，早有传说，谓“跑旱船”是纪念古代治水的大禹。传说禹是古代夏氏的部落长，炎黄联盟首领。姒姓，亦称大禹、夏禹，是鲧的儿子。相传他奉舜的命令治理洪水，接受其父鲧治水失败的教训，带领人民通江河，兴修沟渠，发展农业，“凡十三年，股无完肤，胫不生毛，三过家门而不入，终至弭患兴利，地平天成”。洪水流入大海后，人们用于逃命的船、筏都搁浅在陆地上。孩童们常在地上、打谷场上推拥拉拽船、筏，逐渐地，就演变为“跑旱船”的娱乐活动。跑旱船，是用木条、布帷做成船模，在陆地上模拟在水上划渡。旱船用土色丝绸与金色流苏装饰得花团锦簇，异彩生辉，表演者一般是一船二至三人。一人坐船，一人摇橹，坐船者扮一美貌女人，撑船者扮一英俊少年，摇橹者扮一白须老翁。美女站船中，将轻盈小船系在腰间，并做一双假腿盘于船面，与舞者身段相配合，舞蹈开始，伴随锣鼓节奏，模拟船在水上的各种动作。撑船少年手舞竹竿，翻、旋、跌、跳，动作潇洒、敏捷、灵活。坐船美女扮出种种羞媚之态，对少年不断闪动秋波，传达爱慕之情。

跑旱船

还有另外一种表演形式，即在舞动行进上伴有唱词，男女一应一和，更具独特魅力，唱词内容不定，大都以流行小调为主，民间多表演“白蛇传”中许仙游湖一节。

跑驴儿　是表演活泼、生动、诙谐，幽默的一种民间文艺形式。驴的模型由竹或高粱秸扎成框架，用纸裱糊起来，再涂上灰黑颜色。“驴”分为前后两个部分，表演时演员将“驴”系在腰上，站在中间作骑驴状，它由 2～4 人配合演出，骑驴者多扮装成走娘家的俊俏少妇，其余的人扮成少妇的丈夫和拾粪的。表演时，以锣鼓和唢呐伴奏，演员边跑边舞，有时跑一阵唱一阵，富有浓郁的生活气息。唱的内容多为《王小赶脚》《跑四川》《借年》等。据说山东吕剧，就是由这种“跑驴儿”演变发展的。

背老婆　当地人也称“老姜背老婆”，表演形式与跑驴儿有相似之处。它与东北大秧歌“猪八戒背媳妇”一样，是一种幽默的文艺表演形式。它只需要一人表演。演员腰间挂一假男人上身和一假妇人下身。扮演者上身化装成女人，穿艳丽花衣，与所挂假妇人下身相吻合，混为一体；扮演者下身着男人装束，与所挂男人上身相吻合，混为一体，利用人们的错觉，猛一看去，就是一个男人背着一个女人，故称老姜背老婆。所制假男人脸谱，憨厚老实，总是眯眼微笑。扮演者化妆成娇女人。在演出中，娇女人故意撒娇撒痴，随意指挥摆布“假男人”，而假男人则笑容可掬，俯首听命，木呆顺从。演到高潮处，娇女人故意使男人回头窥视其花容月貌，娇女人又故作嗔怒，猛击其头，使其俯首温顺。一老实一泼辣，情致起伏跌宕，逗人发笑，达到活泼、幽默的表演效果。这种民间文艺形式，因为其浓郁的生活气息而受到人们的喜欢。常常听某女人嗔怪丈夫：你瞧瞧人家老姜，对老婆多好！文艺是现实生活的反馈，现实生活为文艺提供丰富的创作素材。

撅登官　据绸乡的老辈人讲，撅登官这种文艺表演在清末时最为流行。扮演者身穿官服，头戴红缨帽子，坐在由壮汉们抬着的跷跷板上，此人即“登官”。还有一人扮成“官娘子”，官娘子坐二人抬小花轿。表演时，人们不时用翘板将登官撅入空中，一撅一落，登官在起落中扮出种种滑稽、幽默动作，以博人们欢呼。在行进中，扮装成的三班衙役手持“回避”“肃静”各种执事，吆吆喝喝，鸣锣开道，颇似一县太爷出巡。表演一段，登官即拿出真正县太爷做派，声称自己是“无影县县令”，今日“为民放粮来了！”观众则齐声欢呼。登官，是群众心中盼望的“清官”，此种表演，实为人们拥戴歌颂“清官”的表现。据说，这种杂耍在表演过程中，权同当地的七品县令。见县官不必让路，见不平之事可以就地开堂审问。在柳疃镇流传着这样一个故事：某村玩登官耍的路遇一起打架斗殴事件，登官马上坐堂审问，正巧，遇本县县令出巡。县令责怪登官冒充朝廷命官，当时坐堂要拿登官问罪。而登官却大模大样，不予理睬，县令问他:“你是何人，敢冒充大人审问官司？”登官答：“我乃七品县令，为何审问不得？”县令问：“你是何县县令？”登官答：“我乃无影县县令，”县令又问：“有何印证？”登官不慌不忙，从怀中掏出锄头一亮。县令说:“那是锄刃”。登官说:“着，有刃（印）就行。”县令一时语塞，无以对答。别人说，这是民间杂耍，县令也只好作罢。从此，撅登官的“官”，权同县令。

后来，撅登官一耍又有所发展，扮演者身穿翻毛皮袄，头戴凉帽，表演程序无大改变。人物扮相和表演内容却与原“登官”不大相同。

晃大人　这种文艺形式，原来多在举行大的丧葬仪式时表演。扮演者身着袈装，头顶一个大大的光头壳，头壳上画一眯眼微笑的和尚脸谱，手中拿着木鱼、鼓磬等，边晃边敲，逗人喜乐。渐渐这种文艺形式已发展为大头娃娃舞。逢节日、喜庆日子，配合其他文艺形式一同演出。

除上述各类民间文艺活动外，绸乡群众还有听书的习惯。中华人民共和国成立前，每到麦收和秋种之前“挂锄”的这段农闲季节，各地鼓书演员便纷纷来到柳疃，白天在集市“卖场”，晚间各村群众凑钱请演员到村中说书。艺人们演唱的曲种比较多，有西河大鼓、评书、山东快书、山东琴书以及梅花调、打渔鼓、打光光（打铜钱）等。表演形式多姿多彩，各具特色。书目也很繁多，有《金鞭记》《隋唐传》《封神演义》等等。

中华人民共和国成立前，柳疃一带还有一种喜庆和丧葬文艺，即群众所说的喇

小章竹马

叭戏、花轿、彩棚等。民间百姓凡遇婚丧嫁娶诸事，一般都宴请一班“吹手”，吹吹打打，以增气氛。有的晚间打棚，唱上台不化妆的喇叭戏。喜主或丧主还请赁铺巧匠扎花轿、扎丧棚。赁铺匠人在艺术造型上颇具匠心，几匹彩绸，几卷苇席，就能扎成花团锦簇、五彩缤纷的花轿和彩棚，给人们以美的享受。

第五节　历史遗存

齐行碑　柳疃北头镇武庙山门前有一块碑，俗称“齐行碑”。上书“望同北辰”，因为《四书》有文为“望同北辰而众星拱之”，取其意，而订出一条柳疃丝绸业的规章，大意是东山丝发来之前任何商号都不许先行付款，以免商号被冒支钱款而受骗。此后，代理店齐行，遵守不准借款的规定，避免商号的借贷风险，碑立于道光年间。

侨契碑　王耨天齐庙前有一块石碑，立于民国10年（1921），俗称“侨契碑”，上横四字“永垂不朽”，是县商会订出的出国侨商、东西两家及“吃劳金”者所遵守的契约。主要内容为，“吃劳金”者发生伤亡，病故，被害等事故，东家只付给一定钱数即可了结。“两断藤葛，永无纠缠”。而掌柜或吃劳金者携资潜逃，则以其家产、地产为抵押，重者将其家属问罪。

华侨碑　双台乡南裴庄村东二里处夹沟河东岸路旁有一座石碑，立于民国16年（1927）10月，是早期出国华侨杨茂春先生的墓碑。杨茂春的父亲和伯父，于光绪二年从青岛乘船去印尼推销丝绸，由于水土不服，在南洋离世。杨茂春长大后，立志打通南洋的丝绸之路，完成父辈未竟之业。他和柳疃绸商定好供货合同后，带侄子、堂弟三人去印尼，开办起“源兴泰”丝绸庄。经营一年，获利颇丰。他自己又去柳疃办起“源兴恒”号专供外商用货，并在汕头办起“源兴泰”作为转运站，扩大丝绸经营。“乡人受公汲引，继起商南洋者甚多，至今英荷属地，谈及华侨华产，辄称杨氏叔侄与昌邑茧绸，盖非仅一家一邑之光矣。”

万善同归碑　民国初年，柳疃商会集资在街北门外小龙河上修起一座石桥，桥头上竖立一块刻有“万善同归”的石碑，上面记载有捐款的丝绸商号、人名。

商号 丝绸所、利盛泰、利源增、亨祥德、隆兴永、福聚泰、协盛利、瑞祥泰、隆顺泰、谊丰泰、三盛合、阜盛合、合盛增、复盛裕、益昌盛、合盛涌、聚成福、同泰昌、同泰合、树德堂、同盛顺、同春合、公源祥、合盛益、同三泰、合盛兴、合盛祥、天庆长、公祥成、东盛泰、复兴店、光裕号、合盛同、福盛同、复盛增、荣盛茂、兴顺成、和聚福、利盛增、和顺德、合泰永、德祥泰、福盛公、永和号、松茂祥、聚星成、广兴成、协成祥、同和店、同祥成、瑞成享、谦祥益、恒聚和。

炼坊和从事炼绸业者 姜其泮、夏学周、韩天章、王星成、胡曰经、董绍法、郝友庆、姜乃贵、姜乃钦、姜其伦、姜其谦、孙效宗、姜其范、姜乃辉、李世槐、姜乃恒、姜其禄、阎青翰、孙永江、姜会美、姜乃瑞、王玉堂、姜世忠。

工商业者 新聚福、永盛增、协成德、韩天曲、隆兴德、王世昌、赵佃栋、姜鹏成、天德堂、永顺公、同聚顺、顺兴和、美德、永兴合、利祥号、同裕号、瑞增祥、益泰恒、德盛隆、公顺福、利聚涌、长顺栈、祥源号、福增裕、同盛德、徐庆成、裕丰成、和成祥、广顺栈、永顺店、泰兴隆、利增祥、义兴裕、祥福泰、高付惠、利顺祥、双成号、李洪梅、义泰祥、义聚成、复泰祥、利顺兴、顺德和、泰昌号、复兴永、协盛公、恒源永、同祥号、同聚泰、聚丰成、乾元泰、德成样、利源茂、刘永江、利源恒、三合盛、和兴堂、同祥义、天福成、利聚祥、兴顺号、复隆祥。

第六节 丝绸文化博物馆

昌邑市华裕茧绸文化博物馆 位于柳疃镇政府驻地，柳疃街以南，灶朱路东侧。

2003年，昌邑市华裕丝绸有限责任公司在公司产品陈列展览室的基础上，投资150余万元，建设昌邑市华裕茧绸文化博物馆。建筑面积1500平方米，分为柳疃丝绸文化博览园、柳疃丝绸技艺传习中心（即丝绸织造工艺流程传承大厅）和丝织产品、名优产品及荣誉展厅3部分。利用墙壁和文字图版展示昌邑丝绸发展史，特别是近代海上丝绸之路主要源头之一的历史事实。收集手工木织机20台，组织生产工人10余人，通过重现历史上手工丝织的动态，体现原始的丝织技艺，培养柳疃丝绸技艺传承人。

昌邑市华裕茧绸文化博物馆

除去技艺传承中心的丝织工具外，全馆藏品有手工织机、丝织器材、织造用具等45台套，清末民初及现代丝绸生产经营账本及商标11件，传统手工丝绸产品及现代丝绸产品代表品种754件，以及中华人民共和国成立以后，特别是改革开放以后昌邑丝绸一厂所获得的国家、省、市、县各级集体荣誉奖牌、奖杯、奖状、锦旗以及各个历史时期该厂产品获得的各级优质产品称号的原始证件或复制件等。另外，馆内还建有一处仿造清代丝绸人家的农家小院，古朴而逼真地反映当时“男耕女织”的柳疃一代丝绸人家的生产生活场景。

中国柳疃丝绸文化博物馆

博物馆建成以后，免费对外开放，昌邑市内客人及外来工商业客户很多慕名而来。每年参观者1万余人次。博物馆成为一个文化旅游的重要景点，昌邑展示宣传“丝绸之乡”的重要窗口，扩大昌邑丝绸和华裕丝绸公司的对外影响力。同时，运用电视台、互联网等多种媒体进行宣传推广。

昌邑柳疃丝绸文化博物馆 位于柳疃镇域南端，灶朱路东侧的中国（柳疃）棉纺城内。2012年3月，由昌邑市华达集团责任有限公司投资，中共昌邑市委组织部选派2名科级干部协助兴建，至2018年5月建成并对外开放。建筑、装修、布展、征集文物等投资总计5000万元。

丝绸博物馆主馆土建工程由山东艺术学院设计，占地100亩，建筑面积3000平方米。馆内展厅及各厅展示内容，融合济南慧中创意策划中心及北京、省、市有关专家学者的指导意见综合考量，由昌邑观云设计公司进行设计，分为丝绸之源（即历史厅，展示中国丝绸史和柳疃丝绸史）、丝绸之梦（即红楼厅，展示昌邑姜氏与《红楼梦》及其作者曹雪芹的亲缘关系）、丝绸之艺（即工艺厅，展示柳疃丝绸原料产地及丝绸原始生产全过程操作演示）、丝绸之乡（即绸乡厅，展示繁荣的柳疃街、商号及人物、红色教育）、丝绸之路（即丝路厅，展示昌邑是近代海上丝绸之路重要源头之一和昌邑华侨海外分布情况）、丝绸之韵（即文化厅，展示柳疃丝绸多元性的历史文化）、丝绸之光（即现代厅，展示昌邑丝绸中华人民共和国成立后，特别是改革开放以后生产经营盛况）、丝绸之雅（即展销厅，展示丝绸工艺品、纪念品及柳疃丝绸古今展品、获奖荣誉等）共八大展区。

柳疃丝绸文化博物馆展厅

另外，还设有丝绸之乡名人展台和红色教育、绸乡民俗等特色展厅。

丝绸博物馆所展示实物，其征集通过各种有效途径，开展走访征集工作，重点是历史上关于柳疃丝绸生产销售等社会活动相关联的重要文物实物。其中包括：丝绸工艺生产流程机具；因柳疃丝绸在当地兴起的绸庄、银号、老邮局、镖局等运营方面产生的实物；省内外闯关东、闯东山经营柳疃丝绸而产生的实物；国内包括北京、烟台、青岛等地销售柳疃丝绸而产生的实物；昌邑华侨早期“下四洋”（即上北洋、下南洋、下西洋，闯东洋）从事柳疃丝绸商贸活动而产生的实物。至2018年6月，征集各类与柳疃丝绸相关的实物3万余件，均在馆内陈列。

走访征集线索来自当地有关史料，工作人员历时3年半，行程6万公里，遍访柳疃、都昌、奎聚、龙池、卜庄、下营、围子7个乡镇街道的早期丝绸工商业者和华侨的后人，还为28名健在的柳疃丝绸工商业者留下珍贵的录像资料。同时结合走出去请进来的办法，赴北京、青岛等地走访征集，邀请华侨等回故乡座谈，进一步丰富柳疃丝绸史料。

柳疃丝绸博物馆建设，是昌邑市打造“丝绸之乡”文化品牌的重要工程，也是入选潍坊市“文化名市”建设的公益支撑项目，为丝绸之乡打造新的地域名片，向国内外宾朋再现柳疃丝绸的历史辉煌，展示近代中国丝绸之路和海上丝绸之路源头“看得见的乡愁”。

柳疃丝绸博物馆建成开放，对弘扬丝绸精神，民族工业传承，实施传统教育，具有深远的历史意义和重要的现实意义。

柳疃丝绸文化博物馆内观

古代丝绸之路是一条贸易之路，更是一条友谊之路。作为当年丝绸之路的重要参与者，在当今“一带一路”的战略机遇期，丝绸之乡的人民将重走丝绸之路，把寻求合作发展的契合点摆在全国和世界经贸的大环境、大格局上，重新确立自己的地位，打造更具新时代特色的丝绸之乡，为祖国的繁荣昌盛，为昌邑的美好明天，做出更大的贡献。

篗子组成的铜钱图案

第二章　文化传承

第一节　神话

桑蚕　家蚕驯育是中国远古时代劳动人民在实践中掌握自然规律而加以利用的事实，由于历史悠久，无法追溯到其最早起源，因而就有各种传说和神话。

传说之一，黄帝的元妃嫘祖最早教人们养蚕缫丝。在《通鉴外纪》中有“西陵氏之女嫘祖为帝元妃，始教民育蚕，后世祀为先蚕”记载，这种说法比较普遍。解放前，蚕神庙里还供着先蚕西陵氏。

另外，《搜神记》中有一神话。相传在太古时代有父女二人，父亲外出打工，仅留下女儿一人和一匹马在家。女儿非常

嫘祖画像

思念父亲，就对马戏言："你要是能把我父亲接回来，我就嫁给你。"马听完此言后，挣脱缰绳，径直跑到父亲打工的地方。父亲见到马后非常惊奇，就骑上马回到家中。此后，马不肯吃食，每见到女儿出入都要兴奋地击蹄。痴心的马等待少女履行承诺。

父亲觉得奇怪，就悄悄地问女儿，女儿如实相告。父亲认为此事有辱家门，就用箭将马射死，把马皮剥下晒在院中，父亲又出门。女儿与邻家女友来到马皮前，对着马皮嘲笑说："你一个畜生，为什么要娶一个女人呢？招此杀身之祸，何苦呢！"话音刚落，马皮突然飞起，将女儿卷走。邻家女友大惊失色，赶紧去告诉其父亲。父亲返回后到处寻找，未能找到。数天后，在一棵大树枝上发现他们。女儿和马皮同时化为蚕，生息在一棵桑树上。邻女取而养之。后来老百姓普遍饲养，即为今天的家蚕。

第二节　传说

三千六百匹神绸　清末，有一个在烟台经营丝绸的英国巨商，想把柳疃一带的丝绸全部买到手，以便垄断山东丝绸价格，牟取暴利。他让伙计们天天上市高价买绸，结果今天买完，明天一早，市上又摆出三千六百匹来，日复一日，总也买不完。那位外商不但没赚钱，反而赔本，只得泱泱而去。

老骡报恩　清末光绪二十七年（1901），北京天安门前货车云集，行人摩肩接踵，繁华异常。有崇德乡陶埠村孙洪官，车载绸布前来贸易。正入市之际，人声大哗，骡马受惊，拉车狂奔。车夫洪官忽然失足跌倒，横卧轮前。辕骡倏地将他衔起，昂首驰出车流，轻轻放下，使其安然无恙。

返乡后，洪官将骡细心喂养，不再使用，并嘱子道："骡马比君子，我一生爱惜牲口，从未鞭打过。这次赴京，幸亏辕骡救命。真是骡报主恩。此骡喂至老死，开穴埋葬。"

一斗米的织绸匠　清初有位南方懂风水的先生当昌邑知县。他爱民勤政，善谋好学，常常秉烛夜读。每每夜半更深，就听到"游沼荷香"一片蛙鸣，侧耳细听，又像是读书声，于是好奇地循声前往，发现这"子游陂"处"地脉发旺"，心想这正是孔子的三位学生游学之处，注定将来这里会考出一斗米粒那么多的官来。知县想起有首童谣里这么说，"龙多旱，官多乱；庄稼汉多了有饭吃，织匠多了有绸穿。"他便派人挖一条水沟，把子游陂的水引向北去，一直流到柳疃一带的土地上，这子游陂里没有水，蛙声也就销声匿迹，昌邑北乡不但从此粮食丰收，还出一斗米粒那么多的机匠。

昌邑知县名昌邑　清朝末年有个昌邑知县乳名就叫昌邑，知县姓华，学名金寿，莱州府人士。其父华玉池，常到柳疃进行有关丝绸活动，看到昌邑经济发达，思想开化，很喜欢此地，即为儿子命名昌邑。其子科举后，恰好任命为昌邑知县，在任期间与柳疃街丁酉科拔贡韩天衢十分要好，他看透清政府腐败无能，劝韩让其子学做丝绸生意，后韩天衢辞官回乡后，成为柳疃商会的坐办，让儿子下学做生意。韩的儿子韩效思不负众望，在丹东办起“义泰祥”绸厂，成为大名鼎鼎“韩掌柜的”。

缫丝工匠习武护身 昌邑人出门在外的多，为防身自卫，各村在农闲时就开设拳屋子，让年轻人习武。昌邑北乡流传着许多关于拳师的传奇故事，不少与丝绸有关。《青乡志》中记载着一则缫丝工匠用拳术护身除害的故事。

安存恒，院头村人，贫苦出身，自幼在本村拳屋里勤学苦练，功夫过硬，为谋生，和村里人步行到栖霞一带缫丝织绸，逢年过节回家住上一段时间再返回。有一年回家途中住店，晚饭后躺下睡觉，仰头一看，发现屋上第二檩是双的，便立即起身。他意识到，这是住进贼店，这双檀一定是想趁旅客睡熟，猛然放下，砸坏客商，好抢劫财物。他四下观察，看到墙角有一个大缸，用力将它移到开，发现一个洞口。他查明情况后，将大缸归回原位，唤醒伙伴，做好准备。安存恒从行李中抽出钢刀，守候在水缸旁。

夜半时分，屋上那根檩果然掉落下来，没有伤到人。接着，水缸一转，一个贼人窜出半身，被安一刀毙命。接着，又有一人窜出洞口，只两个回合，也成刀下鬼。紧接着又有第三个贼人纵身跃出，与安厮杀在一起。伙计们一拥而上，将其击毙。他们随即杀进洞内，释放被绑架的人质，趁天色未亮，打点行李急急踏上归程。

红色丝绸之路 昌邑人闯北洋很有名，有一条中苏之间的“红色丝绸之路”鲜为人知。民国十年（1921），中共一大之后，王尽美负责护送共产国际代表回莫斯科。民国十一年（1922），第三国际在苏联召开远东各国共产党及民族革命团体第一次代表大会，王尽美又负责带领王乐平等去苏联。这两次赴苏任务，王尽美都是在王相千策划下，组织昌邑背绸包的伙计，掩护代表到达满洲里后进入苏联。

铸造炉房里藏着“三大能人” 民国十九年（1930），李润惠从烟台回昌邑，组织红枪会，发动农民暴动，被烟台派来的人杀害。李润惠的堂兄弟李润芬在烟台的商号中，被军阀刘珍年查出共产党组织，恰在此时，李润芬在东平开办的铸造炉房里三大能人突然失踪。这三大能人，一个经理，一个领作，竟是化名的万里和赖可可，还有一个是跑山西采购生铁的围子镇西丁郇某，后来据说留在山西当上省供销社主任。

注：万里（1916—2015），出生于山东省东平县，中国共产党第十一届、十二届中央书记处书记，第十二届、十三届中央政治局委员，国务院原副总理，第七届全国人民代表大会常务委员会委员长。

赖可可（1911—1987），出生于广东省大埔县。民国17年（1928）加入中国共产党，曾任红一方面军团长，长征后任八路军一一五师政治部宣传部部长、山东军区政治部宣传部部长等职，后曾任中共青岛市市委书记。

五户连宗 相传陶家村遗址在今柳疃村北河西，与陈家庄接壤处，曾是一个八户人家的村落，陶姓人虽不多，却仗钱势勾通官府欺压邻村异姓。

陶姓人在村东小龙河段陶家口子渡口（今柳疃医院处河道）建有码头，可沿河航运和渡客。

所称“五户连宗”之五户，为陶家口子邻村韩、陈、金、高、王五姓，分布在四个村共十七户。其中，明正德初年，从四川迁来的一户韩姓住柳杭（今柳疃村），后代中一支迁陈家庄；住陈家庄共七户，一户韩姓，六户陈姓；四户王姓住河崖，五户金姓住金家庄。

陶家村陶姓迁来最早，是当时“坐地户”中的大户门，仗势对小户或后迁人家强占豪夺，一言不合则拳脚相加，就连过年的春联也霸道：“拳打韩陈二户，脚踢金王两家。”一次，陈家庄韩某被陶家打伤，其前官庄的表弟高某在京经商，回乡时前来探望，鼓动到县衙告状。此事被陶家知道后，次年春联上又加了横批：“捎带高门。”高某回京后，花费银两结交王爷，后由吏部下文书到昌邑县衙，陶家输了官司。

事后为防陶家报复，“五姓”自发结义，并行“五户连宗”，撰修连宗谱。连宗后形成宗派势力，对陶家进行报复性打击，陶家不甘忍受，拆除房舍收拾家当，乘船远走他乡。

陶家迁走后，陶家口子河运日趋兴旺，至清中晚期，已发展为民用、商用枢纽码头，清末其航运可顺河而下至潍河入海的下营港分关，转航烟台、龙口、辽宁等口岸，陶家口子码头成为我国近代海上丝路的起点码头之一。

“五户连宗”年代约为明末清初，连宗谱为我们留下了“明末时，柳疃就有人将绸布贩到北京、张家口”等内容的记载。据称《韩陈金高王五户连宗谱》，由北西高村高姓续修至中华人民共和国成立后，惜毁于20世纪60年代“破四旧”。幸今《陈氏族谱》和《王氏族谱》尚有“五户连宗”的简要记载，留下了珍贵史料。

人　物

Ren　Wu

昌邑絲綢志

人物传略

李 煦（1655—1729）字旭东，又字莱嵩，号竹村，广东巡抚李士桢长子，清代大臣，历官至户部右侍郎兼苏州织造。

康熙九年（1670），李煦以父荫入国子监读书。康熙十三年（1674），期满学成后，即被授任为内阁中书，步入仕途。康熙十六年（1677）补授广东韶州知府。

康熙二十七年（1688），李煦返京充任畅春园总管。由于他“卫直禁陛，扈从出入，积节不懈，办事敏干”，很受康熙皇帝赏识。康熙三十一年（1692）十一月，曹雪芹祖父曹寅由苏州织造调任江宁织造，李煦出任苏州织造。

康熙三十八年（1699），康熙帝为巡视淮、扬一带水患及黄淮治理工程，下诏南巡。康熙四十二年（1703）再次南巡。康熙四十五年（1706）正月、三月复南巡，皆先后驻跸苏州、江宁织造衙门。

康熙四十五年（1706）正月，因江宁织造预备行宫，勤劳诚敬，江宁织造曹寅加授通政史司，苏州织造李煦加授光禄寺卿。三月，又因李煦、曹寅各捐银二万两修筑康熙敕建的宝塔湾塔，按例议叙，曹寅加以通政司通政使衔，李煦加大理寺卿衔。

康熙五十六年（1717），李煦亏空补完，使康熙去了一块心病，他非常高兴，加升李煦户部右侍郎衔。

康熙六十一年（1722）十一月十三日，康熙帝崩。雍正帝继位后，即着手清除其父亲生前亲信。雍正元年（1723）正月初十日，令两江总督查弼纳复查李煦亏空一案，并借李煦奏请不合，将其罢官免职。

雍正五年（1727）二月，李煦因曾于康熙五十二年（1713）代雍正政敌八阿哥胤祀买过侍女五人，再次入狱，交刑部议处。刑部议斩，监候至秋后处决，雍正改作“李煦着宽免处斩，发往打牲乌拉”。乌拉在今黑龙江省，在此千里无人烟的地方，两年多时间里，李煦仅与佣工两人相依为命，敝衣破帽，食不得饱。二子远隔京师，亲人无一在侧，孤苦之情，难以名状。

雍正七年（1729）二月，李煦在悲苦中辞世，时年 75 岁。

赵连运（生卒年不详）鸦片战争后，中国沿海口岸继五口通商之后，其他口岸也相继开放，柳疃丝绸随之开始进入国际市场，并逐步扩展到南洋和欧美各地，柳疃丝绸业空前繁荣。

清道光二十五年（1845），昌邑龙池镇瓦东村赵连运首先到柳疃开设丝绸商号复兴茧店，从胶东各县和辽东半岛诸县运来柞茧缫丝，供给柳疃一带丝绸商号用料。

1919 年，赵连运命长子赵乐有去辽东

半岛柞茧产区考察，想在辽东原料产地再建一处复兴茧店分号，由原料产地加工产品，节省废料的运输费用。

赵连运于清末开办金融汇兑业务，在当地首先使用支票。

齐振忠 （1838—1909）字荩臣，晚号北海老人。长春广顺号，老号即柳疃广盛店，是由龙池镇齐西村齐振忠、瓦东村赵梦全和姚徐邓村徐培祺三家出资开办。

齐振忠在家乡遁居40余年，多行善事，捐资修夏店抚宁社堤，捐款捐芦苇修潍河西岸姜家堤子大堤，带头出资修低河桥。晚年设馆讲学。辛亥革命时期，不少昌邑老同盟会员，如陈干、齐乐亭、张恒谨、齐东野、齐文甫等人出其门下。

齐振忠之弟子陈干在《倥偬集》中对其评价曰："先生少豪放慕顾亭林之为人，以为学非试验不足以扩其器识，遂遍游山岳、过涿鹿、出万里长城，吊沧桑之变，感慨唏嘘，次由渤海湾棹舟昌邑，耆年讲学，好《春秋》恒谓《公》《谷》《左氏》均得孔子真传。""先生抱道自重遁迹海隅四十余年忠贞不屈。嗟乎！先生已矣，精卫恨海，曷其有极！"

陈干 （1881—1927）字明候，原名贵川，昌邑县白塔村人，山东著名的民主革命先驱，幼年曾闯关东纩丝。任陆军中将时兼职昌邑（驻柳疃）商会名誉会长，有参股的商号。在推翻封建王朝的民主革命中贡献突出，荣获临时大总统孙中山颁发的"文虎勋章"。中华民国成立后，在青岛参与"鲁案"接收过程中，表现杰出，被康有为赞誉为"鲁案砥柱"。1927年8月18日，因蒋桂之争，在南京被桂系军阀杀害，年仅46岁。1986年，由国家拨专款在昌邑市龙池镇重新修建陈干墓园。

李润芬 （？—1944）昌邑夏店乡李家抚宁人，清朝末年即在柳疃设立利源增、利源通两处丝绸商号，是昌邑实力雄厚的丝绸企业家。民国初年，昌邑围子镇马家围子村马合盛在柳疃设立合盛仁、合盛兴、合盛元三个丝绸商号。在柳疃众多丝绸商号中，称为三盛，资金雄厚，经理精干。李润芬认定马家合盛三号有不可估量的发展前途，合盛三号开业不久，李润芬即运筹加入股东。合盛三号中的合盛仁改为锦霞明。李润芬入股后，李、马家的资金就更加雄厚，此时便在上海又设立锦霞明分号。

李润芬看到复兴店东家赵乐有在烟台的分号复兴店，不只做丝绸，还经营金融汇兑生意，只用转账支票，就能获取利润。

李润芬在上海绸庄的商业用章

上海是五口通商口岸之一，海外贸易来往频繁，昌邑当时有大批背包袱的商人活动在东南亚一带，在上海开设钱庄（银号）有利可图，李润芬便在上海的锦霞明开办了金融汇兑业务。为保证信誉，挂号汇票无保不付，汇票格式一式三份，留存根备查，都盖铃记图章。

李润芬不仅经营丝绸织造，还善于观察市场动态，抓住机遇开拓进取，成为昌邑北乡的大富豪。

韩效思（1878—1955年）字心田，山东昌邑县柳疃街人。1900年，韩效思在柳疃街开办聚星成丝店。韩效思为人忠厚、精明能干、办事稳妥可靠，得到上海丝商罗坤祥赏识。1923年上海东家罗坤祥与韩效思开办义泰祥机房。1924年秋，韩效思在罗坤祥支持下，在辽宁丹东用3000两银子买下复兴丝厂，同时购进铁木机百余台，纩车250支，并从昌邑、蓬莱、掖县、平度等地招收工人千余名。丹东义泰祥于1926年正月初五开业，工厂占地100亩，厂房200余间，木架铁机70台，日本铁机30台，纩车250支。缫丝、织绸、漂炼、附属四个车间。义泰祥除在丹东外，还在辽东半岛产茧各县开设多处缫丝厂，用来供用义泰祥蚕丝原料。为使产品迅速销往国外，在上海设立业务联络站，向国外推销产品。同时还在沈阳、长春、哈尔滨等地设丝绸批发站，生意兴隆。

韩效思在丹东市的聚宝街创办宏道书局，传播新文化思想。1926年在丹东创办女子义务学校，1930年在柳疃街创办育正小学，1932年创办道德会女子义务学校，这三所学校均免费入学。

1937年“七七事变”后义泰祥形势每况愈下。因无丝源，纱丝被迫停产。为维持生计改产更生布，尽管如此，义泰祥仍不能走出困境。1943年，韩效思辞去义泰祥总经理职务，去丹东八道沟居住。

刘建业（1917—1974）原籍昌邑县卜庄乡后卜村，自幼因家境贫寒，上学极少，1936年出国去印尼雅加达经商，初期在雅加达背包袱卖货。第二次世界大战结束后，便在雅加达市场摆摊卖布。他勤奋经商，省吃俭用，积累日渐增多，又与同乡合资经营服装，生意越做越大。

刘建业是雅加达“山东公会”理事，在公会中团结联络华侨，组织同乡开展互助互爱、热爱祖国热爱家乡的活动。

刘建业于1974年在雅加达病逝。其后，夫人卢秀新女士继承和发扬热爱祖国、热爱故乡的优良传统，在关心、支持祖国家乡发展生产兴办公益事业活动中继续做出自己的贡献。

阎振玉（1922—1979）昌邑县卜庄乡营子村人。幼年务农，1939年5月为谋生计，背井离乡去印尼雅加达定居经商。初期在雅加达背包袱，本小利薄，收入甚微，后与同乡徐洪亭、阎铭三在雅加达新“巴刹”合资购买一处商店经营百货，后又自立商户。

阎振玉身居国外50余载，并加入印尼国籍，但始终怀念、热爱生养自己的祖国和故乡，热情关心、支持祖籍家乡的经济建设和兴办公益事业。他曾于1947年、1957年和1970年先后3次回国观光和探亲。

高吉年（1904—1980）　昌邑县卜庄镇营子村人。因家境贫寒，于1935年去印度尼西亚经商。初期他在雅加达背包袱销售绸布，收入甚微。后来由于他经营有方，立志创业，日积月累，资金逐步扩大。第二次世界大战后，他便在雅加达自立商户，开办起经营服装的生意，很快发展成为在同乡中资产比较雄厚的商户。

高祥年（1910—1983）　原籍系昌邑县卜庄乡营子。幼年因家境贫寒，他在本村读私塾4年，后下学务农。1940年为谋生计去印度尼西亚雅加达。初去印尼时，他在其兄高吉年的协助下，以背包袱卖绸布维持生活。经勤奋经营、省吃俭用，积攒起资金，与兄长高吉年合伙经营服装生意。后他又自行经营，艰苦创业，生意日益兴隆。

1983年率子高敬堂回乡探亲，住旧房，睡土炕，教育其子要永远不忘祖籍家乡。1960—1966年曾被推选为雅加达“山东公会”理事、副会长。

刘维泰（1902—1983）原籍昌邑县李家埠乡刘家道照。他1913—1924年在原籍以织布、卖布和打短工为生，1924年东渡日本，在同兴和号当伙计，行商卖布；1932年日军侵占中国东北即离日回国；1933年2月去印度，在孟买、马德拉斯等地经营国货；1937年回国务农；1938年3月，第二次去印度卖布、卖绸；1941—1961年，在加尔各答市创立“北京饭店”并任经理。

抗日战争期间，他组织饭店职工进行多次义卖活动，在店门口贴上许多标语、口号进行抗日宣传，并将全部义卖收入捐于当时在印度的中国领事馆，仅第一次义卖就达4200卢比。中华人民共和国成立后，在中国驻印使领馆的领导和支持下，团结广大爱国华侨，为支援祖国、家乡的建设做了许多有益的工作。在抗美援朝期间，他积极发动“北京饭店”的职工和部分在加尔各答市侨胞向国内捐款，还购买药品等物资由中印边界运回国内。1957—1958年，他又组织在印侨胞捐赠款项，帮助兴建山东省华侨中学。1952年，刘维泰应中侨委的邀请回国观光，受到中央领导人的接见。

刘维泰任侨领多年，在广大侨胞中，尤其在旅印度的山东侨胞中享有较高的威望。加尔各答“山东同乡会”的十届理事选举中，他先后六届当选为理事长，并任加尔各答中国小学和兴华中学副理事长等职。他的这些爱国正义行动遭到印度当局的敌视，于1961年4月底被印度政府押解出境。回国后，刘维泰历任山东省侨联常委、济南市侨联副主席，做了许多有利于祖国、有利于人民、有利于归侨、侨眷的工作，深受广大归侨、侨眷的尊敬和爱戴，先后被选为济南市人大代表、济南市人委委员、山东省市政协委员。1963年，应邀去北京参加国庆典礼。

王殿麟　(1912—1986)，男，山东省昌邑县李家埠乡南鄑亭人，1932年去印度加尔各答、新德里等地卖绸布。1935年回国，在本村任小学教员、校长。1939年第二次到印度，在马德拉斯“重庆饭店”“上海饭店”和加尔各答“北京饭店”从事会计等工作。

1951—1961年，他曾任“山东同乡会”理事、副会长等职，同期还曾担任加尔各答兴华中学、中国小学的董事、常务董事，为在印度侨胞奔波、谋利。他曾协助同乡会会长刘维泰为中国抗美援朝、为兴办山东省华侨中学集资捐款。1954年6月和1956年11月，周恩来、贺龙、宋庆龄等国家领导人在访问印度期间亲切接见他，并合影留念。1953年，应中国政府的公费邀请，参加旅印华侨第二次回国观光团，在首都北京受到国家领导人的接见。

王殿麟的爱国爱乡活动受到印度政府的极端仇视，1961年5月将他强行驱逐回国。回国后被安置在山东省侨联工作，为省侨联驻会委员，并多次当选山东省政协委员。

刘效扬　(1918—1987)昌邑县双台乡中侯富庄人。他自幼在家上学、务农，1936年，因生活所迫去印度谋生，曾在孟买等地卖花边、当饭店店员、轮船公司修理工。1941年，就被选为“山东同乡会”(孟买)理事，1945年后，参加过同乡会保护华侨学校的活动。1949年10月1日，中华人民共和国成立，刘效扬参与同乡会在孟买升挂第一面五星红旗的活动，心向新生的祖国。1954年，刘效扬在我驻印度大使馆的帮助下回到祖国并在参加国庆典礼时受到中央领导人的接见。

回国后，刘效扬一直在济南小清河航运局船厂工作。多次被评为先进工作者、五好标兵和全厂标兵，1964年还参加过济南市的“群英会”。于1979年2月光荣地加入中国共产党。1982年退休。

刘效扬自1956年始，一直是济南市人大代表，曾任历届全国侨联委员，山东省侨联副主席，济南市侨联主席。

任铭东　(1900—1988)昌邑县卜庄镇南任人。他幼年在本村私塾读书5年，1925年去上海经商，1931年出国去印度尼西亚。最初他在印度尼西亚雅加达背包袱沿街叫卖布、绸维持生活，后经艰苦经营，积累资金与他人合资开设商店，生意得到不断发展。

印尼雅加达“山东公会”成立后，他任该会理事，自1953—1956年任会长，1958—1959年任副会长。

1956年，昌邑、平度两县旅印尼华侨酝酿集资在侨乡办学，带头捐资，四处奔走宣传发动，终使集资成功，在昌邑、平度两县交界处的新河镇建起山东省第一所华侨学校——山东省华侨中学。

1960年，印尼政府掀起排华浪潮，任铭东被印尼政府驱赶回国。他回到祖国后，被安排在广西壮族自治区柳州华侨农场。1975年退休，回到原籍昌邑县卜庄镇南任。

徐学文 （1916—1988）祖籍昌邑县卜庄乡前卢家村。因家境贫寒，只上4年小学。1938年为谋生计，漂洋过海去印尼万隆经商。初期，他在万隆以背包袱卖绸布维持生活，由于人地两疏，本小利薄，遭受不少磨难。但徐学文能吃苦，有志向，平时省吃俭用，节衣缩食，勤奋经营，积蓄资金。第二次世界大战后，购买商店，开设经营服装的生意，并且生意越做越大，使自己很快发展成富裕商家。

1957年旅居万隆侨胞成立“万隆山东公会”，他被推选为公会会长。

徐洪亭 （1917—1988）字范九，祖籍系昌邑县卜庄乡卜庄。他自幼上学，1938年昌邑育秀中学毕业后在原籍从教。时值日军入侵中国，学校被剿，本人被日军抓去惨遭毒打。他看到无法实现其教育救国之理想，便于1940年毅然弃教离家出走，远涉重洋去印度尼西亚经商。在印尼从商40载，初期背绸包沿街叫卖维持生活，后经勤奋努力，积累资金，开办兴华公司，生意不断发展壮大。

他去印尼不久，就参与华侨社团——“雅加达山东公会”的组建，担任“山东公会”的历届秘书，负责公会的日常工作。在抗日战争期间，他积极响应南洋总会的号召，带头募捐，支援祖国抗日战争。1956年印尼当局排华，他团结侨胞与印尼排华行径开展据理斗争。当“山东公会”副会长宁祥雨以莫须有的罪名被印尼当局抓去后，他冒着生命危险到狱中探望。宁祥雨被害后，他组织侨胞举行悼念活动。

1951年、1957年、1959年和1979年先后4次被国家有关部门邀请回国参加国庆典礼。

韩其宽 （1904—1990）男，原籍系昌邑县卜庄乡韩家店村人，出生于一个农民家庭；1920年，去苏联经商，后去印度尼西亚雅加达经商；1945年，加入雅加达爱国侨团“山东公会”；1953年回国。投身社会主义一直从事党的侨务工作。历任全国侨联一届、二届委员会委员，山东省侨联一届、二届委员会副主席，三届、四届委员会顾问，潍坊市侨联三届委员会名誉主席，昌邑县政协一届委员会常务委员，二、三、四、五届委员会副主席，昌邑县侨联一、二届委员会主席，三、四届委员会名誉主席。

1957年，昌邑县侨联筹委会成立，他被推举为主任委员。1956年，他参与山东省华侨中学的建校筹建工作。1959年，他又积极参与昌邑县华侨畜牧场的筹建工作。1981年，随着党的工作中心的转移，昌邑县侨办、侨联遵照全国泉州会议“自筹资金兴办侨资企业”的精神，发动全县归侨、侨眷和海外华侨集资兴办昌邑县华侨绣服厂。

1963年9月30日，他应国务院邀请出席国庆招待会，参加建国十四周年国庆典礼。1987年12月3日，加入中国共产党。

史全会 （1916—1990）昌邑县南逄乡榆林人。他自幼在家上学，初小毕业后回家务农。因生活所迫，1934年去印度新德里背包袱经商。中华人民共和国成立后，受聘于中国驻印大使馆内做公务，负责传递文件、信函等工作。

1954 年 6 月，周恩来总理访印期间接见他。

20 世纪 60 年代初，印度政府推行排华政策，史全会离开大使馆，在新德里开办一处“中华饭店”。80 年代初期，中国外交部部长黄华访印时被邀请在其饭点接待做客。1983 年 9 月底，应国务院侨办的邀请，他与高文兰等人第一次应邀回国观光，在北京受到国家领导人的接见，后回到家乡也受到县政府领导的接见。

徐云庭　（1918—1990）昌邑县双台乡岞埠人。徐云庭幼读村塾，少就学于昌邑高等学堂，毕业于育秀中学，下学后，被村民聘为小学教师。为避战乱，于 1936 年 3 月辞去教师职务，远涉重洋去斯里兰卡科伦坡经商。

1940 年考入科伦坡大学深造 4 年，毕业后重操旧业，步入斯里兰卡高层商界。1948 年被选为科伦坡“山东同乡会”副会长，为促进旅斯华侨的团结，开展华侨的互爱互助，帮助同乡排忧解难，维护华侨利益做了大量工作。

20 世纪 50 年代，周恩来总理出访斯里兰卡，他受到周总理的亲切接见。

刘洪恩　（1913—1991）原籍系昌邑县市南逄乡陈家洼子，出生于一个农民家庭。1933 年，去印度加尔各答经商。1953 年，去印度大吉岭经商并兼任“中华会馆”会长。1962 年回国。

刘洪恩回国后，一直从事党的侨务工作。历任山东省侨联第一届、二届、三届委员会委员，昌邑县侨联第一届、二届委员会副主席，三届委员会主席。

1962 年，印度当局掀起排华浪潮，驱赶大批侨居印度的华侨出境。开始，他尽力协助我驻印领事馆官员，为保护难侨的生命财产同印度当局陈词力争，解救被关押在“集中营”的侨胞，帮助他们顺利回到祖国的怀抱，后来随着局势的恶化，他自己也被印度当局无理驱赶回国。回国后，任昌邑县侨联第一届委员会副主席。

1980 年，为认真贯彻全国“泉州会议”精神，他参与发动、组织广大侨胞入股集资 45 万元人民币，从国外引进先进设备 148 台，创办昌邑县第一个侨资企业——昌邑县华侨绣服厂。同时，义务为归侨、侨眷书写侨信，查询亲友，把侨联办成归侨之家。

张锡恩　（1922—1998）字泽民，原籍系昌邑县双台乡前埠村，曾侨居荷兰，并加入荷兰籍。在荷兰巴领市开设“北京酒楼”，任董事长。

张锡恩少年时代就读于昌邑县“九•一八”中学。时值日军入侵，烧杀凌虐，学校停办，他被迫中途辍学，为谋生计，于 1939 年离别家乡，远渡重洋去印度。起初在印度孟买背包袱，走街串巷，卖绸为生，后在印度孟买“中国银行”当职员。1951 年五一劳动节，国家公费邀其回国观光，他荣幸地见到毛泽东主席和周恩来总理等党和国家领导人。20 世纪 60 年代初，印度当局掀起排华浪潮，孟买中国银行被关闭。张锡恩在印度23年苦营的财产，被洗劫一空，他本人于1962年被印度当局无理驱逐出境，后由朋友相助去了荷兰。

郭进忠 （1914—2003）昌邑县李家埠乡郭家岔河人。读书6年，因家境贫寒，18岁去烟台学生意，20岁随内兄去印尼苏门答腊，以背包袱卖绸子为生。中日战争爆发使其生意倒闭，并受尽艰难，死里逃生，大战后便去新加坡谋生，后加入新加坡国籍，曾任“华北同乡会”理事。

高理亭 （生卒年不详）名伦堂，柳疃南西高人，光绪末年进京到天有信学做买卖，后为副经理。1903年发起组织布业公会，任副会长。从清末、北洋政府时期、民国北平特别时期、日伪时期和北平时期，均任过北京商会副会长。有力地推动昌邑人在北京丝绸业的生存和发展，赢得较高威望。

高守信 （1906—？）民族资本家，柳疃南西高村人，高伦堂子，少年时期上过洋学堂六年。1923年，至京随父经商，在天有信分号天圣长当学徒。1929年，被掖县人在北京广安门外创办双合盛啤酒厂双盛合聘去工作。1937年，其父高伦堂辞去布业同业工会副理职务，由高守信继任。1931年，宝祥益东家公子姜初川被讹诈，发生一起旷日持久的官司，耗资十万余元。1938年9月28日，宝祥益布业被迫封号，易地易号谦太，聘高守信任经理。后得以重振旗鼓，成为在京昌邑绸布业中资本最大的商号之一。1947年，高守信与阎振元、孟百川、董念兴、李葆华5人发起筹备成立“北京昌邑同乡会”，至1948年停会。解放后，带头捐款支持抗美援朝。1953年，将谦太交国家管理。先后任北京市前门区副区长、崇文区商业局副局长兼政协副主席和工商联主委。1976年，任北京市工商联副主委和市政协第五届常委，1989年，改任市工商联顾问。

张明照 （生卒年不详）字晋德，昌邑市龙池镇岱邱村人，少时家贫，就去丹东学纩丝。颇得上海罗坤祥赏识，罗在丹东一共重用两个人，一是韩效思，二是张明照，独资给韩效思开办义泰祥绸厂，与龙北村瑞盛祥合资给张明照开办聚祥泰丝栈，这两家后来都成为丹东市有名的商号。

傅奎山 （生卒年不详）1925年，傅奎山在牟平城里（西桂里）处，联合昌邑籍10个股东开办起华盛东丝绸厂。织机从六七台发展到30多台。“九一八事变”后，茧源断绝，加之当地排挤，傅奎山将绸厂改名为成记织布厂，后又更名为德龙绸厂。为逃避官府和地方权势的勒索挤压，他将厂子迁到烟台，改名为福元织布厂。在牟平留有四五台织布机，雇佣20余名工人，名为聚兴织布厂。

于瑞芝 （1909—？）昌邑县双台乡后埠人。1918年他在本村上学，1931年去印度加尔各答背包袱行商，1937年返回家乡。回国后因生活仍无保障，于当年第二次去印度孟买，起初以卖绸、卖布为生，后到葛伦堡开设“西藏饭店”，并任经理，直至1962年因印度政府排华回国。

他先后曾任全印“山东同乡会”孟买委员、葛伦堡委员、葛伦堡中华小学董事会会员（七名会员之一），发动组织当地侨胞为中国抗美援朝、为创办山东省华侨中学捐款捐物。1960年4月19日，周恩来、陈毅、章汉夫等中央领导访印期间亲切接见他。

1962年，回国后担任潍坊市饮食服务公司副经理。1980年，任潍坊市（现为潍城区）侨联主席、潍坊市政协常委。

王文之　（1911—？）祖籍系昌邑县南逄乡张固，出生于一个农民家庭，家中兄弟四人，本人排行老三。初中毕业后在家做生意两年，1938年7月随父王云升离家去印尼背包袱卖绸卖布。

1956年印尼侨胞酝酿在侨乡兴办华侨中学，他积极响应。

唐洪信　（1918—？）昌邑县双台乡西化埠人。1935年背包袱去印度孟买贩卖昌邑柳疃丝绸。1947年，他从印度迁去香港九龙开设饭店，后又去香港码头班船上推销货物。1958年后在香港赤柱大街开办唐氏贸易公司，后已发展为1个公司、3处商店，主要经营服装、台布、抽纱等产品。

人物简介

韩秀芬　1936年生，昌邑柳疃镇东陈村人。1946年5月到安东私营义泰祥当纺织工人。1952年转到国营海城丝绸厂。1954年调回安东丝织一厂。1956年11月加入中国共产党。1966年5月任丹东市丝绸一厂副厂长；1971年1月任厂革委会副主任；1973年5月任丹东市总工会副主席。1989年被评为“全省八十年代生活互助带头人”“全国‘三八’红旗手”；曾当选为全国第三届、第五届人大代表。1991年退休，1993年7月当选为丹东市制冷协会副会长、丹东市爱心协会副会长。

韩秀芬从事织绸期间，总结出织绸工艺巡回路线八字法：“先卡后住再补操头”操作法，并出版《韩秀芬技术操作法》在全省推广。先后突破“5001绸”“美丽绸”“联谊纺绸”的技术难关，保质保量完成出口或生产任务。1952年12月，在海城丝绸厂先后被评为“先进生产者”“县学习模范”；1955年，在丹东丝绸一厂被评为“先进生产者”“全市先进生产者”；1959年被评为“全国劳动模范”，并于1959年10月26日出席全国群英会。1963年被评为省、市特等劳动模范、全国三八红旗手、全国青年突击手；1963年4月25日《工人日报》报道安东市学习韩秀芬活动的消息及通讯《工人阶级的好女儿韩秀芬》。

魏耀琳　1954年4月生，昌邑市龙池镇龙北村人，昌邑市华裕丝绸有限责任公司董事长，柳疃丝绸技艺传承人。

1974年8月，魏耀琳高中毕业后到昌邑县丝织一厂学徒，后被选拔出任车间技术员，从事丝绸技术管理工作。1983年起任车间主任，1987年3月任主抓丝绸生产和技术管理的副厂长。2002年1月起担任昌邑市华裕丝绸有限责任公司董事长、总经理。在长期的实践过程中摸索出一套丝绸生产的经验和诀窍。解决了长期影响产品质量的紧经、亮条等瑕疵。其生产的柳疃丝绸产品具有独特的风格和特点，粗犷而不失细腻，山东绸、南山府绸、明丝绸、老宽绸二十码、五十码、大黄绸、小黄绸、一六绸等，这些品种用料精良，配丝合理，美观大方，朴实耐用，深受商人和用户欢迎，成为柳疃传统丝绸的代表。

从1983年开始，他在保持传统丝绸生产工艺的基础上，大胆探索，勇于创新，对各工序操作和生产工艺进行调整，从络丝、并丝、加捻、精络、整经等各工序，制定详细操作规程和注意事项。要求泡丝泡透，晾丝内外干湿均匀一致；络丝张力大小一致、成型良好；并丝不少股，不刹边；整经张力一致，不掉头，不错绞；织造减少断头，不顶绞、不错头、不底漏、不差花、边道好。相继研究开发成功每平方米15克的轻薄真丝雪纺产品，每平方米200克的重磅真丝双面绉产品等等。

其参与研制的产品涤纶仿真丝产品获金丝杯大奖和八部委银奖，珠光呢产品获世妇会银奖，颖花绉及真丝砂洗系列产品获山东省科技进步奖，L9133重双绉获省星火计划奖，另有十几个品种获省优秀新产品奖，4个获潍坊市科技进步奖。先后获山东省丝绸系统先进工作者，潍坊市优秀共产党员，昌邑市劳动模范等称号。

李华光　1955年3月生，昌邑市龙池镇郭疃村人，山东工业大学经济管理系毕业，高级经济师。1983年4月任昌邑县丝织二厂党总支书记、厂长，现任昌邑市华信丝绸有限责任公司党总支书记、董事长、总经理，兼任昌邑市织造协会会长，昌邑市商业总会副会长，山东省丝绸协会常务理事，山东省丝绸协会织染分会副会长等职。连续两届被潍坊市人民政府评为“潍坊市优秀企业家”。

昌邑县丝绸二厂经过多年的发展，至1992年已发展成为拥有国产最先进的K251型丝织主机406台，国际先进水平的剑杆织机24台，固定资产4200万元，职工1500余人，年产丝绸700余万米的大（二）型企业。也是山东省唯一的一家既保留传统工艺绸和少数民族特需用绸，又搞现代化丝织生产和重点丝织专业企业，年产值达8000余万元，创汇950万美元，利税800余万元。李华光多次被评为山东省丝绸系统先进工作者和潍坊市劳动模范。

附录

FuLu

昌邑絲綢卷

丝绸记忆

昌邑丝织工艺与宁海丝绸

牟平旧称宁海，位于烟台、威海之间，北滨黄海，南依昆嵛、境内广布山丘，柞树（包括栎、橡、槲、杠）几遍全境，为山茧的繁育和丝绸的发展，孕育了得天独厚的自然条件。西晋时崔豹所著《古今注》载："东莱郡东牟山（位于牟平县城东15里）有野蚕为茧，茧生蛾，蛾生卵，卵着石，收得万余石，民以为絮"。又曰："至太康七年（286），东莱山茧遍野，土人缫丝之，名曰：'山绸'。"但那时的山茧，还不知人工饲养，任其自生自育于山丘林谷之中，遇蚕茧丰收年，人们都认为是喜庆吉祥的征兆。自清康熙年间，宁海知州王汝严始正式教民植柞育蚕，而后知州李湖更大力倡导人工养蚕，并从诸城、青州等地请人来牟，专事柞蚕放养指导技术。同时，立规护柞，奖励山主广植柞栎，严禁滥事采伐，如有违抗，照损伤禾稼严惩，柞蚕业因之大兴。有柞的山岚称为"蚕场"，有蚕场的农民大都以养蚕为副业，一来成本低，购置点蚕种、药品就行；二来春秋两季放养，大忙季节收茧结束，不误农时；三来难度小见效快，素有"要想出玄，打渔放蚕""有柞不放蚕，饿死无人怜"之说。19世纪中叶，丝绸产品成为出口大宗，茧丝价格不断提高，刺激柞茧业迅速的发展，牟平境内几乎有柞就有蚕。蚕业鼎盛时期，全县有上万群众从事蚕业生产，重点山区有30%的群众靠养蚕为生，蚕业收入占农业收入的10%。民国22年（1933），牟平县蚕户7500个，年产鲜茧90多万斤，养蚕户占全省蚕户的33%，产茧量占全省的46%，居全省首位。

鸦片战争以后，资本主义势力侵入中国，大量掠夺资源、劳力开办工厂。牟平的纩坊也应运而生。崖子、冯家（两地均于1961年划归乳山）、龙泉汤、殿后、桥子、马家都、神童、城里西南营子等处，先后建缫丝厂50多个，其中龙泉汤一村，就建有"和泰成""同合成""德泰""仁兴"等纩坊8处，男、女缫丝工700多人。清代王元綎《野蚕录》云："烟台之商务，以缫丝为恒业。缫丝房之大者，往往安车一二百架或数十架不等，人烟福辏之区，车声聒耳，比比皆然"。这是当时缫丝兴隆时期的实录。

19世纪中叶，牟平虽说是"车声聒耳、户户机杼、山蚕遍野"，但缫丝织绸的技术还是相当落后的。缫丝织绸基本上还是使用几千年前的老工具、老方法。蚕户多把山蚕茧加碱煮熟，妇女、老人用丝坠手工捻丝，再用老式织机织成绸，因手工捻粗细不匀，织出的绸纥纥瘩瘩，故名“纥瘩绸”“捻丝绸”，或称“山绸”。纩坊中使用的是手摇缫丝车。道光末年，昌邑柳疃使用坐纩，每支纩三人，1 人摇纩，2 人拾头，出丝均匀，工效提高数倍，所织丝绸平滑光润。牟平几家较大纩坊，竞先到昌邑购机器，学工艺，是为昌邑师傅来牟传艺之始。牟平自此出现“纩丝绸”。1881 年，牟平崖子山西村木工宋生，又根据烟台用的“洋纩”,在昌邑坐纩的基础上，改造创新，制成一台新的脚踏纩丝车。这种纩丝车一改过去手摇纩丝车需司头、司车、理丝三人操作的缺点，一人操作可顶三人之用。纩丝均匀,造价与性能比“洋纩”好得多，烟台及东部牟平、栖霞、文登各县纷纷改装，并很快传至辽宁、安徽等省。

1915 年版《辞源》“茧绸”条载 :“茧绸，丝织物，以柞叶饲养的柞蚕丝所成。山东织成的最有名。上品出自昌邑县，宁海（牟平）及栖霞所织者，质较粗。染为各色，以制衣服，以输出外国，夏季西服用之。”1930 年前，牟平有五、六十家纩坊，他们认为，要赚大钱，单靠纩丝不行，必须兼营织绸。要织好绸，多织绸，就不能使用旧木机，不能墨守成规，非用新织机新工艺不行，别无他法可施，只好求助于昌邑老大哥。当时昌邑，尤其是柳疃的丝绸制造，艺扬四海，蜚声世界各地。牟平的一些纩坊，如殿后、龙泉、崖子、冯家、埠后等，争先恐后地增加织绸的项目，扩厂房，添设备，购织机，日夜兼程奔昌邑，聘用织绸工人。他们到昌邑首先聘用“领作”师傅（相当于现在的技师），领作师傅再根据上机台数，把整套工序所需工人，如解丝的、推汤磨的、刷机的、浆丝的、织绸的、络篗的、拉缕的、拧洋车的、炼绸的、上河岸的、润绸平绸的、全部带来。如果厂家厂房、设备、织机、原料齐备，来到就可投产。昌邑柳疃有一李姓领作的，举家被聘于龙泉一丝织厂，这一家人不但能完成织绸的全部工序，就连所织丝绸的销路也承担下来，东家净获纯利，用不着操心，当甩手“大掌柜的”就行。昌邑师傅技艺精湛，又会管理，厂家何乐而不用？自 1851 年牟平厂家到昌邑柳疃购机缫丝织绸始，至 1956 年，百余年来，个体的、合营的、国营的丝绸厂，几乎全用昌邑织工。1956 年统计，牟平织绸工人 620 名，其中包括 220 名徒工，4 名外地技师，其余 396 名，全是昌邑人，占正式职工总数的 99%。

有的昌邑师傅，居家数百里，三夏、三秋割麦子种秋田，过年过节，来往奔波，觉得很不方便，索性回家乡处理家产，举家东迁，在牟平落户定居。约略统计，在牟平（包括 1961 年划出的乳山）落户的昌邑工人 80 户左右，约占昌邑织绸工人总数的五分之一。

原金牛山丝绸厂技师范曰兴（后任龙泉丝绸厂副主任）。缫丝从选茧漂茧到拘丝包装，织绸从解丝浸泡到润绸平绸整理入库，前后 40 多道工序，样样熟练精通。范技师祖籍昌邑柳疃，一家三代，在牟平缫丝织绸。他带徒弟非常热心，传艺不厌其烦，讲要领，抓诀窍，耳提面命，毫不保守。对男女徒工要求非常严格，哪道工序出毛病，哪怕是一点点，也逃不过范技师的眼睛。就织绸工论，谁织的绸稀密不匀、起疵点、带锔子、有毛边、有锯齿，一打眼就能看出来。难度大的工序，如漂炼配什么药品，加多少水，煮多长时间，掌握什么火候，他都言传身教，毫不含糊。1963年牟平龙泉乡缫丝工人张立岳，在县丝绸厂从事漂茧工艺试验，获得成功。其法在茧煮液内加明矾和福尔马林少许，浸茧二次各6小时，漂茧液为60公斤水加过氧化钠600克，硅酸钠250克，肥皂半条；漂茧开始需翻茧两次，然后静浸10小时，漂茧过程为室温35℃左右。范技师本是漂茧行家里手，得到这个消息后，大喜若狂，亲自带领男女徒工一点一滴地学习张立岳的漂茧工艺，直到学到精熟全面推开为止。“严师出高徒”，范技师亲手培养的男女徒工30余人，有的已成为高明的纺织机师，有的成为优秀的丝绸企业干部。

昌邑师傅不但善于创业，而且富有斗争精神。民国初年，城里一家丝织厂，厂长舍义趋利，对工人刻薄无情，每年腊月二十五六才放工，不过十五就逼着工人回来，一天两顿吃咸菜啃窝窝头，工人大为不满。有一年四月十五端午前演戏，王贵戏班子首演拿手好戏《胭粉记》，戏牌打出以后，工人要求放工看戏，厂主执意不肯。昌邑领作师傅李德男，织工孙述良、姜云明等，联络全厂工人，明告厂主：“如不放工看戏，休怪工人无礼，我们也不打算在你厂啃窝窝头了！”厂主迫于工人的压力，只好放工看戏三天，以后的生活也有所改善。

中华人民共和国成立以后，党和政府非常重视利用本地优势，大力发展丝绸业。在原有的基础上，从1950年到1960年先后建起7处缫丝厂，共有工人1360名，950支纩，年产丝40余吨。

1963年，在牟平城成立丝绸生产合作社，工人70名，120支纩。1965年转为牟平县丝绸厂，厂中有立缫80支纩，机缫32台，电力机40台，绸机34台，同时又在重点公社成立缫丝加工点。这时历史悠久驰名中外的“宁海丝绸”已成为牟平县丝绸厂的主要产品。宁海绸的新品种也不断出现。自1965年至1985年，20年间创新品种有南山绸、真丝绸、纺麻绸、水丝绸、昆箭绸、彩旗绸、劳动绸、缝绸、交织绸、南山府绸、蓖麻油丝绸等70余种。其中水丝绸、疙瘩绸和劳动绸曾被国家、省评为优质产品。1985年全厂有职工965名，年产柞丝20.1吨，丝织品 170.41万米，工业总产值800.75万元，实现利润83.1万元，上缴税金58.43万元，全员劳动生产率8278元。

（曲言训）

印尼卖绸

徐怀芹是柳疃镇太平集村人。民国27年（1938）秋，他二舅刘伦芝从印尼回国探亲，姥爷看到日军侵占昌城，家乡兵荒马乱、生活又苦，就同二舅商议，让他领徐怀芹去印尼谋生。民国二十七年（1938）9月24日，徐怀芹告别母亲，随二舅刘伦芝踏上去异国谋生的道路。他们从掖县虎头崖坐船，经烟台、上海到香港。在香港办理出境手续住了很多日子。那时候办一个出国护照要花大洋300元，如果是华侨带自己的子女出国则可免交。为省钱，刘伦芝就说徐怀芹是他儿子。就这样，几经周折和盘查，他终于免费领到出国护照。坐“远洋号”客轮经新加坡到印尼苏门答腊岛的巨港市。到达时已经是民国28年（1939）正月，共走了三个多月。

巨港市（又名布楞棒）位于苏门答腊岛东南端，紧靠一条大江。那里的居民半数是华侨，其中大部分是福建、广东、上海、湖北和海南人。山东人不多，昌邑老乡有20余人，全是卖绸的，还有几名潍县人也卖绸，均住在巨港市十六号和十七号街。两个舅舅在巨港市卖绸多年，大舅是领东，领东冢乡姜家泊和龙池乡楼子村范进松、白塔村陈兆基三家的东。经过多年经营，大舅已经有一定资本，徐怀芹去之前已在巨港市十六号街的老龙布拉板（地名，一条大巷子）租下一幢二层楼房，作为他们的宿舍和仓库。他们共11人，除大舅外，都是“吃劳金”，有刘家庄刘积之、刘从向、刘从竹、刘从录，南西高村傅万萍、傅万梁，还有表哥刘从诺、表弟刘从普。昌邑人在南洋卖绸一般有两种形式，一是从领东那里上货，个人不用资本，一年一次结算，叫作“吃劳金”，盈利后二、八分成（领东八成，吃劳金二成）。二是自己上货自己卖，这样利钱大，但需要很多本钱，一般华侨办不起。在巨港卖绸的（包括潍县人）大都是“吃劳金”。

初到异国他乡，困难很多，一是言语不通，不会做生意；二是水土不服常常闹病，还经常想念家中的亲人。第一次卖货，又在国外，他有点晕头转向，连什么路都不认识。这样胡乱跑两天，累得腿疼腰酸，货一点也没卖出去。第三天才有点入门，靠打手势、伸指头总算开张。从此以后，徐怀芹不管是刮风下雨，还是赤日炎炎，每天背着包袱到处串街叫卖。边学边卖，时间长了生意逐渐好起来。徐怀芹的大舅从烟台、上海等地不定期进货。所进货物一般是50码薄长绸和30码浆大绸，有时也进些烟台花边、温州桌布、桌巾、德国细白布和日本花绸等，货物可直接发巨港码头（能靠万吨巨轮）。他们每天晚上从领东那里上货，白天串街走巷。开始卖货多在城区附近，以后慢慢地也到市郊和乡下去卖。

印尼当地人都很贫困，多数穿不起绸衣，卖货一般找外国住宅。外国人有钱，看好货多不计较价钱。但也有个别妇女，让你打开包袱翻个乱七八糟，最后什么也不要，碰上这种情况只有干生气。在印尼的荷兰人多很富有，住在城里或市郊洋房里，房外是花墙，没有院墙和院门。卖绸人可一直走到屋门口，打起帘子问买绸不买。她们大都态度和蔼，待人热情，有时卖完货还拿出蛋糕一类食品，用叉子叉着让你吃，样子很诚恳。她们爱干净，但瞧不起穷人，有时看你衣服破烂不堪，不但不买，还向你直吐唾沫。开始卖绸曾遇到过几次，以后徐怀芹就注意，即使衣服破旧点，也要洗干净。柳疃丝绸在南洋久享盛名，很受欢迎，尤其是50码薄长绸，荷兰人最喜欢，他们说穿在身上格外舒服，有的外国人还说能隔电。

开始的几年，卖绸最大障碍就是言语不通，光靠打手势有时也弄不明白，影响卖货。徐怀芹下决心学会当地话。白天卖货时他注意观颜察色，晚上回到店铺再向老同行学习。他从小没上学，没文化学什么都慢，心里很着急。听同行们说，福建漳州人在巨港集资办有一所“漳南义务夜校”，很多华侨都去学习，他赶快也报上名，白天卖货，晚上去夜校上课。学校设一个大班，星期一、星期二学国语，星期三学外语，星期四学印度尼西亚语，星期五、星期六学习写信、记账。徐怀芹坚持每晚参加，从没间断，一直学习两年多。后因太平洋战争爆发，日本侵占印尼，“漳南义务夜校”被迫解散。去南洋背绸包袱的人多数没文化，很多华侨都是通过夜校学习才能够写信、记账、读报。

在印尼时间长了，当地语言基本能听懂会说，荷兰语也学会不少。有一次徐怀芹去一个荷兰人家卖货，主人要一块温州桌布，他要10荷兰盾。由于刚到印尼，不懂当地话，就找来一个荷兰妇女商议。她们以为徐怀芹不懂荷兰语，当着他的面谈论价钱，主人想给8盾，那个妇女说不用那么多，5盾就行。他听后用荷兰语说：“你又不买我的货，人家给8盾，你怎么说给5盾呢？5盾我不卖。”她俩听后哈哈大笑起来，说：“你会荷兰语为什么不说荷兰话呢？”最后以8盾成交。

抗战期间，柳疃丝绸原料缺乏，织绸户为多赚钱，绸里掺假带浆很多，外表挺漂亮，一洗就稀，在南洋成为出名的“浆大绸”。此后买卖不好做。有一次还是到一个荷兰人家里，一进门就被人家找上了，说：“我上次买你的绸子，怎么放些日子就又稀又软变样了？”为挣钱谋生，徐怀芹只得用假话骗她。他问她绸子放在什么地方，她说放在樟木箱子里，他说这就是你不懂了，这种绸子原料不同，不能和樟木一类的东西放在一起，那样就起化学作用。她竟然相信了。他们卖这样的绸子脸上很不光彩，总是提心吊胆，生怕买主找，觉得是在骗人，挣了钱也心亏。以后人家都明白，“浆大绸”是假货，再没人要，只要50码长绸。

苏门答腊岛上居住的大部分是棉兰人（也叫木兰幽）和爪哇人（瑶哇族），当时生活都很贫困，多数住在农村。他们住简陋的二层小楼，吃大米，随吃随买，常常因没钱买，生活接续不上。他们文化很低，很多村庄都没有学校。荷兰人对印尼人学文化有种种规定和限制，加上贫穷，当地人多上不起学。棉兰人不种地，靠给当地种植园主管理果园和收割橡胶挣工资度日。买东西一般是赊，年底开支后再付款，买绸也多是赊。他们穿的衣服叫沙龙，像一个长口袋，提起来可扎在腰里，有钱的人上身再穿一件绸衣或西装。和他们做生意很困难，因为没钱，讨价还价，有时在一个屯子里也卖不出一码绸。棉兰人信伊斯兰教，接触时都很注意，说话也不能太随便，有时口渴找水喝，她们还怕把碗弄脏不给喝。城外村庄很稀，好远才有一个，背包袱一天要跑几十里，常常因为路远回不到住处，这样就要在屯子里住宿。遇到这种情况，他们多是找阿訇借宿，这样安全，因为那时的乡下，曾经发生过背包袱的华侨遇害的事。相比之下，爪哇人更热情，他们都是从万隆去的种田人，心地善良，且较棉兰人富裕，和他们做买卖就好做得多。爪哇人文化也很低，但很仗义，讲信用，买卖谈成后，把钱拿出来，让你自己数，从不占小便宜，华侨都乐意和他们打交道。譬如找水喝，他们会在水里放上白糖，有时在他们村子里住宿，他们都殷勤接待，很热情，熟悉的还开几句玩笑。

一年以后，徐怀芹积攒下一点钱。民国 29 年（1940）春天，花 30 盾买一辆自行车，骑车卖货轻松许多，路跑得远，货卖得也多，并经常到很远的乡下，骑着车子也感到自己很体面。

印尼天热，中午不能卖货，昌邑华侨就利用这时间经常凑在一起，边乘凉边交谈，有时潍县老乡也来凑热闹。谈话的内容往往谈到自己，谈到背包袱的苦处，生活的辛酸，谈到家乡的父母亲人，伤心时一起流泪，更加引起对祖国的怀念。共同的遭遇，使他们这些漂泊异国他乡的华侨格外团结。在巨港，不论谁遇到困难，大家都想方设法帮助，生活上也不分彼此。年底发的钱，都省吃俭用地积攒着，等有人回国探亲给一起捎回。

民国 30 年（1941），太平洋战争爆发，日本侵占印尼，荷兰人也跑了，这是南洋华侨最苦难的时候。很多抗日华侨和爱国学生被日本侵略者杀害，海上被封锁，交通断绝，国货运不到印尼，商店里只有日本货。日军还到处抓劳工，被抓去的人大部分被折磨死。这时的南洋华侨，买卖做不成，祖国回不去，进退不得。没办法，他们到巨港市郊的大斯孟（地名）买下 10 亩菜园，每天种菜喂猪，过着躲躲藏藏的生活，有时还要挨饿。苦熬 4 年多，到日本投降。

日本投降后，他们又搬回巨港。当时社会还很混乱，国货仍然运不到，徐怀芹的大舅去新加坡联系，回来后开起“聚福祥”布店，在楼下设一门市部，出售从新加坡买来的各种布料和美国蚊帐，他们几个人则在大街上设摊经营。虽然收入不多，但生意有规律，也不用担惊受怕。

1946 年夏天，大舅给徐怀芹一些钱，让他回国探亲。途经新加坡，一住就是半年。抗战期间，家乡音信全无，华侨受尽苦难。海上通行后，纷纷回国探亲。当时，新加坡是南洋华侨回国的必经之路，码头上是人山人海，根本买不上船票。没办法，他住到夏店人夏连津开的“宝生东”绸店柜上。买票没有希望，徐怀芹又背起绸包袱，用回国的路费从中国人办的货摊上货，有时钱不够就赊。山东人在南洋很有威信，都说山东人仗义、守信用，因此虽然不熟，他们也赊给徐怀芹。他每天背着丝绸、布匹等货物到新加坡城外去卖，晚上回“宝生东”住宿。卖绸期间，徐怀芹又认识好多华侨。在他们的帮助下，好容易买到船票，回到柳疃已是冬天。徐怀芹在腊月里结婚，民国36年（1947）二月初一又回到巨港。

民国36年（1947），是苏门答腊华侨最挣钱的一年。日本占领期间，货物运不进来，只有日货，生活用品奇缺，很多人衣不遮体，被褥也早破烂不堪。海上通行后，他们柜上的货物一运到很快就卖光，利润也高，有的缺货利润高达一倍以上。他记得进来一万米蚊帐，进价每米1.05元，卖价每码（约90公分）2.50元，一直到民国36年（1947）底，生意都很好，柜上也挣了大钱（开办“聚福祥”后他们五个人吃份子，徐怀芹的份子最少）。民国37年(1948)后，逐渐又恢复到战前的水平。

民国36年（1947），印尼要求独立，有了自己的军队，但社会仍很混乱，军队的成分也很复杂。有一次，一队军人来到他们的店铺搜查，说有特务跑到楼上，其实是来敲诈。当时的会计郭进忠（李家埠乡郭家岔河人，现在新加坡）在家，急忙给当官的递上钱，他才领军队走了。事后听说，他们听到柜上从新加坡买进很多香烟，便借搜捕之名来抢烟，有的华侨商店就被抢过。

印尼独立后，于1952年实行经济改革。当时印尼经济大部分掌握在华侨手里，政府下令，将所有印尼币（纸币）一剪两半，用左不用右，一元钱只能当五角花，不剪者一律作废。这一措施，使印尼华侨遭受巨大经济损失。

中华人民共和国成立后，听说家乡生活好转，很多华侨受够颠沛流离之苦，纷纷回国定居。1954年，徐怀芹离开印尼回国。在印尼卖绸15年，回国时带回几千元钱和一辆英国产自行车。

（徐怀芹）

陈聘三经营柳疃丝绸

陈聘三，字莘农，号东阜，昌邑县柳疃镇陈家庄人。他是叔伯兄弟中最小者，排行第八，当地人称他“陈老八”。

陈聘三青年时期因家庭人口众多，家境不富裕，尚未成年即弃学经商。先在其二哥陈铭三开设的“公祥成”学做丝绸生意，后被提为“账先生”（主管会计），常与其他商号联系。后来，因二哥逝世，“公祥成”歇业，他即被马家围子“双合盛”东家聘去，在柳疃成立“和盛仁”丝绸店，并委他担任经理。扶宁村富户李润芬感到柳疃丝绸业有前途，陈聘三为人可靠，便积极和马家围子的东家商量，也要向“和盛仁”投资，经双方同意，李润芬入股，成为这个丝绸店的“二东家”，改名为“锦霞明”，仍由陈聘三担任经理。后因这两位“东家”意见不合，马嫌李滥用“东家”

职权，过多地干涉“锦霞明”业务，遂将李润芬排出，南白塔富户陈贵丹趁机向“锦霞明”投资，成为这个商号的新东家，改名为“锦成裕”。又过多年，马家围子“合盛”东家因外地的买卖急需资金，遂将其在“锦成裕”的股东抽走，姜家寨富户姜言位又向“锦成裕”投资，也成了这个丝绸店的“新东家”，从此改名为“裕成”号，一直经营到日军侵占柳疃以后。

1938年，日军占据昌邑，陈聘三因在当地有些名望，怕日军站稳脚后拉他出来当汉奸，为日军服务，又因为他资助几位亲友去延安的路费，恐怕坏人告密，加害于他，所以赶紧做好准备。于一个夜晚，用马车拉着全家，偷奔烟台去了。陈聘三在烟台不出名，汉奸不会拉他出面为其效劳。同时，那里有个联号“裕盛”机房，经理隋宝信和他不错，可以在这里安家住闲。不久，接到已逃到青岛的“东家”陈贵丹和陈季玉的联名信，要他立即去青岛，研究柳疃“裕成”怎么办。由于日军横行，汉奸当道，买丝卖绸都不好进行，实难维持下去，经在青岛仔细斟酌，决定立即收摊，用剩余资金在青岛分别开药房和咸菜铺。

柳疃附近本来不产蚕茧，不生产丝料，但这里的手工丝织业发展较早，又靠近渤海，海产丰富，早已形成集镇，布匹、杂货、药铺等商店也陆续建立和增多起来。有发展较好的集镇，便引来外地客商。大约在清朝光绪年间，就有本省海阳一带的“东山老客”和日照一带的“南山老客”，运来柞茧丝和柞茧绸，托柳疃几家商店代为销售。柳疃附近的富裕人家，感到凉快、耐用、便宜，有的买绸子作夏衣。再染成五颜六色，给家里人做其他季节的服装、被褥，也觉得美观、大方，还显示富有人家的身份。当地人对丝绸织造业很感兴趣，便不断与“东山老客”和“南山老客”攀谈，从中得到了一些他们制造柞茧丝绸的信息。信息传开以后，就有一些贫苦农民，在秋季闲暇季节，跑到海阳一带去纩丝织绸，逐渐锻炼出一批有熟练织绸技术的劳动者。这就为富人们以柳疃为中心，开拓丝绸织造业，创造了必需的条件。有了这个条件，富人们就在柳疃设店，把海阳一带的“东山丝”和日照一带的“南山丝”买来，分发给附近会织绸的农民，拿回家去织成绸子，再送回店中，经过检验，质量合格，就能领到“加工费”。附近农民既不妨碍农忙时收、种好庄稼，也不耽误给富家当“短工”，又不必再出远门织绸。同时，还可以教自己的男孩子学织绸，动员家中妇女们做些织绸的辅助工作，使家中人人都有“活”干，即增加了收入，日子也比以前过得好一点。这件事很受柳疃附近贫苦农民们的欢迎，他们纷纷以互助合作的形式，在自己村里盖“半屋”（半截屋在地下，冬暖夏凉，又有一定湿度，便于操作。半截屋在地上，能透阳光照明织绸），同时买材料，请匠人，制造织绸木机，柳疃的织绸业因此兴盛起来。

织绸使当地贫苦农民有了经常性的副业收入，富户们感到既不用自己拿钱建厂，又不需固定工人，投资不多，便于管理，有利可图，所以纷纷投资。柳疃的织绸业建立不久，绸店、茧店、丝店就迅速发展起来了。

柳疃丝绸迅速发展，销路就不能局限在柳疃附近，必须向外发展。他们从“东山老客”和“南山老客”来柳疃找代销店，联想到北京有昌邑老乡开的布店，就派人带绸子去试销，结果不错。北京是政治、文化和经济的中心，和各省各地区都有来往，蒙藏等少数民族很喜欢穿五颜六色的丝绸衣服，各国的使节及其家属也喜欢穿丝绸衣服，还有些欧洲商人经常大批购买丝绸，发往南洋一带。那里的天气太热，人们更愿意用凉爽的绸子做衣服。这又启发了柳疃经营丝绸者们，一方面将柳疃绸向少数民族地区走，一方面发往烟台、青岛、上海等沿海港口，设店销售，卖给外国人，便于他们向海外销售。

柳疃绸子的海内外销路都打开了，又感到货不够卖，需要扩大原料来源，增加丝绸生产。为此，陈聘三提请设在柳疃的昌邑县商会，推选代表去海北盖平等县，商谈购买“关东丝”。这项工作进行得很顺利，从此扩大了柞茧丝原料来源，解决了燃眉之急。但又想到，不能老依赖外地供应原料，能不能在原有织柞丝绸的基础上，再开拓织“家蚕丝”（白丝）的新品种，在本地种植家桑，有了家桑就不愁没有家蚕，有了家蚕就不愁没有蚕茧，有了家蚕茧就有了丝。为此，陈聘三带头示范，到外地买来很多“大叶桑”（胡桑）苗，栽满自家的三块园地。桑叶长出，家里、邻居都可以采摘养蚕。欢迎附近各村都来这样办。可是这样失败了。大量养家蚕就必须种大批的桑树，既要花钱去买桑树苗，又要腾出闲地种桑，还得有人看管和摘桑喂蚕，而柳疃附近民贫，穷人家没钱没地，劳力急需养家糊口，没有大量养家蚕的条件，也无法养成习惯。所以他们说：“这件事好是好，可是我们办不到”。富人家又嫌太麻烦，不屑干这种活。好在已有“关东丝”接济，原料已基本解决，就不必再操心考虑种桑养蚕了。有了原料，就需考虑如何扩大销路市场。经在昌邑县商会商量，决定联合在香港设店推销。在那里，一方面能和南洋、南亚一带客商就近直接商谈，及时供应，减少中间环节，增加利润；另一方面又可以听取用户意见，增加花色品种，改进质量，以利多产多销。从信息（意见）获悉，很多穿西服的欧美洋人嫌柳疃绸子太窄太薄，不适于做西服用，如果把绸子织得宽些厚些，适合做西服就更好了。有了这个“信息”，柳疃丝绸就把原来只织十六码长的窄面单股丝薄绸，增加织五十码和三十码的宽面多股丝厚绸。柳疃这一改进，很适合做西服用，收到欧美富翁们的青睐，扩大了销路，增加了利润。

柳疃丝绸业这段时间的发展，也有其相关的国际环境：在第一次世界大战前夕和那次大战期间，各帝国主义国家忙于争夺殖民地和为此而准备战争，他们的许多民用工厂转为军用工厂，许多青年应征入伍，到了前线，对一般民用产品（特别是出口产品）就顾不上了。我国的民族工商业则趁此机会有了较大发展，柳疃的丝绸业也不例外。好景不长，第一次世界大战刚结束，日本帝国主义不顾中国也是参战胜利国之一，却勾结其他帝国主义，独以“战胜国”自居，强迫中国卖国政府屈膝，将德帝国主义原先在山东的侵华遗产（包括青岛、胶州湾，胶济铁路及铁路沿线原属德帝国主义的矿山、工厂和机关住宅等），全部搜为己有，并以此为基地，又扩大侵华范围。在进行军事侵略之前，即以武力为后盾，进行经济侵略。它依其中国反动腐朽的统治者签订的不平等条约和参加过“八国联军入北京”攫取的特权（他们共同夺去了中国海关自主权），又凭它的军事优势和技术优势，强盗般地把日货运到中国倾销，目的是把中国的民族工商业压垮，独霸中国市场，并挤进了南洋、南亚，在外国市场上也和中国货抗衡，致使中国民族工商业又遭到了悲惨命运。陈聘三经营的丝绸店和柳疃及全国的其他丝绸店一样，从此由赚钱变为亏本，依各丝绸店财力之强弱，或长或短地维持着苟延残喘的局面。陈聘三曾以昌邑县商会会长和山东省参议员名义，上书山东省政府，请他们从“关余”中照顾（八国联军入北京后，清政府与这些帝国主义国家签订“辛丑”不平等条约，其中关于“赔款”问题，因一时拿不出那么大巨额，即以海关税抵押，将海关让给了外国人操办，每年从海关税中拿出大部分，逐年向“八国联军”赔款，剩余部分则称为“关余”，交由中国政府处理。而中国还处于封建军阀割据时期，政府无法统一，“关余”则在该地军阀政府控制之下，该政府可以决定少量的出口税减免问题，但要记在这个政府的账上，作为“关余”结算）。当时的山东省政府批准了柳疃绸子的出口税减免，但为数廖廖，无济于事，仍打不破亏本赔钱的局面。

陈聘三经营丝绸店是吃“干股份子”，即不拿现金入股，“东家”们看面子，给他十分之一的“干股”，因为他是经理，这样把利害和经营的好坏挂起钩来。但“干股份子”赚了钱固然可以按股份比例分，赔了钱也得按股份多少摊。后因长期赔钱，得想办法赚钱按股赔上。那时，他看昌邑县粮食歉收，难免遭受春荒、挨饿，粮价也一定会涨。于是他带人带钱去东北哈尔滨一带，想在那儿买高粱大豆运到昌邑，一来可以不至饿死人，二来也能赚点钱还债。但东北已经沦亡了几年，政权完全操在汉奸手里，陈聘三委托的店员所带的行李，里面包着巨额现款，一下火车就被人抢去！据悉这强盗纯是与当地政府勾结在一起，所以找那里的当局“破案”时，他们答应得很好，以后却无音信，只好不了了之。

（陈庆泉）

柳疃丝绸

柳疃丝绸是指茧绸，即柞绸，国外多称山东绸或鲁绸。《中国实业志》称，“茧绸为胶东昌邑特产”。民国22年阮湘著《中国年鉴》又称，“中国之茧绸业，以山东为第一”，“山东产地以昌邑为第一”。柳疃是昌邑茧绸的集散中心，向有“丝绸之乡”之美称。柳疃北去昌邑县城10公里地，地处潍河下游西岸莱州湾附近，现在是镇政府所在地。由于昌邑茧绸在这里集散，历史及今皆为人文荟萃之区。向上追溯，据现在发现最早的《昌邑县志》，清顺治十八年《昌邑县志》序记载，这一带“濒海瘠卤，值明末兵燹之后，赋逋地荒，哀鸿骇鹿，号称难治，凡吏兹土者不踰年率报罢”。潍河向来凶险，素称“坏河”，历史上几乎年年泛滥成灾，下游尤甚，严重威胁着昌邑北乡人民的生存。因临近渤海，又时常遭受海潮的袭击。土地碱渍，窊卤脆薄；而且“租赋独重他邑”。“人众物乏，无他余赢，故有终岁勤动不免饥寒者”（乾隆七年《昌邑县志》卷三《田赋》），人民生活维艰。恶劣环境迫使这里的人民不得不另谋可靠的辅助生路。据韩殿爵（东陈）等老人说，已失传的《韩陈金高王五户联宗谱》中曾有“康熙年间，高家庄（高隆盛）高某就在北京经营隆盛号绸布庄，获利而家景富足起来”的记载。为了谋生，并期望发财，当地人开始效仿高氏，也做绸布买卖和织绸。柳疃一带至今流传着一首歌谣：“唧就咯瞪织，两天织一匹；五天一个集，卖了籴粮吃”。织绸能解决吃饭穿衣等生活问题，贩卖丝绸更有利可图。由此从事家庭手工缫丝织绸者越来越多；家景富裕有点本钱的便不惜冒险，走南闯北，远离家园，到山东各山茧产区贩卖野蚕绸，柳疃一带的丝绸商人因而不断增多。商流活动使丝绸行情不断向内反馈，促进了柳疃野蚕绸的发生发展。

昌邑境内极少山陵，柳疃一带更是河沙冲淤区，不宜植作，故不出产柞蚕茧，茧绸原料来自南山五莲、诸城、日照、沂水及安邱等县，来自东山牟平、文登、栖霞、莱阳、海阳、乳山等县和东北辽宁省；有时是山区商人将柞茧或柞丝贩来，或者本地商人到这些地方安庄收买。经柳疃家庭手工业的加工，剥去茧皮，合炼成线，然后用来织绸。工艺简单，操作笨重。后来在合炼捻线的基础上，逐步学会了手摇纺丝，改变了单纯捻线绸的状况。19世纪末，又学会了脚踏缫丝，从此柳疃缫丝业发生了一大变革，茧丝产量剧增，柞丝绸成为柳疃绸业的名牌产品，直至誉满海内外。

到宋朝，山东人民才懂得用柞丝织绸，但听其自生自育，不知人工放养；明朝中叶以后，开始有了人工放养，织柞绸者逐渐增多；明末清初柞茧养殖技术渐趋成熟，直至清朝前期中末，才开始通过官（山东在外省做官的）、民（柞区人民）两条渠道，自发地向外省如陕西、贵州、四川、河南、河北、辽宁等地传播，均获较高利益。到乾隆八年（1743），皇帝弘历“饬下东省（山东）抚臣”编订《养山蚕成法》，令“素产棒、青（青杠，柞树的一种）等省份督抚，听其依法喂养，以收茧利”，从此中国野蚕养殖史上发生了一次大的飞跃。昌邑北部、中部沿河两岸多樗树，开始就地取材，喂养樗蚕，故乾隆七年（1742）编《昌邑县志》卷二《物产》中出现了“茧绸”。这是一个飞跃。又见本地绸布商人到山区贩卖柞绸，其价值较樗绸昂贵，概在这个“飞跃”的前后，作为平原的柳疃一带率先挤进缫柞丝织茧绸的行列，所以昌邑茧绸的发生，约在乾隆七年（1742）之后不久的时间内。

嘉庆以前，柳疃一带大致流行织捻线绸。将爬蛾茧置水中浸泡数日或将蛹茧在开水中沸炼。后来始到海滩上收割卤蓬，就地烧成灰烬，收以淋水，可直用炼茧，有的则将淋水凝成砣块备用。将过水茧晾干，剥成絮绒状，即可上锤子打线，“以手捻锤子而线轮大，名曰锤子线”，亦称捻线。用此法捻线织成的绸子，称捻线绸（上见孙锺亶《山蚕辑略》）。这种原始茧绸的特点是线粗，不匀，但“其耐穿不帝啻晏子一狐裘三十年”。这种原始的锤子丝绸，在民间曾一直延续到清末民初，到民国十几年左右已不多见，“间或有之，得之甚足宝贵”（同上）。

嘉庆初年，始盛行纺车绩纺作丝。纺车的使用比打捻又进了一步，不仅功效大大提高，丝线也比较细匀，比锤子线好多了。用该线织成的绸子概有两种，次者小绸，亦称黑绸，高者大绸，亦曰白绸。这时东山、南山大致皆如法纺线织绸。昌邑绸商除收买柳疃本地所产，还到东山桃村或南山安庄收买，然后“小绸至张家口、西口，兑换羊皮、口蘑等，否则贩于乌兰察布盟，大绸销行南地并北京”（孙锺亶著《山蚕辑略》）。

道光年间，柳疃绸业日益兴盛。这时，缫丝机具仍然是单人手摇纺车，纺捻茧皮纤维织绸。织机是原始梭机，主要部件有机楼子、黄瓜、压轴、盛筐、蚂蚱腿、倒桩、将军轴、元宝轴、座板、缯、盛匕子、小压力、幅丈、脚蹬板、机耳子、比廷、梭等。每张机5～6天就可以织一匹五十码老宽绸。其生产仍然是家庭纺织与农业牢固结合的方式。依次先后织出了明丝绸、老宽绸、二十码绸、一六绸、大黄绸、小黄绸等。其中老宽绸中的单老宽称府绸，出口较多，誉满海外，所谓“山东绸”主要指此种。《山东丝绸资料汇编》说，山东绸，“道光间昌邑等处已有制造”，“在鲁省者名昌邑绸、宁海绸，豫产者名由绸，辽产者安东绸”。

陈真光同志在其《丝绸史研究》（1984年4月）一文中说：“另一个丝绸业的集中地（前者指周村）位于昌邑北部的柳疃镇，它的形成始于清末，因海上走私昌盛，经渤海湾泊来的东北、烟台等地的柞丝和日本的人造丝，以及金银、首饰、药物、香料等物品，在柳疃形成集市，从而振兴了当地手工业的发展”。道光中叶以前，柳疃街已有不少贩卖丝绸的商号，柳疃街北头镇武庙山墙根下立有一块石碑，镌刻捐资商号三十余家，因渊源着落不祥，其名称当地老人多数记不得了，但可见当时的盛况。现在较明确的是道光二十八年（1848），龙池瓦城村赵连运在柳疃开设了“福盛店”（“复兴店”的前身）茧庄，后有龙池乡齐西村齐恩铭（清末武进士）开设“广盛店”，时隔不久，“双盛店”“公聚栈”“合盛栈”等相继在柳疃开业。

柳疃茧绸，由于流传已久，形成独特的风格，这种绸手感密糯，有珠宝光泽，备受国内外市场的欢迎，也因此迅速发展。道光末年，生产工具有较大改进，“昌邑始有坐纩，每只纩三人，二人拾头，一人摇纩”。因此“始有纩丝绸，其坚不如白绸等，而色泽光润胜之”（皆见《山茧辑略》）。坐纩的发明，不仅大大提高了生产力，丝的质量也进一步提高了，织成的绸子也更受国内外欢迎，柳疃丝绸一时间兴旺起来。东山如“牟平几家较大的纩纺，竟先到昌邑购买机器（坐纩），学工艺”（牟平政协曲言训文《昌邑丝织工艺与宁海丝绸》）。这时，柳疃丝绸商号达到100余家，外地商人也争来柳疃购买。本地和外地商人从柳疃买到丝绸，经过加工漂炼后，一部分叫“西庄绸”，通过洛阳、汴梁，渡潼关，经长安，出西口，贩至新疆、西藏、青海等少数民族地区；绝大部分运往北京，名曰“京庄绸”，再由北京运抵张家口加工厂染色，通过恰克图（雍正二年，即1724年《中俄界约》允许俄国人在此地销行货物；乾隆五十八年（1793）中俄《恰克图条约》又允许俄人贸易）和中国东北边陲的葳子（海参崴）及其他边缘村镇，售往蒙古、俄国。昌邑县的北洋华侨大致从这时候开始。陈洼九十多岁的老先生李作栋说，他村北洋侨商陈某八十多岁时（约在1900年以前），在本村搭台演戏，庆贺北洋发迹并饷本村父老兄弟，盖在此前后。其他如双台、卜庄乡等洼涝瘠薄地区的人民，先后闯北洋的多起来，仅据双台岞埠村一村调查，就有北洋侨商百余人（包括十月革命前后的）；有的背包袱零星兜售，直插俄罗斯内地毛斯嘎哇（莫斯科）。道光二十二年（1842）《中英南京条约》签订，开放上海等五口通商，昌邑茧绸始通过上海以及浙江、福建、广东等省口岸，扩销到英国、德国、美国、法国、意大利等国家。此后不久便出现了印度、新西兰、爪哇、印度尼西亚等南洋诸国的所谓“绸包”侨商。这时有明确时间调查的如岞埠村徐忠绍、徐长庚等，他们于咸丰三年（1853）赴南洋印尼和新加坡。国外销路打开，不仅拥有内地商号、洋行、商人在国内四处销售，更拥有可观的国际市场，柳疃丝绸从此走向鼎盛。光绪十二年（1886），柳疃街设银子市场，该年二月立财神庙碑，碑文曰：“柳疃街自同治癸酉（按：1873年，同治十三年），并各社（按：县下行政区名称）字号量力捐资，公当议会，每当财神圣诞，众家演戏，共庆洵盛事也。历年来，因白水真人（按：王莽忌“刘”字，改汉刀币为“货泉”，释“泉”字为“白水真人”）佑护，利欣兼收……”，真乃恭喜发财，人财两旺，一片繁荣景象。

清朝末年，沿海口岸已全部开放，连许多内地的城市，有的是条约规定，有的自行开放，外国人大批拥进中国，编居各地，柳疃丝绸的国际市场更加畅旺，使柳疃丝绸达到鼎盛期。这时，“柳疃周围数百个村庄，几乎家家有织机，村村有半屋（半地下室机房），织机总数不下两万架，从事织绸和丝绸贸易的在十万人左右，年出口样绸六十万匹，柳疃及附近商号达到400余家，仅柳疃街就有“复兴店”“德祥泰”“福盛茂”等上百家。柳疃街的集市五天一轮，这一天正是织户向各庄号交绸的排日，人们手提，驴驮……，成群结队的缴绸队伍云集柳疃。“商贾骈毕”。自早至夕，柳疃丝绸市场上熙熙攘攘，摩肩接踵，一个排日成交额数千匹。柳疃地处城北交通枢纽点，本地和外地绸商买到丝绸后，“裨贩络绎于道”，有的走旱路，经峠山、潍县火车站、运往北京、上海、青岛、洛阳等地，有的至下营、烟台等港口，然后用风船运往安东、香港、上海，继而销往德国、英国、美国、法国、俄国、日本以及埃及、印度、印尼等五十多个国家，换取大批外汇，王元綖在《野蚕录》形容，“镖车之来，十数里衔尾相接”，白银等源源涌进。为了便利商家汇兑，光绪二十八年（1902），清政府又特允设柳疃邮政局。

民国前后，柳绸持续繁荣。民国21年(1932)12月《胶济铁路经济调查报告•分编之四》称，“在前数十年繁荣时代”，昌邑县“犹以城北二十里路柳疃一带为纺织业中心，亦即本县商业及金融中心”。“各地以家庭木机织绸者为多，昌邑县柳疃镇第一次世界大战前后，约有土机一万架，工作人员十万左右，年产六十万匹，总值四百万元”。“只复兴店绸庄一家，年销售量就有八千多匹”(《柳疃镇志》84页)。柳疃丝绸源源不绝，涡旋而出，“销路为上海、烟台、北京、香港、福建以及日本、印度、南洋、荷兰等处”(《胶济铁路经济调查报告•分编之四》)。此时，一些港澳及南洋资本家与柳疃绸庄通信，地址可直署“中国柳疃”。彭泽益编《中国近代手工业史资料》中说，“昌邑柳疃丝绸产品精细，中外文明。外国妇女用它作夏衣及春秋服装”,1915年版《辞海》载“茧绸……山东织成的最有名，上品出自昌邑，宁海及栖霞所织者，质较粗……”,《山东工商公报》(1929年9月)亦称，“胶东昌邑绸质厚色美，服用性耐久，远近驰名，为本省工业特产大宗……每年出口在民五之时约在十万匹左右”……赞誉纷纷，众口同声。民国4年（1915）报中华民国农村部注册，首届“昌邑县商务会”在柳疃成立，丝绸商号相继入会者83家，赖以关照保护，有利经营。民国5年，为便利南北交通和方便织户送绸，昌邑县商务会出面号召140余家商号，捐款万余元，修建柳疃东北之小龙河桥，并立“万善同归”碑，碑阴刊“民国五年四月”捐资商号、人名、款数等，以示纪念。通过商会，与当地各绸庄、茧店东家，小业主以及各都市大小商号建立并保持密切的联系，又直接或间接地与外商建立关系，进行大宗批量交易。柳疃丝绸持续繁荣，白银持续向柳疃一带源源涌进，早在同治十二年（1873），柳疃已经出现了相当可观的白银交易市场，周围包括昌邑城、昌南，山东省著名商埠潍县城，以及掖县沙河、平度新河等地的贮银宏富之家，在这里竞相角逐，竟至利用该白银市场以玩银子取乐，出现了所谓

“撞银子”的赌博“游戏”，籍以哄闹银价，从中渔利，一时甚嚣尘上。

绸业的发达，使柳疃成为全县商业、金融业中心。这时有人调查柳疃丝绸惊呼：“一切商业，亦无不仰承鼻息，随意周转，县城商业视之繁若集镇”。它不仅是昌邑的商业中心，对周围县份的金融经济也起着一定程度的纽带和制约作用，东至掖县沙河、平度，南到安邱、诸城、日照等，西至寿光、潍县，甚至整个莱州府地之金融市场行情和丝绸、布匹、粮食等货价，都俯仰听从柳疃一地。

因为第一次世界大战的关系，在民国初期，向负盛名的柳疃丝绸又兴腾了一两年。但是，总的看来，民国 5 年（1916）之后，在如潮般的国际国内气候的条件下，终究无法逃避厄运。

其原因有国内、国际两大因素。就国内看：一是柳疃本地绸庄和家庭织工本身，他们唯钱是趋。在柳疃茧绸十分走红的时候，织户开始加大用浆，大作手脚，有时十几两丝就可以织一匹八九斤重的样绸，技巧之高，用浆之大是十分惊人的。民国 5 年 2 月《山东丝业发达之佳况》一文载：“至昌邑机房所用之丝，买自外厂，故丝条不匀；兼吃浆太重，更不坚，优盛劣贱，宜其逊色也”。这种绸手感硬实，看起来发光美观，却架不住漂炼，过水则稀如珠网。后来，有的商人买去绣上花出售，如同今天的网花装饰品了。商人唯利是求，绸庄不仅不加制止，反而百般支持，致使愈演愈烈。民国 22 年（1933）《工商半月刊》载文曰：“山东柞绸多操昌邑人手中，在昌邑所设工厂约 63 家，但因信用扫地，昌邑几乎不能售外洋，只售内地。”柳疃丝绸声誉日下，销路日滞，后来虽经商会出面整顿，但已病入膏肓，无法挽回。

鲁绸走红，国内各地，特别是茧产区及附近城市都在想方设法参与竞争。这是柳绸衰败的又一原因。例如胶东柞区，其资本家向柳疃高薪招聘熟稔技术老师，大开丝坊、机坊。民国初期，“文登、牟平、莱阳、海阳一带共有缫丝厂百余家，后者多用胶东本山丝，制为大纩丝，随地织绸”（《山东丝绸资料汇编》三，221 页）。几年之后，胶东已经是机房遍地了。这期间，烟台厂家蜂起。民国 5 年，烟台“昌平、罗平、西夏、芝罘四个地区共有绸厂 191 家，织机 6540 台”（民国 5 年曾同春《中国丝业》），而且“多用机械”，而昌邑、济南、胶东诸县，包括南满，“柞茧制丝与生丝制作相同，过半为农家座缫足踏而行之”（民国五年《农工商报》），无法与之抗衡。辽宁柞茧产区，早在同治元年（1862）或更早的时间里，就有昌邑柳疃一带人，为生活所迫，流入开发，后来清廷放宽边禁，辽宁东南部柞茧业开始发展，到民国 21 年（1932），“辽宁柞茧产量已超过山东柞茧的产量；但辽宁人民对于柞茧缫丝织绸技能缺乏，所用工匠仍雇用山东昌邑人”（民国 22 年《山东半月刊》）。又因昌邑丝绸业不景气，昌邑县大量熟练技术工人及经营纩丝业的行家里手纷纷流入，使辽宁丝绸业中，昌邑人占 90% 以上，昌邑衰微，彼地却长足地发展起来。与此同时，昌邑持有雄厚资本的绸庄相继收摊，各寻出路出走他乡。青、壮技工也大批外流，只剩下老弱病残和家庭妇女，为生活计，他（她）们仍坚持织绸，但是，柳疃丝绸市场明显地被挤占了。

国际形势的变化也直接间接地影响着柳疃丝绸。“自民国以后，俄国闭关拒绝外货输入”，北洋市场销声匿迹。与此同时，“南洋各岛日英属地复行重税，暗示抵制，以致出口日行减少”。另外，清末以来，政府腐败，列强乘虚而入，他们看到中国茧绸在国际国内都拥有抢手市场，便千方百计地想摧毁它。民国以后，日本大量向中国倾销人造丝，“民国 12 年，进口人造丝 8000 余担，至民国 18 年，则增至 14.4 万余担，其价格日低，销路日旺……自输入人造丝以来，因其治工容易，成本低而获利重，各处织机逐渐改用人造丝……至民国 18 年，各地改用人造丝者十之八九。”而“人造丝之价格，只为土丝一斤最低价格之一半”（1932 年 2 月《山东实业报》）。此种现状迫使国内丝茧价格惨跌，以致丝茧商破产，有大量存丝而无从销路者。又根据周克骅《中国重要商品》一文透露，民国初期，柳绸倍受国际市场的欢迎，但“颇多缺点，如尺幅过窄，品质不甚整洁，每涂米浆，以资增加重量。日本人有鉴于此，遂苦心尽力，备机仿制，总以合外人之需要为目的。果也曾不数年而根基已固，畅销于欧美市场矣。华人茧绸输出业大受打击，颇有不振之象。”外国人用先进的科学技术参与竞争，对柳疃丝绸的打击也是相当严重的。

由于上述国内外的原因，使柳绸自民国之后逐渐衰败。但据林修竹《山东各县乡土调查》说，民国初期，柳疃仍有“复盛增”“复兴合”“合成重”三家制造茧绸，颇占优胜，说明柳疃丝绸业还兴腾了一、二年。原因何在？据《山东工商报》第一期载：“昌邑茧绸向为出口大宗，一般乡民赖织绸手工业以谋生者不下万余人。近岁以来，日本商人出而竞争此项营业，昌邑绸商因受彼国经济势力之压迫，销货量一落千丈，所以苟延残喘者，一由于地小民贫”，正如王朝俊所说：“家庭之工艺至关日用生机，至为切要，无论妇孺，易于操作，如棉织丝织草辫发网编织物之类，均可于农隙之时，从事于是”（《山东劝业汇刊》第十期），舍此之外，别无它项工作，苟有一线生机，就要奋斗到底。为照顾民生，在迫不得已的情况下，官府答应专项拨款，用变相补贴的办法，“对此出口贸易加以提倡，准予免税”。“查民国 9 年，东海关税务司以昌邑茧绸凡出口者一律免税”（1929 年 9 月《山东工商报》第一期），故柳绸尚能延续其生命。“1933 年应美国总统胡佛邀请，柳疃丝绸参加芝加哥百年进步世界博览会”（1989 年版《昌邑县志》13 页），又曾在日本举行的展览会中陈列。

随着柳疃丝绸业的衰退，昌邑以柳疃为轴心，如龙池、双台、王耨、卜庄等乡，当时为数不少的丝绸机匠也背起包袱，远赴东洋、南洋，因此昌邑华侨日多。他们发扬昌邑人民“诚厚质朴”“勇于冒险”“敦本拟末”“人心技巧”的个性，广交四海朋友，奔波于各国之间，靠他们一往无前的开拓精神，继续艰苦奋斗，改善他们的基本生活条件和富足他们的家园。

1937年“七七事变”以后，柳疃被日军伪军占据，原料来源及商流渠道基本堵塞，柳疃街上的茧庄、绸庄，除“同源泰”“同祥泰”“成记”三家，其余的全部停业，只有少数织户还利用剩下的原料织一点绸子，产量少的可怜。这时，曾设有丝绸交易所，禁止在绸中施浆。加上他们控制销路，压低价格，织户无法打起精神。于是，盛行了几百年的柳疃丝绸，其往昔尽有高低明灭不同命运，具有悠久织绸传统的柳疃人，仍能随时周转；而今日本帝国主义肆虐国土之内，过去的年代已经成了美好的回忆，好像柳疃丝绸再也不会昂首阔步地发展了。

（徐言年）

曹雪芹与昌邑丝绸的亲缘

《红楼梦》作者曹雪芹的家世与昌邑有密切关系。曹雪芹祖母李氏是昌邑李士桢之女，李煦之胞妹。曹雪芹祖父曹寅、父亲曹頫与昌邑李士桢、李煦父子休戚相关，荣辱与共。李曹两家同入旗籍，是清顺治、康熙时宠信一时的官吏。至雍正时，又同遭到罢官、抄家、流放，两家曲曲折折的兴衰成败，由此为原型而编撰出国人引为自豪的古典文学名著《红楼梦》。

李士桢

从《红楼梦新证》一书可以看到，康熙帝密妃王嫔娘娘，是李士桢的妻侄女，她为康熙生了三位王子：一位是十五子胤禑（愉郡王），一位是十六子胤禄（庄亲王），十八子胤祄，因此，很受康熙皇帝宠爱。王妃之父王国栋为知县官职，李士桢原配夫人王氏即王国栋之妹，按辈份论，康熙皇帝应称李士桢为姑父。李士桢继配夫人文氏，即李煦之母，系康熙皇帝保姆。而李、曹两家与庄亲王胤禄亲近，也是亲戚关系的缘故。《红楼梦新证》一书还记载：“三月十八日，福临第三子玄烨生，曹玺妻孙氏为玄烨保姆。”即曹雪芹曾祖母孙氏为康熙皇帝保姆。正是由于曹、李两家与皇室的这种特殊亲缘关系，在康熙时期他们才得以飞黄腾达。

康熙时期，把全国最富足的两淮地区

交给李曹两家来管，李煦任苏州织造，曹寅任江宁织造。“圣祖念两淮盐课甲天下，须廉干风力之臣饬之，而台员岁一更使，不获尽职，特命公与江宁织造曹公寅监察御史。”

曹寅逝世后其子又世袭江宁织造，曹李两家对皇恩十分感激。李煦在康熙五十一年（1712）年奏折中称：“江宁织造曹颊，与臣煦蒙万岁特旨，十年轮视盐漕，天高恩厚，亘古所无，臣等虽肝脑涂地，不能报答分毫。”

曹寅为李煦的妹夫，两人又在相邻之地为官，这样无论从亲戚关系上还是政治利益上，都使他们互相关照，互相维护。曹寅去世后，李煦千方百计照顾好其胞妹即曹寅之妻李氏，提携胞妹与曹寅的后代，得到康熙皇帝的恩准，让曹家后代袭职，这些，在李煦存世的文字中都有据可查。据《李煦行状》中载：“初，公与曹公更代视盐也，曹公病，公问疾，曹公以账目盐政及《佩文韵府》事嘱公，公诺之”。曹寅病故后，“又念曹公两世官织造，奏请其子颙袭任，不二年，颙即逝，公又复保奏颙从弟頫复任织造等，不以生死易交”。对此，曹寅妻李氏十分感激，急忙率曹頫妻马氏进京谢恩，被李煦差人止住。此事李煦在康熙五十四年三月十日《宣示曹頫继承宗祧袭职奏折》中奏道：“窃臣与曹頫行在江南路上，闻臣曹寅妻李氏，感激万岁命曹頫继承袭职隆恩，特起身进京叩谢。臣一闻此信，随同曹頫各差家人，飞骑止住，所以臣妹已至滁州，仍回江宁矣，臣熙于初二日到江宁织造署内，即向臣妹宜示恩旨，臣妹李氏跪听之下，感激涕零。遂设香案，率领曹頫之妻马氏，一面叩头谢恩，一面嘱伊子曹頫具折奏谢矣。”康熙皇帝不仅让曹家后代袭职，还要李熙代曹家还上公款的巨额亏空，使曹家不致一时败落，也使得李、曹两家在康熙朝内共同延绵。

曹、李两家既是至亲关系，又都与康熙王室有着亲戚关系，加上他们具忠实于康熙皇帝，受到康熙皇帝信任和恩宠，在康熙王朝六十多年中，得到兴旺发达。之后由于清王朝皇权争斗，曹、李两家成为牺牲品，就相继败落，真可谓一荣俱荣，一损俱损。

世上没有不散的筵席，红极一时的曹李两家，在康熙皇帝去世，雍正皇帝继位后，受到严查，虽然是皇室争霸的缘故，他们却被牵连，李煦、曹頫遭到罢官、抄家、

昌邑茧绸与《红楼梦》宣传画

流放。

从有关史料看，曹、李两家的罪状主要是亏空库银，亏空的主要原因是用于康熙帝几次南巡时的接待应酬，虽在康熙帝庇护下有所弥补，但雍正帝继位后不依不饶。雍正癸卯年（1723），雍正命总督查弼纳追查审理李煦任内亏空库银一案。查弼纳经过对李煦抄家清查，具呈奏折称："李煦亏空库银38万两，查其家产，估银109432两，京城家产19045两，家产共合128477两。家产抵补亏缺，尚亏空251523两。"这样，李煦子女及家人遭到逮捕变卖，李煦被流放。据雍正二年（1724）内务府档案记载："李煦家属及家仆钱钟璿等男女并男童幼女二万余口，在苏州变卖，迄今将及一年，省南人民均知为旗人，无人敢买。"据此，雍正皇帝又降旨："大将军年羹尧人口少，将来人著年羹尧拣取，并令年羹尧将拣取人口奏闻，余者交崇文门外监督，变价处理。"事过三年，至雍正五年，又因李煦购买苏州女子案，交刑部依例将奸党议以监斩候。之后，雍正又下旨："李煦著宽免处斩，流放打牲乌拉。"从此以后，李煦的子孙们再也没有音信，是怕朝廷因罪株连而隐姓埋名，还是满门被斩尽杀绝，后未见只言片语的文字记载。

（徐先德）

参考图书及内容来源说明

在编写《昌邑丝绸志》过程中，编辑人员参考阅读了王元綎编著的《野蚕录》，1902年农业出版社出版；曾同春编著的《中国丝业》，1933年商务印书馆出版；杨洪江、华德公编著的《柞蚕三书》，1983年农业出版社出版；昌邑市后官村志编纂委员会编著的《后官志》，1999年内蒙古文化出版社出版；王蔚成编著的《昌邑文化博览》，2000年齐鲁书社出版；昌邑市档案馆编著的《昌邑大事记（1992—2001)》，2004

部分参考图书照片

年香港天马图书有限公司出版；昌邑市档案局编著的《昌邑发展纪实（2002.1—2006.10 大事记）》，2006 年中国档案出版社出版；吴晗编著的《中国历史常识》，2009 年陕西师范大学出版社出版；昌邑市政协文史编辑委员会编著的《昌邑人物志》，2013 年中国文史出版社出版；昌邑市地方史志编纂委员会编著的《昌邑市志（1986—2005）》，2017 年方志出版社出版，等多种图书，并且网上查询相关资料，走访知情人员，对相关丝绸发展事实真相进行详细核查，确保志书的历史性、翔实性、可靠性。

表格索引

图片索引

编后记

昌邑柳疃丝绸历史悠久，源远流长。

随着国家“一带一路”倡议的实施，人们对柳疃丝绸的研究更加关注，其重要性也日益凸显出来。但是，随着时间推移，对柳疃丝绸的历史知之者越来越少，史料也逐渐难以查考，对柳疃丝绸历史的研究成为一项迫切的工作。为此，昌邑市政府组织力量，对柳疃丝绸的历史及资料，特别是清末民初柳疃丝绸繁盛的历史资料进行挖掘、研究、整理，编纂集成《昌邑丝绸志》。

《昌邑丝绸志》于2018年7月启动，至10月中旬完成初稿，编辑人员在编写过程中，坚持运用辩证唯物主义和历史唯物主义观点，以严谨科学的态度对待历史和现实，言之有据，书论有评，力避捕风捉影，以保证该书的史料价值和研究价值

《昌邑丝绸志》查阅、参考大量志书史料，有《昌邑县志》《昌邑市志》《昌邑县侨务外事志》《昌邑县地名志》《昌邑（柳疃）丝绸史》《昌邑丝织一厂志》等30余种。挖掘整理柳疃丝绸史料，是一项艰苦细致的工作，需要付出艰辛的劳动。《昌邑丝绸志》的出版，是参与者共同奋斗的结晶，市领导进行有效的组织协调，柳疃丝绸博物馆、昌邑市华裕丝绸有限责任公司、昌邑市华信丝绸有限责任公司给予大力支持。正是由于大家的共同努力，才保证了该书的出版面世。

由于昌邑柳疃丝绸历史久远，史料有限，加之编纂时间短任务重，错漏之处，敬请指教。

值此《昌邑丝绸志》付梓之际，谨向为该书作出奉献的社会各界人士致以谢忱！

编　者

2019年3月